背約沉淪的循環軌迹

士師記析讀

吳獻章 著

基道出版社

▼

聖經通識叢書

背約沉淪的循環軌迹

士師記析讀

Rediscovering the Bible
Book of Judges

作者
吳獻章 Wu, Timothy

舊約系列主編
蔡定邦 Tsoi, Jonathan Ting-Pong

責任編輯
許寶瑩、吳國雄

裝幀設計
奇文雲海．設計顧問

■

出版／發行
基道出版社
香港沙田火炭坳背灣街 26 號富騰工業中心 10 樓 1011 室
LOGOS PUBLISHERS
Unit 1011, 10/F, Fo Tan Ind. Centre, 26 Au Pui Wan St., Shatin, Hong Kong
電話：(852) 2687-0331 傳真：(852) 2687-0281
網址：https://www.logos.com.hk

承印
陽光(彩美)印刷有限公司

●

7/2009 初版
Cat. No. LP171B
ISBN: 978-962-457-380-0

Printed in Hong Kong

承蒙真理華人文字事工提供資源，支持許寶瑩審閱、編輯、校對工作，謹此致謝。

刷次	12	11	10	9	8	7	6	5	4	
年份	2030	2029	2028	2027	2026	2025	2024	2023	2022	2021

聖經書卷析讀——舊約系列

出版研經工具書的主要目的，是要將上帝的話語向現代人闡明，讓一群愛好研讀聖經的信徒得到適切的指引。近代聖經研究無疑對於這項工作提供莫大的幫助，可惜學者採用的語言往往晦澀難明，令平信徒望而卻步。「聖經通識叢書」的出版試圖作為兩者的橋梁，將那些看來深奥的學術理論，化成顯淺的文字，讓平信徒可享受當今學者努力研鑽的成果。本叢書設「聖經鳥瞰」、「聖經書卷要領」和「聖經書卷析讀」3 個層次，提供信徒不同程度的需要。

「聖經書卷析讀」是「聖經通識叢書」第三層次，以「聖經書卷要領」為基礎，進深分析每本聖經書卷的內容和信息。此層次的書既反映個別學者嚴謹的學術研究，又務求達致活潑和生動的表達，其內容除了包含淺白易明的析讀，也在每章結尾附加「釋經短註」，（以❶、❷等標示），以幫助讀者更深入了解經文。此外，本書也不時加插信仰反省，以引導讀者將經文內容繫於他的信仰生活中。本叢書也提供生活應用的「溫習及思考問題」，可供個人研讀或小組討論，讓上帝再次藉著聖經向每一個人説話。

最後還必須一提的是，除特別標明外，本書所引的經文，均參自「新標點和合本」，並且凡有經文出現的地方，無論是一段或其中的短語，皆以「標楷體」標示。

序言——士不可以不弘毅，為上帝！

一位闊別多年的中學好友，得知筆者改行當傳道，感觸良多地送給筆者一句話：「士不可以不弘毅，任重而道遠。」這句出自《論語‧泰伯》的原文是「曾子曰：士不可以不弘毅，任重而道遠。仁以為己任，不亦重乎？死而後已，不亦遠乎？」他以此鼓勵筆者，縱使前路滿布艱難險阻，仍當全力以赴，實現立定的心志。

後來得知這位好友寫這句話鼓勵筆者時，正是他家庭和事業面臨風暴之際。如此良友，恰似詩聖杜甫，在僅能容身的茅屋破敗漏雨之時，想的卻是「安得廣廈千萬間，大庇天下寒士俱歡顏」，也如范仲淹，認為讀書人都應當「先天下之憂而憂，後天下之樂而樂」，不論是「居廟堂之高」，還是「處江湖之遠」！多年不見的好友，文人氣節絲毫不減，讓筆者心生佩服。

記得高中時代，我們還胸懷大志，暢談古今完人。文天祥從容就義前的慷慨昂然，就曾是我們志向的砥礪：「孔曰成仁，孟曰取義，惟其義盡，所以仁至。讀聖賢書，所學何事？而今而後，庶幾無愧！」當時我們彼此勸勉：讀聖賢書所學之事，便是仁義道德。必先誠意正心、修身養性，進而齊家、治國、平天下；不僅獨善其身，更要兼善天下（《禮記‧大學》）。筆者信主之後，世事閱歷稍多，聖書真道稍諳（特別是人的本質，包括士師記中人如何背約和悖逆上帝），才體悟當初寒窗苦讀時的理想，竟是「少年不識愁滋味」的天真、單純，著實自不量力。

完成這本書之後，筆者接著又埋首傳道書註釋的寫作，在傳道書「人勞碌一生，在太陽下辛苦，究竟有何益處？」（傳一3；譯文出自馮象翻譯的

《智慧書》）的主題中，沉浸多時；正當基道出版社提醒筆者為即將付梓的這本書寫序時，「讀聖賢書，所學何事？」突然跳進筆者腦海！自己思忖：信主之後，讀聖書、作註釋，所學何事？

士師記中的主角，大抵都有「士不可以不弘毅，任重而道遠」的心志，也有「齊家、治國、平天下」的氣魄。但是仔細研讀，這些主角卻如漫長隧道中的小燈，僅能分別照亮一個小區塊，之後就被繼續前行的讀者棄置身後了；尤其基甸之後的士師們，小燈與小燈間的黑暗區域愈來愈寬，愈到終端的士師愈像三教九流之輩，妻妾成群、腰纏萬貫，他們先天下之樂而樂，遑論仁以為己任，更不用提到「惟其義盡，所以仁至……而今而後，庶幾無愧」。到了十七至二十一章，讀者就能邊讀邊跳腳，切齒不已了！

到底讀聖書，所學何事？

第一，改變社會之前，先改變自己。沒有修身養性，不能獨善其身，哪能夢想齊家、治國、平天下，及至兼善天下的「高言大智」（林前二1）？沒有經歷對付、治死的生命，在野心、私心、墮落、貪婪等罪惡糾結之下，偏又歡喜且詭詐地在罪身外表纏裹夢想、理想、愛民、救國的旗幟，終如士師記的人物，讓自己和周遭的人滑入黑暗的隧道中。人類的歷史就是這樣地一再翻版而已。

第二，人類的救恩不在人類自己。士師記的救恩不在這些士師（包括基甸之前的幾位好士師），在士師時期漫長的隧道中，人們惟一的盼望和出路，乃隧道彼端的洞口外：路得記第四章大衛家譜中所預告的彌賽亞救恩，也就是馬太福音第一章中童女懷孕的耶穌。這位耶穌才能帶給人類真正的盼望，才能為沒有救恩的人間學說（包括儒家、新儒家、世俗主義、演化論、無神論、多神論……等），帶來拯救與出路。

被那隧道出口的「明亮晨星」照亮了的人（啟二十二16），讀聖書，所學何事？就是「士不可以不弘毅，任重而道遠」，以神國興衰為己任（路二49），不亦重乎？死後被稱讚為忠心良善的僕人，不亦遠乎？這應當就是士師記以及整本聖經每一位作者心中最深切的盼望了（提後三16～17）。

謝謝基道的同工們，因著蔡定邦博士的邀約，讓筆者有機會深入這本以敍述文為主體的正典；期間與擁有專業膽識的編輯許寶瑩姊妹同工，是筆者的一大樂事，著實佩服她身兼多職的能耐。也要謝謝過去與筆者一同學習舊約歷史書的華神同學，更要謝謝筆者長期文編邱美月姊妹，筆者只顧專心挖山洞，至於遺留現場的殘渣，就由她清理；她為著要幫筆者校稿，特地去學希伯來文，如此委身，筆者只能求主記念。當然，家人是筆者最為感謝的，不論是愛妻鍾麗英，或是兒子錫安和大衛，他們長久以來的支持與代禱，一直是筆者寫作的動力。

最後，謹將這本書獻給華神第一任院長戴紹曾博士。寫這序時，剛好接到敬愛的戴院長被主接走的不捨消息，他如天使般的笑貌、神情，以及愛上帝、愛人、愛教會的胸懷，已深深烙印筆者心坎。盼望您我都從戴家五代無怨無悔地服事華人教會中，學習「為了基督，非為中國」（戴德生的極致名言：“Not for China, But for Christ.”）；為了上帝的國，學習「士不可以不弘毅，任重而道遠」。是盼！

吳獻章

中華福音神學院

舊約教授、研發部長暨教牧博士科主任

2009年3月20日

錄

專欄目錄

第一章
士師記導論

- 作者、成書日期和記載年代
- 全書結構和神學目的
- 結構淺析、文學特徵和神學信息
- 全書主體：士師的循環
- 分水嶺：基甸前後
- 參考書目

「士師記」（Judges）卷名來自「七十士譯本」的 *kritai*（意即「審判者們」），希伯來文聖經的書名是 *šōp̄ṭîm*（意即「審判者們」，中文聖經譯作「士師〔們〕」；參得一1）。這乃是一個複數**分詞**，它的動詞字幹是 *šāp̄aṭ*（意思是「審判」）。「士師們」對內扮演著領導和判定內政事務的審判者角色，對外則擔負著帶領百姓脫離外侮困境的責任。因此，「士師們」乃是以色列仍沒有王管治之時，上帝興起的各支派／部落／邦國（參十七6，十八1，十九1，二十一25）的領導者。

在希伯來文文法中，分詞可作名詞用。šōp̄ṭîm 就是其中一個例子。

1.1. 作者、成書日期和記載年代

與所有的歷史書和古代近東文獻一樣，士師記的作者（或故事的敍述者）為匿名。教會傳統跟隨猶太拉比，一向認定士師記（和路得記）的作者是撒母耳（參《巴比倫他勒目》之〈論最後一道門〉〔*Bava Batra*〕）。隨著聖經研究的發展，聖經評鑒學興起，學者對聖經成書的過程有不同的看法。其中最具影響力的，是持「編修評鑒法」（redaction criticism）立場，以「申典歷史」（Deuteronomistic History）為觀點的學者，如：馬丁．諾得（M. Noth）、柏克爾（U. Becker）和布靈（R.G. Boling），主張士師記出於多人手筆，並經過多年由不同的編修者再重整其歷史故事而成的。到了近年，「修辭評鑒法」（rhetorical criticism）的學者，如奧康奈爾（R.H. O'Connell）認定本書乃一卷完整獨立作品，才將成書日期從被擄之後推回到大衞王朝時期。綜觀不同學者的意見，有學者如布洛克（D.I. Block）認為士師記的作者可能不止一位，他們應出自猶大支派，與五經、約書亞記、撒母耳記至列王紀上、下的歷史書持有一致的神學立場，稱為「**耶典作者羣**」（Yahwistic authors）。❶ 明顯的，這敍述者熟悉摩西五經（尤其申命記）、約書亞記，連同撒母耳記上下和列王紀上、下。他們引用不同的文體和文本來源，在聖靈引導下成書（參提後三16）。從士師記內容看，敍述者可能參酌了下列幾種文獻紀錄：

這是聖經研究用語，指在五經底本（JEPD）中「耶典底本」（即J-底本）的假設作者。這底本的特色是以「耶和華」來稱呼上帝。

1. 「小士師文獻」（十 1 ～ 5，十二 8 ～ 15）。
2. 「大士師文獻」（可能橫跨不同支派的文獻，包括記載猶大的俄陀聶、便雅憫的以笏、以法蓮的底波拉、拿弗他利的巴拉、瑪拿西的基甸、但的參孫）。
3. 「戰爭文獻」（一 10 ～ 15〔即書十五 13 ～ 14〕，一 21〔即書十五 63〕，一 27 ～ 28〔即書十七 12 ～ 13〕，一 29〔即書十六 10〕，一 34）。
4. 「先知傳統」（二 1 ～ 5，六 7 ～ 10，十 10 ～ 16）。

猶太正典將士師記列為「先前的先知書」類，遂成為先知書（猶太正典中的所謂「後來的先知書」類）的歷史背景。❷

正如出埃及故事從雅各眾子之死開始（出一 5 ～ 6），約書亞記則開始於摩西之死（書一 1），本書記載的起點乃約書亞死後（一 1，二 7），❸直至聯合王國之前（十七 6，十八 1，十九 1，二十一 25）。本書的成書日期取決於十八章 30 節「**直到那地遭擄掠的日子**」。這句子可能有以下的解釋：

1. 指掃羅王之前，非利士人興起，將但人所使用米迦所造的神壇擄掠之時（十八 31）；
2. 指亞述王提革拉・毗列色將北國北部居民擄走之後（王下十五 29；公元前 734 年）；
3. 指北國被亞述擄走之後（公元前 722 / 721 年）；
4. 指南國被巴比倫擄走之後（公元前 586 年）。

本書記載年代到底涵蓋多久？若從約書亞的死（一 1，二 7），到掃羅王即位為止（參二十一 25），期間所有在士師記舞台上出現的士師時間累加起來，歷時 410 年，❹遠超過約書亞到掃羅之間的實際年數，因此學者同意士師每次的循環間都有重疊，但重疊多久則無從估算。這樣的觀察確有經文佐證：首先，許多士師只扮演某一個地方、某一個支派（而非全國性）的領袖，因此士師記並非約書亞和掃羅之間直線式的「年鑑表」。再者，敍述者在士師記所用俄陀聶、底波拉、基甸帶來40年太平（三11，五31，八28），而以笏帶來了80年太平（三30），非利士人轄制以色列40年（十三1），這「四十年」很可能是「象徵」性的描繪，意味著一個世代。

的年數可能是一個「**四捨五入**」的數字。而且，敍述者對於所謂的「小、次要／非循環性」士師的記載則是「從簡」。可見，敍述者採取選擇性的記載，而他作決定的原則，應當是為達到其記載的神學信息，過於成為歷史傳記或「政治寓意」的書卷。所謂「政治寓意」是指作者記載事件時，背後存著親大衛王朝，排斥掃羅王朝的觀念來寫的。然而若仔細研讀十七至二十一章，就會發現試圖將本書視為替「褒大衛王朝、貶掃羅王朝」而寫的主張，是有所偏頗的，因為大衛王朝同樣發生了十七至二十一章中所記載的背棄上帝、造偶像、干犯十誡的種種墮落。可見本書不是為抬高大衛王朝歷史地位而作的「政治背書」；當然也不盡然如學者馬太斯（V.H. Matthews）所認為的是為「尋求好王」而寫。事實上這是一卷藉以色列歷史而闡述的神學作品。

1.2. 全書結構和神學目的

雖因經文所提供的線索有限，作者和成書日期因此不能完全確定，但這不妨礙讀者從本書的架構、內容來了解士師記成書的目的。本書描繪在士師時代以色列人因為不順服上帝、背約，導致道德墮落，走向「被迦南人同化」的悲慘命運，這可以從本書的架構得到印證：

1. 一章1節至二章5節乃從歷史和軍事角度描繪以色列如何進入「隧道」，這是全書第一個序；❺ 二章6節至三章6節乃從宗教和靈性角度敍述以色列如何開始墮落，這是全書第二個序；❻
2. 三章7節至十六章31節從俄陀聶到參孫，沿著不同士師的描繪來看整體以色列靈性如何一代不如一代；❼
3. 本書的跋（十七1～二十一25），也分成兩部分：十七1～十八21；十九1～二十一25，呼應著本書的序（一1～二5，二6～三6）。

敍述者在兩段序文的引導下，闡述約書亞死後的以色列，在爭戰中逐一讓步（第一個序），並在靈性上離棄上帝，與迦南人妥協（第二個序），以及隨著 12 位大小士師們登上舞台（本書主體），❽ 浮現以色列日漸被迦南文化同化，❾ 遂進入「背約、受欺壓、悔改、拯救」的循環軌迹。到了士師晚期，以色列各階層，不論是個人、家庭、支派、邦國（本書的兩個跋），更進入全面崩盤、全民皆輸的不歸路。❿

1.3. 結構淺析、文學特徵和神學信息

本書的兩個序和兩個跋，正好扮演著前後呼應的角色；了解敍述者如此錯綜的文學技巧，可以幫助讀者更清楚書中所要傳達的神學信息。⓫

華人學者梁工正確地指出，「背叛—壓迫—呼求—拯救」的循環框架，乃士師記的形式標誌和結構模型。

A　外患：以色列人與外邦交戰（一 1 ～二 5）
　B　以色列人拜外邦神（二 6 ～三 6）
　　C　士師循環（三 7 ～十六 31）
　B’　以色列人拜偶像（十七～十八章）
A’　內戰：以色列人與自家人交戰（十九～二十一章）

這序與跋之間的對比，以下列幾個特徵作為「首尾呼應」（*inclusio*，或稱「首尾呼應括弧法」；另參本書附錄：〈神學反思：從士師記看女性的角色〉）的輔助：

1. 猶大出頭（一 1 ～ 19，二十 18）；
2. 耶布斯／耶路撒冷（一 7、8、21，十九 10 ～ 12）和但的出現（一 34，十八章，二十 1）；
3. 便雅憫不能將耶布斯人趕出（一 21），與利未人為了避開耶布斯人、卻被便雅憫人欺凌（十九 1 ～ 30），前後呼應；
4. 在序中，以色列人因背棄耶和華的約而在波金哀哭（二 1 ～ 5），在跋中，以色列在伯特利的耶和華約櫃前哭泣（二十 26 ～ 28，二十一 2）；
5. 俄陀聶在序中得妻（一 11 ～ 15），呼應便雅憫人在跋中得妻（二十一 1 ～ 24）。

如此前後呼應，強烈地凸顯本書序與跋的對比：在士師初期，以色列面臨外患，但是經過了士師的主體段落後——即多次受外來攻擊（三 7 ～十六 31）——以色列的社會、政治、治安光景經歷「逆轉」：外患變成內戰。正如岡恩（D.M. Gunn）和菲葦（D.N. Fewell）所強調，士師記全書反映以色列人的靈性在退化。猶大從擊打外邦，變成擊打便雅憫（一 1 ～ 3，二十 18 ～ 21）；在序中以色列專注於「攘外」，在跋中卻變成「內戰」，甚至屠殺安居無慮之民（一 1 ～ 3，十八 27 ～ 31）；在序中猶大女子押撒求上下泉以滋養（一 15），在跋中卻發生猶大女子被切成 12 塊的悲劇（十九 29）。⓬

猶有甚者，本書的序所記載的耶和華使者在波金的警告，對以色列人並沒有產生作用（二 1 ～ 5）；到了本書的跋，以色列惟一能誇口的，竟然是拜偶像、以弗得（十七～十八章），而帶頭的竟然是祭司，甚至連摩西的子孫也在其中（十八 30 ～ 31）。在序中，以色列人在波金因上帝離棄他們而哀哭（二 1 ～ 5）；在跋中又見到「逆轉」，以色列人為便雅憫人分別殺了他們 22,000 人和 18,000 人而哀哭（二十 21 ～ 23、25 ～ 26）。先前「國中太平」的景況（三 11、30，五 31，八 28），在基甸之後煙消雲散；到了士師記的兩個跋中，以色列存留的，僅僅是「以色列中沒有王，各人任意而行」而已（十七 6，十八 1，十九 1，二十一 25；參撒上八 7）。⓭ 原來，敍述者有話要說：一個邦國若不肯全心順服上帝，只會招來一步一步往下滑的厄運！

1.4. 全書主體：士師的循環

士師記的主體（三 7 ～十六 31），乃由 6 個大士師的故事，按照由南到北（俄陀聶、以笏、底波拉／巴拉、基甸），和由東到西（耶弗他、參孫）的地理位置依次鋪陳，其間並夾雜具有「點綴」效果的小士師故事所組成。⓮ 讀這些士師故事時，必須著重在敍述者所描繪「背約、受欺壓、悔改、拯救」的循環。而在 6 位大士師的記載中，只有俄陀聶完全按照這循環記載，愈是晚期的士師，則敍述愈形扼要、簡略。被簡略化的內容包括：說明誰是拯救者（如：巴拉或底波拉）；在耶弗他時代，以色列的墮落被描繪得更為具體，而當他們呼求時，上帝甚至拒絕救他們；在耶弗他和參孫的故事中，不再以「平安」為結束；到了最後的士師參孫，整個循環性的描繪特徵已完全消失，以色列再沒有求告上帝這舉動，參孫甚至以外邦欺壓者作為「陪葬」。若按照每個士師故事的劇情和神學信息，可以概略挑選以下幾個要項作解讀：

1. 以色列人行耶和華看為惡的事；
2. 耶和華將他們交給外邦人來欺壓；
3. 以色列人遂服事外邦王達一個數目的年日；
4. 以色列人呼求耶和華；
5. 耶和華興起拯救者／士師；
6. 耶和華的靈降臨這拯救者／士師；
7. 外邦王被剷除，以色列所受的欺壓結束；
8. 於是國中太平一個數目的年日。

因此，敍述者在本書的主體，分別按著地理位置和線性歷史的順序，將士師一個個推上舞台，讓整個士師記的戲劇效果一路攀高，到了參孫時達到最高峯；同時在這種線性呈現的過程中，道德的向度也是以直線方式墜落，到了參孫時達到整個士師道德靈性黑暗的最低點。學者揚格（K.L. Younger）指出，敍述者在介紹「模範士師」俄陀聶時沒抱怨、不囉唆，之後上台的士師，一代不如一代，不論是以笏、底波拉／巴拉、基甸、耶弗他、參孫，愈來愈被敍述者所「抱怨」，最後最「耀眼」、「孔武有力」的參孫，卻是篇幅最多又道德最差的士師。因此，讀士師記必須掌握這兩條線性發展的文脈（context）來解讀，免得將其中的人物讀為正面「英雄」，⓯ 卻疏忽了這書中所謂的大人物，乃是「缺點」和「優點」都被放大的人物。其中最具代表性的例子是參孫和基甸。

大力士參孫的武功和勇氣絕對可以媲美世上任何武士、將軍（如項羽、成吉思汗、亞歷山大大帝〔Alexander the Great〕等）。別的不說，單看他雙手活捉300隻狐狸，捆上尾巴點燃火把，一場戰國名將田單大敗燕軍的火牛陣，移師到了士師記的舞台；但是參孫卻是一個自私、拒絕聽從父母親、不關心自己屬靈身分的人，一個終其一生忙於與迦南女子「廝混」之輩！

基甸則是教會、神學院舉辦「獻身研討會」最被歡迎的「菜單」之一，他帶領300人，用吹角、瓶子、火把等非傳統且離奇的「武器」，就可以成功地演出「小蝦米對抗大鯨魚」；但是為德不卒的他，死前就開始拜偶像，死後子孫互相殘殺，將他生前所有的屬靈功勳，一筆勾消！

解讀本書中的個別男性士師，必須依賴全書的文脈；解讀全書的女性角色，也同樣必須融會在全書的文脈中。其實，士師時代以色列和上帝關係的演變，也可以從本書中的女性角度略窺梗概。第一位出場的押撒，智慧地周旋於迦勒和俄陀聶之間，與這兩位英雄並駕齊驅且毫不遜色（一11～15），且成為本書主體中的底波拉、雅億「風光」地上台的前導者（四～五章）。接下來提備斯婦人抛了一塊磨石，結束亞比米勒所殘留的混亂（九53～54）；但是耶弗他的女兒卻被父親獻為燔祭（十一34～40）。隨後大利拉為錢設計害死她的男人參孫（十六4～22），米迦的母親則縱容兒子犯罪（十七章）；到了士師記尾端，利未人的妾被姦殺（十九章），基列．雅比400處女和示羅女子被搶奪、強佔、強暴（二十一章）。由此可見，進入士師隧道的女性也和男人一樣，命運一代不如一代（參本書附錄：〈神學反思：從士師記看女性的角色〉）。

1.5. 分水嶺：基甸前後

從前面的分析，士師記的兩個序，經本書主體而後逆轉成兩個跋，在其中隱約可見以色列極度墮落的狀態；而在整段主體中帶來逆轉的關鍵乃基甸。這從以下全書的扇形結構（chiastic structure；亦可譯作「交叉形結構」），即可完全凸顯出來：

A　序：以色列與外敵的爭戰（一1～二5）
　B　以色列離棄耶和華去事奉別神（二6～三6）
　　C　俄陀聶因妻子而得勝（三7～11）
　　　D　殘缺者以笏送禮物給外邦王，在約旦河擊殺摩押人（三12～31）
　　　　E　雅億殺了西西拉而脫離外邦欺壓（四1～五31）
　　　　　F　基甸（六1～七25）
　　　　　　1. 與偶像抗爭（六1～32）

2. 與仇敵爭戰（六 33 ～七 25）

F' 基甸（八 1 ～ 35）

1. 與本國人爭戰（八 1 ～ 21）

2. 墮入偶像崇拜（八 22 ～ 35）

E' 一婦人殺了亞比米勒而脫離內亂（九 1 ～ 57）

D' 被棄者耶弗他送信給外邦王，在約旦河擊殺以法蓮人（十 1 ～十二 15）

C' 參孫因妓女而慘敗（十三 1 ～十六 31）

B' 偶像的蔓延：利未人在但人所立的偶像壇前事奉（十七 1 ～十八 31）

A' 跋：以色列內部的爭戰（十九 1 ～二十一 25）

以笏和基甸的兩段記載，雖然皆以扇形結構呈現（參 5.2；8.1），兩者卻有很大分別，其不同在於：

以笏	基甸
受攻擊的敵人：摩押王伊磯倫。	受攻擊的敵人：米甸人。
以笏身上看不到軟弱、缺陷，而且在以笏這位左撇子士師手中，摩押被以色列所制伏。	基甸身上有著耶弗他、參孫、利未人相同的好色縱情記號（八 30「基甸有七十個親生的兒子，因為他有許多的妻」）。
「國中太平八十年」（三 30）。	基甸死後，並沒有「國中太平」的記載，只有「基甸還在的日子，國中太平四十年」（八 28）。
作者沒有此記載。	「以色列人又去隨從諸巴力行邪淫」（八 33）。

其實，從上文所列的全書大扇形結構看，基甸之前的士師（俄陀聶、以笏、底波拉），除了以笏有「耍詐欺敵」之嫌外，其他看不出任何明顯的缺陷；**但是基甸及以後的所有人物，統統顯露出墮落的行徑**，這關鍵就在於基甸拜以弗得（另一種偶像崇拜）。因此這位士師記中惟一在活著時造偶像，死前甚至影響以色列拜偶像的基甸，正好是士師時代以色列人的靈性轉折點。神學家奧古斯丁（Augustine）說：「偶像崇拜就是敬拜那本應被利用的，或是利用那本應被敬拜

從背景來看，基甸及之後的士師有其明顯的缺陷：基甸的父親造巴力祭壇（六 25），耶弗他是妓女所生，又被家庭排擠（十一 1～3），參孫來自「變節」了的但支派（一 34，十三 2）。

的。」基甸所犯的乃前者，就是敬拜那本該被大祭司穿著用以敬拜的衣服——以弗得（出二十八 6 ～ 35）。基甸之後的士師們，靈性日趨墮落，甚至脱離不了異教色彩：基甸和亞比米勒都有偶像崇拜的紀錄（八 27、33），耶弗他以活人——他的女兒——獻燔祭（十一 31），參孫違背拿細耳人條例。基甸位處全書大扇形結構的核心位置，且為本書帶來前後截然不同的特徵和影響的，共有 7 點。

第一，基甸墮落後，敍述者將「基甸」的名字，改變為引用那代表著「**讓巴力與他爭論**」的「**耶路・巴力**」這名字為主（六 32，七 1，八 29、35）。而且，在第九章共出現的 9 次（九 1、2、5、16、19、24、28），基甸統統被稱呼為「**耶路・巴力**」，之前的「**基甸**」（意思為「砍斷」、「砍倒者」）這名字完全消失。敍述者想要表達：原本是反對巴力的，到最後他都拜了巴力，而致以色列全民皆輸，完全忘了與他們立約的上帝，卻與巴力立約（八 33；「**巴力・比利土**」〔*baʿal bərîṯ*〕意思是「巴力立約／約之主」）。

第二，本書開始時所描繪的以色列人面臨的挑戰乃外敵（三 8、12、31，四 2，六 1），基甸之後則完全變成內亂，包括亞比米勒殺基甸眾子（九章），耶弗他殺以法蓮人（十二 1 ～ 6），參孫被自己的同胞出賣，被捆綁交給非利士人（十五 9 ～ 13），但支派殺戮同是以色列人的拉億城居民（十八 27），以及本書最後的總體「內戰」——以色列人聯手殺便雅憫人（二十 46 ～ 48）！顯然因著基甸的拜偶像，帶來之後以色列治安的黑暗期（由此更證實以色列的內部治亂取決於其靈性的盛衰）。

第三，基甸和亞比米勒的故事中，充斥著報復的舉動，包括基甸殺疏割人和毘努伊勒人（八 4 ～ 9、13 ～ 21）、約坦報復性寓言的傳講（九 7 ～ 21），以及亞比米勒向示劍人報復（九 23 ～ 49）。之後的耶弗他向以法蓮人報復（十二 1 ～ 6），參孫與非利士人之間冤冤相報的行為（十四～十六章），這些迦南思想和行為並沒有出現在基甸之前的士師身上。

第四，基甸之前的時代，只要以色列呼求，上帝就呼召士師來拯救；但是在基甸時代，以色列人呼求上帝和上帝呼召基甸之間，上帝先行差遣先知來責備以色列（六 7 ～ 10）。這責備在耶弗他時代益形嚴厲（十 10 ～ 16）；到了參孫時代就更慘了——以色列根本沒有求告上帝！參孫也沒有帶領以色列脫離非利士人的轄制，他的所謂「英勇」事迹，純粹表現在他個人的報復行為而已！

第五，基甸之前的士師底波拉和巴拉（勝者），有耶賓和西西拉與之成為對比（敗者）。與基甸「成雙成對」的，有河西的俄立和西伊伯（七 25），河東的西巴和撒慕拿（八 21），以及他蒙召時的兩個祭壇（六 24、25）和兩次獻祭（六 21、26），兩個名字（基甸和耶路．巴力），兩次用羊毛來試驗上帝（六 36 ～ 40），兩次不同數目的軍隊（七章），兩次用奇襲攻擊的戰役（七 19 ～ 23，八 10 ～ 12），兩次威脅、報復不協助的城（八 4 ～ 9、13 ～ 17）。這些紀錄襯托基甸的小信和報復，雖然他最後拒絕為王（八 23），但是基甸的兒子受了迦南文化影響，為了爭王而互相殘殺（九章）。從基甸父子兩代面臨「王權」歸屬問題，凸顯進入拜偶像的基甸家室，其信仰和思想行為不像先前的士師，已經被迦南文化所逆轉了！

第六，由敍述者如何於士師的劇情中用「火」，可見基甸乃士師記中「火」的發軔者：基甸蒙召後獻祭，立刻有「火」燒盡了祭物（六 21）；基甸用 300 人破敵時，「火把」是進攻的武器之一（七 20）；耶弗他用「火」將女兒燒為燔祭（十一 31 ～ 34）；在參孫的故事中，非利士人威脅用「火」燒死他的妻子和岳父（十四 15）；參孫用「火」燒狐狸尾巴，這把「火」燒了非利士人的禾稼、橄欖園（十五 4 ～ 5）；非利士人用「火」燒了參孫的妻子和岳父（十五 6）；參孫在耶和華的靈感動下，臂上的繩就像「火」燒的麻一樣（十五 14）；被大利拉計誘的參孫，掙斷繩子如同掙斷經「火」的麻線一般（十六 9）。這些「火」的敍述，都從基甸故事之後才被「點燃」的。

第七，在基甸之後，以色列的士師出現了神學的迷思：耶弗他許願的錯誤（十一 29 ～ 40）；大力士參孫則是以悲慘的結局落幕（十三～十六章）；之後，以色列的靈性愈來愈墮落，黑暗到兒子偷了母親的錢，母子竟然用這筆錢聯手造偶像，連利未人都為了保住「飯碗」拜偶像（十七～十八章）；利未人的妾行淫（十九 2），便雅憫的基比亞人輪流強姦這個妾（十九 25），那利未丈夫竟將她切成 12 塊（十九 29）。因此，槍口變成完全向內（二十章），而一馬當先的竟然是原來帶頭對外爭戰的猶大支派（二十 18，一 1 ～ 2），為本書提供了一個最具顛覆性的諷刺（irony）。⓰ 此外，從敘述者在全書所用的平行語法看，更顯示以色列墮落的關鍵人物是基甸，關鍵問題則是信仰：

1. 基甸崇拜自己設立的以弗得（八 27），帶來以色列的內戰和無政府狀態（九章）；
2. 米迦設立以弗得（十七 5），帶來以色列的內戰和無政府狀態（十八～二十一章）。

藉著這平行語法，呈現以色列人拜偶像、靈性墮落，與道德、治安、內政和外交的衰敗。因此，正如女性主義者的批判，本書所呈現的利未人的妾被姦殺、基列．雅比婦女被殺、示羅女子被搶奪等，是無人權、無保護、無安全的議題，不能單單以社會學（女性被男性欺壓）的角度來解讀。在此重提，以色列的問題不在於社會、政治、外交、軍事，而是道德、靈性，從十九至二十一章與十七至十八章的連結，即清楚提供了支持這個觀點的證據：

第一，十九至二十一章所呈現的社會混亂，是以扇形結構的型態出現：

A　利未人的妾被輪姦（十九 1 ～ 30）
　B　對便雅憫的內戰（二十 1 ～ 48）
　　C　問題：以色列的誓言與便雅憫的滅族危機（二十一 1 ～ 7）
　B'　對基列．雅比人的內戰（二十一 8 ～ 15）
A'　示羅女子被強姦（二十一 16 ～ 24）

第二，十九至二十一章的上文，即十七至十八章，也是以扇形結構來呈現以色列的靈性混亂：

A　自設祭壇的家庭（十七 1 ～ 6）
　B　惟利是圖作祭司的利未少年（十七 7 ～ 13）
　B'　為利求問神的但支派探子（十八 1 ～ 10）
A'　自設祭壇的支派（十八 11 ～ 31）

第三，敍述者特別藉著四次出現本書跋中最重要的一句「那時以色列中沒有王（各人任意而行）」為指標（十七6，十八1，十九1，二十一25；另參本書頁258～260），**將十九至二十一章和十七至十八章完全融合在一起**：

學者斯滕伯格（M. Sternberg）指出，4次出現的「以色列中沒有王」，扮演著貫穿且連結十七至二十一章，使全書成為一體的功能。

A　自設祭壇的家庭（十七1～5）

　　那時以色列中沒有王，各人任意而行（十七6）

　B　惟利是圖作祭司的利未少年（十七7～13）

　　那時，以色列中沒有王（十八1上）

　B'　為利求問神的但支派探子（十八1下～10）

A'　自設祭壇的支派（十八11～31）

　　當以色列中沒有王的時候（十九1上）

A　利未人的妾被輪姦（十九1下～30）

　B　對便雅憫的內戰（二十1～48）

　　C　問題：以色列的誓言與便雅憫的滅族危機（二十一1～7）

　B'　對基列·雅比人的內戰（二十一8～15）

A'　示羅女子被強姦（二十一16～24）

　　那時，以色列中沒有王，各人任意而行（二十一25）

原來以色列社會的混亂（十九～二十一章），乃因為其靈性混亂使然（十七～十八章）。敍述者在呈現了以色列社會的混亂時，多次以「**那時以色列中沒有王，各人任意而行**」總結，大有不忍再寫之歎！學者麥卡恩（J.C. McCann）指出，士師記並不是促銷聖戰。讀者從本書的跋得知，以色列社會中的暴力，乃源自其靈性上拜偶像和背約，以致產生道德上的不義使然。因此士師記在促銷的，乃以色列（及世人）都該棄絕偶像崇拜、悔改歸向上帝，免得走上以色列人在本書中，因為垂直面與上帝隔離，而導致水平面上那個人、家庭、社會各階層的道德全面瓦解的悲劇。

士師年代表（年份均以約計）

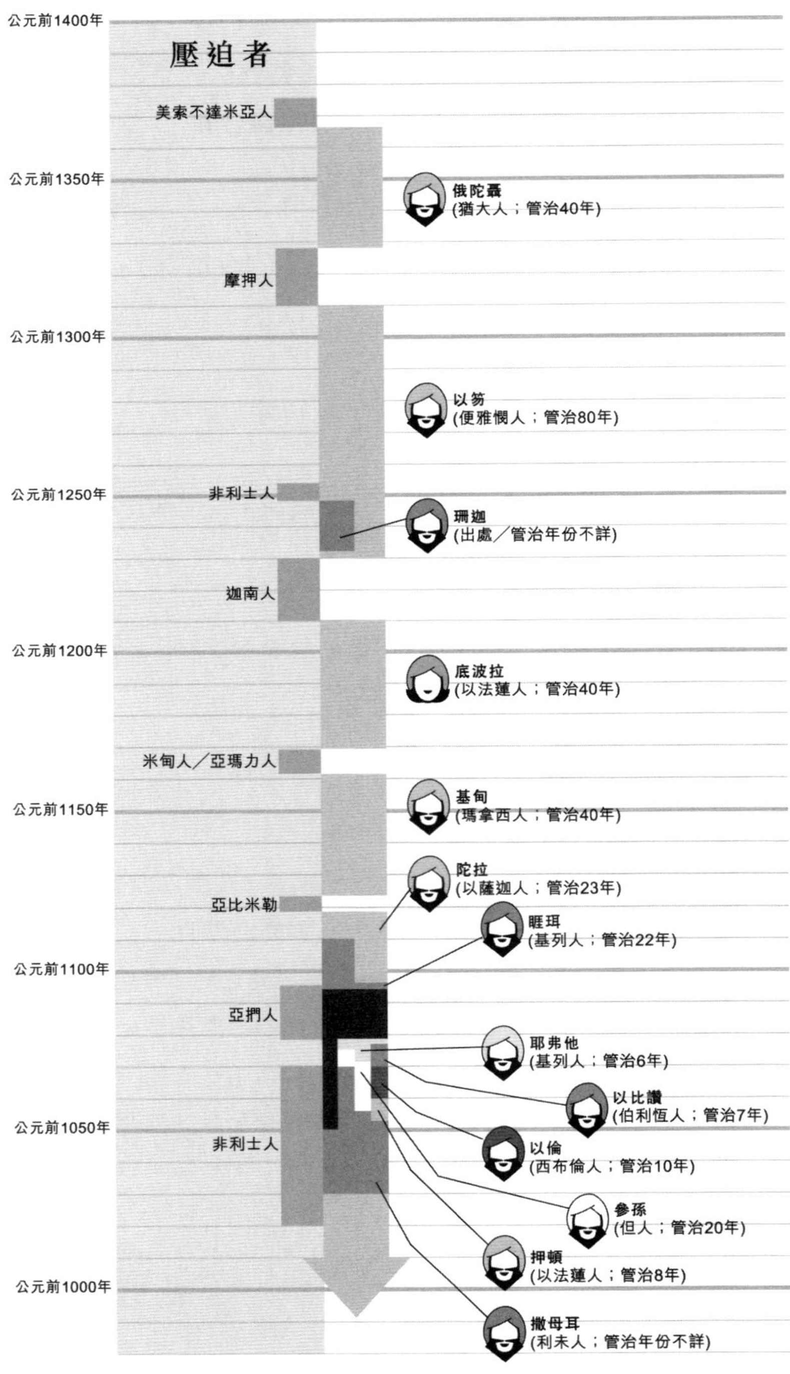

釋經短註

❶ 研究舊約聖經不能沒有舊約正典所提供的宏觀的救恩大架構，士師記也不例外。若不然，可能會陷入美國立國之初，有些清教徒誤將自己類比為進迦南的以色列民，將美洲的原住民類比為該被剪除的拜偶像的迦南人，而產生了錯誤的「滅族軍事行動」，並將侵佔原住民地土的悲劇美其名為「聖戰」。有學者卻從另一角度詮釋，認為以色列人入迦南，攻打迦南人是一種不可容忍的「暴力」行動。這樣的看法都有其不客觀的原素，學者麥卡恩指出，若責備昔日的以色列在迦南施行暴力，乃因他們不明白當時的歷史背景，忽略了上帝曾給迦南人機會，寬容他們已到極限（創十五16），更疏忽現代人的暴力舉動遠超過士師記的事實。

❷ 士師記被列入為先知書歷史背景，原因是其內容被其他書卷引用。從撒母耳記上十二章9至11節的記載看，撒母耳和撒母耳記上的作者熟悉士師記的主體中（參士三7～十六31）關於西西拉、非利士人、摩押人、基甸／耶路．巴力、比但（巴拉）和耶弗他的故事；大衛手下約押也熟悉提備斯婦人拋磨石打死亞比米勒的故事（九53～54；撒下十一21）。此外，先知書也引用士師記（參賽九4；何六7～9，九9，十9）。

❸ 整卷士師記記載的起點是發生於早期（公元前1440年）或晚期（約公元前1280～60年），是與出埃及記息息相關的，其中的爭議，除了聖經的記載（尤其是士師記十一章26節的「300年」，和列王紀上六章1節的「480年」，是否都代表著真正的年數？抑或480年乃12個世代的代表〔一世代相等於40年〕？），也有考古的發現。

❹ 若按照「七十士譯本」，整本士師記歷時420年。不論是410或420年，都會「壓迫」到後來經文所說，「以色列人出埃及後到所羅門王作王第四年共480年」的記載（王六1），因為曠野飄流、掃羅時期、大衛時期各是40年，也必須將約書亞在迦南地的時間算進來（書二十四29）。

❺ 這段落就是全書的第一個序。這序記載著以色列各支派如何因為妥協，掉進不能趕出迦南人的「骨牌效應」；此外，也預告了本書的主體（三7～十六31），即輪番登上士師記舞台的士師們的地理分佈位置，從猶大支派的俄陀聶，到但支派的參孫。

❻ 這段落是全書的第二個序。許多學者認為，敍述者的動機乃藉此書替以色列王朝（尤其褒大衛王朝、貶掃羅王朝）作答辯。可是，敍述者是否有如此巧妙的「預設、暗示」，仍待評估，特別是這立場必然將本書成書定位於聯合王國時期；此外，對於本書第二個序所呈現，以色列政治、社會、治安等水平面問題的關鍵，乃肇因於信仰、靈性等垂直面出了問題，但上述主張卻忽略了敍述者這顯明的動機。

❼ 學者一般將士師分類成為「大士師」和「小士師」（或「主要的」和「次要的」；「循環」和「非循環」），其中最大、最後、最慘烈的參孫，被學者標示為「墮落的縮影」（the epitome of degeneration）。

❽ 誠然希伯來書作者，將基甸、巴拉、參孫和耶弗他放在信心名人榜之林（來十一 32），且與喇合、撒母耳、大衛等人齊名；但是這 4 位大士師之所以被新約記念，並不是他們乃「德高望重」的，而是因為他們有信心，而且有上帝的靈降臨在他們身上作印證，並且使用他們——即使他們有許多性格上的缺陷。

❾ 布洛克主張，本書的神學主題乃「以色列的迦南化」（Canaanization of Israelite）。他認為敍述者乃扮演著暮鼓晨鐘的角色，盼望藉著本書所描繪以色列人在宗教及道德上的崩潰，搖醒同時代的讀者：離開迦南化，歸向立約的上帝。學者麥卡恩也指出，「警告」與「盼望」，「審判」與「恩典」乃本書的兩個主軸。

❿ 對於士師記的神學主題，揚格指出，敍述者著重於「大士師／循環士師」，而對於小士師所受外邦的欺壓（參十 11 ～ 14），少有著墨；此外，作者也使用罕有的兩個序和兩個跋，達到前後呼應的果效，好讓讀者清楚了解以色列乃因為離棄上帝，在垂直面（神學）出問題，才導致水平面（社會、政治、治安等）出問題。

⓫ 揚格指出兩個序、兩個跋乃前後呼應，但沒有將本書主體（三 7 ～十六 31；參 1.3 列出的扇形結構）放進來。布洛克指出本書乃 3 段式架構，但是沒有指出前後兩個序與跋的呼應。

⓬ 在跋中記載了猶大女子被切成 12 塊的悲劇，難怪學者麥卡恩指出，士師記乃一本「惡名昭彰」的書；而包爾（Mieke Bal）更認為本書乃「父權」社會搖晃下關於女性死亡的書。

⓭ 亞默丁（C. Armerding）指出，在

基甸之前的士師，包括神祕人物珊迦（三31），帶來了以色列「國中太平」（三11、30，五31，八28）；但是基甸之後的士師，非常不「正統」，包括耶弗他、參孫等，他們並沒有帶給以色列「國中太平」。他們死後，本書的篇幅，即被荒誕混亂的跋所取代，「國中太平」被道德、靈性、政治、軍事等全部敗壞所取代（十七～二十一章）。

⑭ 第一位小士師為珊迦（三31），其餘5位被安置在耶弗他的前後，分別是陀拉（十1～2）、睚珥（十3～5）、以比讚（十二8～10）、以倫（十二11～12）和押頓（十二13～15）。6位大士師中，除了參孫以外（十三～十六章），敘述者基本上乃沿著背約、受欺壓、悔改、拯救的循環來記載，包括俄陀聶（三7～11）、以笏（三12～30）、巴拉／底波拉（四1～24）、基甸（六1～八35）和耶弗他（十6～十二7）。

⑮ 曾思瀚指出，「單憑直覺將每位士師視為英雄的解讀法，的確無法與士師記作者所建構的歷史背景完全相合。如果讀者將士師記的內容草率地連結為一系列的英雄故事，那麼整本士師記將失去其統一性和連貫性，尤其是卷尾的伯利恆故事，更難與一連串的英雄故事融合為一。」

⑯ 曾思瀚主張，本書包括前言（一1～三6）、循環一（三7～九57）、循環二（十1～十二7）、循環三（十二8～十六31）和結語（十七1～二十一25）。敘述者藉著不同的語法，包括意象（imagery）、諷刺、循環大架構等文學手法，來呈現本書情節中的人物，認定本書乃一「典型的悲劇故事」，參孫更為全書的悲劇劃下句點。

1.6. 參考書目

1.6.1. 專論

Albright, W.F. *Archaeology and the Region of Israel*. Baltimore, MD: Johns Hopkins Press, 1968.

Bal M. *Death & Dissymmetry: The Politics of Coherence in Judges*. Chicago, IL: University of Chicago Press, 1988.

Chisholm, R., Jr. *From Exegesis to Exposition: A Practical Guide to Using Biblical Hebrew*. Grand Rapids, MI: Baker, 1998.

Craigie, P.C. *The Problem of War in the Old Testament*. Grand Rapids, MI: Eerdmans, 1978.

Crenshaw, J.L. *Samson: A Secret Betrayed, A Vow Ignored*. Atlanta, GA: John Knox Press, 1978.

Davis, D.R. *Such a Great Salvation: Expositions of the Book of Judges*. Grand Rapids, MI: Baker, 1990.

Exum, J.C. *Fragmented Women: Feminist (Sub)versions of Biblical Narratives*. JSOTS 163. Sheffield: JSOT Press, 1993.

Klein, L.R. *The Triumph of Irony in the Book of Judges*. JSOTSup 68. Sheffield: Almond Press, 1988.

Marius, J. *Representation in Old Testament Narrative Texts*. Leiden: E.J. Brill, 1998.

Na'aman, N. *Borders and Districts in Biblical Historiography*. Jerusalem Biblical Studies 4. Jerusalem: Simor, 1986.

O'Connell, R.H. *The Rhetoric of the Book of Judges*. VT Sup 63. Leiden: E.J. Brill, 1996.

1.6.2. 釋經書

Block, D.I. *Judges, Ruth*. The New American Commnentary. Nashville, TN: Broadman & Holman Publishers, 1999.

Boling, R.G. *Judges: Introduction, Translations and Commentary.* The Anchor Bible. Garden City, NY: Doubleday, 1981.

Fausset, A.R. *A Critical and Expository Commentary on the Book of Judges*. London: James Nisbet, 1885.

Hamlin, E.J. *Judge: At Risk in the Promised Land*. International Theological Commentary. Grand Rapids, MI: Eerdmans, 1990.

Matthews, V.H. *Judges and Ruth*. New Cambridge Bible Commentary. Cambridge, UK/NY: Cambridge University Press, 2004.

McCann, J.C. *Judges*. Interpretation. Louisville, KY: John Knox Press, 2002.

Moore, G. F. *A Critical and Exegetical Commentary on Judges*, The International Critical Commentary. Edinburgh: T. & T. Clark, 1895.

Schneider, T.J. *Judges*. Berit Olam. Collegeville, MN: The Liturgical Press, 2000.

Younger, K.L., Jr. *Judges and Ruth*. NIV Application Commentary. Grand Rapids, MI: Zondervan, 2002.

曾思瀚：《士師記──人民任意而行的時代》。吳瑩宜譯。香港：明道社，2006。

曾祥新：《士師記》。香港：天道書樓，1998。

1.6.3. 專論文章

Bowman, R.G. "Narrative Criticism of Judges: Human Purpose in Conflict with Divine Presence." In *Judges and Method*, 17 ～ 44. Edited by A.Y. Gale. Minneapolis, MN: Fortress, 1995.

Brenner, A. "A Triangle and a Rhombus in Narrative Structure: A Proposed Integrative Reading of Judges 4 and 5." In *Feminist Companion to Judges*, 98 ～ 109. Edited by Brenner, A & Klein, L.R. Sheffield: JSOT Press, 1993.

Brettler, M.Z. "The Book of Judges: Literature as Politics." *JBL* 108 (1989): 395 ～ 418.

Day, P.L. "From the Child Is Born the Woman: The Story of Jephtah's Daughter." In *Gender and Difference in Ancient Israel*, 58 ～ 74. Edited by P.L. Day. Minneapolis, MN: Fortress Press, 1989.

Exum, J.C. "Feminist Criticism: Whose Interests Are Being Served?" In *Judges and Method*, 65 ～ 90. Edited by A.Y. Gale. Minneapolis, MN: Fortress Press, 1995.

_________. "The Theological Dimension of the Samson Saga." *VT* 33 no.1 Ja (1983): 30 ～ 45.

Fokkelmann, J.P. "Structure Remarks on Judges 9 and 19." In *Sha'arei Talmon: Studies in the Bible, Qumran, and the Ancient Near East presented to Shemaryahu Talmon*. Edited by M. Fishbane et al. Winona Lake, IN: Eisenbrauns, 1991.

Klement, H.H. "Modern Literary-Critical Methods and the Historicity of the Old Testament." In *Israel's Past in Present Research*, 439 ～ 459. Edited by V.P. Long. Winona Lake: Eisenbrauns, 1999.

Millard, A.R. "Back to the Iron Bed: Og's or Procrustes'?" *Congress Volume, Paris, 1992.* VTS 61, 193 ～ 203. Leiden: Brill, 1995.

Niditch, S. "Samson as Culture Hero, Trickster, and Bandit: The Empowerment of the Weak." *CBQ* 52 (1990): 608 ～ 624.

Wolf, H. "Judges." In *Expositor's Bible Commentary.* Vol. 3. Edited by F.E. Gaebelein. Grand Rapids, MI: Zondervan, 1992.

Younger, K.L. Jr. "Judges 1 in Its Near Eastern Literary Context." In *Faith, Tradition, and History*. Edited by A.R. Millard, J.K. Hoffmeier and D.W. Baker. Winona Lake, IN: Eisenbrauns, 1994.

吳獻章：〈從舊約看報復：當受害者成為加害者〉。載《思想起——從舊約看》，頁 95 ～ 137。台北：中華福音神學院／華宣出版社，2008。

第一篇

序言：
從約書亞到士師——以色列迦南化的背景（一1～三6）

本書以約書亞的死開始（一 1）。敘述者在書中兩度提及約書亞的死（一 1，二 8），看似累贅，其實當中呈現了本書的序文：透過兩個不同的方向來導出全書的神學主題。首先，一章 1 節至二章 5 節從以色列的角度來導出神學主題，而二章 6 節至三章 6 節，則從上帝的角度來呈現；此外，一章 1 節至二章 5 節敘述以色列軍事上的失利，而二章 6 節至三章 6 節，則敘述以色列在靈性上的失敗。以上兩者合併，便成了士師記的序言。對於這序言，學者衛布（B.G. Webb）認為一章 1 節至三章 6 節是全書的序曲（overture），而布洛克則認為一章 1 節至三章 6 節扮演了提供全書主體（三 7 ～十六 31）中軍事和神學的文脈（context）。整體而言，這序闡述約書亞死後，以色列人如何在爭戰中漸漸讓步（第一個序），並離棄上帝，與迦南人妥協（第二個序）。它正好呈現本書一個重要神學主題：以色列（無論在軍事、宗教、社會等）的失敗源於違背上帝與他們所立的約。本書的跋也準確地呼應了這精闢的序：以色列背棄了上帝，信奉其他的宗教，又拜偶像（十七～十八章），因而導致社會落在無政府、混亂的狀態中（十九～二十一章）。這一篇便將這序分為兩章論述：成功是失敗的開始——世俗化的骨牌效應（一 1 ～二 5）；以色列軍事失敗的屬靈原因——服事巴力（二 6 ～三 6）。

第二章

成功是失敗的開始：世俗化的骨牌效應（一1～二5）

- 以色列人得地
- 波金事件

2.1. 以色列人得地（一 1 ～ 36）

士師記一章中登上本書舞台的十二支派，按次是猶大和西緬（3 ～ 20 節）、便雅憫（21 節）、約瑟家（22 ～ 26 節）、瑪拿西（27 ～ 28 節）、以法蓮（29 節）、西布倫（30 節）、亞設（31 ～ 32 節）、拿弗他利（33 節）和但（34 ～ 36 節）等。這是按照地理位置從南到北依次敘述的，而本書中各支派士師的出現，大致也按此順序，由此顯示第一章確實扮演本書序文的功能。❶

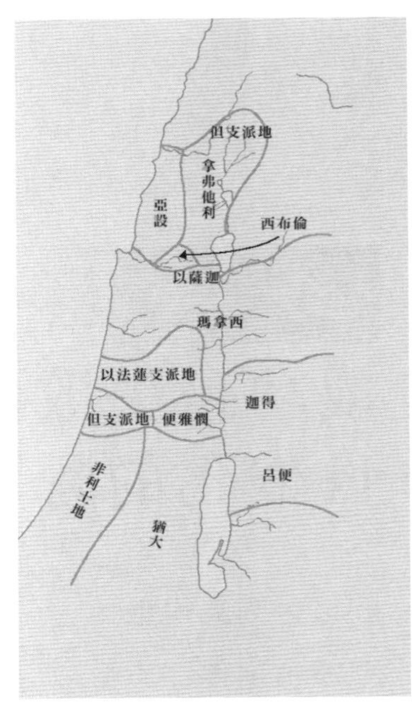

士師時代十二支派分佈情況

士師名稱	所屬部族	參考經文
俄陀聶	猶大	一 11 ～ 15，三 7 ～ 11
以笏	便雅憫	三 12 ～ 30
珊迦	不詳	三 31
底波拉	以法蓮	四～五章
基甸	瑪拿西	六～八章
陀拉	以薩迦	十 1 ～ 2
睚珥	基列	十 3 ～ 5
耶弗他	基列	十一 1 ～十二 7
以比讚	猶大	十二 8 ～ 10
以倫	西布倫	十二 11 ～ 12
押頓	以法蓮	十二 13 ～ 15
參孫	但	十三～十六章

分段大綱（一 1 ～ 36）

1. 約書亞的死（一 1 上）
2. 十二支派得地（一 1 下～ 36）
   甲、猶大攻佔土地（一 1 下～ 21）
   乙、約瑟家攻佔土地（一 22 ～ 26）
   丙、以色列未得之地（一 27 ～ 36）

2.1.1. 約書亞的死（一 1 上）

一章 1 節至二章 5 節和二章 6 節至三章 6 節曾兩次提到約書亞的死，呈現了本書與約書亞記的連結，因為從約書亞的死來看（書二十四 29），**約書亞記**和士師記正好為以下的扇形結構所連結：

學者寶津（R.M. Polzin）正確地指出，敍述者藉重述約書亞記得地的現況，來呈現以色列人在士師記得地的光景。

A　約書亞死了（書二十四 1 ～ 33）

　B　約書亞死後（士一 1 ～二 5）

A'　約書亞死後（士二 6 ～ 23）

從舊約正典編排前後次序的角度看，申命記以摩西的死結束（申三十四章），約書亞記以摩西的死開始（書一 1），以約書亞的死結束，士師記則以約書亞的死開始。而且士師記首兩章多次直接引用約書亞記，說明了兩書的連貫性。學者揚格指出，士師記第一章清楚顯出本來只涵蘊在約書亞記中的敍述，尤其是約書亞記十三至十九章（分地）的內容。這些相同的內容呈現了一個重要的線索：約書亞記、士師記等歷史書卷的神學思想是建基於「五經」（參申二十六、二十八章；另參 1.1 及第一章釋經短註 1）。

士師記與約書亞記平行的經文	
士一 10、20	書十四 6～15，十五 13～14
士一 11～15	書十五 15～19
士一 18～19	書十三 2～3
士一 21	書十五 63
士一 27～28	書十七 11～13
士一 29	書十六 10
士一 30	書十九 10～16
士一 31～32	書十九 24～31
士一 33	書十九 32～39
士一 34～35	書十九 41～48
士二 7～9	書二十四 28～31

在接著的析讀中，凡約書亞記與士師記有關的地方，會作詳解。

士師記第一章共出現 6 次的「起來」（ʿālāʰ；一 1、2、3、4、16、22），與約書亞被吩咐「起來、過河」（qûm；書一 2），遙相呼應。

再者，從得地的角度看，本書可以說是**約書亞記的「續集」**，且都呼應五經。以色列之所以能得地，不是因為以色列國大人多（申七 7），而是因為上帝按著祂與列祖所立的約（創十五 16），祂的信實使祂自己的應許得以實現（書二十四 5）。摩西沒有完成的工作，由約書亞接續完成；現時約書亞死了，只要以色列子民肯跟隨摩西、約書亞的腳步（書二十三 14～15），便可以完全得到上帝應許摩西要賜給以色列人的地土（書一 3）！❷

2.1.2. 十二支派得地（一 1 下～ 36）

學者布洛克稱「士師記所記以色列人進迦南地的史實，並非空中樓閣」。

士師記一章不僅使用約書亞記的記載，敘述者還將之扼要總結、改寫、延伸整個以色列人**得迦南地的故事**。這故事並非沿著時間先後／歷史的主軸，而是沿著南到北的地理分布來敘述的──從猶大、西緬、便雅憫（一 3 ～ 21），到約瑟家（22 ～ 26 節），及至瑪拿西、以法蓮、西布倫、亞設、拿弗他利、但等。敘述者巧妙地以扇形結構來呈現士師記的第一個序：❸

A　以色列聚集問耶和華「誰當首先上去（ʿālāʰ）」（一1下～2上）
　B　猶大當上去（一2下～21）
　　a　序：耶和華應許（一2下）
　　　b　妥協：猶大和西緬同盟（一3）
　　　　　上去（ʿālāʰ）征服了亞多尼·比色（一4～8）
　　　　x　猶大（包括迦勒、俄陀聶、基尼人）成功的爭戰（一4～16）
　　　　　下去（yāraḏ）征服了底壁和亞得拉（一9～16）
　　　b'　妥協：猶大和西緬同盟（一17）
　　a'　附錄：耶和華與猶大同在（一18～21）
　B'　約瑟家也上去（一22～36）
　　a　序：耶和華應許（省略）
　　　b　約瑟家的得勝（一22）
　　　　x　妥協：約瑟家、瑪拿西、以法蓮、西布倫、亞設、拿弗他利和但（一23～34）
　　　b'　約瑟家的妥協（一35）
　　a'　附錄（一36）
A'　耶和華使者上去（ʿālāʰ）控告聚集的以色列人（二1～5）

B和B'預告了以色列十二支派中的猶大（後來的南國）和約瑟家（後來的北國）兩大支派，都是以成功開始，卻以妥協結尾、滑落收場。從B看，猶大膽怯，兩次邀請西緬同盟（一3、17），暗示了他們對上帝應許的小信（2節）。更重要的是，猶大保留了亞多尼·比色（5～7節），約瑟家保留了伯特利的引路人（23～25節），遂成為自己將來的網羅（二2～4），因此吩咐上去得地的命令失敗後（A），上帝只好派使者「上去」控訴、責備（A'）。如此給本書留下一個重要的伏筆：進入士師記的以色列將進入屬靈的黑暗期。這個不妙的伏筆，已經暗示在x的3段軼聞中：一5～7、12～15、23～26。這3段軼聞都發生在大城市（耶路撒冷、希伯崙、伯特利），且都將焦點從支派這羣體的成就，轉向個人的經驗：一個迦南王逃離猶大的攻擊，一個女子比男人更有主張，一個迦南人在以色列地土內建城市。

此外，在B的核心x之上下，有著「猶大上去」（4～8節）和「猶大下去」的對比（9～16節）。「猶大上去」進攻的焦點為比色和耶路撒冷，但「猶大下去」進攻的對象為希伯崙、底壁、洗法／何珥瑪等地。這對比也有諷刺意義：「上去」的事件暗示了猶大的小信，「下去」的事件顯示上帝對外邦歸順者的恩。

這羣以色列民不像在約書亞記時代，經歷約旦河水被止住（書三14～17），耶利哥城塌陷（書六章），日頭月亮星宿停留24小時（書十12～14）等神蹟的陪伴和鼓舞。進入士師記第一個序，讀者已經覺得不妙，因為在兩個老大哥猶大和約瑟家以及其餘支派相繼淪陷（正如B和B'所描繪）。猶大首先「不能趕出平原的居民」（士一19；「趕出」〔*yāraš*〕），接著淪陷的分別是便雅憫（21節）、瑪拿西（27節）、以法蓮（29節）、西布倫（30節）、亞設（31節）、拿弗他利（33節），結果是一些迦南人佔據應許之地（參34～36節）。原來在曠野40年以單一種族生活的以色列人（參五經），在約書亞死後，成為必須與迦南人混雜居住的局面，留下被迦南人同化的敗筆。接著的是上帝控訴以色列（正如對稱A的A'）。進入士師記，以色列明顯墮入了「屬靈隧道」！❹

正如約書亞記乃從摩西死後開始記載（書一1），士師記是在約書亞死後開始記載（士一1），敍述者如此呈現，說明了新的時代正要開始。讀完約書亞記的讀者必然會問：約書亞死後（書二十四29～31，士二6～10），他所留得地為業的遺囑進行得如何呢（書二十三4～5）？約書亞沒有完成的工作，誰可以去完成呢？摩西死前預備了約書亞為接班人（民二十七15～23；申三十一、三十四章），但約書亞死後卻沒有接班人。當然，責任不在約書亞身上。這位領袖承擔了進攻迦南如此艱鉅的工作後，知道自己日子不多的他（書十三1～7），將地土劃分給各支派（書十三～十九章），也給他們勸勉（書二十三1～13），囑咐他們要立約後，就死了（書二十四1～29）。因此，士師記一開始就出現了以色列當下的窘局：領導荒。然而上帝的兒女不要單單關注政治、社會的水平問題，更要關注神學（垂直）問題：上帝會派誰去完成祂的工作。「**以色列人求問耶和華說：『我們中間誰當首先上去攻擊迦南人，與他們爭戰？』**」（一1）？❺ 明顯的，敍述者呈現和約書亞記一樣的神學：得地的主權屬乎上帝。

2.1.2.1. 猶大攻佔土地（一1下～21）

回顧歷史即可發現，約書亞記中不論是過河、得地、分地、事奉等，由始至終都是以上帝為主導。本書的序仍然在約書亞記的影子下延展：得地的主導者是上帝（一2），而被上帝挑選要**帶頭**攻擊迦南人的是猶大支派的人，並且也有上帝給約書亞的相同應許和保證：「**我已將那地交在他手中**」（2節；參書六2，十8，十一6）。有了新的領袖和上帝不變的應許，讀者期待著這本書與約書亞記一樣，得勝再得勝；焉知尚未讀完這一章，立即發現光輝的歷史已經遠颺了，士師記整體性而言是滑落再滑落，第一章竟然成為整個士師記世俗化的隧道洞口！

在曠野中以色列的前進編組中，「打頭陣」的就是猶大支派（民二3、9）。雖然約瑟家（兒子以法蓮、瑪拿西）取代了呂便長子的身分（代上五1～2），但雅各給十二支派的祝福中就凸顯了猶大居於領導的地位（創四十九10）。

洞察這滑落的危機，必須具備觀察入微的眼力。有了上帝的命令，猶大沒有立刻扛起這神聖責任，❻ 卻邀請兄弟兼鄰居的西緬一同去得地（一3「**猶大對他哥哥西緬說：『請你同我到拈鬮所得之地去，好與迦南人爭戰；以後我也同你到你拈鬮所得之地去。』於是西緬與他同去。**」）他們有難同當、有福共享本是好事，特別是猶大和西緬同父同母：雅各和利亞（創二十九33、35），加上西緬的地業是從猶大地業中得來的（書十九1～9），❼ 果然，「**猶大就上去；耶和華將迦南人和比利洗人交在他們手中。他們在比色擊殺了一萬人**」（一4）。耶和華豈有難成的事嗎？帶領以色列人進迦南地的上帝乃全能的上帝！摩西、約書亞不在了，但是上帝仍與祂兒女同在。

比利洗人原是上帝要審判之族（創十五20；申七1；書三10，九1），是迦南人一小支派，人數約10,000（原文為10個 ʾelep̄；參民二，二十六章）。布靈將10,000解讀為10個「族長／分遣隊」（將 ʾelep̄ 讀為「族長」）。

第一章仍未完全進入士師的隧道，至少陽光仍然燦爛，因為本書的開始呈現與約書亞記同樣的神學主題：耶和華乃聖潔的戰士，與摩西在五經裏所描繪的相同（出十五 3，十七 8 ～ 15）。在約書亞攻打耶利哥城之前，耶和華軍隊的元帥曾向他顯現（書五 13 ～ 15）。而在士師記中耶和華的屬性並沒有變，仍然是一位為祂子民爭戰的戰士，勝利也完全屬乎祂。上帝在約書亞記中賞賜以色列「道路亨通、凡事順利」的應許（書一 7 ～ 8），而在士師記的開頭似乎仍舊享有這福氣。從所記錄的爭戰看，不論是迦南人或比利洗人（士一 4），不論是比色（4 ～ 7 節）、耶路撒冷（8 節）、希伯崙（10 節）、底壁（11 ～ 15 節）、何珥瑪（17 節），或是地中海沿岸諸城（18 ～ 19 節），在耶和華的帶領之下，「耶和華將……交在他們手中」（4 節），以色列盡都順利奪取了。

「亞多尼．比色」（ʾădōnî bezeq）原文意思是「比色的主」。「比色」指一個地方，它與約書亞記十章 1 至 3 節的「亞多尼．洗德」（ʾădōnî-ṣedeq）意義不同，「比色」這名詞原本是迦南地一個神明的名字。

儘管如此，士師記一章仍為全書每下愈況的發展預留了伏筆。學者蔡爾茲（B.S. Childs）指出一章已經給不順服的以色列戴上神學性審判的帽子。表面上，猶大出入爭戰似乎全然得勝，就連有能耐將 70 個王手腳的大拇指都砍斷，使他們在桌子底下拾取零碎食物的**亞多尼．比色**，都輕而易舉地抓了來，並且同樣砍斷他手腳的大拇指（5 ～ 6 節）。但是敍述者藉著這位比色的「城主／王」所說的「以眼還眼、以牙還牙」的報復經驗，❽ 諷刺殺他的以色列人：「亞多尼．比色說：『……現在上帝按著我所行的報應我了。』」（7 節）

這個諷刺暗示著以色列將來也會有「自己的報應」，比色「城主／王」臨終之言成為以色列的「讖語」：以色列的結局將和亞多尼．比色一樣，得到公義上帝的報應，正如本書所呈現的，以色列逐漸走入攘外變成內戰的互相殘殺的悲劇中！更重要的是，「於是他們將亞多尼．比色帶到耶路撒冷，他就死在那裏」（7 節）。在此以色列人並沒有求問上帝該如何處理這囚犯。按照上帝的吩咐，這些迦南人都應滅絕淨盡，為免使以色列人隨著他們般行惡（申七 1 ～ 2，二十 16 ～ 17）。只是以色列人沒有聽上帝的吩咐，卻按照迦南人的方式處理。學者布洛克認為比色「城主／王」被砍斷手腳的大拇指後，可能流血過多而死。這是迦南人為怕敵人東山再起報仇，而有這殘忍的處理手法，並沒有任何聖經案例可尋。若這真的出於迦南人的行徑，迦南的習俗已經悄悄地植入以色列人的心田了。可見以色列人進入士師的「隧道」，便與「迦南化」糾葛在一起，到士師的「隧道」深處，非利士人與參孫之間的互動，就是最好的「以眼還眼、以牙還牙」的例證，而這原則就活生生地出現在士師參孫的口中：「**他們向我怎樣行，我也要向他們怎樣行。**」（十五 11）愈到士師的晚期，以色列人愈被迦南人同化。難怪本書的第一個序，以上帝的引導和保證開始（一 1 ～ 2），卻以上帝的控告和斥責作結束（二 1 ～ 5）。

敍述者接著將猶大前進的焦點，轉向公元前 3000 年就已經存在的古城耶路撒冷，而且不見任何攔阻就以全面審判的方式取得這重要的城。「**猶大人攻打耶路撒冷，將城攻取，用刀殺了城內的人，並且放火燒城。**」（一 8）以色列人曾以同樣方法對付其他的城（參書六 24，八 8，十一 11；另參士九 49）。❾ 接著，敍述者藉著對比（參 2.1.2 的扇形結構大綱），在一章 9 節描繪猶大下一波的地理戰略的次序：「山地」（10 ～ 15 節）、「南地」（16 ～ 17 節）、「**丘陵**」（18 節）。這 3 個地形的戰略方針，乃成為猶大進攻迦南地的「戰術指南」。

「高原」（šəp̄ēlā^h；「呂振中譯本」譯為「低原」）原文乃指夾在中央山地與地中海平原中間一帶有山有谷的小山丘地區，若譯作「丘陵」會較貼切。這地區乃以色列與迦南人（尤其非利士人）「兵家」必爭之地。大衛曾在這地打敗歌利亞（參撒上十七章）。

第一個地形戰略是「山地」。這階段的攻取有兩個向度，第一是奪取希伯崙。猶大人似乎在沒有抵抗下，就攻下耶路撒冷南邊 19 里的古城希伯崙，且將迦勒在此所趕出的亞衲族長「**示篩、亞希幔、撻買**」，全部殺了（10 節；書十五 13 ～ 14），讓迦勒完成在上帝和約書亞面前的心願（民十三 21 ～ 22；書十四 6 ～ 15）。❿ 能夠取得這被亞衲族人佔領、但在以色列歷史和戰略地位上極為重要的城市希伯崙（又名「**基列・亞巴**」）——尤其在摩西、約書亞都已不在時——讓新時代的以色列百姓，親眼看到上帝透過摩西所賜下的應許仍然是可以活生生地被應驗的（申九

「基列・亞巴」（qiryaṯ ʾarbaʿ）原文可能指 4 個城所合併的城（ʾarbaʿ 的意思是「4」）。這所謂的「四城」曾是列祖埋葬之處（創二十三 19，二十五 9 ～ 10），也是後來大衛就任猶大王的首都（撒下五 1～5）。

1～3），⓫ 這成為以色列進攻必勝的極重要的信心指標。

底壁原文（qiryaṯ-sēper）意思可能是「書卷之城／官員之城」，地點不詳。11至15節的記載呼應著約書亞記十五章15至19節，好讓士師記緊緊連於約書亞記，並因此盼望新時代可繼往開來、繼續得勝。

奪取「山地」的第二個向度乃**底壁**（從前名叫「基列．西弗」；一11）。敍述者之所以先摘要地報導「他們從那裏去攻擊底壁的居民」（11節），接著呈現得勝的細節（12～15節），原來是與約書亞記中另一位英雄迦勒有關。他曾在約書亞的祝福下，被賜下希伯崙為地業（書十四6～15），這位老當益壯、一生專心跟從耶和華的僕人，在士師記的開始，即給全書立下美麗的見證：

> 「迦勒說：『誰能攻打基列．西弗，將城奪取，我就把我女兒押撒給他為妻。』迦勒兄弟基納斯的兒子俄陀聶奪取了那城，迦勒就把女兒押撒給他為妻。押撒過門的時候，勸丈夫向他父親求一塊田。押撒一下驢，迦勒問她說：『你要甚麼？』她說：『求你賜福給我，你既將我安置在南地，求你也給我水泉。』迦勒就把上泉下泉賜給她。」（一12～15）

這裏所描述的迦勒，絕非將押撒當作搖錢樹來招攬女婿之流。這個家族認識上帝在約書亞時代的作為（二6～10），關心上帝應許的應驗。特別是年紀老邁的迦勒，跟從了上帝一輩子，盼望「將那山地給我」的夢想實現（書十四12），即使知道困難重重（包括內在的體力，和外在有最高大的迦南人亞衲族），但是他深深領悟到，時間（包括年紀）和困難不會沖毀上帝的諾言（民十三30，十四5～10；書十五13），因此他向下一代年輕人發出呼籲。如此呼籲，除了渴望上帝在他身上的計劃應驗，更保證讓他的女兒所嫁的對象，乃看重上帝的年輕人：即使是個歸順的外邦人**基納斯**的兒子俄陀聶。迦勒誠然是典型的敬虔長者風範！

基納斯乃以東後裔的一個族長（創三十六11、15、42），迦勒是基尼洗族人（參民三十二12，書十四6、14），這族人原屬迦南（創十五19）。若迦勒所得的地是上帝應許賜給亞伯拉罕，俄陀聶和迦勒就是歸順以色列的外邦人。

有其父往往必有其女。押撒沒有拒絕父親以這方式招婿。當俄陀聶果真奪取了那城，還了老迦勒「把那山地給我」的心願後，押撒不僅順服父親，嫁給這位戰士——士師記中的第一個士師（三9），她也首先取得丈夫的同意，向父親求一塊地，並計劃親自向父親求水源，她是十足的賢慧得體的才德女子！而父親的體恤和敏銳，也在對話中浮現出來：押撒尚未開口要地，迦勒就已先開口問她的需求，並將上泉、下泉的水泉連同南地，⑫ 一併給了這對新人。這第一個士師家庭，特別是押撒，在約書亞的老同工迦勒的鼓勵和祝福下，成為士師隧道中的第一盞燈，也成為士師記中的屬靈典範！若將押撒和本書其他女性比較，就可以看出以色列日漸墮落的光景：

1. 押撒被許配給外邦歸順的英雄，但是後來以色列女子卻被嫁給外邦男人（三6）；
2. 押撒被許配給本書的「理想士師」俄陀聶，但是以色列最有能力的士師參孫，卻被貪愛金錢的外邦女子大利拉拖垮（十六章）。

此外，押撒、俄陀聶、迦勒之間的祥和與祝福的關係，更成為士師隧道黯淡事件的反諷背景，其中包括：利未人的妾被丈夫拉出去以致被強姦、被殺害（十九章）；基列．雅比人400處女和示羅女子被搶奪、強暴（二十一章）。更特別的是，這個家族乃歸順耶和華的外邦人。士師記開始時有外邦人歸順猶太信仰，但士師晚期，猶太人卻歸順外邦！沿著押撒往下讀士師記，就可以看出士師時代，以色列人踏上迦南化的墮落軌迹。

探討完第一個戰略「山地」後，接著的第二個是「南地」（一16～17）。征服了耶路撒冷南邊的希伯崙和底壁兩「山地」之後，敘述者將焦點轉向更往南的猶大「南地」。15節提到的「**南地**」扮演著上一段與下一段之間的「過門」角色。尤其是征服這猶大「**南地**」的人，是與迦勒家族一樣，都是從外邦來歸順耶和華的外邦英雄，而且是摩西的親戚，因為「**摩西的內兄【岳父】是基尼人，他的子孫與猶大人一同離了棕樹城，往亞拉得以南的猶大曠野去，就住在民中**」（16節）。⑬ 這兩個歸順以色列的外邦歸順者，分別以行動證實他們的信仰，與猶大人一同離開棕樹城，遷往亞拉得南邊，為士師記劇情發展留下了重要的伏筆。⑭

除了因著有摩西妻子的親人、族人（基尼人）⑮、後裔幫助，而攻得了亞拉得一帶外，猶大在曠野「南地」另一個斬獲，乃同西緬再次聯盟（一 3），打敗了洗法的迦南人，並以「盡行毀滅」（*ḥāram*，意思是「全面毀滅」）方式處決了這個迦南城，這城便稱為何珥瑪（17 節）。⓰

最後一個地形戰略是「丘陵」（18 節）。猶大在這個戰略的焦點，乃「下去……和高原的迦南人爭戰」（參 9 節），這第三階段的爭戰，戰果纍纍，那些介於「高原」與「平原」間的城市，全都探囊取物似地輕易得手，「猶大又取了迦薩和迦薩的四境，亞實基倫和亞實基倫的四境，以革倫和以革倫的四境」（18 節），敍述者雖沒有記載猶大如何「處決」這些地區，從上文來看，可能也是以「全面毀滅」的方式來處理。⓱

猶大在成功地結束了這 3 個戰略地帶後，敍述者在 19 至 21 節作總結，報導先從正面開始：「耶和華與猶大同在，猶大就趕出山地的居民」；但是敍述者絕不單單報喜不報憂。表面上因為技術不足，以色列人在鐵車可走的地段繳白卷，因為「只是不能趕出平原的居民，因為他們有鐵車」（19 節）。但更根本的問題乃這些曾經歷過上帝幫助的以色列民（18 節），已忘記了上帝同在的應許（申七 1 ～ 3），也忘記了約書亞時代的經歷（如耶利哥城塌陷、得勝有許多馬匹車輛的夏瑣王），更不曾留心約書亞的話：「迦南人雖有鐵車，雖是強盛，你也能把他們趕出去。」（書十七 18）⓲ 他們滿足於當時的得勝，裹足不敢前去經歷上帝的同在和能力，種下了整個士師記滑落的禍根！

因此敍述者刻意記載迦勒的事迹，藉此提醒這些妥協的以色列人，不要忘記上帝的能力是不會因為環境、困難、時間、人的年紀而改變的。這位老迦勒不僅鼓勵自己的女兒、女婿（一 11 ～ 15），高齡的他還抓住上帝過往的應許（書十四 9；另參申一 36），向同胞挑戰在人看起來不可能達成的任務：「親自出馬」——「以色列人照摩西所說的，將希伯崙給了迦勒；迦勒就從那裏趕出亞衲族的三個族長。」（20 節）最後光榮地從士師記的舞台退下！敍述者如此的呈現，除了讓士師記呼應約書亞記外（書十五 14），也提醒讀者應如何解讀一章 10 節，讓他們知道趕走亞衲族長的功臣不是猶大人，而是迦勒，更提醒讀者（和以色列人！）不要給上帝的能力和恩典打折扣，免得在迦南文化中迷失！

從本書第一個序看來，描繪「猶大當先上去」的 B（2 下～ 21 節；參 2.1.2

的扇形結構大綱），和描繪「約瑟家」上去的B'（22～36節），兩大段間的「過門／橋梁」乃關於便雅憫的描述：「便雅憫人沒有趕出住耶路撒冷的耶布斯人。耶布斯人仍在耶路撒冷與便雅憫人同住，直到今日。」（21節）如此安插的用意在於：

1. 將以色列爭戰的路線，從本章上半章所描繪猶大、西緬的南征，轉接到本章下半的北伐，而地理上便雅憫正好介於其中；
2. 繼續呈現約書亞記中猶大在耶路撒冷的失敗，⑲ 並其傳染到便雅憫在耶路撒冷同樣的失敗；
3. 所呈現猶大南征已經浮現的滑落，如何在便雅憫「沒有趕出耶布斯人」之後，出現一發不可收拾的「骨牌效應」，如約書亞記十三章13節和十六章10節所說的。

2.1.2.2. 約瑟家攻佔土地（一22～26）

繼續本章下半章描述的爭戰前，在此綜觀全書，發現本章記載得勝的支派是南部的猶大，而非北邊的其他支派。其中殺了亞多尼·比色之後的猶大，得勝的進度由山地（一10～15）、南地（16～17節）到丘陵，及至沿海地帶（18節）。這與一章9節中的地理戰略順序完全符合（「山地」、「南地」和「丘陵」）。除了猶大，另外一個得勝紀錄，是藉著探子攻取伯特利的約瑟家（22～26節），呼應了約書亞記窺探耶利哥城的兩個探子（書二章）。這兩支派爭戰得勝的關鍵，在於他們都有上帝的應許「撐腰」，因為「耶和華將……交在他們手中」（一4），以及「耶和華與他們同在」（22節）。

但是仔細探究便立刻發現，在這序中引起「骨牌效應」的始作俑者，也就是那首先出去爭戰並且以得勝姿態出現的猶大。猶大雖和約瑟家同樣享受了「耶和華同在」且「趕出山地的居民」（19節上），然而妥協的猶大，太早沉溺於成功的表象了：竟然屈服在平原快速鐵車的威力之下（19節下，四～五章），因此「不能趕出平原的居民」（一19）；接著的便雅憫支派也應聲附和，「沒有趕出耶路撒冷的耶布斯人」（21節），容許「麥子、稗子」並存、發酵。及後的瑪拿西、以法蓮、西布倫、亞設、拿弗他利、但族，遂相繼妥協、棄保，導致全民皆輸的慘境！果然，以色列在士師隧道之初，正陷入「成功是失敗的開始」的不歸路！

從第一個序的扇形結構看，敍述「猶大上去」的本章上半章（B；參 2.1.2 的扇形結構），乃以耶和華的應許「**我已將那地交在他手中**」開始（2 節下），而敍述「約瑟上去」的本章下半章（B'；參 2.1.2 的扇形結構），也以「**耶和華與他們同在**」開始（22 節）。這應許給約瑟（象徵著北邊的支派，或者更直接地說，乃指以法蓮和瑪拿西兩支派），來得正是時候，因為約瑟家爭戰的焦點，乃是對於日後以色列傳統和歷史都很重要的伯特利（又名路斯），⑳ 上帝如何與猶大同在（19 節），在此也與約瑟家同在（22 節）。約瑟家在伯特利的爭戰，也似乎追隨著約書亞如何得勝耶利哥的方式：

> 「**約瑟家打發人去窺探伯特利（那城起先名叫路斯）。窺探的人看見一個人從城裏出來，就對他說：『求你將進城的路指示我們，我們必恩待你。』那人將進城的路指示他們，他們就用刀擊殺了城中的居民，但將那人和他全家放去。那人往赫人之地去，築了一座城，起名叫路斯。那城到如今還叫這名。**」（23 ～ 26 節；參書二、六章）

約書亞差遣探子，尋訪一個普通人（喇合），請求保護性的幫助，並保證給報償（書二 12，六 22 ～ 25），這城市最後被以色列人奪取；約瑟家在此也是差遣探子，尋訪一個普通人，且整個城中的居民也被殺。但攻打耶利哥與攻打伯特利兩事件有基本的差異：後者請求的乃攻擊性的幫助，這位協助者被釋放了（不像喇合般被接納為以色列一分子）；更重要的是，這人在另一個地方建了一座城市，取名為「**路斯**」（伯特利的迦南名字）。結果，迦南人和迦南的城坐立在以色列人中間，給以色列以後日漸被腐化、發酵種下禍根！學者揚格即指出 22 至 26 節深具諷刺性，約瑟家對於與這伯特利人所立的「約」的忠貞，過於他們與上帝所立之約；即使在執行上帝審判迦南人的計劃（「聖戰」；何珥瑪），他們實際上卻在以色列應許地的境內建造了一個迦南城。從第一個序的扇形結構來看，B 中猶大如何處理比色「城主／王」的故事，與 B' 中約瑟家如何處理伯特利人另起「路斯」爐灶的故事，兩者都留下了迦南化、世俗化的痕迹。

2.1.2.3. 以色列未得之地（一 27 ～ 36）

成功果然是失敗的開始，一點迦南的麵酵能使以色列全團發起來（參林前五 6）。北方各支派，在 7 次「沒有趕出」的串聯下（一 27、28、29、30、31、32、33），㉑ 從瑪拿西、以法蓮、西布倫、亞設、拿弗他利到但族，一一對環境屈服妥協（申二十 16 ～ 18），不能與猶大（一 8、17）、約瑟（22 ～ 26 節）並列得勝之林（35 節）。在一章 22 至 36 節，敍述者確實循著地理軸線，描繪約瑟家和北方各支派北伐的戰役，以此成為三章 7 節至十六章 31 節中士師輪番上台的地理預示；此外，也藉之描繪從約瑟家到但支派在北伐中，如何因著「骨牌效應」，逐一應聲倒在迦南化下。部分學者認為，迦勒和俄陀聶等出名的人物可能與以東人基納斯有血緣關係（創三十六 11），暗示了進入士師時代的隧道時，以色列可能早已經被同化了。但這觀點理據不足。摩西曾與基尼人結婚（一 16「摩西的內兄是基尼人」原文應為「摩西的岳父是基尼人」）；也是迦南人之一的基尼人（參創十五 18 ～ 19），在士師時代離開「棕樹城」耶利哥（一 16，三 13），加入猶大支派爭戰的行列，往南征服了亞拉得以南之地。敍事者似乎認為基尼人是歸化了以色列人，順服於摩西的吩咐（申七 1 ～ 2，二十 16 ～ 17），與盡行毀滅洗法迦南人的猶大和西緬（一 17），同列得勝之林。整體而言，士師記一章確實呈現一條伏線，指出以色列已經不知不覺陷入隧道中了。現將與這事件相關的經文列於下：

1. 「瑪拿西沒有趕出伯．善和屬伯．善鄉村的居民，他納和屬他納鄉村的居民，多珥和屬多珥鄉村的居民，以伯蓮和屬以伯蓮鄉村的居民，米吉多和屬米吉多鄉村的居民；迦南人卻執意住在那些地方。及至以色列強盛了，就使迦南人做苦工，沒有把他們全然趕出。」（27 ～ 28 節）
2. 「以法蓮沒有趕出住基色的迦南人。於是迦南人仍住在基色，在以法蓮中間。」（29 節）

3. 「西布倫沒有趕出基倫的居民和拿哈拉的居民。於是迦南人仍住在西布倫中間，成了服苦的人。」（30 節）
4. 「亞設沒有趕出亞柯和西頓的居民，亞黑拉和亞革悉的居民，黑巴、亞弗革與利合的居民。於是，亞設因為沒有趕出那地的迦南人，就住在他們中間。」（31 ～ 32 節）
5. 「拿弗他利沒有趕出伯・示麥和伯・亞納的居民，於是拿弗他利就住在那地的迦南人中間；然而伯・示麥和伯・亞納的居民成了服苦的人。」（32 ～ 33 節）
6. 「亞摩利人強逼但人住在山地，不容他們下到平原。」（34 節）

那本來已經賜給以色列的地土，包括耶斯列平原的伯・善、他納、以伯蓮、米吉多（27 節）以及戰略地位重要的基色等地（29 節），都逐一淪陷。而本該消滅淨盡，免得以色列被同化的迦南人（出二十三 23 ～ 33，三十四 11 ～ 16；申七 1 ～ 5，二十 16 ～ 18），卻僥倖地以「服苦的人」身分存留下來（一 28、30、33、35），成為「斬草不除根、春風吹又生」的墮落根源；日後當以色列不再強盛時，就成了這些外邦人的擄物。就以最後掉入「骨牌效應」的但支派而言，約書亞早就拈鬮分派了屬於他們的應許之地（書十九 40 ～ 48），然而他們不僅沒有趕出迦南人，甚至軟弱地委曲求全到「亞摩利人強逼但人住在山地，不容他們下到平原」（一 34），遂被困在山地（34 節），淪落到十八章中如浮萍一般居無定所的苦境，成為本書跋中引爆內戰的伏筆。但支派若能學習約瑟家，倚靠那不偏待人的上帝（22、35 節），必能經歷安然居住、沒有後顧之憂的喜樂，也不會發生士師隧道晚期，但支派為了尋地蓋屋，而犯了搶奪偶像、神壇、並殺害拉億無辜之民等十誡中的誡命（十八章）。更加諷刺的是，士師記一章結束時誇勝地土所有權的，竟然是迦南人，他們擁有「亞摩利人的境界，是從亞克拉濱坡，從西拉而上」（一 36）。不順服上帝的以色列百姓，終究被迦南人所逆轉，給最後士師參孫被這逆轉留下了悲劇的伏筆。

從「南勝北敗」來看，本章中以色列得地的過程，已為之後歷史書的發展預留了空間。對比於北部各族的失敗（27 ～ 36 節），更凸顯南部**猶大的興起**（3 ～ 21 節），趕出並擊殺了住在希伯崙的亞衲族族長示篩、亞希幔和撻買（10、20 節），掙得祖先亞伯拉罕的「老家」（書十五 13 ～ 19），預告了大衛王國的興起。因此耶路撒冷成為本書序中的焦點（一7、8、21），即使厲害的亞多尼．比色就擒，也是死在耶路撒冷的（7 節）。士師記同時也似乎預告了王國分裂之後，南國雖然只有兩個支派，遠少於北國的 10 個支派，卻能在北國被滅後，仍然繼續支撐 100 多年這史實！

可能因為在曠野飄流期間，與摩押女子、米甸女子犯淫亂和拜偶像的緣故，西緬族的人數大大減少（民二十五 1～14），結果與猶大族融合。

其實，本書一開始就暗示了以色列的局勢不妙，已經進入黑暗隧道的洞口。士師記一章呈現的征服地土的任務，不過是遵行約書亞當年的吩咐而已，但除了迦勒認真履行這吩咐（士一 11 ～ 15 // 書十五 15 ～ 19），其他人似乎言者諄諄，聽者藐藐，原因何在？首先是領導人才的缺乏，從前有約書亞（和迦勒）承擔指揮重責，而士師記的序並沒有描述任何一位較為突出的領導者。在一章中十二支派相繼出現，卻看不見個別提名的領導者，即使趕出亞衲族的迦勒（20 節），他也已經老邁（書十四 10 ～ 11）。士師記一開始，以色列就暴露了「人才荒」的窘境。

領導和**團隊**，是得地得勝任務中互為表裏的兩個要素。按理說，在約書亞離世前，眾長老、族長、審判官、官長和百姓都在約書亞面前宣誓「定要事奉耶和華」（書二十四 21），但是士師記一開始，卻只有猶大和地理位置相鄰的西緬揭竿起義而已，和當初十二支派一起過河、共同打天下的「同仇敵愾」的氣勢，簡直不可同日而語。

學者蔡爾茲指出，約書亞死後的以色列缺乏領導和合一，這是導致屈服於外邦敵人的原因。

猶有甚者，本書的開場白和結尾都是以戰爭壓軸，序是對外的爭戰，跋是完全的內戰（參二十～二十一章），兩者都有「以色列人求問耶和華：我們中間誰當首先上去攻擊……」的記述（一 1，二十 18），但是兩者的焦點完全不同，槍口從朝外轉為向內。諷刺的是，帶頭的都是猶大（一 2，二十 18）。猶大在序中領軍殲敵，在跋中則領軍滅親；在序中猶大放火燒了外邦城

（一 8），在跋中則是放火燒了便雅憫族人的一切城邑（二十 48），而且彼此廝殺的人數比序中的迦南人更多（二十 21、46）；序中亞多尼．比色手腳的大拇指被砍斷，跋中便雅憫則幾乎「滅種」（二十一章）！學者馬太斯更指出，士師記作者除了要在序和跋中指出猶大不該扮演著讓抵禦外敵轉向內戰的領導角色外，更不留情地描繪這猶大是膽小、懦弱者，將參孫押解給仇敵非利士人（十五 9 ～ 13），這浮現士師時代和約書亞時代最大的差異：沒有像樣的領導。

從整章的內容，不難看見整體以色列的「墮落四部曲」，這四部曲反映出，上帝兒女的屬靈原則，確實是不進則退：

1. 沒有猶大與迦南人同住的記載；
2. 迦南人陸續住在便雅憫、瑪拿西、以法蓮、西布倫支派中（一 21、27、29、30）；
3. 亞設和拿弗他利住在迦南人中（32、33 節）；
4. 但支派被亞摩利人強逼住在山地（34 節）。

從本書的「首尾呼應」來看，在序中摩西的內兄一同「起來」得南地（16 節）；然而在跋中，摩西的孫子約拿單和子孫，卻墮落到成為但支派的祭司（十八 30）。這約拿單為了飯碗成為宗教「神棍」，和拜偶像的米迦一家沆瀣一氣（十七章），之後又為那挾神像以壯聲勢並且殺了拉億城百姓的但族「背書」（十八章），甚至在宗教上另起爐灶，試圖與示羅的神殿分庭抗禮（十八 31），連累摩西留下千古臭名，這真是匪夷所思！

2.2. 波金事件（二 1 ～ 5）

連接一章和二章 1 至 5 節的是重複字「起來」（一 1、2、3、4、16、22，二 1；*ʿālah*），二章 1 至 5 節更扮演著與本書第一個序「首尾呼應」的角色（A' 對稱 A；參 2.1.2 的扇形結構）。雖然猶大、西緬、約瑟家相繼「起來」征服地土，敍述者在一章結束前卻 7 次指出「沒有趕出迦南人」，為以色列的景況下結論（參 2.1.2.3），並且記載迦南人在以色列民中成為「服苦的人」作為證據（一

28、30、33、35）。從來不失信的上帝，從約書亞時代祂與以色列立約之處吉甲，㉒派使者起來控訴背約的以色列，從這歷史地點提醒失信的以色列民，趁早歸回原點：「歸零」：

> 「耶和華的使者從吉甲上到波金，對以色列人說：『我使你們從埃及上來，領你們到我向你們列祖起誓應許之地。我又說：『我永不廢棄與你們所立的約。你們也不可與這地的居民立約，要拆毀他們的祭壇。你們竟沒有聽從我的話！為何這樣行呢？』因此我又說：『我必不將他們從你們面前趕出；他們必作你們肋下的荊棘。他們的神必作你們的網羅。』」（二1～3）

從一章（特別是下半段的B'）來看，這時長期被以色列所忽略、藐視、背棄；但卻是向列祖立約，也是按應許引導以色列進迦南應許之地的上帝。㉓**派遣那領以色列進入迦南地的使者**，從以色列進迦南地的第一個信仰中心吉甲（書四19～24），到波金宣告他們不聽從上帝的背約史實（二1、2、5）。㉔

本書中「耶和華使者」往往代表上帝自己（參六22，十三21～22）。

士師記共有3處經文描述上帝直接與以色列的對質（另兩段：六7～10，十10～16），從這3段經文中說話者的3次對質，可以看出上帝說話的口氣愈來愈嚴厲：二章1至5節乃上帝的使者，六章7至10節為上帝的先知，十章10至16節則是上帝親自上「火線」。在士師記二章，上帝嚴厲地警告他們，上帝已經不再扮演協助以色列人趕除迦南人的角色，迦南人將被留下來。耶和華使者更警告他們，靠近怎樣的神明，就容易膜拜怎樣的神明，與迦南人同住等於拜迦南的神。以色列人所進入的迦南地，所有城鎮都以神明命名。士師記一章有代表「太陽神」的「伯．示麥」和代表「戰神」的「伯．亞納」（33節）。推羅、西頓一帶（31～32節），更是巴力崇拜的核心城鎮。以色列人背棄領他們出埃及、進入應許之地的上帝，因此迦南的諸神將會成為他們的網羅（二3）。戴韋斯（D.R. Davis）正確地指出，不順服上帝所產生最大的危險是影響整個民族的靈性，也影響了他們與上帝的關係。以色列人在士師的日子會愈來愈難過了；而後來的所羅門王和亞哈王都被推羅、西頓一帶引進的巴力崇拜「害慘」了。進入士師時期的以色列已然進入隧道，剩下的只有「欲哭無淚」之歎！

在跋裏利未人的妾遭強姦，被驢馱著回夫家，又被他的丈夫分屍（十九28～29）。這故事帶來以色列內戰和哀哭（二十～二十一章）。

本書的序以「波金」（二5；*bōḵîm*，意即「哀哭」）作總結，本書的跋也是前後呼應，以以色列人的**哀哭為結束**。學者他提（M.E. Tate）就稱士師記為「哀哭之書」（A Book of Weeping）。序文中預言外邦神祇成為以色列的網羅，但是在跋所出現的內亂，以色列成為自己的網羅。屆時他們將為自己內戰的死亡者而哀哭（二十23、26），甚至為便雅憫支派的人幾乎要滅種而哀哭（二十一2）。㉕ 原本經歷上帝神蹟、「都從海中經過」、「都吃了靈食、靈水」（林前十一1～2），且被雲柱和火柱所保護的族類，卻困在士師記的隧道裏哀哭；敍事者以此闡述一個根本的準則：上帝的兒女若不重視上帝，以致背棄上帝，即使過去經歷過上帝的豐盛恩惠，至終都可能淪落為哀哭的族羣！㉖

溫習及思考問題

1. 士師記的作者曾兩次提及約書亞的死（一1，二8），它怎樣與約書亞記形成扇形結構？他這樣的寫作手法有何特別意義？
2. 從舊約正典編排前後次序的角度看，士師記與五經及約書亞記有著很大的關連，試略述一二。
3. 得地這故事並非沿著時間先後／歷史的主軸來敍述，那它是以甚麼脈絡來記載？
4. 一章1至36節如何以扇形結構表達？「上去」與「下來」有何屬靈的意義？
5. 猶大支派如何打勝仗？他們在這一連串的戰事中扮演著甚麼角色？
6. 猶大支派如何成為後來歷史的伏筆？他們的行徑對你有何提醒？
7. 約瑟家攻打伯特利與約書亞攻打耶利哥事件有何相同相異之處？你認為約瑟家在此有哪方面失敗之處？

8. 以色列多次「沒有趕出」迦南人，這帶來甚麼後果？若與「滅盡」作對比，你接受哪種行事準則？原因何在？
9. 士師記如何清楚地表達了將以色列人的歷史帶入隧道裏？本書的序與跋如何成為全書的「首尾呼應」？
10. 為何作者要以波金事件作為序的結語？

釋經短註

❶ 斯滕伯格正確地指出，試圖主張本書前兩章乃所謂「申典學派編者」（Deuteronomist）在後來添加、插入本書主體（三～十六章）的觀點，其實低估了這兩章（或更準確地說：這兩個序）與其下文主體間緊密的關係。他還認為，了解一章內容乃了解本書所必須的。

❷ 士師記與約書亞記確實具有密切的關係。不過仍有學者有不同看法，試圖主張本書乃：（1）依據士師時代的史實記載（一21、27～35），但要到大衛征服了士師仍未征服的城邑後才寫成，因此本書於大衛王朝時方才成書（連達斯〔B. Lindars〕和拿亞瑪〔N. Na'aman〕如是觀）；（2）編輯者於被擄後按照所謂申命記歷史架構編輯而成（伯尼〔C.F. Burney〕、布靈和蘇遵〔J.A. Soggin〕等如是觀）。這兩種主張乃因忽略了本書與約書亞記的緊密關係所致。

❸ 對於第一個序以扇形結構表達，學者麥卡恩雖沒有作成這麼漂亮整齊的扇形結構，卻也將本書的導論（一1～三6），同樣分成一章1節至二章5節和二章6節至三章6節。布洛克則堅持第一章與第二章各為一平行的單元。

❹ 敍述者似乎刻意將本書主體（三7～十六31）中分別登上士師記舞台的士師們的支派，先在第一個序中約略按次序介紹：俄陀聶（猶大支派），以笏（便雅憫支派），底波拉（以法蓮支派），基甸（瑪拿西支派），耶弗他（基列人），參孫（但支派）；而且，從最正面的猶大支派到最負面的但支派，他們靈性和道德的滑落紀錄，在第一個序和主體中正好吻合。

❺ 一章1節以色列人求問上帝的途徑

和方式應當是藉著祭司和烏陵（民二十七 21），正如約書亞時代所用過的（參書七章：「取出／拈鬮出」亞干；十八～十九章：分地）。士師記的記載，為了審判便雅憫人，以色列 3 次求問上帝（士二十 18、23、27），而且是透過亞倫的孫子非尼哈的（二十 27 ～ 28）。

❻ 克萊因（L.R. Klein）指出，士師記的開始立刻出現諷刺語法：從猶大邀請西緬聯盟一事，可見以色列人（首領猶大）只聽從上帝部分的命令。這浮現了他們相信人眼見的過於上帝的吩咐。開始得地之時已如此小信，逐漸滑落的結果，當然是變得更不信。

❼ 約書亞記所指「西緬人的地業是從猶大人地業得來的」，除了是因為猶大人所得的分過多外（書十九 9），也因為西緬支派人少。從民數記二十六章數核民數來看，西緬所佔人口最少（22,200 人），這數目不到各支派平均人數的一半（參民二十六 14）。人數如此銳減，與他們在摩押地行淫亂有關（參民二 13，二十五 1 ～ 14）。雅各給十二支派祝福時，已預言西緬和利未支派要分居在其他支派中（創四十九 5 ～ 7）。

❽ 「以眼還眼、以牙還牙」是舊約時代的「報復倫理」（利二十四 17 ～ 21），已經被新約耶穌的教訓和受難所滿足、取代了。這被舊約所接受的倫理原則，原是為了阻止更大的暴力，但是出自這位比色「城主／王」口中，則顯出其霸氣和「自認倒楣、活該」的迦南文化。

❾ 一章 8 節「猶大人攻打耶路撒冷，將城攻取，用刀殺了城內的人，並且放火燒城」，但 21 節記載耶布斯人仍住在這城，正如約書亞記十五章 8 節所言，而且這城原被分給便雅憫支派（書十八 16、28），這與一章 8 節所描繪的猶大人攻得這城似乎有落差。其實，這城乃介於便雅憫和猶大支派之間，猶大人所攻取、燒毀的，乃耶布斯人在欣嫩子谷和汲淪溪間、後來所謂錫安山的營寨；而便雅憫人沒攻取的乃這營寨北邊之處，後來耶布斯人從這北邊南移，並佔領達數百年，直到被大衛攻取為止（撒下五 6 ～ 9）。

❿ 一章 8 節沒有指出這 3 個族長是由迦勒趕出，但 20 節卻作了補充，清楚指出趕出這 3 族長的乃迦勒，而非猶大支派的人。此外，為了與士師記一章 20 節、民數記十三章 22 節和約書亞記十五章 14 節協調（因為這 3 處經文都記載迦勒趕出亞衲族的 3 個族長示篩、亞希幔、撻買），「七十士譯本」在第 10 節註明猶大人所殺的 3 個族長乃「亞衲的後裔」。

⓫ 學者（如布雷特〔M. Bretter〕和斯威尼〔M.A. Sweeney〕）認為，敍述者在此乃藉著希伯崙的取得來「挺」大衛、「貶」掃羅。施奈德（T.J. Schneider）也認為猶大的氣盛之所以過於便雅憫（一8、21），是為上述相同的理由而被呈現。但這樣主張，乃過分依賴本書的下文（撒母耳記）、卻忽略了本書的上文（約書亞記）而導致的揣測與解讀。

⓬ 「南地」（*ʾereṣ hannegēḇ*）原文意味著基列．西弗的氣候乃如南地（*negēḇ*）一般乾旱。因此押撒在鼓勵新婚丈夫俄陀聶向父親求一塊田後，更親自向父親求貯水池為水源，好讓自己將來的家園，成為沙漠中的綠洲。如此對話格外浮現了一位智慧的妻子、體貼的丈夫和慈祥的父親——而非馬太斯所認為，押撒的要求羞辱迦勒。

⓭ 大部分中文譯本都將一章16節「和合本」的「內兄」（*ḥōṯēn*）譯作「岳父」（「和合本」也將之列出），這是原文的意思。這節經文沒有列出摩西岳父的名字，可能已假設原始讀者知道摩西岳父是誰，敍述者沒有提出摩西岳父的名字——不論葉忒羅（出三1，十八1）或流珥（出二18）——但是卻指出他乃基尼人（四章17節的雅億也是這族的人）。這與五經記載摩西岳父乃米甸人似乎有衝突。因此，最為適合的解釋乃基尼人是米甸人的一支，而且基尼人和迦勒的祖先基尼洗人似乎有關係（創十五19）。

⓮ 「棕樹城」在三章13節指其為耶利哥城（另參申三十四3；代下二十八15），但從上下文（包括亞拉得、猶大曠野）來看，一章16節提及的這棕樹城也可能是廣義指著有防衛的綠洲，可能是死海的西南方、亞拉得東南方的達莫（Tamar；參王上九18）。摩西曾邀請米甸人同往迦南地（民十29～32），雖然被拒絕，但是其後裔可能在這之後，遷往重要的城市亞拉得一帶，且逐漸迦南化（布洛克如是觀），但也因此埋下了殺西西拉的伏筆。

⓯ 基尼人究竟是以色列人的敵或友呢？從舊約來看似乎是亦敵亦友。在一章16節，他們是協助以色列人的（另參四11、17～21），士師之後曾向亞瑪力人靠攏，後因掃羅向他們發出挑戰才脫離亞瑪力人（撒上十五6）。士師記的敍述者所浮現的重點可能不是基尼人的貢獻，而是摩西乃上帝的僕人，是以色列理想的領導。不過，到了士師記後期，甚至摩西的名聲都被以色列迦南化所污染（十八30）。

⓰ 一章17節「何珥瑪」（*ḥormāʰ*）

原文有兩個意思，一是代表人的完全墮落；二是表示為了分別為聖給上帝，而被完全毀滅（參一 8）。這迦南地罪惡滿盈，憐憫的上帝在等候（創十五 13～14），直至 400 年後才透過以色列的「聖戰」行審判，好重新使之分別為聖、歸給上帝。不過，「聖戰」並不能完全表達這裏的「何珥瑪」所代表的意思，這裏的全面毀滅乃基於考慮到信仰方面。上帝要藉著戰爭毀滅及潔淨迦南人墮落的信仰和附屬的文化。

⑰ 論到「全面毀滅」，馬太斯指出以色列人和迦南人的爭戰，背後乃耶和華和迦南神祇的爭戰。揚格正確地指出，新約之後上帝兒女面對本書中的「全面毀滅」，應帶著「我們並不是與屬血氣的爭戰，乃是與那些執政的、掌權的、管轄這幽暗世界的，以及天空屬靈氣的惡魔爭戰」來解讀、應用（弗六 12），甚至讀到押撒求地土的經文（一 11～15），也須留心其「屬靈」內涵過於世上的地土。

⑱ 約書亞時代也面臨相同的困境（書十七 16、18）。考古發現近東的鐵器最早出現於赫人（約公元前 14 世紀），比所謂的「鐵器時代」還早（公元前 1200 年）。到了掃羅時代，非利士人的鑄鐵技術更發達（撒上十三 19～23）。

⑲ 一章 21 節呈現約書亞記十五章 63 節的內容。明顯的，在一章 8 節中猶大在耶路撒冷的得勝乃局部而已。「直到今日」導致學者（如布靈）主張本書乃於以色列只剩下猶大和便雅憫的時期才成書的（亦即公元前 722 / 721 北國 10 個支派被擄之後），但是更合適的成書時間，可能是指著大衛收復國都耶路撒冷的「那日」（撒下五 6～9）。

⑳ 以色列祖先的歷史與伯特利如影隨形（創二十八 18～22，三十五 1～15，四十八 3）；士師時期之後以色列的歷史中伯特利也佔重要地位（參王上十二 25～33，十三 1～32；王下二十三 15～17）。就因其如此重要，敘述者在 23 節將這城的以色列名字（伯特利）和迦南的名字（路斯）並列（創二十八 19，三十五 6，四十八 3）。

㉑ 從一章 19 節開始，以色列各支派輪流籠罩在：（1）以色列人不能「趕出」（*yāraš*）迦南人；（2）迦南人「住」（*yāšaḇ*）；（3）迦南人成為「服苦的人」（*mās*）。第一個不能「趕出」迦南人的乃猶大和便雅憫（19、21 節），也只有在猶大才敘述沒有趕出迦南人的原因（19 節「因為他們有鐵車」），其他支派

的，敍述者都沒有説明，一方面可能是懶得寫下以色列人這些無意義的「藉口」；另方面，他也只輕描淡寫地説：「**及至以色列強盛了，就使迦南人做苦工，沒有把他們全然趕出。**」（28節）如此，以色列遂刻意違背了上帝給他們的吩咐，不肯挪除迦南人。

㉒ 從約書亞記來看，吉甲乃以色列過約旦河後的第一個安營之處（書四～五章）。在此以色列取約旦河中的12塊石頭；在此以色列行割禮、慶祝逾越節。而且吉甲更是約書亞帶兵爭戰迦南地的大本營（書九6，十6～9、15、43，十四6）。公元前8世紀的先知書中吉甲也有重要的地位（摩四4，五5；何四15，九15，十二11）。

㉓ 二章1至3節呼應著五經多處經文，其中包括上帝與亞伯拉罕立約（創十二1～9，十五7～21，二十二14～18），與以撒立約（創二十六3）等。從申命記來看，立約的重點之一乃上帝「向你們列祖亞伯拉罕、以撒、雅各起誓應許之地」（申一8、35，六10、18、23，七13，八1，十一9、21，十九8，二十六3、15，二十八11，三十20，三十一23）。

㉔ 二章2節與出埃及記二十三章32節和三十四章12、13、15節有平行之處。其實，本段必須從出埃及記二十三章20至33節和三十四章11至15節來解讀，其中出埃及記三十四章12、15節重複強調不可與迦南人立約，這嚴肅口吻與申命記互相呼應（申七1～5，十二1～3）。

㉕ 可能因為首尾呼應（二十18～28，二十一1～4），和分裂王國後，以色列人在伯特利拜金牛犢的緣故（王上十二29～33），「七十士譯本」在士師記二章1節「波金」這詞之後，加上「伯特利」（*epi ton Klauthmōna kai epi Baithēl*）。如此給後來悲劇性的以色列歷史，預先抹上一層陰影：上帝子民若在信仰上離棄上帝，必然會開始迦南化、世俗化，將來必只有（在伯特利）「哭泣」的日子。

㉖ 麥卡恩正確地指出，士師記所陳述的「順服上帝就蒙福，背棄上帝就遭災」，其實呼應著伊甸園前後人類的史實。離開神本的人本社會，必然走向墮落、哀哭、滅亡的不歸路。

第三章

以色列軍事失敗的屬靈原因：服事巴力（二6～三6）

- 再申明約書亞的離世
- 以色列人事奉別神
- 上帝的預告

士師記的第一個序（即一章 1 節至二章 5 節），敍事者是從以色列的角度來描繪他們軍事上失利的掠影，而第二個序（即二章 6 節至三章 6 節），則從上帝的角度來呈現以色列靈性上失敗的始末。❶ 這兩個序文相偕，呈現了本書的屬靈原則：拜偶像的以色列背棄了與上帝所立的約，這是導致軍事、社會、政治、治安等各層次失敗的關鍵原因。❷ 第一個序與第二個序的表達稍有不同。第一個序是以「線型」（linear）進展方式，呈現以色列如何陷入妥協的「骨牌效應」；第二個序則以第一個序的歷史故事為基礎，以「循環」（cyclical）的方式呈現以色列墮落的屬靈原因，它為本書的主體（三 7 ～十六 31）預先作一個神學性的註腳與定位。二章 6 節至三章 6 節甚至擔負「旅遊中心」的功能，引導讀者預覽全書峯迴路轉的景色，尤其三至十六章！

本段預告了士師記所記載的以色列墮落史，包括循環的墮落步驟：

1. 背約（二 11）；
2. 受欺壓（二 14 ～ 15）；
3. 悔改（參三 9、15，四 3，六 7，十 10）；
4. 拯救（二 18，三 15）。

敍述者在此闡述以色列因為在「垂直面」遠離上帝（二 11「行耶和華眼中看為惡的事」），❸ 遂導致一章 1 節至二章 5 節的「水平面」墮落光景；並以本書的跋描繪以色列靈性上的背約、拜偶像，因而導致社會混亂、無政府狀態的史實，與這墮落光景作為「首尾呼應」（十七～二十一章）。

3.1. 再申明約書亞的離世（二 6 ～ 10）

二章 6 節呼應約書亞記二十四章 28 節；二章 7 節呼應約書亞記二十四章 31 節；二章 8 至 9 節呼應約書亞記二十四章 29 至 30 節。

與第一章 1 節一樣，本段的敍述從回憶約書亞的事迹開始（二 5 ～ 6），其中多節經文直接**呼應約書亞記**，❹ 亦即本段接續約書亞記的跋，因此約書亞記的神學思想若建基於五經，士師記的神學同樣也應基於五經。參以下經文：

「從前約書亞打發以色列百姓去的時候，他們各歸自己的地業，佔據地土。約書亞在世和約書亞死後，那些見耶和華為以色列人所行大事的長老還在的時候，百姓都事奉耶和華。耶和華的僕人、嫩的兒子約書亞，正一百一十歲就死了。以色列人將他葬在他地業的境內，就是在以法蓮山地的亭拿・希烈，在迦實山的北邊。那世代的人也都歸了自己的列祖。後來有別的世代興起，不知道耶和華，也不知道耶和華為以色列人所行的事。」（6～10節）

從下文的扇形結構，更可以看出敍述者刻意藉著本段中惟一提到的人名「約書亞」（6、7、8、21、23節），作為士師記的「標竿」，藉著對比將這隧道中所有的人都「比」了下去：

A　約書亞時代的以色列各歸自己地業（6節）

　B　約書亞時代的以色列事奉耶和華（7節）

A'　約書亞死了且被埋葬歸自己的地業（8～9節）

　B'　約書亞死後的以色列不知道耶和華（10節）

在這扇形結構中，B和B'都有「耶和華為以色列所行的大事」這句子為呼應。學者庫普曼斯（W. Koopmans）指出二章6至10節明顯呼應約書亞記二十四章28至31節。此外，這第二個序被首尾出現的關鍵字「**事奉**」（*ʿābaḏ*）所包夾（二7，三6），這「事奉」正是約書亞記跋中的關鍵字（單單約書亞記二十四章就出現了16次「事奉」這動詞）。在第二個序，「事奉」這動詞也出現了5次（二7、11、13、19，三6），然而只有第一次的受格是耶和華。約書亞死後，「事奉」的受格全都變成外邦的「神明」。當約書亞離世後，他們便事奉別神，作者也簡單交代原因，就是「後來有別的世代興起，不知道耶和華，也不知道耶和華為以色列人所行的事」（二10）。一個人的「知識論」往往能夠決定他的倫理行為和生命結果。克萊因正確地指出，這段經文將人區分為兩類，就是「知道、看見」耶和華作為的人（7節），所以他們事奉上帝；另一種人是「不知道」

以色列事奉的對象分別是二章11節的「諸巴力」，二章13節的巴力和亞斯她錄，二章19節的「別神」，三章6節「他們的神」。而「巴力」（baʿal）原文字義乃「主／丈夫」。

（10 節）祂作為，結果陷入偶像的崇拜中。

3.2. 以色列人事奉別神（二 11 ～ 23）

分段大綱（二 11 ～ 23）

1. 事奉諸神（二 11 ～ 13）
2. 上帝攻擊以色列人（二 14 ～ 15）
3. 上帝興起拯救者（二 16 ～ 23）

3.2.1. 事奉諸神（二 11 ～ 13）

這一段的開頭，作者便說「以色列人行耶和華眼中看為惡的事」（二 11）。這短句乃本書主體中每一個士師出現前的開場白（三 7、12，四 1，六 1，十 6，十三 1）。究竟「惡的事」所指何事？按經文記載，就是指他們頻頻敬拜異教諸神。他們不僅違背了約書亞在世時所立的約（書二十四 14 ～ 27），更違背了五經中的十誡（出二十 1 ～ 3）和西奈之約（出二十四 1 ～ 11）。因此，若從五經申命記的角度來看，士師記是歷史書中第一卷清楚記載以色列背約的歷史：

> 「以色列人行耶和華眼中看為惡的事，去事奉諸巴力，離棄了領他們出埃及地的耶和華：他們列祖的上帝，去叩拜別神，就是四圍列國的神，惹耶和華發怒；並離棄耶和華，去事奉巴力和亞斯她錄。」（11 ～ 13 節）

這背約的史實，敍述者以扇形結構來呈現（11 節下～ 13 節）：

A　他們事奉（*ʿāḇaḏ*）諸巴力（11 節下）

　B　他們離棄耶和華（12 節上）

　　C　他們尋求別神（12 節中）

　　C'　他們叩拜別神（12 節下）

　B'　他們離棄（*ʿāzaḇ*）耶和華（13 節上）

A'　他們事奉巴力和亞斯她錄（13 節下）

這扇形結構中將 C 和 C' 分開，關鍵在於「**跟隨**」（*hālaḵ ʾaḥar*）和「叩拜」（*ḥawwāʰ*）這兩個動詞。學者揚格將 11 至 13 節中間兩項樞紐合併，成為 A-B-C-B'-A'，且指出 11 至 13 節應驗了耶和華使者在波金所說的話（二 3）。他們這樣背叛上帝是否反映出約書亞沒有認真執行屬靈教育？施奈德指出傳承的責任不在約書亞，而在士師時代的人。

「和合本」沒有將「跟隨」這動詞譯出來。參「呂振中譯本」12 節：「離棄了領他們出埃及地的永恆主、他們列祖的上帝，去隨從別的神、四圍別族之民的神，去跪拜他們，來惹永恆主發怒。」

這段落敍述的重點乃以色列如何遊走於耶和華和巴力之間，以及他們的行徑所帶出來的後果。❺ 聖經描述的上帝與人間的神明截然不同。首先，人以人的形象造偶像（賽四十四 12 ～ 17），但是上帝則以祂自己的形象造人（創一 26）；而且聖經中啟示的耶和華沒有配偶或妻妾。五經和歷史書詳實地記載祂以超然的地位創造，以洪水施行審判，呼召並保護列祖，又救拔以色列出埃及，分開紅海和約旦河等，這浮現了這位全能的上帝在祂的寶座上行使創造、保護、救贖等權柄。聖經清楚呈現了上帝乃聖潔、權柄、榮耀、尊貴的造物主！

在人所構想人間宗教的視野中，神明是有配偶的，並且充滿著人的**七情六慾**，毫無聖潔可言。以迦南人所造、所拜的專司風暴和生殖的巴力為例，是以亞斯她錄和亞舍拉為妻妾（二 13，三 7），左擁右抱、左右逢源。而迦南人的命運就取決於巴力及其女伴的交歡上。因此，將女子活生生地燒死獻祭給巴力，即為敬拜巴力的重要禮儀。耶弗他之所以獻人為燔祭，可能就是受了這種宗教思想影響，只是他從沒想到，獻上的竟是自己的女兒（參十一 31、34）。在巴力的祭祀中，男子在崇拜禮儀後便與廟內的女祭司苟合，這些所謂的女祭司其實是廟妓；男子扮演巴力的角色，而廟妓扮演亞斯她錄的角色。性交達到高潮，就是促成雨水、酒、油等豐收的期許與保證。新約時代的哥林多教會，就是處於這類的宗教文化中！

希臘神話中出現諸神彼此之間的爭競嫉妒就是明證；巴黎羅浮宮館藏的新約時代以弗所人所拜的女神亞底米，胸前滿佈著豐盈的乳房。

進入迦南地，對現階段的以色列人而言，不是進入一個比埃及更好之地，反而是進入一個完全不同信仰文化的墮落社會中。以色列人在埃及地被奴役是逼不得已；但在迦南，卻是因為以色列人自己的罪而自甘墮落。故此，生活是否能夠更美好，是在乎以色列人是否選擇遵行耶和華的律法而行。以色列人進入迦南，猶如當年羅得進入所多瑪墮落的文化裏。當年羅得漸漸挪移帳棚，靠近所多瑪（創十三 12），所多瑪的罪惡也漸漸挪移，從城內進入羅得的心中！最後，羅得一家因此付上沉痛的代價。他的妻子變成鹽柱（創十九 26），而長期浸泡在所多瑪色情墮落的文化中的兩個女兒，竟然輪流灌醉再強姦父親（創十九 30 ～ 38），生下了亞捫及**摩押**。因著他們是從淫亂而生，他們世世代代不能進入耶和華的會（申二十三 3）！摩西就是藉著死海旁那會説話的證據——變成鹽柱的羅得妻子，見證、警惕進入迦南地的以色列人，不要在歷歷在目的歷史教訓下重蹈覆轍，因此他寫下五經，盼望以色列從歷史學習教訓；又在以色列人入迦南之前頒布逾越節、除酵節和住棚節（出十二章；利二十三 4 ～ 14、33 ～ 44）等儀節，以記念拯救他們出埃及的上帝，以防在進入迦南地之後，以色列人被迦南神明和迦南女子所迷惑、吸引、同化了（申七 1 ～ 5）。

上帝對羅得的後裔雖作了懲罰，卻仍有恩慈。祂接納願意歸入祂名下的摩押女子路得及她的後裔。

但是，到了士師時代，摩西所擔心的事，無論是拜巴力（二 11 ～ 13，三 7，八 33，十 6 ～ 10）、和迦南人通婚（三 5 ～ 6）、邪情（physical adultery）帶動邪淫（spiritual idolatry）等，統統發生了（二 6 ～三 6）。約書亞死後（二 7），以色列人的**生活愈來愈迦南化**，以色列人對婚姻和家庭的態度，已完全反映了以色列迦南化的腳步很快，從士師基甸的記載中，即可窺探當時以色列人的宗教景況（六 25 ～ 32，八 24 ～ 27）。因此本書的序藉著兩次記載約書亞的死（一 1，二 7）回憶過往，回想上帝與以色列人的關係。第一個序描繪以色列與迦南人住在一起，到了第二個序，他們不僅名正言順地與迦南各族住在一起（三 5），更是毫無顧忌地與迦南人通婚（三 6）；第二個序遂在以色列人已經被完全同化中結束，同時預告

經歷過創造主救贖的以色列，仍然陷入巴力「致命的吸引力」的情景，詩歌智慧書也曾為此疾呼（參箴七章）。

了本書的跋（十七～二十一章）的結局。

一章1節至二章5節記載了以色列不能除惡務盡的事實（一27、29、30、31、32、33），本段則說明以色列沒有力量得勝的關鍵原因：離棄、忘記上帝（二12、13）！諷刺的是，摩西在申命記中已經一再苦口婆心地提醒他們，不要忘記以色列的上帝（申四9、23），這位上帝才是賜下雨水，促成酒、油豐收的上帝（申二十八章）。然而以色列人不能分別為聖，❻ 當約書亞和那些曾經歷耶和華行大事的老一代過世（二7），而接棒的，是一輩不知道上帝，也**不知道祂作為的世代**（二10）。他們離棄了耶和華，隨著迦南人的行徑，與迦南人混雜通婚，以致道德腐化、民族墮落，陷入了靈性敗壞的厄運（詩一〇六34～40），最後導致以色列的頹廢，在迦南人面前無助、無力，更遑論「趕出迦南人」。原來信仰上的健忘（amnesia）導致行動上的叛教（apostasy）！❼ 上帝的兒女若不知道將信仰認真傳承，別忘了「好不過三代」的警告，子孫的日子可能要在和士師記相同的黑暗隧道中度過。

以利的兩個兒子也是「不認識耶和華」（撒上二12）的，結果全家被拖垮（撒上四11、18～22）。

3.2.2. 上帝攻擊以色列人（二14～15）

與上帝立約的以色列，斷不可隨自己喜歡去順從或不順從，以為上帝也拿他們沒辦法，忘了守約施慈愛的上帝有著公義的屬性。離棄上帝的以色列（二12），結果惹起了上帝義憤（12節），乃至被離棄（14節）。上帝不僅是位賜恩惠的上帝，也是降災禍的上帝（15節），❽ 正如摩西所預先宣告的（申二十八、三十章），上帝是輕忽、藐視、「欺負」不得的！因為上帝乃「嫉妒」的上帝：

> 「耶和華的怒氣向以色列人發作，就把他們交在搶奪他們的人手中，又將他們付與四圍仇敵的手中，甚至他們在仇敵面前再不能站立得住。他們無論往何處去，耶和華都以災禍攻擊他們，正如耶和華所說的話，又如耶和華向他們所起的誓；他們便極其困苦。」（14～15節）

異教徒（包括標榜道德行為的儒家思想）很難接受「上帝是忌邪的神」

（出二十5），認為上帝有廣闊的胸襟，祂不應有嫉妒，不應阻止人同時敬拜多於一位的神，這真的不是事實。先知何西阿的妻子歌篾離開了他，與其他男人苟合，何西阿因此而產生了嫉妒。何西阿親身的經歷，預表了上帝是如何不滿以色列人對祂的不忠。上帝在此就像一個呷醋的丈夫（何一～三章）。誠然，新約聖經曾提及「愛是不嫉妒」（林前十三4），但這是泛指「不嫉妒不屬於自己的東西」，在某個程度上，這種嫉妒根本是屬於罪的一種（參羅一29～32）。

這種嫉妒是一種帶愛兼恨的嫉恨，內中包含著不能撲滅的激情。

反之，另一種形態的嫉妒是「**嫉妒**屬於自己的東西」，這樣的嫉妒常見於男女的愛情中。雅歌的經典名句：「愛情如死之堅強，嫉恨如陰間之殘忍；所發的電光是火焰的電光，是耶和華的烈焰。」（歌八6）人間男女真正的愛情只容許兩人同行，無法容許第三者。當以色列與上帝立約，就一同進入彼此「互定盟約」的關係中，絕不能容忍「約」以外的人介入，也不能容忍立約的一方移情別戀。以色列毀約就等同於歌蔑移情別戀，上帝因以色列人不尊崇祂，祂所生的嫉妒（如同何西阿會嫉妒），乃聖潔的嫉妒，而非自私的嫉妒，因為以色列（妻子）本就屬於上帝（丈夫）。

聖經提及上帝對以色列人的「忌邪／嫉妒」（*qānāʾ*），是出於祂與以色列人立約的愛。就是因為這立約的愛，以色列人離棄上帝去敬拜迦南人的神明（二11～13），上帝當然會發義怒（12、14節）；這時的上帝不僅在任何事上不再站在以色列那邊，還將以色列交在四圍外邦仇敵的手中（14節），甚至祂自己以仇敵身分以災禍攻擊以色列（15節）。上帝是輕慢不得的！

3.2.3. 上帝興起拯救者（二16～23）

當讀者將那位發義怒、又把以色列交在敵人手中的上帝（二14），與「耶和華興起士師，士師就拯救他們脫離搶奪他們人的手」的上帝並列（16節），便知道上帝雖有義怒，但仍有恩慈。從二章11至23節的扇形結構，即可發現上帝自有祂更深層的用意：

A　以色列背叛那位過去曾施恩給他們的主（11 ～ 13 節）
B　上帝向背叛的以色列發義怒（14 ～ 15 節）
C　上帝興起士師來拯救以色列（16 節）
A'　以色列背叛那位現在施恩給他們的主（17 ～ 19 節）
B'　上帝向背叛的以色列發義怒（20 ～ 23 節）

這 A-B-C-A'-B' 的結構，反映了「因背叛而引起的義怒」，明顯呈現了上帝的嫉妒和憤怒，而整段經文的樞紐位置是在 16 節（即 C），這顯出了上帝其實是以慈悲待以色列人的。以色列人雖兩次「**離棄**」祂（12、13 節），祂卻兩次「拯救」以色列人（16、18 節）。藉外邦來管教以色列的上帝，也就是那位樂意拯救以色列的耶和華！一旦受欺壓的以色列人「**哀聲歎氣**」，上帝就「**後悔了**」（18 節），上帝對祂百姓真有著不可思議的憐恤！正如數百年前以色列人被埃及欺壓，以致受傷時，上帝的兒女是否體認到上帝的心也同樣受傷（參來四 15）？上帝對祂子民的愛，不會被時間的暗流所稀釋或沖走！從本段所描繪的高密度墮落中，上帝仍然給以色列存留活路來看，你我實在要像彌迦一樣謳歌：「有何神像你？」（彌七 18）

18 節「哀聲歎氣」（nəʾāqāh）這詞在舊約聖經共出現 3 次，其餘兩次都是與以色列受埃及欺壓有關（參出二 24，六 5）。

士師記的第二個序確實刻劃了人的真面目。當以色列人在哀哭，「**耶和華興起士師，士師就拯救他們脫離搶奪他們人的手**」（二 16），不知感恩的以色列民「**卻不聽從士師，竟隨從叩拜別神，行了邪淫，速速地偏離他們列祖所行的道，不如他們列祖順從耶和華的命令**」（17 節）。當耶和華動了憐憫的心，「**為他們興起士師，就與那士師同在。士師在世的一切日子，耶和華拯救他們脫離仇敵的手。他們因受欺壓擾害，就哀聲歎氣，所以耶和華後悔了。**」（18 節），哪知當那士師死後，「**他們就轉去行惡，比他們列祖更甚，去事奉叩拜別神，總不斷絕頑梗的惡行**」（19 節），而且一代不如一代。❾

從二章 20 至 23 節和三章 1 至 4 節來看，曾被上帝拯救的以色列（16 節），並不聽從祂所興起施行拯救的士師（17 節）。當那位士師死後，以色列再轉去行惡，甚於列祖（19 節），上帝遂向這些背叛的以色列人發怒

（20 節）。這時讀者或許以為大勢已去，以色列人完蛋了。但令人詫異的是，上帝沒有出手徹底滅了他們，反而藉著約書亞時代存留的外邦人來「試驗」以色列人：

> 「於是耶和華的怒氣向以色列人發作。他說：『因這民違背我吩咐他們列祖所守的約，不聽從我的話，所以約書亞死的時候所剩下的各族，我必不再從他們面前趕出，為要藉此試驗以色列人，看他們肯照他們列祖謹守遵行我的道不肯。』這樣耶和華留下各族，不將他們速速趕出，也沒有交付約書亞的手。」（20 ～ 23 節）

上帝管教祂兒女的目的不是要全然毀壞他們，❿ 祂留下迦南族，不將他們趕除，乃是因為：

1. 試驗以色列人肯否謹守祂的約，願不願回頭遵行祂的道（22 節）；
2. 透過審判來教導以色列下一代。

上帝對背叛的人仍有恩典、憐憫、不輕易發怒（拿四 2），罪人如以色列，如約拿，如你我，之所以不至消滅，「是出於耶和華諸般的慈愛」（哀三 22）！這個「試驗」（而非完全毀滅、審判），為讓上帝的兒女在管教中得益處。敍述者也以重複手法將之呈現（包括「試驗」出現 3 次，二 22，三 1、4）：

> 「耶和華留下這幾族，為要試驗那不曾知道與迦南爭戰之事的以色列人，好叫以色列的後代又知道又學習未曾曉得的戰事。所留下的就是非利士的五個首領和一切迦南人、西頓人，並住黎巴嫩山的希未人，從巴力．黑們山直到哈馬口。留下這幾族，為要試驗以色列人，知道他們肯聽從耶和華藉摩西吩咐他們列祖的誡命不肯。」（三 1 ～ 4）

3.3. 上帝的預告（三 1 ～ 6）

正如二章 20 至 23 節所說「上帝留下迦南人成為以色列肋下的荊棘和網羅」，乃呼應耶和華使者先前所說的話（二 3），更呼應了約書亞先前的警告（書二十三 12 ～ 13）。在本書第二個序結束前，上帝預告要留下迦南人、赫人、亞摩利人、比利洗人、希未人及耶布斯人，也是呼應（並擴充）耶和華使者所說的話（二3），也同樣呼應（並撮寫）約書亞記先前的談論（參書十三2～6）。⓫ 由此可見，以色列（和上帝的兒女）只要懂得聽從上帝的啟示，就不至於被世界牽著鼻子走，且能夠行在上帝的保守中；但是當祂兒女不肯聽從祂，世界將成為他們的荊棘和網羅！

從俄陀聶、以笏、巴拉、基甸、耶弗他、參孫這一連串士師的故事，已證明了以色列人一代不如一代。

可惜的是，上帝因著祂的憐憫，屢次施行救拔（二16、18），人類內在的本質，卻宛如**扶不起的阿斗**，本書遂浮現了人的罪孽本質：都是罪惡的奴僕（約八34；羅三9）。在第一個序中所敘述以色列「住在」迦南人中，到了第二個序，以色列不僅與迦南人「通婚」，在信仰上更是「事奉」迦南人的神，如此，給本書的跋中所描繪的迦南化後的以色列，必然墮落作預告：

> 「以色列人竟住在迦南人、赫人、亞摩利人、比利洗人、希未人、耶布斯人中間，娶他們的女兒為妻，將自己的女兒嫁給他們的兒子，並事奉他們的神。」（三5～6）

這裏所提及的通婚，在本書關於婚姻上扮演著諷刺的功能。接著的內容立刻記載第一位士師俄陀聶。他乃一位外邦人（父親基納斯可能是以東人，參創三十六11），卻因為歸向上帝、與迦勒敬虔的女兒押撒通婚，成為士師記中理想的士師（三2）；本書的跋卻記載著以色列人立誓不肯將女兒嫁給同胞便雅憫人（二十一章）。由此可見士師時代墮落的軌迹：第一個士師因為歸向上帝，與以色列女子通婚，成為士師的榜樣；但到了士師隧道的尾端，以色列人歸向外邦神祇，寧可與異族通婚，也不願意與同族結婚，導致更大的墮落——基列．雅比人400個處女和示羅200個跳舞女子被搶奪、強暴（二十一章）！

更悲哀的是，第二個序的開始，記載著當約書亞仍活著時，以色列百姓都事奉耶和華（二7），但在本段經文結束時，他們雖然經歷上帝保留外邦而屢遭擊打（二23，三1～4），而致他們全身盡是傷口（參賽一6），以色列卻都事奉外邦的神明（三6），原本屬於立約的專有名詞「我民」，在這墮落的隧道中，遂成為不聽上帝話語的「這民」（二 20）。

二章 11 節「惡」（hāraᶜ）與二章 15 節「災禍」（rāᶜāʰ）原文同字根（rᶜᶜ）。人類離棄上帝後定必行惡，也必因此受上帝的審判。士師記中的人「極其困苦」（二 15），正是離棄神本的人本社會最真實的寫照。

從士師記來看，原來人離開上帝，必然自我迷失，除非上帝涉入拯救，否則人類只能逕自朝著戰爭、滅亡的不歸路奔行！基督教信仰與人本主義、無神論最大的區別，是在於對問題癥結的看法。敍述者毫不避諱地說，人類最根本的問題不在於社會制度（馬克思如是觀）、政治體系、外交情境，而是剛硬蠻橫的罪惡。二章 19 節「**行惡……更甚**」呼應著創世記六章 12 節，「**頑梗**」呼應著出埃及記三十二章 9 節，三十三章 3、5 節和三十四章 9 節。這兩處所引被呼應的經文與本段相同，耶和華都為了頑梗、行惡的人發怒、憂傷、後悔（二 18；參十 16。另參創六 5 ～ 7，八 21；出三十二 12、14）。創世記六至九章的洪水並沒有涮掉人類墮落的本性，領受西奈山上頒布的法版也不能改變人類敗壞的本質，人類並沒有在品德及行為上因歷史的教訓而成長或進化。從士師記看，其實人類一直處在「退化」中。除非上帝涉入，否則不以上帝為本的人類，必然走上墮落的世俗化軌迹中！

溫習及思考問題

1. 二章 6 節至三章 6 節預告以色列的墮落史，當中包括墮落的步驟有：背約、受欺壓、悔改、拯救。試反省你個人的信仰生活，看看哪一階段與這步驟相似甚或相同？
2. 「**事奉**」這詞在這段落中有何重要意義？你現時的事奉光景如何？是否正值類似士師時代的景況？
3. 人所構想的人間宗教神明是怎樣的？這與耶和華信仰有何分別？你所信的上帝是一位怎樣的上帝？與異邦的神明相同嗎？
4. 以色列人在埃及被奴役與士師時代被外邦人勞役有何不同？你未信主之前生活勞勞碌碌，生命沒有前景、盼望；今天你已信主了，景況和之前又有何相異之處？

5. 在古代近東的條約中已有定規，凡背約的一方會遭受甚麼結局？生活在一個物慾衝擊的社會中，你如何謹守與上帝所立的約？
6. 昔日以色列人為了婚姻而背棄上帝，你認為這樣值得嗎？你如何在你婚姻上見證你的上帝？
7. 為何上帝對以色列人的嫉妒是合理的？你有沒有類似的經歷？
8. 身為上帝兒女的你，是否體認到上帝的心也同樣因為你受罪的捆綁而受傷（參來四15）？而上帝對祂子民的愛，不會被時間的暗流所稀釋或沖走？

釋經短註

❶ 聖經中其他書卷同樣使用這種「兩段式引言」的表達方式，其中有創世記一章1節至二章3節與二章4至25節，前者乃從上帝的眼光來呈現大自然如何從無變有，從混亂變為整齊，以及按照上帝形象被造的人類如何扮演管理大自然的角色；後者則從人的眼光，敘述人類的住處伊甸園，以及人類第一段婚姻成為創造的最高潮。創世記這兩段引言與士師記的意義相同，是扮演全書「序」的角色，為要開啟接著的創世紀三章之後關於人類墮落的記載。

❷ 揚格確定地指出，二章6、7節與一章1節是相互呼應，將讀者的眼光連結到相同的歷史背景，以第二個序（二6～三6）中上帝的眼光，來解讀第一個序（一1～二5），達到互補的功能。揚格強調，解讀第一個序不能不參考第二個序。

❸ 敘述者在此關注的，不在於以色列政治、經濟的狀況，而完全在於他們靈性上的光景。敘述者用「行了邪淫」（二17），「行惡」、「頑梗」（19節）描述以色列人；又描述上帝對以色列的心情：包括上帝「怒氣」（14節）、「後悔」（18節）、再度「發怒」（20節），整個過程呈現了一位長期寬容忍耐的上帝。

❹ 奇澤姆（R.B. Chisholm）指出，約書亞記的跋與士師記的序之間的平行，連結在約書亞的死上面：（1）約書亞死前（書二十四1～28 // 士二6）；（2）約書亞的死（書二十四29～30 // 士二8～9）；（3）插語與總結（書二十四31～33 // 士二7）；（4）約書亞死後（士一1～二5 // 士二10～23）。

❺ 一個人所認知的，往往能夠決定他

的倫理行為和帶來的生命結果。克萊因正確地指出，敍述者在這一段中將以色列人區分為兩類：「知道、看見」耶和華作為的人（二7），以及「不知道」祂作為的人（參3.1）。

❻ 對於以色列人不能分別為聖這一點，福塞特（A.R. Fausset）正確地呼應了馬丁路德的觀點：「上帝兒女最高的呼召在這世界，但卻不屬於這世界。正如船在海上是安全的，只要海水不在船上；上帝兒女在世界是安全的，只要世界不在上帝兒女心上。」

❼ 揚格指出，二章13節和十章6節將兩個對比的動詞擺在一起：「離棄」（*ʿāzaḇ*）和「事奉」（*ʿāḇaḏ*；另參撒上十二10）。以色列人本該事奉耶和華、離棄外邦神明，但是進入士師時代之後，不僅黑白不分，甚至陰陽顛倒，做了立約時所發誓不該做的事來。

❽ 古代近東立約條款中是列明凡毀約者必遭受審判的；因此當以色列被上帝審判時，他們是完全知道其原因，因此他們不能責怪守約的一方：上帝，而只能怪罪失約的一方：自己。

❾ 經文中多次出現「列祖」（二10、12、17、19、20、22，三4）。「列祖」並沒有成為後來世代行事的榜樣及指標，他們反而「偏離、離棄、違背列祖的上帝」（二12、17、20），且「行惡比列祖更甚」（19節）。其實，本段中也多次出現「耶和華的僕人」約書亞這定標（6～9、23節），成為控告以色列「不如列祖」的標記！當約書亞和他同時代的長老被埋葬後（9節），以色列就徹底深陷「墮落的隧道」中了！

❿ 韋塞爾斯（J.P.M. Wessels）提醒讀者不要忘了敍述者的幽默：外邦人不被約書亞所滅，存留餘種，是為了作以色列練「軍事拳」的拳伴。不過，也當留意的是，耶和華就是以色列的戰士，他們根本不需要學習戰爭。因此三章1至2節的試驗，其實乃諷刺性的預告和不祥的預兆：進入士師隧道的以色列，將長期與戰爭為伍（包括十九至二十一章的內戰）。

⓫ 三章5節中所提的非利士人、迦南人、西頓人、希未人，也呼應申命記七章1節所記迦南7族，包括：赫人、革迦撒人、亞摩利人、迦南人、比利洗人、希未人和耶布斯人（這7族中只有革迦撒人沒有被記載）。這有兩方面可提醒現代讀者，首先，聖經的啟示並不是建立在真空裏，上帝的啟

示絕非人的想像產物；第二，上帝的兒女這身分及權威乃來自上帝（先前）的啟示。

第二篇

本文：
士師的故事——上帝對於以色列迦南化的回應（三7～十六31）

本書段帶領讀者進入士師記的主體（三7～十六31），這主體中的主要角色包括俄陀聶（三7～11）、以笏和底波拉（三12～五31）、基甸（六1～八32）、亞比米勒（八33～九57）、耶弗他和參孫等（十1～十六31）。這部分以俄陀聶作開始．他擔負了其他士師事迹始末的預告片功能。這段的第一句「以色列人行耶和華眼中看為惡的事」（三7），就是後來士師們登上本書舞台所共用的開場白（參三12，六1，八33，十6），而這開場白其實在本書的序已提及過（二11）。因此，無論是本段所描繪第一個上台的士師俄陀聶，或是隨後輪番上陣的其他所有士師，他們的結果都早就已經被本書的序所「定格」了（二6～三6）！

第四章
俄陀聶：
士師時期空前的第一棒
（三 7 ～ 11）

三章7至11節乃二章11至19節所描繪士師情景的最佳典範、例證。尤其特別的是，當士師時代進入與迦南人通婚的世俗化時，俄陀聶這位模範士師卻違反時代潮流而行，原是外邦基尼洗人的他，與敬虔的女子押撒結婚（一13），可見一個人的背景不妨礙其被上帝所用。俄陀聶與其他士師的記載有其相同之處：一敵人、一士師。但是關於這第一位士師的記載，卻沒有任何人的對話，沒有任何講論或報導，沒有戲劇化的事件呈現，沒有情景的描寫，更沒有任何他個人的缺失。有的只是這個士師被上帝呼召、聽命、順服，以拯救者角色出現，帶領以色列人脱離仇敵。這位理想士師遂成為後來士師的模範生。

棒球比賽中第一棒上場的打擊手非常重要，往往經過精挑細選才能脱穎而出，因為第一棒必須面臨「空前」的挑戰。故此，士師第一棒打擊手俄陀聶所面對的挑戰甚為嚴峻。在他上壘前，壘上沒有人，因為約書亞已經死了（一1，二8），那些看過耶和華為以色列行大事的長老都已不在（二7、10），老岳父迦勒雖留下了屬靈的榜様（書十四6～15，十五14）和屬靈的遺產（一11～15），但似乎也沒能在場邊成為指導教練。更險惡的是，以色列的犯規、背約，離棄救他們的耶和華，竟向諸巴力和亞舍拉❶投懷送抱，惹動球團老闆——那位立了規矩（約）的上帝的憤怒（三7）！

接著本書的序之後，立刻看見以色列人踩到地雷——得罪上帝（三7）。得罪上帝，當然只能自我引爆，因為可以呼風喚雨的上帝，從遠方美索不達米亞興起的邪惡王古珊·利薩田，❷成為以色列的老闆達8年之久，「**所以耶和華的怒氣向以色列人發作**」（8節）。❸正如序上所説（二13～14），事奉外邦的神明巴力（7節），結果就是事奉外邦的王（8節）；選擇脱離上帝的約束，結果成為別人的奴隸，而導致真正的不自由！可見一個選擇便左右了人的命運。上帝的兒女若想享有真自由，惟一的選擇就是事奉、跟從上帝（約八31～32）。上帝兒女的自由完全建基在上帝的約束裏！

以色列試圖脱離上帝，卻被諸巴力所套牢，可見試圖脱離以上帝為本的個人或思想體系的羣體，結果是帶來靈性更大的捆鎖。人很難成為真正的「無神論者」，因為「一個人不能事奉兩個主」（太六24），在靈性上根本沒有騎牆派的空間。上帝的兒女該聽聽以利亞的挑戰：「若耶和華是上帝，就當順從耶和華；若巴力是上帝，就當順從巴力。」（王上十八21）不要再心持二意了！

從信仰歷程來看，在不能自拔的墮落中，上帝的兒女最穩固的倚靠就是來自上帝的管教。忌邪的上帝不容許以色列優哉游哉地事奉巴力，因為祂不像人手造的那些不能動的偶像，「**耶和華的怒氣**」不允許祂百姓安居於罪惡中，祂興起外邦王來轄制以色列，讓他們事奉邪惡的美索不達米亞王古珊．利薩田（三8）。❹ 上帝如此作為，看似對以色列悖逆的懲罰而不是救拔，但是這捆鎖逼著以色列不再眷戀巴力崇拜，遂促使以色列呼求上帝，因而得拯救，因為「**以色列人呼求耶和華的時候，耶和華就為他們興起一位拯救者救他們**」（9節）。由此看來，上帝可以藉著外來的逼迫和苦難，逼使我們切斷罪惡（彼前四1），好讓我們的靈魂甦醒，正如被困苦所逼的浪子，從此不再眷戀罪中之樂，而願意回到他父家一樣（路十五14～19）。

整卷士師記只有兩位士師被戴上「拯救者」（môšîªᶜ）的「帽子」——俄陀聶和以笏。但是只有在前者的記載中是完全「零缺點」的，可以成為所有士師的典範。

迂魯的人總是「不見棺材不落淚」，「**以色列人呼求耶和華**」在本書是第一次出現（9節），說時遲那時快，真正的老闆，那位慈愛的上帝立即出手，❺ 正如詩篇所重複強調的「於是，他們在苦難中哀求耶和華，祂從他們的禍患中搭救他們」（詩一〇七6、13、19、28），不論上帝的兒女處在何種景況（詩一〇七4：「曠野荒地漂流」；10節：「被困苦和鐵鍊捆鎖」；17節：「因自己的過犯……受苦楚」；23節：「在大水中經理事務」）。原本上帝將以色列交在外邦王手中（三8），人一呼求上帝，上帝就將以色列轉交在俄陀聶手中（10節）。如此重複使用「手」的語法，不僅呈現上帝乃是人間邦國中「調兵遣將」的主宰者（「歷史」這詞的英文 History 頗有意思，它可以拆成 "His story"），更呈現祂等候祂子民歸回的慈愛本性！

時勢造英雄，當人一呼求上帝，上帝就呼召了第一棒俄陀聶上「打擊位置」（9節），雖然頭上「頂著岳父迦勒的帽子」（一12～13；參書十五17），父親基納斯卻是藉藉無名。按照士師記，這位基納斯是迦勒的兄弟，因此俄陀聶就是一位歸順猶大支派的外族人（像迦勒）。❻ 然而，這些都不重

穆爾（G.R. Moore）抱怨三章7至11節過於「空洞」（emptiness），但是戴韋斯明確指出，敍述者所要呈現的乃「未經修飾」（colorless）的俄陀聶。

要，**英雄莫問出身**，只要有著「耶和華的靈」的光環，「**耶和華的靈降在他身上，他就作了以色列的士師，出去爭戰。耶和華將美索不達米亞王古珊·利薩田交在他手中，他便勝了古珊·利薩田。**」（三10）三章7至11節這短短5節經文中，「**古珊·利薩田**」王的名字就出現4次，其中兩次在士師「俄陀聶」之前，兩次在士師「俄陀聶」之後。因著耶和華的靈所膏的士師，以色列從外邦君王手中被救出來。敍述者如此鋪陳，格外凸顯上帝的靈所膏的「士師」是高過「君王」的地位。因此，俄陀聶就可以出去爭戰，且得勝強大的外邦君王和軍隊。此外，俄陀聶還背負著歸屬於猶大支派的身分，這正好與本書之序將猶大支派擺在第一相稱：第一個出去征戰的乃猶大支派（一2），第一章中最能勝過迦南人的以色列支派也是猶大支派。因此讀者不會因為第一個士師乃出自猶大支派而驚訝，而且全書中最好的士師就是這位來自猶大支派的俄陀聶。

「耶和華的靈」6次在本書出現（六34，十一29，十三25，十四6、19，十五14）。

況且，書中提到這位士師有**耶和華的靈**降在他身上。這士師記中的屬靈帽子「**耶和華的靈**」，也是第一次出現在本書的舞台，俄陀聶且成為整卷士師記的模範生，這提醒了上帝的兒女，只要你我肯順服祂的呼召，能力乃從上頭來的。敍述者沒有記載俄陀聶任何的策略、特殊的誓言或是別人從旁協助……等。俄陀聶單單順服上帝的呼召，在上帝的靈降臨後出去爭戰，然後得勝，同胞遂享受平安，如此而已，就這麼簡單、直接、神奇！原來，上帝要求我們的不是「能不能」，而是「肯不肯」，士師記第一個打擊手俄陀聶就是明證，上了臺、揮了棒，「**國中太平四十年**」（遠長於被古珊王轄制的8年），直到他死時（三11）！

不過，仍須留意的是，那些曾經領受「**耶和華的靈**」的士師，他們的「屬靈光環」一個接著一個地褪色。基甸設計了一個「認證系統」，請上帝行神蹟來證實祂自己的呼召之後，他才肯出來帶兵打仗（六34～40）。「**耶和華的靈**」似乎也不夠耶弗他使用，他還需要許願才敢「放手一搏」，結果帶來了家庭的悲劇（十一 29 ～ 40）。「耶和華的靈」帶給參孫「大力士」式的傳奇事迹，但是終究沒有救拔以色列脫離士師記中的墮落（十三～十六章）。似乎只有俄陀聶是真正「功成身退」的。

由此可見，卑微的背景不會妨礙一個人成為被上帝使用的器皿，人之可以事奉上帝，所憑藉的不是勢力，不是才幹，乃是「倚靠我的靈方能成事」（亞四 6）！

溫習及思考問題

1. 以色列人行了甚麼事，而至被作者描述他們是行了「耶和華眼中看為惡的事」，觸動了上帝的憤怒？試反省自己的信仰生活有沒有觸怒上帝的地方。
2. 當時的以色列人拜哪些偶像？上帝使用了哪一個邦國攻擊他們？他們服事了該邦國多少年？你認為上帝的懲罰是否嚴苛？
3. 俄陀聶的出身怎樣？他代表著哪一個支派？這與士師記一章的內容有何相關之處？
4. 俄陀聶戰勝敵人的原因何在？「耶和華的靈」在俄陀聶身上有何特別之處？面對人生的挑戰，你如何靠著上帝的靈克服它？
5. 俄陀聶使以色列人過著太平的日子有多少年日？如何從這事件中看見上帝對以色列人仍存恩典？

釋經短註

❶ 烏加列文獻記載這亞舍拉（*hāʾăšērāh*）乃迦南至高神 *EL* 和巴力的「共妻」。亞舍拉是女神的象徵，以色列人看其為一位樹木的神，是「神木」的象徵（申十六 21），乃至巴力祭壇旁所刻鑿的木偶的象徵（六 25）。

❷ 從上兩河流域而來，入主敍利亞的王「古珊・利薩田」（三 8）究竟是誰？學者對此爭議已久，但仍然沒有定論。「古珊・利薩田」原文意思乃「雙重邪惡的古珊」，敍述者在此似乎用幽默的象徵語法。因此這王雖不能被確定，但敍述者所呈

現的諷刺目的達到了：以色列不去事奉上帝（三7），卻事奉邪惡無比的王（8節）！

❸ 「所以耶和華的怒氣向以色列人發作」（8節）這短句除了記載在本書的第二個序（二14、20），以及俄陀聶的故事外，也在耶弗他時期出現（十7）。作者在此申明以色列被外邦轄制，並非因為外邦比以色列強盛，而是因為以色列不順服上帝。上帝的兒女該懼怕的不是外邦權勢，而是有沒有得罪上帝。

❹ 「利薩田」原文乃「雙重邪惡」之意，是敍述者的輕蔑用法，正如「伊施波設」（*ʾîš bōšeṯ*）原文乃「羞恥的人」一樣（撒下二8）。這可以看出利薩田這位王的「厲害」。他來自遠方兩河流域的美索不達米亞北邊，但竟然可以超越地理限制，轄制迦南地的以色列，布洛克認為此乃整卷士師記中最厲害的外邦王。

❺ 三章9節呼應著二章15節「他們便極其困苦」，但是「呼求」一詞在此仍是第一次出現（另參三15，六6～7，十10）。這些經文更與出埃及記（二23～24，六5）呼應。因此，每次上帝回應以色列的呼求時，士師的出現多少意味著「新出埃及」（參賽四十三14～21）。

❻ 猶太史家約瑟夫（F. Josephus）主張基納斯乃猶大的後裔，且認為這基納斯將古珊王趕回兩河流域。如此觀點影響到後來猶太傳統，他們認定第一位士師乃基納斯，而非俄陀聶。但是這與本書的敍述有著明顯的落差。另外，赫雷米亞斯（Jörg Jeremias）將這基納斯連結於以掃的後裔（創三十六11），這觀點似乎比較吻合。基本上，俄陀聶和迦勒都是歸順了以色列族的基尼洗族人（參本書二章釋經短註13）。

第五章

以笏：肥胖王的左撇子剋星（三 12 ～ 30）

- 行惡與受欺壓
- 呼求與拯救

第二棒上場打擊的是以笏，當他上場的時候，以色列的情況與第一位士師俄陀聶出場前後完全一樣。儘管俄陀聶擊出一記全壘打，國中又太平了 40 年（三 11），以色列卻仍然陷在過去的生活窠臼中：

1. 他們忘記上帝，行耶和華眼中看為惡的事（三 7、12；參四 1，六 1，十 6，十三 1）；
2. 公義聖潔忌邪的上帝，興起外邦人成為以色列的敵人（三 8、12）；
3. 以色列呼求上帝，守約施慈愛的上帝興起士師來拯救（三 9、15）；
4. 敵人被制伏，以色列享受了上帝所賜的太平（三 11、30；參五 31，八 28）。

5.1. 行惡與受欺壓（三 12 ～ 14）

人性雖不變，上帝公義的屬性也不變；人類似乎需要下硬功夫，才可能學會該學的功課。上一回上帝將以色列交在美索不達米亞王手中（三 8），現在上帝興起強盛的摩押王伊磯倫：「以色列人又行耶和華眼中看為惡的事，耶和華就使摩押王伊磯倫強盛，攻擊以色列人」（12 節），不僅如此，「伊磯倫招聚亞捫人和亞瑪力人，去攻打以色列人，佔據棕樹城。」（13 節）這些族人在五經時代是以色列最彪悍的敵人。

約書亞時代得勝的標誌耶利哥和吉甲（書四～六章），在士師記的記載中竟成為外邦仇敵在政治和宗教誇勝的城市（三 13、19）。敘述者藉此呈現以色列人離棄上帝之後，所付出的慘痛的歷史代價。

在 3 個王合擊之下，甚至約書亞時代**以色列得勝的歷史地標**——棕樹城耶利哥——也被佔領了（申三十四 3；書六章）。更諷刺的還有兩件事。首先，耶利哥城不是已經被約書亞征服了嗎（參書六章）？但在士師時代的以色列竟然將祖產拱手於外邦人，讓約書亞的貢獻在此報銷了。其次，在摩西時代，摩押王曾經以高價僱用巴蘭來咒詛以色列（參民二十二～二十四章），且試圖藉著淫亂和拜偶像來破壞以色列（民二十五章），最後他的計劃完全失敗。但是，現在以色列竟然墮落到被摩押王逆轉、轄制，成為次等公民！

上一個故事中以色列被一位外邦王轄制 8 年，這一次以色列在另外

3位外邦王的威脅下，成為摩押王的次等公民達18年，「於是以色列人服事摩押王伊磯倫十八年」（14節）！上帝的兒女若膽敢挑戰上帝，逕自越過屬靈的警戒線，無視於「約」存在的事實。這樣，上帝必要認真管教！

5.2. 呼求與拯救（三15～30）

儘管人如此墮落、無可救藥，但是只要肯在管教之下回頭、悔改，上帝的慈愛屬性也不改變。上一回以色列呼求耶和華，耶和華就興起拯救者俄陀聶（三9），現在嚐到「不肯服事上帝，就得服事外邦摩押王」的苦味後，以色列再度開口呼求上帝，上帝也照樣給他們興起「拯救者」（9節；參二18）。這以笏是「便雅憫人基拉」的兒子。基拉的名字在聖經中除了出現在便雅憫支派的家譜中，並沒有其他記載（代上八3、5、7），可算是一個無名小卒。這一點，以笏與上一位士師俄陀聶相似，都是出身平凡。此外，以笏是一個左撇子。❶ 作者這樣表達不是要貶低用左手的人，只是指出他不像常人般慣用右手。上帝在此真的是有求必應，祂不誤事，也不誤時！一個沒有特殊背景的俄陀聶和「左撇子」以笏，同樣可以成就上帝的旨意！

「以色列人呼求耶和華的時候，耶和華就為他們興起一位拯救者，就是便雅憫人基拉的兒子以笏，他是左手便利的。以色列人託他送禮物給摩押王伊磯倫，以笏打了一把兩刃的劍，長一肘，帶在右腿上衣服裏面。他將禮物獻給摩押王伊磯倫（原來伊磯倫極其肥胖）；以笏獻完禮物，便將擡禮物的人打發走了，自己卻從靠近吉甲鑿石之地回來，說：『王啊，我有一件機密事奏告你。』王說：『迴避吧！』於是左右侍立的人都退去了。以笏來到王面前；王獨自一人坐在涼樓上。以笏說：『我奉上帝的命報告你一件事。』王就從座位上站起來。以笏便伸左手，從右腿上拔出劍來，刺入王的肚腹，連劍把都刺進去了。劍被肥肉夾住，他沒有從王的肚腹拔出來，且穿通了後身。以笏就出到遊廊，將樓門盡都關鎖。

以笏出來之後，王的僕人到了，看見樓門關鎖，就說：『他必是在樓上大解。』他們等煩了，見仍不開樓門，就拿鑰匙開了，不料，他們的主人已死，倒在地上。他們躭延的時候，以笏就逃跑了，經過鑿石之地，逃到西伊拉。」（15～26節）

25節「他們的主人」呼應20節的「王」；26節「鑿石地」呼應19節「偶像之地」；27至28節呼應15至18節「呼求」；29節呼應14節「逼迫」；30節「平安」呼應12至13節內容。

從上面經文中可以看出，敍述者在描繪士師以笏時，乃用**扇形結構**的手法來呈現本段劇情：❷

A　以色列行耶和華眼中看為惡的事，惹祂的怒氣（12～13節）

B　以色列受逼迫（14節）

C　以色列人呼求耶和華，耶和華興起士師以笏（15～18節）

D　以笏行過鑿石地（19節）

E　王從座位上起來（20節）

F　士師以笏起來（21～24節）

E'　他們的主人死了（25節）

D'　以笏行過鑿石地（26節）

C'　以色列人呼求耶和華，耶和華興起拯救（27～28節）

B'　以色列得拯救（29節）

A'　以色列重享耶和華所賜的平安80年（30節）

在本段的「首尾呼應」（12～13節、30節）中，明顯地呈現以色列之所以受逼迫（B：14節），是因為行耶和華眼中看為惡的事，惹祂的怒氣（A：12～13節）；但是當以色列人呼求耶和華，耶和華就興起士師以笏（C：15～18節）；也因著士師以笏的出現（D-E-F-E'-D'），耶和華興起拯救以回應以色列人的呼求（C'）；得拯救的以色列（B'），重享耶和華所賜的平安達80年（A'：遠超過服事摩押王的18年；14節）！

分段大綱（三 15 ～ 30）

1. 以笏的拯救（三 15 ～ 26）
2. 以色列的爭戰（三 27 ～ 30）

5.2.1. 以笏的拯救（三 15 ～ 26）

在這關於以笏的扇形結構中，敘述者用了幾種重要的修辭語法，以描繪以笏刺殺摩押王的過程。❸

5.2.1.1. 省略內容與重複表達 ❹

敘述者刻意不提以笏送給摩押王的是甚麼禮物（三 17），卻將鏡頭對準「鑿石之地」（19、26 節；*happəsîlîm*，原文意思為「偶像之地／偶像」；參申四 16 ～ 18、23，七 25，十二 3），藉著兩次出現的定焦特寫，來凸顯敘述者的觀點：摩押王宮被重重的偶像神明包圍著。這顯示人間政治向宗教靠攏、求援，也刻劃出士師以笏正在進出摩押王國最重要的禁區；這禁區除了層層的軍事護衛以外（19 節「左右侍立的人」，24 節「王的僕人」），更籠罩在政治和宗教掛勾所密織的保護網之下，如此強調以笏揮棒擊出好球的艱難。

除了兩次的「鑿石之地」外，敘述者也重複用了兩次的語法表達，呈現這位左撇子的靈巧。首先，以笏向王兩次說到「有事告訴王」，第一次是「機密事」（19 節），第二次是「奉上帝的命報告」（20 節）。王遂期待這位經過吉甲鑿石之地而來的以笏，或許帶來摩押的**神明**基抹（參十一 24；民二十一 29；王上十一 7、33；耶四十八 46）**的信息**。這個原因，促使王的防衛心鬆懈。結果，王被以笏的「兩刃的劍」所殺（16、22 節；在此同樣出現重複的表達）。

當以笏向摩押王稟報「一件機密事」時，伊磯倫很可能以為以笏乃受差派傳達摩押神明的信息。

5.2.1.2. 重複用字

敘述者用了重複字，來串連整個故事的情節。其中一個是「手」（*yāḏ*）

15 節「託他」原文直譯為「經他的手」（bəyāḏô）。30 節「被制伏」原文直譯為「在手下」（taḥaṯ yaḏ）。

（15〔2 次〕、21、28、**30 節**）。這個重複手法凸顯了彼此連繫，一同向著一個方向行走的重要性：

- 以笏的右「手」受阻礙（三 15 上）。這顯示了在人以為是阻礙的，卻是上帝所預備的。
- 以色列將禮物放在以笏「手」中送給伊磯倫王（15 節下）。這個出身平凡的人，卻承擔了重要的任務。
- 以笏伸出左「手」出擊（21 節）。甚麼是上帝合用的器皿，只有祂自己知道。
- 以笏說：「**耶和華已經把你們的仇敵摩押人交在你們手中**」（28 節）。這「手」是一個羣體的代稱。
- 摩押被以色列的「手」所制伏了（30 節）。最後，這不為人看重的，卻完成了重大的使命。

三章 24 及 25 節的「看見／見」原文是「看哪！」25 節出現兩次「看」，和合本的「不料」原文就是「看哪！」

除了「手」這詞，敘述者也重複用了「**看哪！**」（*hinnēh*）這詞。承接整個扇形結構的核心，就是上帝僕人以笏得手之後出來的關鍵時刻（24 ～ 25 節），敘述者連續打了 3 道強烈的聚光燈「看哪！」來凝聚焦點：在「**以笏出來**」和「**王的僕人到了**」的對比下，他們要察看發生了甚麼事，第一道聚光燈「看哪！」立刻閃了一下（24 節），他們一看，見樓門關鎖了。門外的僕人們以為王必是在樓上大解，他們不敢干擾到王的隱私，只能乾等，心裏或許還疑惑著怎會上廁所這麼久……直到他們等煩了，決定要有所行動。這時，聚光燈「看哪！」第二次閃動（25 節上）。他們發覺樓門仍然沒有打開，只好去拿鑰匙開了它。樓門尚未完全開啟，聚光燈「看哪！」立刻又再度閃動（25 節下），在強光之下看見他們的主人已經死了！如此環環相扣、情節緊湊的刻劃，除了完全吸住讀者的眼光之外，更讓掛念以笏安危的讀者安心——以笏會有充分的時間，逃離這看起來似乎防護得滴水不漏的王宮！

這些重複用字，也帶來諷刺的效果。刺殺伊磯倫之後，以笏一人從摩押王宮「逃跑」（26節；*mālaṭ*），他安全逃脫了；但反過來看以色列人追擊摩押人，摩押人有10,000個勇士，也在「逃跑」（29節；原文與26節同），卻沒有一個逃脫。在羣龍無首的情況下，摩押軍隊兵敗如山倒，他們的命運和他們的王相同。

5.2.1.3. 對比

摩押王宮有著重重偶像和層層衛士的保護（宛如秦始皇的宮廷），但是整個事件著墨的重點，在於以笏毫無攔阻地進出，如探囊取物（刺秦的荊軻不也如此）。更諷刺的對比是，摩押王只說了一句話「迴避吧！」（19節；原文是一個語氣詞 *hās*，意思是「安靜！」）就無助無力地躺了下來，沒有絲毫能力可為自己的生命反駁。如此強而有力的**對比**，凸顯出即使有著軍事、政治、宗教層層的保護傘遮蔽，人間君王所處的位置並非安全地帶，高高在上的摩押王顯得何等渺小可憐。以笏故事中還隱藏著下列的對比：有棕櫚樹的摩押對比於有山地的以色列（27節）；在涼樓上乘涼的摩押王對比於被轄制在下的以色列百姓；肥胖的摩押王**伊磯倫**對比於貧瘠可憐的以色列百姓；被刺殺在樓門內的摩押王對比於在樓門外等候的僕人們；肥壯的伊磯倫對比於殺他的左撇子以笏。敍述者藉此呈現他的意圖，就是鼓勵以色列不要怕不該怕的強敵；在上帝手中的仇敵，其實不堪一擊。如此呼應了約書亞時代得勝迦南諸王的故事（書十25），也反映了10個支派族長不信的典故（民十四章），以此達到鼓勵以色列民要剛強壯膽的目的（書一6～9）。

伊磯倫（ʿeglôn）原文是由「肥」及「小牛」組成。

對比也使故事變得有趣。摩押軍隊被形容為一隊「強壯的勇士」（29節）。「強壯」（*šāmēn*）這詞原文的意思是「肥」，這正好與「肥胖」（17節；*bārîʾ*）的伊磯倫呼應（原文雖不是用同一個詞，但卻是同義詞）。再者，肥胖的伊磯倫本來是王，後來死在眾偶像面前，成為「犧牲／獻祭」（21～22節）；肥胖的摩押勇士也同樣被「犧牲／獻祭」（30節）了。

5.2.1.4. 諷刺

伊磯倫坐在寶座上，正等待屬他殖民地的次等公民——以色列——帶來貢物（16 ～ 18 節）。他雖有摩押諸神和侍衛隊重重的圍繞保護，敍述者卻刻意著墨摩押王死時的情景，被刺時連劍都來不及拔出來；因為他肥如牛，無力為自己的生命反擊，只好無助地任由以笏把他關在涼樓裏刺殺（21 ～ 23 節）。在此諷刺的是，期待貢物的肥牛伊磯倫，卻成為以笏所宰殺的祭牲。學者揚格認為，在兩次「鑿石之地」（即「偶像」）的前後呼應下（19、26 節），呈現敍述者的諷刺語法：被獻給神明為祭的，就是肥胖的牛——摩押王伊磯倫（20 ～ 25 節）。接著，敍述者又刻意描繪離開了王宮的以笏，再度路過他先前看到的「鑿石之地」，眾偶像仍然是無動於衷！藉此諷刺人間偶像的冷漠無力，也刻劃那信靠偶像的人是何等可憐無依（詩一三五 15 ～ 18）！如此達到敍述者勸誡以色列不要跪拜迦南偶像的目的（二 11 ～ 23）。

5.2.1.5. 雙關語

在這簡短的記述中，敍述者用了不少雙關語，特別在扇形結構的核心（E-F-E'：20 ～ 25 節），敍述者如此表達，是為了使讀者產生聯想。這樣不但起了諷刺作用，也豐富其內容。這些雙關語有：

- 「座位」（20 節；*kissēʾ*）原文與上帝的「寶座」同詞（參詩九 4）。敍述者刻意描繪摩押王坐在「寶座」上，聽到以笏說「我奉上帝的命報告你一件事」，他就從寶座上站「起來」（*mēʿal hakkissēʾ*），而左撇子以笏也同時「起來」，伊磯倫遂連同他的王權在此立即駕崩。
- 他們的「主人」（25 節；*ʾăḏōnêhem*）與以色列人稱呼主耶和華上帝為「主」（*ʾāḏôn*；參詩一四七 5）同詞。

如此雙關語浮現出，**對比**於自以為顯赫的世間君王，在上帝面前其實是何等的渺小脆弱！俄陀聶故事是諷刺那位美索不達米亞王利薩田的邪惡，而以笏的故事則藉著那位被稱為「王啊」的伊磯倫（19 節；參 12、14、15、17 節），卻被以笏擊殺，最後成為摩押偶像前的祭物。敍述者以此諷刺這王不過是世間邪惡宗教的神明的犧牲品而已。❺ 揚格指出，以笏是用非傳統方式殺了摩押王伊磯倫，當僕人發現他時已經死了一段時間。這事迹與下一段士師故事很相似：迦南王耶賓的將軍西西拉被以色列的一個婦女雅億用帳棚的橛子擊殺（四21）。當他被巴拉發現時已經死了一段時間（四 22）。這樣的對比和諷刺，顯示巴拉與容易受騙且無能的摩押王僕人為同類型。

伊磯倫的死顯出耶和華才是真正的王。祂能制伏偶像、君王和任何邦國！若有人想轄制上帝百姓、逼迫祂的兒女，就當留心可能成為下一個伊磯倫，也成為後來讀者眼中的笑柄！事實上，沿著教會歷史看，任何試圖逼迫、殘害、甚至殲滅教會的人（如希特勒〔A. Hitler〕），都沒有好下場！不信？到摩押王宮看看伊磯倫的突兀、諷刺、無助的下場！

5.2.1.6. 結語

除了上文所提扇形結構，以及省略、重複、對比、諷刺、雙關語等文學表達手法，學者斯特伯格（M. Sternberg）更指出，敍述者也藉著諷刺的綽號（「伊磯倫」就是「肥牛」；「左撇子」就是「殘障」）、隱喻（兩刃的劍吃掉肥牛）等語法來呈現士師記的信息，就是上帝藉著願意順服的殘障者，拯救被轄制的以色列民。敍述者「文」以「載道」的目的在於安慰、鼓勵上帝的兒女：以上帝為倚靠的，即使在患難中仍然可以保持真正穩固的安全感。作為上帝兒女的，不管人生處在怎樣的壓力、險境、絕望的光景之下，甚至「連活命的指望都絕了，自己心裏也斷定是必死的」（林後一 8 ～ 9），然而就像這扇形結構的「首」埋伏著危機，到了「尾」卻佈局了轉機一樣，提醒你我要切切地記著：上帝永遠是人的出路，在祂沒有難成的事！

讓悲劇逆轉成為喜劇的中心人物，就是扇形結構的樞紐位置所描繪的以笏（D-E-F-E’-D’）。有趣的是，「便雅憫」（*ḇinyāmîn*）這名稱原文意思為「右手之子／有戰爭的手之子」（參創三十五 18）；但是這位便雅憫人以笏卻是個「左手之子」，因為他「**左手便利**」（三 15，解作「右手關閉」；參釋經短註1）。更有趣的是，他不是惟一的一位「右手臂被箝制」的便雅憫人。士師記的跋記載了 700 個「**左手便利**」的精兵，是善於使用機弦甩石作武器，且「毫髮不差」。他們與以笏相同，都是便雅憫人（二十 16）。或許就是因為以笏是左撇子，他將武器帶在右腿上衣服裏面（三 16），而站在摩押王面前的守衛很自然將注意力放在他的左腿，這是一般操右手者所慣常藏放武器的地方，因而忽略了以笏藏放的位置。這樣，以笏便躲過了摩押王守衛人員的注意。在這扇形結構的中心裏，那位一國之君、強壯如牛的王伊磯倫從座位上「起來」（20 節），但卻被世人所輕視的左撇子以笏「起來」所殺（21 ～ 24 節）！敍述者一致地描繪上帝可以用卑微的人。上一位士師俄陀聶的身世遠遜於伯父迦勒（9 節），下一位士師珊迦用趕牛的棍子打死有鐵車的非利士人（31 節），之後的士師耶弗他甚至是個社會邊緣人，他是妓女所生且遭同父異母的兄弟所驅逐（十一 1 ～ 3）。以笏的欺敵手法誠然有爭議性，❻ 但上帝使用軟弱者卻可從士師記的內容得到例證。由此可見，上帝的兒女即使有缺陷，仍然可以成為上帝手中的器皿。這給了我們莫大的安慰。

若再細閱士師記，不但發現上帝使用卑微人，更發現祂所用的武器可以超越傳統，且非比尋常：珊迦用趕牛的棍子打死非利士人（三 31）；雅億用帳棚的橛子釘死迦南的將軍（四 22）；基甸用瓶子和火把擊敗米甸人（七 20）；一位藉藉無名的婦人利用一塊磨石擊殺亞比米勒（九 53）；參孫用未乾的驢腮骨殺非利士人（十五 15）。原來，上帝能用各樣被人看為卑微的器具來達成祂的計劃：只要被上帝用的人願意。宣道會創始人宣信博士（A.B. Simpson）說得妙：「上帝不用偉大的人，乃用卑微的人來見證祂的偉大。」只要你我**肯**，上帝就**能**，而不在乎我們的背景、身分、地位等外在條件！❼

5.2.2. 以色列的爭戰（三 27 ～ 30）

當然，以色列能脫離肥牛伊磯倫的欺壓，仍然要歸功於以色列整個羣體同仇敵愾的共識。士師以笏就是肩負以色列同胞的託付，送禮物給摩押王的（三 15）。當他完成任務，而王的侍衛仍在樓門等王大解時，以笏已逃到西伊拉（26 節），就在以法蓮山地吹角，以色列的義勇軍即隨他下山：

「到了，就在以法蓮山地吹角。以色列人隨著他下了山地，他在前頭引路，對他們說：『你們隨我來，因為耶和華已經把你們的仇敵摩押人交在你們手中。』於是他們跟著他下去，把守約旦河的渡口，不容摩押一人過去。那時擊殺了摩押人約有一萬，都是強壯的勇士，沒有一人逃脫。這樣，摩押就被以色列人制伏了。國中太平八十年。」（27～30節）

以笏謙卑不搶功的精神感召（28節），❽清楚地呈現出上帝在做工，仇敵已經被交在以色列手中了。因此，在同心協力之下，即使有10,000個摩押的強壯勇士，結果竟然沒有一人逃脫（29節），以色列遂脱離了摩押王的欺壓，國中享受珍貴的80年平安（參三10、11，四23，五31，八28，十一33）！如此精彩的團隊事奉，給散沙般的華人教會何等寶貴的啟示啊！

華人教會的領導往往宥於英雄主義作祟，只知道「一手包、一腳踢」，教會最後只剩下「一口氣」。請看看大人物以利亞，經過偉大的事奉後（王上十七～十八章），竟因為耶洗別的一句話，就往西奈山逃命，甚至憂鬱到一心求死（王上十九1～4）；孤獨的以利亞以為「只剩下我一個人」（王上十九10、14）。上帝向他顯現，說：「以利亞啊，你在這裏做甚麼？」（王上十九9、13），他心裏可能正在責怪上帝：「我為萬軍的耶和華大發熱心，難道你不知道嗎？」（參王上十九10、14），或許還想反問上帝：「問題不在我，問題在你，上帝，你在那裏做甚麼？」

以利亞看見神蹟，卻看不到上帝（王上十九11～12），游走在自哀自怨的自我中心裏（王上十九14），不知道上帝其實已經預備了7,000個未曾向巴力屈膝的人（王上十九18）。上帝要他學習從個人的事奉轉型至團隊的事奉——下山呼召以利沙（王上十九16～17）！大佈道家慕迪（D.L. Moody）的話，可以提醒華人信徒好好深思的意義：「我不求主使我能做一千人的工作，我乃求主使我能推動一千人為上帝工作！」

但是隨著進入士師隧道的時間愈久，以色列團隊精神愈顯得渙散，這點可從以法蓮人如何參與約旦河渡口的防禦工作看得出來。在本段經文中，以法蓮人聽從以笏的號召（三27），下山把守約旦河渡口，不容摩押一人過去（28節），穩穩地保證了以色列的得勝（29節）。

然而隨著士師記的發展，故事同樣在約旦河邊發生，人物仍是以法蓮支派的人。他們因基甸的邀約再度把守渡口（七 24），並殺了兩個米甸人領袖，將首級帶給基甸（七 25），但卻與基甸發生爭吵（八 1～3）。第三次也發生在約旦河邊，以法蓮人卻與耶弗他作梗，觸怒了這位士師，而招致他聚集基列人在約旦河渡口把關，以法蓮人就在這渡口被殺，人數達 42,000 人之多（十二 1～6）。而且，愈接近隧道的尾端，團隊的關係愈薄弱。❾ 到了最後，士師記所描繪的都只有以色列的內訌、內亂、內戰（十九～二十一章），敍述者以 4 次「*以色列中沒有王，各人任意而行*」（十七 6，十八 1，十九 1，二十一 25），來描繪以色列團隊徹底崩潰的景況！

吉甲在地理上是以色列人入迦南渡過約旦河的上岸之處，他們在那裏立石記念（書四 19～20）、行割禮（書五 2～7）。

團隊事奉無法持續運作，往往是由於靈性出了問題所致。本段所敍述以色列被蹂躪的情景，發生在約但河旁邊的耶利哥城，就是約書亞進入應許之地的歷史地標，現在卻淪陷在伊磯倫手中（三 13）。連**便雅憫和以法蓮交界的吉甲**，都成了偶像玷污的「*鑿石之地*」（19 節）。這吉甲正是耶和華派使者啟程，往波金去警告並宣示以色列必有哀哭的原點（二 1）。可悲的是，甚至耶和華使者啟程之處都以淪陷收攤，靈性之墮落可見一斑，因此自然不能避免團隊事奉果效的逐漸下滑。從敍述者如何記載每段士師故事的「結局」，就可以看出士師記中以色列靈性的滑落：

1. 在以笏的故事中，敵人首領死於戰役之前（三 25、30）；
2. 在雅億的故事中，敵人首領和士兵的死乃戰役結束後才公布的（四 16、22）；
3. 在基甸的故事中，也是戰役結束才記載敵人領袖的死訊（七 25、八 21）；
4. 耶弗他的故事沒有記載敵人的死亡，但記載以法蓮人的死亡（十二 6）；
5. 參孫的故事中，根本沒有戰事，敵人領袖和士兵陪伴參孫一起死亡（十六 30）。

從新約角度看，不能愛上帝的，靈性自然便會墮落，當然也無力去愛上帝所愛的人。沒有基督救贖的愛，焉能彼此相愛、彼此建造、彼此委身（約壹三16）？更遑論建立團隊事奉呢？這是我們讀完以笏的敍述後，心中該有的另一深層反思。

溫習及思考問題

1. 耶利哥為何對以色列人如此重要？為何前人的經歷不能成為以色列的支持或鑑戒？
2. 以色列人這次所面對的敵人是誰？以色列人服事他們多少日子？
3. 敍述者如何藉著省略的內容及重複的表達來描述這故事，使它更為生動？敍述者用了多少個重複的字眼（或表達）？每一個重複的詞對內容有何特別意義？
4. 「*鑿石之地*」對摩押王及以笏有何特別意義？
5. 重複出現的「*手*」這字如何串連整個故事？在你的人生中有沒有重複出現的事情？這予你有何反省？
6. 敍述者用了多少次「對比」的寫作手法？它怎樣帶來諷刺的作用？
7. 作者如何使用「雙關語」來撰寫內容？這些雙關的用法如何與上下文的故事連繫？
8. 敍述者如何描述以笏的卑微？從他的得勝，如何理解上帝使用人的原則？
9. 從以色列人後來加入的戰爭中，如何看見羣體行動的重要性？個人脫序的行動會引來甚麼惡果？
10. 整個故事的中心信息是甚麼？若與俄陀聶的故事併列來看，如何看見以色列的景況每下愈況？

釋經短註

❶ 三章15節「*左手便利*」（*yaḏ-yəmînô*）原文為「右手關閉」，但不一定是指右手殘障。究竟以笏是真正的左撇子，抑或是左右手皆靈活者，學者都有不同意見。「七十士譯本」將這詞譯作「兩手俱靈巧」

（希臘文：*amphoterodexios*），與描述便雅憫700位勇士「左手便利」所用的詞相同。故此，以笏極有可能不是右手殘障。況且，左手便利在古代攻城中似乎特別有利，「能用機弦甩石打人，毫髮不差」（二十16）。

❷ 曾祥新也有類似的扇形結構，但是他的分段法乃僅按劇中人物角色劃分——而非按照劇情精密的全面佈局劃分——包括兩次的「鑿石之地」（19、26節），王「起來」（20節）和以笏「起來」（21節）的對比，「座位」（20節）和「主人」（25節）的對比。因此並沒有呈現敍述者藉著這扇形結構，所刻意浮顯的神學主題和信息。

❸ 一些學者看重聖經的文學藝術性，但懷疑或否定聖經所記故事的真實性，譬如布雷勒以寓言（allegory）的方式來解釋士師記；漢迪（L. Handy）也質疑本段經文所描繪的，是否真正發生過。但是，敍述文的歷史性與藝術性並不必然水火不相容；強調聖經的文學藝術性，也不需要以犧牲其歷史真實性為代價。

❹ 同樣的省略手法在撒母耳記下也出現過。在敍述大衛將拔示巴接來同房時，敍述者完全不描繪她的反應（撒下十一2～4）。這並不表示她沒有心理反應，只是敍述者的焦點不在她，而在大衛如何主導整個姦淫罪的過程。因此讀敍述文時，需要從敍述者的視野、觀點來解讀，而不需要太關注敍述者沒有陳述的重點（如拔示巴被邀入大衛王宮前後的心理反應），這原則亦可用於新約。當讀到約翰福音第八章，讀者可以不必關注彎著腰的耶穌在地上寫甚麼，而該關注敍述者所要呈現的焦點：「你們中間誰是沒有罪的，誰就可以先拿石頭打她。」（約八7）

❺ 20節「上帝」（*ʾĕlōhîm*）所指的並不是那位與以色列立約的耶和華，而是一般泛稱的「神明」。這是因為耶和華是以色列的神，而不是伊磯倫本國的神。伊磯倫絕不會站起來，聽那位被他制伏的民族的神明説話。

❻ 一些學者如麥卡恩稱以笏乃「欺騙者」，但馬太斯仍看他為英雄，即使他的行為似有欺騙之嫌。誠然，以笏的手段似乎並不完全光明磊落，但是「奉上帝的命報告你一件事」（20節）原文可以解讀為「奉神明的差遣向你報告」。儘管他並不像俄陀聶這位模範生，但是在上帝允許之下攻擊以色列的伊磯倫似乎也越界了，他逕自與亞捫人和亞瑪力

人聯合，一同欺壓以色列達 18 年（13～14 節）。這位揩盡以色列的油的肥牛伊磯倫，落得如此下場，正浮顯了上帝公義的要求。

❼ 「馬所拉文本」沒有稱呼以笏為「士師」，只稱呼他為「拯救者」（15 節），但是「七十士譯本」則稱呼以笏為「士師」。在 30 節尾，「七十士譯本」加上一句：***kai krinen autous Aōd heōs ou apethanen***； 直譯為「而以笏審判他們（『審判他們』或『作士師』）直至離世」。即使「馬所拉文本」沒有使用「士師」這詞來描述以笏，這位士師與理想士師俄陀聶在士師記中是僅有兩個被冠上「拯救者」這美名的（9、15 節）。赫克斯（J. Hercus）提到，不論用左手或右手，在上帝手中都是寶貴的。

❽ 可惜的是，以笏的事迹之後，士師不居功的事奉在士師記已不復存在了。之後的士師愈來愈傾向「人本主義」。施奈德正確地指出，以笏將以色列得拯救的功勞歸給上帝，但是後來的士師基甸，在得勝的過程中讓自己與上帝同享榮耀（七 20），他的兒子亞比米勒更炫耀地宣稱以色列得拯救，應完全歸功於自己的父親基甸（九 17）。

❾ 若將模範士師俄陀聶與以笏相比，俄陀聶比以笏正直，因為以笏為了達成任務，以欺敵殺了摩押王。但拿以笏與巴拉相比，巴拉又比以笏遜色，因為他多疑、好操控。俄陀聶和以笏在戰場上全勝，但是巴拉的敵人首領卻在他面前逃跑，不過他沒有帶來日後惡果。基甸是個小信的士師，還激發族羣對立、公報私仇，死後全國進入一片王位爭奪的不安景況中。從士師本身的生命缺陷，可以看出進入士師記的記述，彷彿進入隧道，愈走愈暗。

第六章
珊迦：
趕牛的棍子成為上帝出手的兵器
（三31）

關於珊迦的敍述雖然只佔本書1節「**以笏之後，有亞拿的兒子珊迦，他用趕牛的棍子打死六百非利士人。他也救了以色列人。**」（三31）但正如電視或廣播在每一段節目結束前最有價值的插播（newsbreak）一樣，敍述者將這一節輕悄地安放在以笏（三12～30）與底波拉（四～五章）之間，刻意凸顯一個不具特色的人如珊迦，也可以成為以色列得救的管道（二18，三9、15，六15，八22，十1，十三5）。❶ 雖然他如此地微不足道，世人也難以記起他，但是不健忘的上帝就在這關鍵的經文流程中，獨獨記了他一筆。這一筆非常特別。學者麥卡恩將珊迦和參孫相比，指出他們兩者的敵人雖然都是非利士人，但敍述者卻用了4章經文來描繪參孫（十三～十六章），而只用1節來記載珊迦；然而，後者救了以色列，前者卻功敗垂成。這説明了以色列的靈性光景是持續不斷地叛逆上帝，持續滯留在隧道中，結果只能往混亂災難的深處直奔！夏里遜（R.K. Harrison）正確地指出，雖然士師記沒有描繪珊迦的背景，但若將他與殺了西西拉的巾幗英雄雅億並列（五6），就可以推測他當時也是一位傳奇人物。❷

珊迦雖然僅佔本書一小節，卻留下一籮筐問題：非利士人如何向猶大人施壓？珊迦如何成為以色列的英雄？他如何單靠趕牛的棍子就能打死600非利士人？他是猶大人嗎？他的名字是否有異教色彩？姓氏「**亞拿的兒子**」（*ben-ʿănāṯ*）的字音與字源，是否意味著他崇拜迦南女神亞拿？或是他僅是加利利一帶伯．亞納（*ḇêṯ-ʿănāṯ*）一個普通的居民（一33；參書十九38）？抑或居住在會與非利士人碰面的猶大地的伯．亞諾（*ḇêṯ-ʿănôṯ*；書十五59）？他是僅憑自己的雙手就打死600非利士人，抑或率領農兵救了以色列人？他真的是一位實至名歸的士師嗎？珊迦謎般的背景、身分與工作雖然不詳，卻是本書第一位「背約、受欺壓、悔改、拯救」之循環定律外的成功士師，可見士師記的第一位大、小士師都是「模範生」。

「亞拿」、「亞納」、「亞諾」的希伯來文乃源自同一個字根：ʿnṯ。

整節裏我們能夠確定的只有他有一支趕牛的棍子（刺棒），這棍子約8尺長，周長約6吋（15公分），小的一端是趕牛的馬刺，粗的一端綁著清除犁脊

迦南神祇：亞拿

於公元前約 3000 年，亞摩利亞人已開始供奉亞拿，這也是埃及所拜的神祇。考古學家曾在埃及地發掘到一些亞拿女神與埃及法老王同立的雕像。她與亞舍拉、亞斯她錄同為當時迦南地著名的女神。至於以色列人何時才供奉這神祇，估計約在公元前 5 世紀。這女神與另一位女神亞斯她錄有很密切的關係，可能是姊妹。她好戰、嗜血且殘暴，曾有古代文獻記載她是以人血洗身。烏迦列的文獻記載，亞拿也是一位生殖女神，她與巴力共同掌管迦南人的生命，她是巴力的妹妹，也是他第二位妻子。按文獻記載，是她每年使巴力復活；當巴力復活後，便降雨給迦南大地，使這地有生機。她經常與巴力聯手爭戰，且定必得勝。

舊約聖經沒有提及這女神的名稱。有學者認為當聖經所用「亞拿突」（書二十一 18；耶一 1）、「伯．亞納」（書十九 38；士一 33）、「伯．亞諾」（書十五 59）都與亞拿這女神有關，可能是這地方的人民是以拜這女神為主。

的鐵刃，打起仗來可以當刺刀用。珊迦沒有用其他像樣的武器，說明了以色列人可能已被非利士人繳械，沒有更適合的武器了（參五 8；撒上十三 19 ～ 22）。對比於以笏以欺敵方式殺死仇敵，珊迦所倚靠的乃上帝所賜給他的本領，正如參孫倚靠的是上帝所賜獨特的力量一樣（十四～十六章）。上帝曾藉著以笏用藏在右腿上衣服裏面兩刃的利劍出奇制勝，打敗以色列東邊的敵人摩押（三 12 ～ 30）；同樣的，上帝也可以藉著非傳統武器讓珊迦一炮而紅，打敗西邊的非利士人。接著這故事之後，敍述者描繪雅億用帳棚的橛子得勝（四 21），基甸則以吹角、瓶子、火把而得勝（七 16），一個不知名婦人用磨石打破亞比米勒的頭（九 53），參孫則用驢腮骨擊殺一千非利士人（十五 15）等，後來的大衛甚至用機弦和光滑石子打敗巨人歌利亞（撒上十七 40）。上帝使用的武器千變萬化，誰可以限制上帝出手時的武器呢？

珊迦的身分、背景無從查究，但這又何妨？整個事件的主角其實不是珊迦，而是興起珊迦的上帝。這位是創造天地、掌管萬有的真神，祂的兒女的得勝不在於兵器的良窳和人力的多寡（撒上十四 6）。有學者認為「珊迦」這字與何利人所沿用的文字接近，故此他極有可能是何利人（Hurrian）；亦有記載他是埃及法老王聘請用於監視、打擊非利士人的迦南人。即使被上帝差遣的是外邦人，又有何不可呢？第一位大士師俄陀聶是以外邦人的身分拯救以色列，這位小士師珊迦以及接著的基尼人雅億，也都是來拯救以色列的外邦人。後來的波斯王古列，不也是上帝手中的棋子嗎（賽四十五 1 ～ 7）？耶穌的學生大部分都是加利利「國小」沒有畢業的漁夫呢！因此，不管器皿多軟弱，只要有上帝的介入、指揮，珊迦趕牛的棍子，比歌利亞的刀劍更利，以此顯明無能的人所發出的能力乃完全來自上帝。戴德生（J.H. Taylar）曾如此說：「上帝所用的巨人乃軟弱的人。」大佈道家慕迪的同工陶雷（R.A. Torrey）說：「慕迪能力的源頭，不在他裏面，乃在上帝裏面。」

溫習及思考問題

1. 作者只用了 1 節經文記載珊迦的事迹，可否略提他的背景，以及學者如何詮釋他的出身？
2. 若將珊迦與以笏、雅億並列，他們有何共同的特點？試從經文對他們的記載說明上帝的揀選的一些原則。
3. 試反省你的遭遇，有沒有與珊迦相同？不被人記念是否也表示不被上帝記念？試引用聖經其他經文略為分享你的看法。

釋經短註

❶ 和其他次要的士師一樣，敍述者在三章 31 節完全沒有描繪以色列的罪惡（十 1 ～ 5，十二 8 ～ 15）；但是珊迦仍和其他士師不同，因為他被記錄下來的，完全在於軍事上的勝利而已。揚格指出，珊迦使用如此「即興」的武器打勝仗，是向讀者預示雅億用帳棚的橛子得勝的劇情。

❷ 不同的學者對珊迦的身分有不同的詮釋。揚格認為珊迦乃職業士兵，克雷吉（P.C. Craigie）甚至認為他是傭兵。

第七章

底波拉、巴拉與雅億：耶和華戰士陳設的棋局（四 1 ～五 31）

- 得勝西西拉的實錄
- 得勝西西拉的歌頌

在俄陀聶、以笏、珊迦 3 位士師的記載之後，作者接下來以頗長的篇幅描述一位女士師底波拉及一位英勇的女子雅億。從故事的鋪排看，以笏的故事出現一個特殊的現象。三章 30 節結束後，作者以 31 節描述珊迦作間隔，接著的四章 1 節再次出現以笏，有學者認為 31 節是後來插入的，其實又未必：這樣的寫作手法表示珊迦與以笏重疊出現在以色列舞台，而且也是一個證據，證明珊迦與雅億曾經並列一段時間（五 6）。

學者施奈德為士師記的鋪排作這樣的看法：四章的「前奏」（三 31）形容珊迦是「亞拿的兒子」，這身世可能與迦南女神「亞拿」有關，似乎作者在此已開始將當時社會的男性及女性作一對比，逐步引導讀者接受一個女性主導的新局面。這時，以色列的男人顯然很不爭氣，整體社會的困境，竟然得靠女子底波拉和雅億來突破。學者揚格更指出，這段經文最後凸顯的英雄居然是一個女子，甚且是一個外邦女子，與以笏和珊迦等士師們同享榮耀。雅億和以笏都曾用欺敵手法，孤立他們的敵人之後才下手；雅億對付敵人的手法又與珊迦相同，都是用「非傳統」武器致勝，且他們都不是以色列人（四 11、17）。這些對比、諷刺，將本章的劇情帶入極大的張力中。

7.1. 得勝西西拉的實錄（四 1 ～ 24）

在珊迦之後，敍述者將焦點放在兩位女主角底波拉、雅億身上，如此凸顯了本段真正的英雄乃巾幗英雄：

- 女子命令男子：底波拉命令／邀請巴拉（四 6、14）；雅億邀請西西拉（18 節）。
- 男子回應女子的命令／邀請：巴拉聽從底波拉（8、14 節）；西西拉聽從雅億（18 節）。
- 男子失去男性尊嚴和性命：巴拉失去尊嚴和榮耀（9 節）；西西拉失去性命（21 節）。

這以雙生雙旦為主軸的劇情，敍述者仍以扇形結構呈現：

A 以色列人被迦南王耶賓轄制（1～3節）

B 女先知底波拉命巴拉出陣（4～9節）

C 巴拉和西西拉對陣（10～13節）

D 耶和華乃戰士（14節上）

C' 巴拉打敗西西拉（14下～16節）

B' 希百之妻雅億計殺西西拉（17～22節）

A' 迦南王耶賓被以色列人制伏（23～24節）

這結構有4個特色：

- 在A段落中，「以色列眾子」（*bənê yiśrāʾēl*；「和合本」將它譯作「**以色列人**」）共出現3次（1、3節），而A' 段落中也有3次「**迦南王耶賓**」（24節「**將他滅絕**」的「他」原文為「迦南王耶賓」）。
- 最長的兩段（B和B'）焦點在兩位女子：底波拉和雅億。
- 巴拉和西西拉兩位元帥，以雷同的動作出現在舞台上。前者「**招聚**」以色列民（10節），並「**下了**」他泊山殺敵（14節）；後者「**招聚**」迦南軍隊（13節），並「**下了**」馬車逃跑（15節）。
- 底波拉以耶和華為戰士鼓勵巴拉，成為全章的核心經文（D）。

分段大綱（四1～24）

1. 以色列人被迦南王耶賓轄制（四1～3）
2. 戰事（四4～22）

   甲、底波拉與巴拉的對比（四4～13）

   乙、耶和華乃真正的戰士（四14～15）

   丙、巴拉擊打西西拉（四16）

   丁、希百之妻雅億計殺西西拉（四17～22）
3. 迦南王耶賓被以色列人制伏（四23～24）

7.1.1. 以色列人被迦南王耶賓轄制（四 1 ～ 3）

若仔細思考 A 這一段落，就會發現，左撇子以笏不能徹底救以色列脫離罪惡的控制（三 12 ～ 30；參羅三 9），珊迦趕牛的棍子僅能趕走以色列的外在仇敵（三 31），趕不走以色列內藏的罪惡。以笏和珊迦下了舞台後，以色列人的老毛病又出現了，他們「又行耶和華眼中看為惡的事」（四 1；參二 11，三 7、12，六 1，十 6，十三 1），再度越過屬靈的警戒線，當然就會引爆「違約」的代價。那位能呼召外邦人珊迦來救以色列的上帝，當然也能呼召外邦王耶賓（四 2），隨同他的常勝將軍西西拉出線懲戒以色列。耶賓很可能是被幾位王所共用的頭銜或稱號，這名字的意思是「他了解」。從士師記和約書亞記十一章 1 至 5 節看，敍述者藉著「**耶賓**」王的頭銜，來達成諷刺的功能——耶賓王了解上帝反對敵擋祂的以色列。

四章 2 節「耶和華就把他們付與……」原文乃是「耶和華將他們賣了」，這「賣」（mākar）也出現在二章 14 節、三章 8 節和十章 7 節中。

作者這樣的記述，為要指出那出賣了上帝的以色列人（四 1），代價就是被上帝「**賣**」了，好讓對立約不當一回事的以色列，從守約的上帝面前學會功課。若從四章 1 節看，先是以色列人離開上帝，然後上帝就離開以色列人（2 ～ 3 節）。上帝是輕慢不得的！上帝的兒女最好認真地對待上帝，因為上帝是認真的！

本書中以色列的仇敵首先是出現在東方的摩押（三 12 ～ 30），接著是西方的非利士人（三 31），現在則是在北方夏瑣作王的耶賓，以及家鄉也在加利利附近的耶賓大將西西拉。❶ 敍述者以此闡明地理、位置、距離、種族，確實都不能妨礙上帝呼召的主權！當年的約拿不就是以為逃到海上，上帝或許就管不著了？上帝的兒女要常常思想：我們是否真的可以躲避無所不知、無所不在的耶和華的面呢（詩一三九 7 ～ 12）？我們可以對抗有權柄呼召所有被造之物的上帝嗎？瞧！膽敢挑釁上帝的以色列民，很快又成為外邦的次等公民達 20 年（四 3）。這就是我們最好的警惕！不願意與上帝站在同一邊，甚而與上帝為敵的人，就等於為自己招徠全世界的眾強者並以之為敵！

稀奇的是，在以笏挺身而出後，享受了 80 年太平的以色列（三 30），竟然可以容忍耶賓的轄制 20 年，之後才恍然醒悟、呼求上帝（四 3）。聖經不變的原則是，罪惡導致人陷在痛苦中，而且在罪惡中的人往往對痛苦的知覺愈來愈麻木。當俄陀聶起來之前，以色列人被欺壓只有8年，就呼求上帝（三8）；在以笏挺身而出之前，忍受異族的欺壓18年便呼求上帝（三14）；這一次竟然可以忍受20年迫害後，才呼求上帝的救拔（四3；參三9、15，六7）。原來，人有墮落、罪惡的慣性，除非人肯悔改、覺悟，體認不能沒有上帝，才會呼求上帝，求赦免、憐憫，否則人類必定繼續成為罪的奴僕（參約八34）。

7.1.2. 戰事（四4～22）

7.1.2.1. 底波拉與巴拉的對比（四4～13）

接下來往這扇形結構的核心觀看，立刻會驚訝地發現劇情籠罩在強烈的對比之下。敍述者沒有清楚交代巴拉的背景和行蹤，因為巴拉只是配角；甚至連底波拉的丈夫拉比多也是配角而已。挺立在已經習慣「男性在舞台中央」的讀者眼前的，竟然是**底波拉**——女先知——拉比多的妻子，就是當時以色列的士師（四4）。❷

「底波拉」這名字的意思是「蜜蜂」或「說話」。

接著，敍述者呈現這位住在以法蓮山地拉瑪和伯特利中間的女士，僅僅坐在棕樹下，就有「以色列人」（5節「以色列人」原文「以色列眾子」；參1、3節）紛紛到她腳前聽判斷！底波拉所住的「以法蓮」讓本文的劇情與上文以笏的劇情連結，因為以笏就是在以法蓮山地集結以色列人對抗摩押人（三27）。尤其特別的是，看起來似乎離權力核心很遠的「棕樹下」，竟然是一位女先知蒙召、被上帝用於拯救同胞的地方（四4～5），如此諷刺了在王宮裏住著的西西拉（1～3節），其轄制人的赫赫權勢不過是過眼雲煙而已。

正在疑惑底波拉到底有甚麼魅力、能耐，可以吸引這麼多人到她面前時（5節），這位弱女子說話了，她一開口就讓讀者跌破眼鏡，因為她竟然「打發人」從老遠拿弗他利的基低斯，將亞比挪菴的兒子「召」來！剛要質疑她行事權柄的合法性，卻聽見那叫人凜然肅立的詔令：「耶和華——以色列的上帝吩咐你說：『你率領一萬拿弗他利和西布倫人上他泊山去。我必使耶賓的將軍西西拉率領他的車輛和全軍往基順河，到你那裏去；我必將他交在你手中。』」（6～7節）

隨著本書劇情的發展，讀者已經可以隱隱約約地看到在士師的隧道中，上帝似乎已不按牌理出牌。上帝先前呼召左撇子以笏，接著呼召可能是外邦人的珊迦，現時出現在舞台上的主角竟是以色列中不起眼的女子，而兩個男人，都不過是配角而已。要巴拉出去爭戰的命令，是出自女人之口，一個以法蓮女子，竟能吩咐北邊加利利海西岸的拿弗他利人巴拉帶兵打仗。在她兩次對巴拉的鼓舞及挑戰的話中，都用了「**豈不**」（6、14 節；*hălōʾ*；6 節「和合本」沒有譯出來）這助語詞，襯托出巴拉「勉強、猶豫」的懦弱個性。上帝當然呼召男人，也呼召女人，但當男人不能承擔上帝的託付，就不能責怪上帝高抬女人，正如耶利米書所說，上帝「造了一件新事，就是女子護衛男子」（耶三十一 22）。而且，再從接著的劇情來看，需要兩次接受鼓舞的巴拉，還預告了基甸也兩次試驗耶和華，更顯出男人的小信（六 36 ～ 40）。而殺死西西拉將軍的雅億，也是女子！有誰還能誣指聖經提倡大男人主義？其實，聖經並沒有偏頗大男人或大女人主義，聖經所呈現的那種偉大，不是來自人或他的性別，而是來自偉大的上帝！整個扇形結構的核心（D），呈現了本章劇情的關鍵主角——上帝。巴拉只要順從上帝，藉著底波拉的吩咐（C），招聚加利利一帶 10,000 個以色列人上他泊山等候上帝，靜待祂牽引西西拉率領他的車輛和全軍，往耶斯列平原中間的基順河（四 7），巴拉和這 10,000 個以色列戰士就能盡揀著上帝這位大戰士所潰亂的敵人砍殺，目睹強擄在祂面前灰飛煙滅的神蹟！

4 節「吩咐你」這詞之前有「豈不」這助語詞，但「和合本」沒有將它譯出來。

巴拉的反應，解釋了上帝挑選這位女士師的原因。接到命令的巴拉，本可以胸脯一拍說：「這事不要勞駕女子，我們男人來承擔就可以了！」他反而說：「**你若同我去，我就去；你若不同我去，我就不去。**」（四 8）這實在不能責怪上帝呼召女人出頭，男人若不爭氣，上帝當然可以呼召女人來承擔祂的託付，更何況這託付是因著以色列眾人的期待和祈求（3 節）？其實，甚至底波拉也沒有試圖搶功或讓男人失色，❸ 只是因為她了解這是上帝自己出手，將要瓦解西西拉的威力（7、9、15 節），而底波拉本身並沒有權柄。人間所有的權柄，完全來自上帝！聖經所主張的不是男權、女權、人權，而是上帝掌權！❹

人所有的權柄，在上帝面前都是相對的。當男人放棄上帝在他身上的託付，上帝便興起女人來承擔、服事，這就是為何女士師被凸顯的背後原因之一。正如底波拉聽到了巴拉的請求後所說：「**我必與你同去，只是你在所行的路上得不著榮耀，因為耶和華要將西西拉交在一個婦人手裏。**」（四 9）因著底波拉撐腰，巴拉膽子壯大了，他招聚 10,000 名加利利人，準備投入這場離奇的屬靈戰爭（10 節）。當初以色列人因為背約，上帝將他們「賣」了（2 節）；現在因著以色列人的呼求，祂將西西拉「**賣**」給雅億。公義的上帝在人間有絕對、完全的主權。

四章 9 節：耶和華將西西拉「交」給一個婦人，原文（mākar）有「賣」的意思。

主權在握的上帝且是全知的神，祂調兵遣將以成就祂兒女所祈求的事。從上下文來看，巴拉和底波拉招聚了 10,000 名以色列人後，「**摩西岳父何巴的後裔，基尼人希百曾離開基尼族，到靠近基低斯撒拿音的橡樹旁支搭帳棚。**」（四 11）**這一節的出現似乎很突兀**，但這正是整個戰役的伏筆。原來，「**耶和華要將西西拉交在一個婦人手裏**」（9 節），那位躲過巴拉和底波拉追殺的西西拉將軍，就是死在希百的妻子——雅億——的手中（17 節）。這希百從亞拉得以南的猶大曠野搬來這裏（一 16），誰料這裏就是西西拉窮途末路的終站？豈不是那位全知的上帝，讓雅億在這結束戰役之處預先「卡位」的，就如曹操兵敗赤壁之後的「華容道」般。這個戰役的操盤者不是西西拉、耶賓、巴拉、底波拉、雅億、希百，而是上帝的兒女所仰仗的那位調兵遣將的上帝！

學者施奈德認為四章 11 節扮演了一個角色，就是發揮了讓即將出現的女豪傑雅億，與有榜樣的猶大和老將迦勒，同登「英雄榜」的功能。

當上帝已經為整個戰役佈好局，包括「明棋」巴拉、底波拉和 10,000 名被招聚的以色列人（四 10），以及在基低斯等候的「暗兵」雅億（如同孔明派在「華容道」等候曹操的關雲長），好戲即將上演。瞧！有人告訴西西拉說：「**亞比挪菴的兒子巴拉已經上他泊山了。**」（12 節）於是這場會戰就此啟動。自以為勝券在握的西西拉，**聚集**所有的鐵車 900 輛和跟隨他的全軍，從外邦人的夏羅設出來，到了耶斯列平原上的基順河。究竟勝利是屬於擁有鐵車的

四章 13 節西西拉的「聚集」呼應了四章 10 節巴拉的「招聚」。

西西拉？抑或是佔有他泊山地理制高點的巴拉？誰能料到這局戰役的盤面下埋伏著「暗兵」？誰又能料到盤面上是上帝在推移落子？

7.1.2.2. 耶和華乃真正的戰士（四 14 ～ 15）

以上帝為靠山的以色列，當然必須親身去經歷上帝的幫助，上帝的主權與人的責任本來就不會衝突。果然，女士師底波拉從屬靈的制高點發號施令，她對巴拉說：「**你起來，今日就是耶和華將西西拉交在你手的日子。耶和華豈不在你前頭行嗎？**」❺ 於是巴拉與跟隨他的 10,000 人下了他泊山。當人順服上帝，不誤事、不誤時的上帝便出手了，掌管星宿、大自然、氣象的祂（五 20），讓「**地震天漏，雲也落雨**」等奇兵出襲（五 4），基順河陡然猛漲，西西拉的軍隊遂被沖沒（五 21），正如敍述者所描繪的，「**耶和華使西西拉和他一切車輛全軍潰亂，在巴拉面前被刀殺敗**」（四 15），連西西拉也捨棄鐵車，下車步行逃命。讀者本來還擔心這場實力懸殊的戰役，以色列人是否能夠全身而退？哪知，在「天助」之下卻是完全一面倒的局面，勝負定矣！

7.1.2.3. 巴拉擊打西西拉（四 16）

有了上帝幫助的巴拉，尾隨在耶和華戰士的帶領下，奮勇追趕車輛、軍隊，直搗西西拉的老家夏羅設（2、16 節），且留下了完全勝戰的紀錄——「**西西拉的全軍都倒在刀下，沒有留下一人**」（16 節），讓後世讚歎耶和華參戰的神蹟和威力，正如祂當年在埃及所彰顯的。

7.1.2.4. 希百之妻雅億計殺西西拉（四 17 ～ 22）

不過，上帝留下一個活口，好讓另一位英雄登上舞台，時勢果真造英雄，這次造的又是另一位巾幗英雄！西西拉往北逃竄，想要一路逃回京都夏瑣，卻體力不支，試圖尋找中途休息站。窮途末路的西西拉，或許希望藉著「老闆」耶賓與希百家的和好來脫困，急切間忽略了基低斯撒拿音的希百同時也與猶太人有親屬關係。在雅億的迎接、關懷、供應下（四 18），❻ 進入雅億給他安設好的帳棚。在這臨時收容所裏，西西拉將軍心理的警戒隨著戰袍、盔甲、武器全都卸下；蓋著雅億給他被子，喝了雅億給他的「**奶子**」（19 節），再請求雅億為他站崗守護（20 節），西西拉就讓疲倦催著進入夢鄉。待宰之徒焉知對雅億的「請求」卻成為他自己的遺囑，雅億的帳棚成為他生命的終點站！顯赫不可一世的大將軍，已不知不覺地臨到了自己的殞落之時！❼

「奶子」（ḥālāḇ）也曾出現於五章 25 節。這節經文加以解釋為「奶油」，故此「奶子」應是發酵了的羊或牛乳。

敍述者在以色列打敗摩押王和夏瑣王兩次的得勝事迹中（三～四章），刻意藉著扇形結構，交錯地使用延伸性和濃縮性兩種敍述文來呈現不同的角色，以凸顯個人與團體的參與，這都是上帝兒女面對屬靈爭戰所不可少的：❽

A　延伸性敍述文：個人（以笏）單槍匹馬殺敵人的領袖（三 16 ～ 26）
　B　濃縮性敍述文：以色列人羣策羣力打敗敵人軍隊（三 27 ～ 29）
　B'　濃縮性敍述文：以色列人羣策羣力打敗敵人軍隊（四 12 ～ 16）
A'　延伸性敍述文：個人（雅億）單槍匹馬殺敵人的領袖（四 17 ～ 22）

好戲即將落幕，躺在士師舞台上的，是疲乏沉睡的西西拉。一向指揮千軍萬馬的他，卻不能阻擋一個女子在他頭上戳個洞。「**希百的妻雅億取了帳棚的橛子，手裏拿著錘子，輕悄悄地到他旁邊，將橛子從他鬢邊釘進去，釘入地裏。西西拉就死了。**」（21 節）一代梟雄走入歷史！❾ 巴拉追趕西西拉的路上，雅億出來迎接他說：「**來吧，我將你所尋找的人給你看。**」（22 節）巴拉進入帳棚，看見西西拉果然已經死了，倒在地上，橛子仍在他鬢中。

7.1.3. 迦南王耶賓被以色列人制伏（四 23 ～ 24）

這時，舞台上只留下雅億和巴拉，聚光燈全熄，幕落，迴盪著敍述者歇後語式的旁白：「**這樣，上帝使迦南王耶賓被以色列人制伏了。從此以色列人的手越發有力，勝了迦南王耶賓，直到將他滅絕了。**」（四 23 ～ 24）

士師記四至五章中，「**上帝**」（*ʾĕlōhîm*）這名詞第一次戲劇性地在此出現。這位全能者的出現，正好與有立約意義的專有名詞「耶和華」（*YHWH*；

四 1 ～ 3），在本章的首尾遙相呼應，蘊含著這次戰爭的特殊本質。

耶賓行使政治逼迫的工具西西拉死了，以色列的光景從整章前後呼應的A:「上帝讓以色列人被迦南王耶賓轄制」，來到了 A’：「上帝讓迦南王耶賓被以色列人制伏」。看完了一場典型的「屬靈戰爭」，不能抹滅的是從這場戰爭所傳達的信息。

第一，上帝何等的憐憫、慈悲啊！以色列人一旦悔改，上帝就願意不記前嫌地施行拯救。士師記的上帝和浪子的父親完全相同（路十五章），也與保羅書信中那寬容哥林多教會悔改而盡顯豐富的赦罪之恩的上帝（林後七 5 ～ 13），完全相同。誰敢再像以演化論為基礎的過程神學（process theology）一樣，主張上帝隨著時間在改變和演化？聖經中的上帝，不論舊約或新約，祂那聖潔、慈愛、主權、公義、憐恤等屬性，是亙古不變的！

第二，敵人無論如何囂張跋扈，至終都要灰飛煙滅。人間的軍事勢力絕對無法與耶和華戰士抗衡（參 7.1 扇形結構的核心：D）。在本章，上帝藉著「雨水」出手，讓基順河水氾濫（參五 21），破解了西西拉所倚恃的鐵車（詩八十三 9）。曾經試圖與上帝正面對仗的人間強權埃及，無法逃離十災所帶來的厄運，不肯服輸的法老王親自經歷了車輛馬兵全被推落紅海的慘況（出七～十四章）。這位超然的戰士耶和華，曾帶領以色列人行過紅海如行乾地，引導以色列人走過河水立起成壘的約旦河（書三章），讓以色列人親眼目睹了耶利哥城塌陷和日月停住的神蹟（書六、十章）；到了士師時代，祂當然可以利用自然界，使以色列人戰勝敵人．原來時間和空間都不能阻礙耶和華戰士的能力和權柄的顯現。

第三，男子可能軟弱如巴拉，但只要有上帝所差的女士師如底波拉助陣，就不再需要任何藉口，仍可在上帝的救恩舞台上被上帝使用。士師記四章從頭到尾擔負連結不同場景的功能的——是本該被記念的——巴拉，其實他也具備了達成任務的能力。他把敵人殺到「沒有留下一人」（四 16），而且後來也與底波拉一同頌讚上帝（五 1），只可惜他不敢獨自承擔這次的任務（諷刺的是他的名字意思為「閃電」），要求底波拉偕行（四 8），底波拉也確實與他同往。經文 3 次提到她也與巴拉「同行」（9〔2 次〕、10 節），並且在決戰之初，底波拉還特意鼓勵巴拉（14 節）；至於戰場上兵戎相見的廝殺，當然就是由那些受過訓練以及有戰鬥經驗的男人承擔了。打了勝仗的巴拉，追趕西西拉的過程似乎慢了半拍（22 節），西西拉已死在婦人雅億的手裏，正如底波拉所宣告的，巴拉將唾手可得的功績轉送給別人。敍述者在四章 9 節曾指出西西拉將會交在一個婦人手中，若單從這一節看，仍以為這婦人是陪著巴拉上戰場的底波拉，後來才發現真正奪走巴拉榮耀的婦人是上帝的「伏兵」雅億（11、17 節）。敍述者在此成功地藉著懸疑、模糊手法，讓讀者繼續循著經文的脈絡去欣賞故事的發展。❿ 上帝兒女清楚上帝的呼召後，不應當再以任何藉口來推諉，那羈留曠野 40 年的摩西，不也因著曾經試圖推卻上帝的呼召而留下遺憾（出四 10 ～ 13）！

第四，上帝所用的人物，沒有性別的限制。當男性不肯選擇單獨承擔責任時，上帝興起了底波拉和雅億兩位女性，執行祂既定的救贖計劃，前者激勵了巴拉出來被上帝所用，⓫ 後者收拾了巴拉留下來的殘局西西拉，形成前呼後應（B 和 B’）。上帝用不完全的人，成全了祂救拔以色列的計劃，士師記中的「救主」明顯地都不完全。從本段和士師記三章來看，以笏和雅億似乎都使用**欺騙的計謀**才得以成功，而且兩人都用利器刺進敵人要害。另方面，西西拉「系統性地破壞主客款待慣例」更不能免責。甚至有學者認為雅億的主動舉止或許可以詮釋為「自衛」，莫非是因為擔心被強暴？終究雅億還成為「**比眾婦人多得福氣，比住帳棚的婦人更蒙福祉**」（五 24）。原來，人生棋盤上，只要順服於主的引導，就可以被主所用！上帝往往使用出乎人意料之外的事或人來達成祂拯救的工作的呢！

雅億用了安慰話誘導西西拉，且用奶子而非西西拉所要求的水給他喝，好促使他入眠。

7.2. 得勝西西拉的歌頌（五 1 ～ 31）

從信徒的屬靈經歷來看，被救贖的子民因為嚐過主恩的滋味，體會到被愛、被救、被釋放、被赦免、得自由的喜樂，心中自然湧出源源不絕的讚美，此時，敍述體的散文已不足以完全呈現這種心境，於是訴諸謙卑、感恩的詩歌體便大派用場。⓬ 詩歌文體（poetry）原來是敍述體散文（prose）的結晶，這正是士師記四章和五章文體轉變的分際；四章中以色列的得勝滋味，以五章整章的詩歌體來回味和慶祝。四章記載得勝的過程共有 24 節，敍述者在五章卻以 31 節經文來吟詠歌頌，而且這段所採用的形式是舊約最古老的詩歌體。⓭ 如此「辭不能達則詠」的撰述，在聖經已有先例。那經歷過上帝藉著十災，分開紅海等神蹟，將他們從埃及解救出來的以色列民（出七～十四章），也曾在紅海邊載歌載舞地讚美上帝（出十五章）。

分段大綱（五 1 ～ 31）

1. 士師記四章與五章比較
2. 第一段內容（五 2 ～ 11c）
   甲、呼召全民歌頌上帝
   乙、兩個主題
3. 第二段內容（五 11d ～ 23）
4. 第三段內容（五 24 ～ 30）
5. 第四段內容（五 31）

7.2.1. 士師記四章與五章比較

因著士師記四章及五章兩種文體及其發展年代的差異，學者為士師記四章和五章的成書先後次序引發以下爭議：

- 五章的詩歌體較先寫成，四章的敍述文則是五章延伸的作品；
- 四章的敍述文先寫成，五章的詩歌體是後來發展的；⓮
- 兩者來自不同故事、傳統；
- 兩者來自相同故事，但兩章所記載的不同文體扮演著彼此互補的角色。

傳統對五章的作者，認為是底波拉在雅億殺了西西拉後不久所作的（五 1、7）；但揚格指出，即使五章 1 節標示了底波拉、巴拉作歌，這章詩歌的成書日期、作者、合一性、詞彙和結構，仍為最被爭議的舊約經文之一，故均沒有定案。這4種觀點，可能以第四種為最適合。布洛克認為詩歌和散文的源頭這「先有雞或先有蛋」的爭議，甚至試圖重整歷史以「還原歷史」的處理方法，都只是無從證實的揣測。最適合的讀法乃以互補的觀點來解讀。學者揚格則指出，這兩章的重要靈訓，在於上帝的兒女是否願意從四至五章的人物中，學習離開自我中心的視野，效法底波拉和雅億等人，投入上帝國度的聖工。

四章及五章的內容有近似的地方。首先，如揚格所指，敍述文和詩歌體並列的形式，強調了敍述者神學思想上的核心：「上帝主權的彰顯」。其次，敍述文中的巴拉和西西拉，都沒有類似底波拉的講話和雅億的行動的記載；而五章詩歌體中，巴拉和西西拉都成了配角，受稱讚的主角是底波拉和雅億。以此觀之，這兩章對於男性角色的描繪特徵相當接近。不過，四章的敍述文與五章的詩歌體中，在主要內容上仍有些明顯差異：

士師記四章的敍述文	士師記五章的詩歌體
對於兩軍戰事報導很簡短，著墨偏重在西西拉和雅億間的情節（13～16、17～22節）。	詳細記載戰事，包括其他支派沒有支援巴拉以及上帝如何掌控全局，相形之下對西西拉和雅億只是「輕描淡寫」（4～23、24～27節）。
詳細記載西西拉和雅億間的對話和「款待」，結束在雅億刺殺了睡夢中的西西拉（18～21節）。	雅億和西西拉間沒有對話，西西拉被打傷後曲身仆倒在雅億腳前而死（25～27節）。
「失色」的巴拉與殺敵「得榮」的雅億對比，得勝的乃耶和華（23節）。	西西拉母親的哭泣與巴拉的「失色」平行，皆沒獲得戰利品，得勝的乃耶和華（28～31節）。

另外，士師記四章敍述文缺少五章詩歌體中的一些內容，現將五章的內容列出：

1. 以色列人被救贖後的歡呼、回應（五1～3）；
2. 耶和華從西奈山來幫助以色列人（4～5節）；
3. 讚美以色列的戰士們，為他們的犧牲感謝大戰士耶和華（9～11節）；
4. 「車輪式」的呼召、鼓勵、勸勉以色列各族的參與（13～18節）；
5. 大自然參與戰勝西西拉軍隊的過程（20～21節）；
6. 咒詛那些沒有參與的米羅斯居民（23節）；

7. 雅億用「**寶貴的盤子**」盛奶給西西拉（25 節）；
8. 關心戰場被殺者的家屬（28 ～ 30 節）。

士師記五章詩歌體也沒有四章敍述文中的一些內容，現將四章的內容列出：

1. 迦南王耶賓的角色（四 2）；
2. 底波拉的個人背景和角色（4 ～ 5 節）；
3. 底波拉呼召巴拉的先知角色（6 ～ 9 節）；
4. 雅億、希百和迦南人的關係（11 節）；
5. 西西拉聚集軍隊備戰的敍述（12 ～ 13 節）；
6. 戰場上底波拉發號施令的特殊角色（14 節）；
7. 巴拉的得勝和乘勝追趕記載（16 節）；
8. 西西拉的兵敗和逃往雅億帳棚的紀錄（15、17 節）；
9. 巴拉追殺西西拉，和他遇見雅億且發現西西拉已死的敍述（22 節）。

從以上分析可見這兩章的記載重點各異，四章的敍述文著重在以色列的領袖如何帶領以色列得勝，五章則著重戰場本身，特別是上帝如何在戰場上得勝，如此引發並邀請讀者一同來頌讚上帝。「詩境情景」的五章並不像敍述文的四章那麼連貫，具備那麼完整的故事性佈局、張力、情節和角色的清楚呈現，尤其是對上帝形象的描繪。

士師記四章呈現的上帝	士師記五章呈現的上帝
祂透過底波拉呼召巴拉（6 節）。	祂從南方顯現（4 ～ 5 節）。
祂保證必定引西西拉進入戰場，且將他交在巴拉手中（7 節）。	祂揀選以色列的新領袖（9 節；「馬所拉文本」讀為「祂選擇新的領袖們」）。
祂透過底波拉宣告巴拉必勝、西西拉必敗（14 節）。	祂公義的作為（11 節）。
祂得勝仇敵，使之潰敗（15 節）。	祂召喚大自然中的風雨參戰，因此得勝（20～21 節）等。
祂制伏耶賓（23 節）。	

若沒有四章的敍述文記載，很難從五章的詩歌體重現四章事件的輪廓和過程，讀者也很難單從五章領會詩歌體為何如此描繪，以色列民為何如此頌讚（參五2、9）。另一方面，敍述者在四章雖以無可取代的「串場」角色來給巴拉定位，兩位女性的地位終究凌駕了男子，然而真正殺敗敵軍的卻是耶和華（四15～16）；殺了敵軍元帥的雖是雅億（四17～22），而真正得勝的仍是耶和華戰士（四23～24）！因此，有了四章的故事全貌，才能引導讀者從屬靈的角度和制高點，領會五章中所呈現的上帝的偉大，並且避開了四章中高抬女性角色可能引起的爭議。學者布洛克巧妙地指出，四章敍述者表達出世界如何看女性，但五章的詩人則表達出女人如何看世界。實際上，四章中女性凌駕男性的描述，並沒有在五章中出現；而且，五章中巴拉的描述所佔的篇幅雖然很小，但沒有被貶低。性別在五章不再是個議題，而是充分顯示了男女角色互補的功能（五1、12）。

一章1節至二章5節中，敍述者從以色列的角度敍述其軍事上失利的掠影；二章6節至三章6節，則從上帝的角度來呈現以色列在靈性上失敗的始末。

因此四章的敍述文以及五章的詩歌體，可以說是在兩種不同陳述語法的切入角度下，讓讀者看到相同事件、角色與危機。這樣兩種文體並列的呈現，不僅在出埃及記中出現，本書的**序言**也有類似的手法。敍述者報導上帝如何帶領以色列人脫離夏瑣的轄制後，便藉著詩歌體的頌讚，讓以色列人及讀者回到歷史的場景中，追溯被上帝救贖的滋味。因此五章一開始便用「呼召」語氣來鼓舞人歌頌上帝（五2、3、9）。試圖以女性主義的角度或「民謠體」（ballad）來解讀這故事，都不能完全掌握五章經文的神學全貌。這章扮演著教導士師時代以色列人的角色，提醒世俗化隧道中的以色列人，上帝可以藉著兩位女性和大自然打敗外邦人（和外邦的神明），為何不來親近、仰望這位超然、全能的上帝呢？

7.2.2. 第一段內容（五2～11c）

雖然五章不像四章那麼連貫，故事的鋪陳也明顯較為薄弱，但是從以下的結構分析仍是可以看出本章架構，好幫助我們進入詩歌體中的世界，與3,000

多年前這羣被贖子民一同歌頌全能的大戰士耶和華：⑮

1. 五 2 ～ 11c

稱頌耶和華賜下樂意的子民（2 節）

君王貴族訴説傳揚這故事（3 節）

在自然界中永活的神（4 ～ 5 節）

在歷史中可憐的子民（6 ～ 8 節）

稱頌耶和華賜下樂意的子民（9 節）

君王貴族訴説傳揚這故事（10 ～ 11 節 c）

2. 五 11d ～ 23

百姓和領袖因耶和華呼召興起、下去爭戰（11d ～ 13 節）

甘心犧牲自己的子民（14 ～ 15 節 a）

遲疑沒有參與的子民（15b ～ 17 節）

甘心犧牲自己的子民（18 節）

君王和領袖因耶和華幫助興起、下去爭戰（19 ～ 23 節）

3. 五 24 ～ 30

殺西西拉的希百妻雅億，比眾婦女更蒙福（24 ～ 27 節）

被殺的西西拉母親空等待，成婦女的笑柄（28 ～ 30 節）

4. 五 31

耶和華得勝仇敵，愛祂的得榮耀、享平安（31 節）

7.2.2.1. 呼召全民歌頌上帝

9 節「我心傾向以色列的首領，他們在民中甘心犧牲自己。你們應當頌讚耶和華！」呼應了 2 節的內容。

這篇堪稱為「舊約中最古老的希伯來詩歌」，第一段（五 2 ～ 11c）即以呼召人來歌頌作開始。它呼召的對象包括負責率領的軍長，和順服領導的百姓（2 節）。這呼召全國上下回到上帝面前的原則**籠罩著本段**，包括君王（3 節「君王」、「王子」）、貴族（10 節「騎白驢的、坐繡花毯子的、行路的」）、未曾受到戰爭威脅的（11 節「在遠離弓箭響聲打水之處」），也都被呼召來訴説傳揚這故事。作者在呼喚：「我要向耶和華歌唱；

我要歌頌耶和華——以色列的上帝」（3節），並以「人必述說耶和華公義的作為」呼應（11節）。11節兩次出現的「公義」這詞，為四至五章的爭戰作了蓋棺論定：底波拉、巴拉打敗夏瑣軍隊，尤其是雅億殺了西西拉，過程和手段看起來似乎有爭議，其實整個事件是上帝對外邦王的審判以及祂公義的彰顯（四3、23）。五章的最高峯所呈現的，正是上帝公義的彰顯（五31）。人間最美的詩歌，原來是上帝的兒女敬拜上帝的最古老、純樸、「天人合一」的語言和「頻道」！

7.2.2.2. 兩個主題

第一段（五2～11c）的核心有兩個並列的主題：在自然界中永活的上帝（4～5節）；在歷史中可憐的子民（6～8節）。在第一個主題永活的上帝中，描述祂超然的顯現（4～5節）：

> 耶和華啊，你從西珥出來，由以東地行走。
>
> 那時地震天漏，雲也落雨。
>
> 山見耶和華的面就震動，西奈山見耶和華——以色列上帝的面也是如此。

這兩節經文簡明扼要地重述舊約中耶和華的顯現（申三十三2～5；詩六十八7～10；哈三3～4）。僅僅兩節經文，就將從前上帝藉著超然的能力，讓以色列從埃及被救拔出來的事迹，以平行和押韻的方式，典雅地鋪陳在以色列救恩歷史的舞台上（**「西奈山」呼應出埃及記**），且活化在方才經歷過一場奇特戰爭的以色列人眼前。

有學者認為本段劇情乃另一次全新的出埃及記經歷，而耶和華從西珥、以東出來（五4），凸顯這位從南邊西奈山出來的全能上帝，與北方迦南人無能的假神迥異，更襯托本章乃呼應出埃及記。

對於剛剛經歷下了他泊山，進入基順河戰場，得勝西西拉的底波拉和巴拉（五1，四14～16），引用出埃及的歷史，不但激勵當時親眼看見上帝降下雨水沖垮西西拉鐵車的以色列人，更讓他們體認這位上帝不僅是在紅海救拔他們祖宗的上帝（「天漏」、「雲」、「落雨」呼應著紅海），⑯ 同樣是救他們脫離在耶斯列平原旁米吉多的上帝（五 19）！因此這段詩歌體，讓讀者從士師記再次看見出埃及偉大歷史的重演！當後人讀到這些上帝超然顯現的描述，當然會聯想到出埃及記中摩西和米利暗的頌讚，以及底波拉和巴拉所經歷的感恩。

本章的「底波拉之歌」和出埃及記十五章的「紅海之歌」，兩個事件確實有共通和彼此呼應之處：

- 重複提及上帝神聖之名（五 2 ～ 5；出十五 1 ～ 3）；
- 強調上帝在得勝中的角色（五 4 ～ 5；出十五 2、6）；
- 使用「水」為母題（motif）元素（五 4、11；出十五 1、4 ～ 5、8、10）；
- 嘲笑敵人的失敗（五 3、28 ～ 30；出十五 14 ～ 16）；
- 使用「倒、仆、曲、沉、投」等母題描繪仇敵（五 27；出十五 1、4 ～ 5、7、10）。

更重要的是，兩段詩歌體的核心，都藉著上帝創造、主導大自然的權柄，來呈現耶和華是戰士（五 4 ～ 5、13、20；出十五 3）。

這段經文的另一個核心主題，描繪的是等候全能上帝救贖的百姓那無奈、無能、無助的光景。首先浮現在這些讚美的以色列人腦海裏的，是過去「在亞拿之子珊迦的時候，又在雅億的日子」（參三 31，四 17 ～ 22），他們懼怕夏瑣到「大道無人行走，都是繞道而行」的荒涼地步（五 6）。在底波拉被上帝呼召登上士師舞台之前，甚至「以色列中的官長停職」，直到「父母官」女先知底波拉興起才看見轉機（7 節「等我興起作**以色列的母**」）。以色列如此膽怯，表面上的理由是沒有迦南人的鐵器、鐵車，因為「那時，以色列四萬人中豈能見盾牌槍矛呢？」（8 節；參撒上十三 5 ～ 7、19 ～ 22）；然而他們根本的原因在於離棄上帝去事奉他神，「以色列人選擇新神，爭戰的事就臨到城門」（五 8）。離開上帝的人，哪能找得到避難所和平安呢？

從四章 5 節底波拉扮演的士師角色看，「以色列的母」是那代被轄制的以色列人對她的尊稱，表示對她的感謝，因為她的委身，使他們可以繼續生存。

7.2.3. 第二段內容（五 11d ～ 23）

在陳述了上帝以超然能力幫助可憐的子民，因此呼召以色列民稱頌祂之後（五 2 ～ 11c），接著 11d 至 23 節陳述的焦點是耶和華的百姓。以「那時耶和華的民下到城門」（11 節 d），承接上段中樂意的子民（2、9 節），接著立刻用 4 次命令句「興起」來激勵底波拉（呼應 7 節），並鼓勵巴拉也該**奮興**起來擄掠仇敵（12 節）。13 節「那時**下**去」呼應 11 節 d「那時耶和華的民**下**到城門」，描繪追隨底波拉和巴拉的人，包括剩餘的貴冑和百姓（13 節），分屬以法蓮、便雅憫、西布倫、以薩迦和拿弗他利支派（14 ～ 15 節上、18 節），這些樂意的子民參與了這場基順河畔的戰爭。原來，上帝的兒女若為祂擺上，必蒙祂記念，因此，「我親愛的弟兄們，你們務要堅固，不可動搖，常常竭力多做主工；因為知道，你們的勞苦在主裏面不是徒然的。」（林前十五 58）

然而這裏也毫不避諱地指出，並非所有以色列人都投入這場戰役，敘述者用扇形結構來呈現這令人灰心的現象：

A　甘心犧牲自己的子民（五 14 ～ 15 上）

　B　遲疑沒有參與的子民（15 下～ 17 節）

A’　甘心犧牲自己的子民（18 節）

這中心樞紐位置所指明沒有參與戰事的人，包括「心中定大志」的呂便（15 節下）。詩歌體在此用「你為何坐在羊圈內聽羣中吹笛的聲音呢？」（16 節）以及重複語法「在呂便的溪水旁有心中設大謀的」（16 節呼應 15 節下），不客氣地指責本該是帶頭的老大呂便。但是更令人難過的是，旁觀者也包括基列人、但人、亞設人等族羣，關心自己的羊羣過於族人。或許以過約但河的困難為藉口，甚至拿經商時機大好，無暇顧及為理由（17 節）。這些不顧念同胞水深火熱處境的自私心態，歷代皆然，連最寶貴的救恩也可以用同樣可笑的理由推辭（路十四 18）！

從這兩種人的反應來看，敘述者在此有著深層的感歎，與新約使徒保羅的心聲如出一轍。在這些支持底波拉的族羣中（五 14 ～ 15 上、18），以「西布倫人是拚命敢死的；拿弗他利人在田野的高處也是如此」讓讀者留下最深刻的印象（18 節），就像保羅在他對羅馬人的問安中，向同工百基拉和亞居拉所流露的感恩一樣：「他們在基督耶穌裏與我同工，也為我的命將自己的頸項置之度外。」（羅十六 3）但是對那些冷眼旁觀者，保羅的感慨更深，包括第一次被囚時所說：「別人都求自己的事，並不求耶穌基督的事。」（腓二 21）以及第二次被囚、殉道之前所說的：「我初次申訴，沒有人前來幫助，竟都離棄我。」（提後四 16）本段在提醒讀者自我省思：當我們見到其他人在罪中浮沉時，我們是屬於哪一種人呢？忍心袖手旁觀，還是委身投入？

將甘心犧牲自己的子民和遲疑不敢參與的子民並列之後，進入五章 11d 至 23 節的高潮—— 19 至 23 節，藉著陳述因耶和華的幫助興起，呼召君王和領袖下去爭戰，⓱ 與 11d 至 13 節「首尾呼應」。在 19 節呈現了列邦君王即使「各就各位」（19 節上「**君王都來爭戰。那時迦南諸王在米吉多水旁的他納爭戰**」），卻「白費功夫」（19 節下「**未得擄掠銀錢**」）。接著 20 節闡述了仇敵「白費功夫」的原因，也補述了四章沒有洩漏的「天機」——原來是因為彰顯公義的上帝（11 節），在此「出手」了：「**星宿從天上爭戰，從其軌道攻擊西西拉。**」（20 節）

21 節原文直譯：「基順河的急流把他們沖沒，古河的急流、基順河的急流，我的心哪，你要努力踐踏。」（參「新譯本」）

西西拉絕對料想不到，動手攻擊夏瑣的主力不是以色列人（20 節；「爭戰」〔*lāḥam*〕與「攻擊」相同），而是這來自天上完全無法提防的「暗箭」（參 4 節），因此基順河突然暴漲（21 節共出現 **3 次「河流」**）。上帝使用了「雨水」來諷刺迦南人，他們一向祈求巴力降下雨水，好讓他們有豐富的農業收成；但在此當雨水降下，卻使西西拉戰車陷入洪水中。這凸顯了迦南假神的無能。底波拉和巴拉吟唱至此，不禁同仇敵愾地互相打氣，「**我的靈啊，應當努力前行**」（21 節），趕緊下山追隨帶領他們的耶和華戰士（四 14），以色列勇士們騎著壯馬，彷彿乘著勝利歌聲的翅膀（五 22），追殺那已經潰亂的西西拉軍隊（五 21，四 15）。⓲ 接著，詩歌體進行到看似奇怪，但其實很奇妙的咒詛，對象乃耶斯列平原中無可考察的「**米羅斯**」人（五 23）。自私的他們就像旁觀的以色列人（15 下～ 17 節），一心想救自己的生命卻反而受到咒詛，正好與甘心犧牲性命卻得著稱讚的子民

（14～15上、18節），成了強烈的對比。有些學者認為「**米羅斯**」乃迦南的一座城，但五章23節提及被咒詛的，可能是以色列人，而非已經被咒詛的迦南人（創十五16）。若是如此，這「**米羅斯**」人就是代表著向迦南人靠近的以色列人，他們的命運又與接下來所要描述的雅億成為對比：外邦人雅億選擇靠近以色列的上帝！上帝的兒女怎能再忍心對於上帝的呼召冷然以對？這豈不比外邦人更可憐、可恥！

7.2.4. 第三段內容（五24～30）

五章24節之後，焦點從耶斯列平原上兩軍公然的廝殺（19～23節），轉向帳棚裏雅億和西西拉兩人私下的互動。本章所描繪的雅億（6節），雖然比四章的敍述文所佔的篇幅短，但是被稱讚的雅億，獲得的掌聲直逼「以色列的母」底波拉（7節）。⓳ 一開始她就被披上「**更蒙福祉**」的彩帶。而且用重複的「**比眾婦人**」、「**比住帳棚的婦人**」來抬高雅億的「人氣」，而這位高人氣女主角還是外邦基尼人希百的妻子呢！學者麥卡恩認為以利沙伯對馬利亞的稱讚（路一42「你在婦女中是有福的」），呼應了本書五章24節；而馬利亞的稱頌（路一51～53），也呼應著本章中透過雅億得勝仇敵西西拉所呈現的上帝。雅億被稱讚是由於她的靈巧和勇氣，當窮途末路的西西拉向她要水喝時，她用寶貴的盤子盛了「優酪乳」（yogurt）加速西西拉入夢鄉（五26），並兩手拿著帳棚的橛子和匠人的錘子，擊傷那擁有最精銳戰車的西西拉，從鬢角穿透他的腦殼，保送他跨進死亡之門（27節）。諷刺的是，西西拉有著傳統武器「戰車」（四13，五28），卻死於卑微的雅億非傳統的武器下（五26，另參九53）。戰場上不可一世的西西拉，竟然成為弱女子「腳下敗將」，⓴ 後來進入雅億帳棚的巴拉（四22），看到的是一代梟雄已是「**曲身倒臥、曲身、死亡**」的畫面（五27），戰爭戲劇性地在外邦女子手中落幕。五章26至27節只短短兩節，卻出現13個動詞，其中11個用完成時態（perfect tense）表達。如此高頻率、高震撼、高效率，迅速地為這次戰役給落了幕！

在24節「祝福」（ḇārak̲）這詞共出現兩次，以首尾呼應緊緊包夾這一節。

24至30節描繪對比的兩位女性：殺了西西拉被讚揚的雅億（24～27節），

和被嘲笑的西西拉母親（28～30節）。西西拉母親沒有在四章出現，除了因為要與五章「*以色列的母*」底波拉作對比，更給本章的跋留下了諷刺色彩。乍看之下，28至30節似乎隱含著以色列人對於被殺的敵人家屬的幸災樂禍；但是仔細進入詩歌體，立刻發現這藉著鮮明的陳述，呈現出住在帳棚、儉樸的女子雅億（24節），**對比**於住在華麗王宮的西西拉母親（29節「*宮女*」，可見她住的是王宮）。宮內充斥著奢望從戰爭獲得炫麗戰利品的宮女們，而西西拉母親「*也自言自語地說：他們莫非得財而分？*」（29下～30節）靠著兒子西西拉壓制以色列人20年，習慣了從以色列得擄物的西西拉母親，她豪奢、嬌慣的習性從詩歌中浮顯出來：「*他們莫非得財而分？每人得了一兩個女子？西西拉得了彩衣為擄物，得繡花的彩衣為掠物。這彩衣兩面繡花，乃是披在被擄之人頸項上的。*」這對比呈現出雅億的手段，並非如一些學者所認為的不義、詭詐和殘忍。其實入侵者是西西拉，雅億乃保護以色列人免受掠奪、強暴而出手的女英雄，不是謀殺西西拉的人。

24節的「帳棚」，沒有28節西西拉母親用以看外面的「窗戶」、「窗欞」。故此是儉樸與華麗的對比。

7.2.5. 第四段內容（五31）

四、五兩章以耶賓不公義的作為開始（四3），以上帝公義的作為結束（四23，五11），而西西拉母親的「輓歌」彰顯了上帝公義的作為，而且從西西拉母親口中坐實了兒子的擄掠、母子的自大（五30），就可以看出這悲劇完全是咎由自取，如此結局顯明了上帝的公義！

四章以「*上帝使迦南王耶賓被以色列人制伏了*」結束（四23），五章則再次藉著詩歌體呈現以色列得勝，並以本章慣用的**對比**，呈現得勝的的關鍵——對耶和華的態度。恨耶和華的（如耶賓、西西拉）將要滅亡，愛耶和華的（如底波拉、雅億等）將如日頭。外邦人雅億可以成為「愛耶和華的人」，外邦人西西拉可以成為「耶和華的仇敵」，可見申命記的神學基礎並非種族主義——即單單給以色列人，而是神本主義——即在乎人如何看待上帝。另外，女子底波拉願意上戰場，純粹為了支撐巴拉，而非親自作

「耶和華的仇敵們」對比於「愛耶和華的人們」；「滅亡」對比於「如日頭出現、光輝烈烈」。

戰。這對比之下，巴拉格外顯得懦弱和小信。由此可見，上帝使用人的依據並非性別，而是心態——順服與否？這些愛上帝的人，還得到寶貴的結局，就是「國中太平四十年」（五31；參三11、30，八28），這正好與二章的神學主題完全吻合！

對於士師記中所記載新的一代而言，祖宗在埃及被救贖的經歷已經遙遠了，他們需要親身透過新的救贖，重新認識這位守約施慈愛的上帝。長期沉浸在迦南文化中的他們，親眼看見**耶和華如何涉入大自然**，讓西西拉的軍隊全面崩潰，而以色列人竟然不費吹灰之力就殲滅了仇敵，凸顯了迦南「諸神」的渺小虛空。底波拉和巴拉的目擊者身分，將四章的史實，在五章中以詩歌體呈現，好讓上帝的子民，不論是享平安時（五31），或是受轄制時（六2），藉著讀這兩章互補的文體所呈現的救恩，重新歸回這位惟一值得敬拜的上帝。這應是底波拉和巴拉在戰事之後作歌的緣由了（五1）。

聖經多處提及因為上帝顯現，致使大自然受到衝擊（士五4～5；撒下二十二8～16；詩十八7～19，七十七16～18，九十七2～5，一四四5～6；賽二十九6，三十27～33；彌一3～4；鴻一2～6；哈三3～15。）

溫習及思考問題

1. 這事件與以笏的事件彼此有甚麼共通的地方？如何顯出以色列人對上帝的不忠，以及上帝對以色列人的憐愛？你如何評價這事件？
2. 士師記在四章4至14節如何藉著故事為巴拉及底波拉作對比？15節如何描述耶和華才是真正的戰士？
3. 上帝讓以色列人制伏了耶賓這場典型的「屬靈戰爭」中，傳達了哪些信息？這對你有何信仰上的反省？
4. 學者對四、五章的寫成有何定見？你取信哪一個看法？何解？
5. 四、五章在內容上有哪些明顯差異？這些差異如何突出兩章經文記載的重點？這兩章所呈現的上帝有怎樣的屬性？
6. 五章第一段內容（2～11節c）涵蓋哪兩個主題？
7. 五章第二段內容（11d～23節）及第三段內容（24～30節）的中心信息

是甚麼？

8. 有學者認為雅億曾遭西西拉強暴，你的看法如何？
9. 整體而言，這兩章的經文如何分述男女的地位？與這兩章的重心有何關連？
10. 這兩章的男女角色有否為以色列人的傳統作了顛覆性的記載？應如何判定其與高舉女性主義釋經的相異之處？請從這事件試述上帝使用人的原則。

釋經短註

❶ 夏瑣城掌握加利利海一帶的要塞，誰掌握夏瑣，就可掌控迦南地。它曾被約書亞摧毀（書十一 10），現時又被迦南人趁機從以色列人手中奪回。掌管夏瑣的耶賓乃以色列難纏的敵人，他有鐵車 900 輛。在古代近東，只有控制鐵的來源，才可以製造鐵車，也能擁有軍事的掌控權。因此以色列臣服了 20 年（四 3）！

❷ 聖經中第一位女先知是米利暗（出十五 20），另外還有以賽亞的妻子（賽八 3）、戶勒大（王下二十二 14）、挪亞底（尼六 14）等。特別的是，若與過去的女先知相比，這底波拉不僅扮演「聽判斷」的角色，她也與其他士師記中的士師一樣，扮演拯救以色列人脫離外邦轄制的角色。誠然，士師記中最主要的士師乃上帝自己，即本章扇形結構核心位置的那位戰士。但從人的角度看，底波拉被冠上「女先知」這名銜，雖然沒有記載她「被耶和華的靈所充滿」（如參孫；參十四 6），並不能否定她就是這時期的士師（四 5「聽判斷」與「士師」同字根）。麥卡恩甚至主張，底波拉是與巴拉、雅億「共同攝政」的。

❸ 一些學者（如布靈和蘇遵）對於巴拉得聽從底波拉的指揮和撐腰，才敢出去打戰，大不以為然。這大男人主義觀點，其實已經出現在「七十士譯本」。原來在「馬所拉文本」的「你若同我去，我就去；你若不同我去，我就不去」（四 8）這節之後，「七十士譯本」還補充「因我不知道甚麼時候耶和華的使者會使我亨通」（*oti ouk oida tēn hēmeran en hēi euodoi ton angelon kurios meta emou*），以舒緩男子服在女子之下，沒有女子在場就沒有勇氣出征的難堪。但是「馬所拉文本」清楚地記載了底波拉確實向巴拉下了命令，且凸

顯了巴拉的膽怯。

❹ 布洛克正確地指出，底波拉和雅億在本章中的成就，誠然超過男性。馬太斯認為本章的男女角色倒轉了：兩個男人都有狼狽的描繪（西西拉步行逃跑，呼應巴拉的逃避責任），而底波拉卻預告另一婦人雅億將得到本該屬於男人巴拉的榮耀。布洛克即主張，讓底波拉和雅億鶴立雞羣的乃是上帝，因而打敗迦南人的，不是任何男性或女性，乃是上帝；就連說了「你若同我去，我就去」的巴拉，其核心企圖乃求上帝的同在，好安心前往爭戰。

❺ 擁護戰場上「男權」地位的蘇遵，將底波拉吩咐巴拉的「你起來」（四14），改為僅僅是鼓勵口吻的「堅強吧！」這樣排擠女性的讀經法，除了否定了底波拉在這場戰役中，確實是被上帝所設立來指揮巴拉的事實外，更忽略了這場戰爭乃「耶和華出戰」——整個戰爭的開始、過程和結束，都掌握在耶和華戰士手中，而非任何男子手中。

❻ 有些學者批評殺了西西拉的雅億，破壞了古代近東款待的習俗。從背景看，雅億丈夫原來與以色列人（摩西）有親屬關係，但這基尼人希百也與以色列人的敵人耶賓聯合。「希百」（*ḥeḇer*）原文字義乃「聯合」，曾祥新認為他如此做，乃是為了職業的考量——因為他是鐵匠，才與擁有鐵車的耶賓聯合。因此該提供款待的是與耶賓和好的希百，而非雅億！實際上破壞款待習俗的乃西西拉而非雅億，因為：（1）他不該跑到「雅億的帳棚」前，接受雅億的款待（四17），難免讓人懷疑西西拉有不當企圖，如此羞辱了與他立約的男主人希百，因為當時只有男主人才可以提供款待；（2）西西拉主動要求主人的款待，並且主動要求雅億成為他的供應者（19節），甚至為了自保性命，他要求雅億替他看守，且為他而說謊話（20節）。這樣的要求不僅破壞了古代近東款待的習俗，甚至可能讓雅億進入險境，因為藏匿逃犯可能與逃犯同罪，更何況西西拉是巴拉所要緝拿的要犯。這解釋了為何雅億主動向巴拉說明一切，免得被誤解是敵人的共犯。

❼ 曾祥新跟從菲葦、岡恩和包爾的立場，試圖將雅億設計殺死西西拉，推衍為她是以「性」來勾引這位大將軍。此乃以太多聯想來讀入經文，有強解經文之嫌，實不足採信。馬雷（D.F. Murray）也認為，從西西拉來看，當時已是性命難保，何來飽暖思淫慾的閒情逸致？即將昏沉入睡的西西拉，要雅億看

守帳棚，並對詢問「有人在這裏沒有？」（四20）的追殺者，一律以「沒有」來回答。諷刺的是，大將軍現在不僅成為普通人，在雅億的口中和眼中，西西拉都已經形同「無有」了。

❽ 揚格指出，以笏和底波拉兩段的共同結局乃「已死／死了」、「倒在地上」（三25，四22）。以笏輕易地殺了伊磯倫王，諷刺了肥胖的伊磯倫的無能、容易受騙，和摩押守衛乃不機警，也是無能之徒。雅億輕鬆地殺了西西拉，諷刺了顯嚇一時的夏瑣將軍不過是聲勢嚇人的「炮竹」，同樣是容易受騙，更諷刺了夏瑣900輛鐵車和戰士比不上一個弱小女子！

❾ 雅億殺西西拉的動作與以笏殺摩押王的幾乎完全一致。雅億將「橛子」（*yāṯēḏ*）「釘進」（*ṯāqaᶜ*）西西拉的鬢邊（四21）；以笏拔劍「刺入」（*ṯāqaᶜ*）伊磯倫的肚腹（三21）。學者奧爾特（R. Alter）還指出，這兩章的「殺戮動詞」，全都出現在參孫的劇情中：大利拉用「橛子」（*yāṯēḏ*）來「釘住」（*ṯāqaᶜ*）參孫的頭髮（十六14），及至於此以色列的士師從安全的主動者，被逆轉成為殺戮下的犧牲者，浮顯出士師時代愈來愈「黑暗」。

❿ 曾祥新指出，西西拉的死本來是巴拉的榮耀、功勞、戰果，可惜因為他膽怯，因此將這榮耀拱手讓人。揚格更指出，猶豫不決、試圖藉著底波拉來掌控上帝同在的巴拉，得到她所預告的報應（四9）。這暗示了後來的耶弗他也企圖藉著誓言的應驗，來掌控上帝，並與祂討價還價（十一31），不過他終究得到報應（38～39節）。

⓫ 本章「串場」的巴拉一出現，就領受了底波拉的「去」（*hālaḵ*）的吩咐（四6；「合和本」沒有將這動詞翻譯出來）；將退場的他，又領受另一個女性雅億相同的吩咐「去」（*hālaḵ*；22節；「合和本」譯為「來吧」）。曾思瀚將本章的標題定為「兩個女人的故事」，認為膽小的巴拉視底波拉為母親。埃克薩姆（J.C. Exum）還進一步主張底波拉被視為以色列母親的象徵。從經文來看，這些觀點可能無法完全證實（argument of silence；參五7），但可以確定的是，聖經並沒有輕視女性；沒有底波拉，巴拉就不可能出戰。

⓬ 美國總統甘迺迪（J. Kennedy）在一次大學的演講中說：「當權力（power）令人自大時，詩歌（poetry）便能提醒他自己的極限。」揚格指出，士師記五章的焦

點首要為整個以色列民族，接著是10個支派，然後才是個人，但真正的焦點其實是配受讚美的上帝。

⓭ 因著這章詩歌體如此古老，吸引了許多學者探討其作者、成書日期、文學特色、結構、與近東文學作品比較、與四章間的成書先後次序等，面世的論文多到汗牛充棟的地步，特別是各種批判學者都想在此發揮他們的理論、主張。但是因為以色列的信仰沒有「多神」的痕迹，因此沒有任何可以容許演化理論來解讀本章的空間。

⓮ 五章1節標示這首詩歌是由底波拉及巴拉所寫的，而且內容也反映它是在雅億殺了西西拉後不久所作的（五1、7），故此，傳統都相信這首詩是寫於四章之後。

⓯ 揚格分析士師記五章的結構為：
序（1節）
A（2～8節）
B（9～13節）
C（14～18節）
D（19～23節）
E（24～31節c）
跋（31節d）

⓰ 伯琳（A. Berlin）指出，「落」（*nāṭap̄*）在五章4節重複出現兩次，這具有語音效果（希伯來文讀起來好像雨點落下的聲音），預告了凶猛的風暴即將來臨。

⓱ 麥卡恩認為或許就是因為這段期間以色列的社會、政治缺乏團結的局面，因此上帝呼召女子底波拉和雅億出來事奉。揚格也指出，從底波拉和雅億聯手制伏了耶賓和西西拉對以色列的轄制，再一次證實了上帝有揀選世上軟弱者，以廢掉有能者的權柄（參林前一26～28）。

⓲ 本章的重複、平行文體分別出現在7、19～20和27節等各節中。22節則使用了「聲喻法／擬聲法」（onomatopoeia），給下山投入戰場的以色列士兵抹上了得勝的氣氛。

⓳ 四章17至22節沒有出現耶和華的名字，因而導致學者如布洛克認為，雖然上帝使用雅億，但她的行為，不過是她為顛覆當時文化，一反當代女性角色的個人作為而已，她不能從迦南文化中「免俗」。但是奧康奈爾正確地指出，底波拉在事前對巴拉的預言（四9），和敍述者所描繪她丈夫事先的遷移（11、17節），都暗示了整個事件其實乃上帝透過歸順了以色列的外邦人雅億，彰顯祂的主權，也間接羞辱了不太肯委身的男人巴拉。

⓴ 五章27節敍述著西西拉乃仆倒

「在她腳前」（原文為「在她兩腳間」）。麥卡恩認為背後暗示了一個強暴犯被「被害者」所制伏；扎高維（Y. Zakovitch）更以「性吸引」來解讀整個事件；連達斯雖沒有持這種立場，卻也認為本段雅憶的舉動為「性相遇」（sexual encounter）的「諷刺詩」（parody）。但是這樣的猜測乃披著「性幻想」作不必要的引伸，其實並沒有經文支持。從另一角度看，西西拉母親所說「每人得了一兩個女子」（30 節），暗示了戰爭背後的醜陋與黑暗——外邦的軍兵可能以強暴對待被俘擄的以色列女子（參二十一 8 ～ 12）。如此凸顯出西西拉將軍圖謀財、色、地等不義的作為，他的惡行終被公義的上帝所結束。我們不需要以「性勾引」的方式來解讀雅億如何殺西西拉，但是雅億確實救了以色列女子免受西西拉和他手下的強暴。

第八章

基甸：
蓋棺還不能論定的關鍵士師
（六 1～八 35）

- 不配的勇士蒙召
- 掙扎的勇士得勝
- 晚節不保的結局

8.1. 不配的勇士蒙召（六 1 ～ 32）

正如本書第一章「士師記導論」（參 1.5）所言，士師記全書結構的關鍵人物乃基甸！

在基甸故的事中，以色列呼求上帝（六 6 ～ 7），然而並不像先前（除了珊迦）的 3 位士師一般，立刻得到上帝的幫助（三 9、15，四 3 ～ 4）。他們的呼求換得的，首先是上帝嚴厲的責備（六 8 ～ 10），這成為本書劇情逆轉的伏筆。基甸故事由兩部分組成：關於基甸的記載（六 1 ～八 35）；關於亞比米勒的記載（九 1 ～ 57）。這兩段是一齣連續劇，且都記載以色列人的背信與宗教墮落，「報仇／報復」成為劇情發展的主軸，這包括基甸向疏割人和毗努伊勒人報復（八 4 ～ 7、13 ～ 17）、約坦所說蘊含報復的寓言（九 7 ～ 15）、亞比米勒向示劍人報復（九 22 ～ 49）。士師記的劇情到此已經進入逆轉期了。

基甸故事可以分成 5 大段，而且是以扇形結構來呈現：

A　基甸故事的序（六 1 ～ 10）

B　上帝呼召基甸救贖以色列：兩祭壇的故事（六 11 ～ 32）

B1　第一祭壇：基甸的蒙召與委任（六 11 ～ 24）

B2　第二祭壇：基甸拆毀巴力祭壇（六 25 ～ 32）

C　基甸個人的信仰掙扎（六 33 ～七 18）

a　耶和華的靈降臨基甸，4 個支派跟隨會合（六 33 ～ 35）

b　懷疑的基甸向上帝尋求得勝印證（六 36 ～ 40）

c　上帝指揮基甸裁減膽怯的兵力（七 1 ～ 8）

c'　上帝引導膽怯的基甸夜探敵營（七 9 ～ 11）

b'　上帝提供懷疑的基甸得勝印證（七 12 ～ 14）

a'　敬拜耶和華的基甸，率領 300 人對抗米甸人（七 15 ～ 18）

B'　上帝救贖以色列脫離米甸人：兩戰役的故事（七 19 ～八 21）

B1'　第一戰役：約旦河西（七 19 ～八 3）

B2'　第二戰役：約旦河東（八 4 ～ 21）

A'　基甸故事的跋（八 22 ～ 35）

分段大綱（六 1 ～ 32）

1. 基甸故事的序（六 1 ～ 10）
   甲、以色列人的呼求（六 1 ～ 6）
   乙、先知的譴責（六 7 ～ 10）
2. 上帝呼召基甸救贖以色列：兩個祭壇的故事（六 11 ～ 32）
   甲、第一祭壇：基甸的蒙召與委任（六 11 ～ 24）
   乙、第二祭壇：基甸拆毀巴力祭壇（六 25 ～ 32）

8.1.1. 基甸故事的序（六 1 ～ 10）

8.1.1.1. 以色列人的呼求（六 1 ～ 6）

凡認為人性會隨著時代改變而變好、「進化」的，請來讀士師記六章，包準讓你更了解人性剛愎愚蠢的廬山真面目！瞧！經歷過美索不達米亞王的蹂躪（三 8），摩押王的欺壓（三 12），以及夏瑣王的逼迫的以色列人（四 2），在上帝藉著俄陀聶（三 9）、以笏（三 15）和底波拉的拯救（四 4），分別享受了40 年、80 年，之後又再 40 年的太平（三 11、30，五 31），然而人的健忘症卻再度發作，又再「行耶和華眼中看為惡的事」（六 1）。這個等同於「拜偶像、事奉諸巴力」的老毛病（二 11，三 7）。❶ 從第一次發病之後（三 7），已經成為以色列間歇性發作的宿疾，以致本書敍述者似乎都懶得將外邦假神的名字列出來（參三 12，四 1）；這同時説明了以色列並非自由之身，他們已與耶和華立了「約」（二 1、2），絕對不能「想拜甚麼就拜甚麼」，一旦事奉外邦神明，罪狀就是「行耶和華眼中看為惡的事」（六 1）！士師記宛如羅馬書的「人論」中那人心既剛硬又愚蠢的驗證（羅一 18 ～ 23，七 18 ～ 24）！

有「約」在身的以色列，不尊重與上帝所立的約，頻頻在信仰上「踩紅線」，結果是踩上了屬靈地雷，「耶和華就把他們交在米甸人手裏」（六 1）。上帝的兒女絕不能與上帝兒戲，這位上帝有呼風喚雨的能耐，祂曾呼召美索不達米亞王（三 8）、摩押王（三 12）、夏瑣王（四 2），使自以為有本事掌舵的以色列人就範。若單從六章 2 至 6 節上看，還以為以色列的問題純粹是人為因素，但作者刻意將這人為因素夾在六章 1 節和六章 6 節所出現的 3 次「**耶和華**」這名稱中，顯示以色列的問題，歸根究柢仍在於信仰上（參利二十六章；申二十八章）。這次上帝所派來施行天譴的米甸人，一出場立刻毫不容情地「**壓制以色列人**」（六 2），他們的手段與先前上帝所派的幾個外邦侵略者不盡相同。

首先，他們要打擊以色列居安的生活，使他們不得安寧，以至「**在山中挖穴、挖洞、建造營寨**」的地步（六 2）。享受了 40 年太平的以色列人（五 31），因著米甸人，頓時窘困到坐立難安，連最基本的「住」都成了問題。

在以色列人的歷史中，亞瑪力人及米甸人也曾攻擊以色列人，至終被摩西率領的以色列人戰勝了（參出十七 8～16；民三十一 1～12；申二十五 17～19）；故此這樣的攻擊於以色列人不是新鮮的事。

其次，就是破壞以色列的經濟。以色列人每逢撒種，**米甸人、亞瑪力人**和東方人便聯手，傾巢而出攻擊他們，「**對著他們安營，毀壞土產**」（六 3），甚至橫掃以色列全境，直到西南角的迦薩（4 節）。「**那些人帶著牲畜帳棚來，像蝗蟲那樣多，人和駱駝無數，都進入國內**」（5 節）。結果以色列人沒有食物、牛、羊、驢，全地毀壞，如此一年復一年，達 7 年之久（1 節）。可憐的以色列人，住的、吃的都瀕臨絕境，事奉巴力帶給以色列人的結局，只有戰爭和荒蕪而已！

其實，以色列人所面臨的絕境，早在進迦南地之前摩西已經事先提出了警告：不聽從上帝、背棄與上帝所立的約（二 2；參申三十一 16 ～ 18），後果必然黯淡，如同「瞎子在暗中摸索……時常遭遇欺壓、搶奪，無人搭救」。寶貴的家當不論是牛、驢、羊，都只能眼睜睜地看著被仇敵奪去（申二十八 29、31）。以色列人不能怪罪仇敵的焦土政策，要怪只能怪自己，竟然無知地背棄上帝的約去拜巴力！根據迦南的信仰背景，巴力應帶給崇拜者豐盛的繁殖和生長，但是眼前的政治和經濟困境證明以色列人拜錯了神明，而且是假神真拜，愈拜愈失敗！從過去的歷史看，他們曾因為背棄上帝，招惹了美索不達米亞王、伊磯倫王、夏瑣王來襲，可惜的是，這些史實卻不能給以色列人留下殷鑑！為何世人不能從過去的失敗中得到教訓，總要山窮水盡時，才醒悟要到上帝這裏尋找出路（六 6）？原來，剛硬愚蠢的世人，最難學會的功課就是「順服」！

讀士師記的記載更會令人驚訝的是，不管環境如何險惡、絕望，只要願意回頭歸向上帝，上帝總會「在曠野開道路，在沙漠開江河」（賽四十三 19）。從以色列可以從絕境中轉回，可見信實的上帝不僅所說的不落空，還按著祂與以色列人所簽署的約審判以色列（申二十六～三十章）；即使如此，在審判時仍以憐憫為懷。這真理不僅行使於出埃及時的以色列人身上（詩七十八篇），甚至士師時代，上帝的憐恤屬性仍然不變。瞧！以色列拜偶像的老毛病在之前已經復發了 4 次（三 7、12，四 1，六 1），上帝竟然沒有以等比級數的災難年數來懲處這羣剛硬愚蠢之徒，在先前 8 年、18 年、20 年的「黑暗時期」後（三 8、14，四 3），上帝反倒只容許米甸人欺壓這羣健忘的以色列人 7 年（六 1）！原來，上帝的兒女之所以能夠在困境中歸回上帝，並不是由於人的悔改，而是因著上帝的憐恤！正如使徒保羅所說「據此看來，這不在乎那定意的，也不在乎那奔跑的，只在乎發憐憫的上帝。」（羅九 16）學者布洛克甚至認為，以色列在此不過是因為痛苦而呼求，並非是因悔改而呼求，若如此就更加凸顯了上帝的憐恤。當然，「上帝憐恤人」這客觀真理，必須有人自己主觀的經歷，上帝要藉此讓這羣愚蠢的以色列人學習順服的功課。

8.1.1.2. 先知的譴責（六 7 ～ 10）

以色列人因為米甸人的緣故，在極其窮乏時呼求上帝（六 7），上帝果然「有求必應」；但奇怪的是，不像先前以色列呼求上帝時所行的，興起拯救者俄陀聶、以笏、珊迦、底波拉等士師，這一次祂卻差遣了一位先知（8 節）。這離奇的回應，就好比汽車拋了錨，打電話請修車廠派技師來，結果派來的居然是一位學者、哲學家般不可思議。其實上帝是為了讓以色列人先回到原點。以色列外在的光景（1 ～ 6 節）與以色列內在的情況息息相關（參 7 ～ 10 節），說明了以色列的政治、經濟、社會等外在的平安，決定於內在靈性與上帝的關係。因此，上帝差派先知，為要叫以色列人自我反省過去老是出現差錯、走入迷路和絕路的原因，並正視自己的有限和無知，然後上帝才來施行拯救！

果然，這位先知讓迷路的以色列人秉持歷史眼光，從原點來回想自己的迷糊、迷途的屬靈原因。這位先知按著奉上帝差遣的「詔令模式」（8 節「**耶和**

華——以色列的上帝如此說」），將以色列的眼光帶回到摩西時代，譴責的聲音彷彿那位從吉甲到波金的使者（二 1 ～ 5），上帝吩咐先知如此說：

> 「『我【指上帝】曾領你們從埃及上來，出了為奴之家，救你們脫離埃及人的手，並脫離一切欺壓你們之人的手，把他們從你們面前趕出，將他們的地賜給你們』；又對你們說：『我是耶和華——你們的上帝。你們住在亞摩利人的地，不可敬畏他們的神。你們竟不聽從我的話。』」（六 8 ～ 10）

這番話與那位波金的耶和華使者如出一轍，且同樣點出以色列陷入困境的根本原因：不是敵人有多險惡，不是環境有多困難，而是以色列不聽從上帝的話（10 節）。他的遣詞用字和摩西的口吻幾乎完全相同。原來，上帝的子民進入應許之地，蒙福的關鍵不在於自己如何盡心耕耘、栽種、防禦敵人，而是聽從上帝的話。上帝沒有立刻解除祂兒女的枷鎖，反而藉著這次的機會教育其兒女，讓作為上帝兒女的你我學習到，認識上帝的屬性比解決自己的困境更重要，認識上帝的道路比從痛苦中抽離更急迫。上帝兒女需要的不僅是安慰、解答，更需要被教導，以便學會以後如何走上帝的道路（參箴三 5 ～ 6）！

若將這段經文與波金事件的經文比對，兩處都有責備的話：「你們竟不聽從我的話。」（六 10；參二 2「你們竟沒有聽從我的話！為何這樣行呢？」）但是這段經文與波金的耶和華使者的宣告有所不同。在這裏當先知宣告後，上帝並沒有如在波金般離開那地，只留下一羣哀哭的以色列百姓（二 4 ～ 5），反倒尋找拯救以色列的士師基甸（六 11）。這意外之舉，格外凸顯有憐憫有恩典的上帝，真是「不輕易發怒，並有豐盛的慈愛和誠實」（出三十四 6）。以色列「不至消滅，是出於耶和華諸般的慈愛，是因祂的憐憫不致斷絕」（哀三 22）。上帝兒女不該故意偏離上帝，但是即竟因為自我中心，誤入歧途、迷途、絕途，只要心裏肯回轉聽從上帝，「祂並不甘心使人受苦，使人憂愁」（哀三 33）。基甸的出現與其說是時勢造英雄，不如說是上帝造英雄，以回應浪子以色列迷途知返的時勢（參路十五章）！

8.1.2. 上帝呼召基甸救贖以色列：兩個祭壇的故事（六 11 ～ 32）

8.1.2.1. 第一祭壇：基甸的蒙召與委任（六 11 ～ 24）

於 12 節上帝說：「耶和華與『你』同在」，13 節基甸卻說出了 7 次的「我們」。上帝在埃及的作為（8 ～ 9 節）受基甸所質疑，基甸道出了以色列人的心聲（13 節）。

為了拯救迷途知返的浪子以色列，上帝呼召基甸，而且主動向他顯現。上帝一開始就以「大能的勇士」來鼓勵基甸，❷ 且送他一個出來事奉所需要的保證：「**耶和華與你同在**」（六 12）。這樣的應許引發了基甸許多問題：如果耶和華與我們同在，為何每年米甸人都來席捲我們的財物？如果耶和華與我們同在，祂當年領以色列出埃及的作為，如今為何銷聲匿迹（13 節）？如果耶和華與我們同在，我們怎會被米甸人蹂躪到如今（13 節），甚至為了防備米甸人，還得躲在酒醡那裏打麥子（11 節）？這就是基甸登場時以色列愁困的光景。原來，上帝呼召基甸，一開始就先以祂自己的眼光來提升基甸，好讓他看到自己同胞不能經歷上帝的同在，並非上帝的膀臂縮短不能施行拯救，而是因為人的罪孽使以色列與上帝隔絕（賽五十九 1 ～ 2）！底波拉在棕樹下扮演上帝的士師角色（四 5），而基甸的原生家庭卻是在橡樹下拜巴力（六 11、25），以色列的墮落光景可見一斑；因此，以色列要復興，必須有人從上帝的眼光來審視自己的光景。同樣地，教會要復興，必須有人從原點來檢測自己荒涼、墮落的真正原因，並且從其中跳脫出來！

當上帝從神學角度來提點基甸，且差遣他出來保護同胞，「你靠著你這能力從米甸人手裏拯救以色列人，不是我差遣你去的嗎？」（六 14）了解自己本相後的基甸，立時有強烈的不配感，故如此說：「主啊，我有何能拯救以色列人呢？我家在瑪拿西支派中是至貧窮的。我在我父家是至微小的。」（15 節）原來，上帝可以用不可能的人，去完成不可能的事。懷疑自己哪會是「大能的勇士」的基甸，仍然可以成為士師時代重要的士師。從基甸卑微的身世和恩賜來看，人之所以被上帝用，「不是按我們的行為，乃是按祂的旨意和恩典」（提後一 9）。上帝揀選了世上軟弱的，叫那強壯的羞愧，使一切有血氣的在祂面前一個也不能自誇（林前一 27 ～ 29）。當上帝在埃及施行拯救的時候，並未派遣大軍，代表祂和法老斡旋的也不是「口才便給」的雄辯者，上帝所差遣的竟然是一個避居曠野 40 年之久的拙口笨舌的摩西。

為上帝所用的關鍵，不在人自己，而在上帝！基甸要成為同胞的拯救者，他所需要的只有一句話就夠了：「**耶和華對他說：『我與你同在，你就必擊打米甸人，如擊打一人一樣。』**」（六 16；參 12 節）這「**我與你同在**」曾經是摩西的屬靈王牌（出三 12），也是約書亞蒙召時的屬靈王牌（書一 5）。這王牌並沒有告訴基甸面臨人生挑戰時的「錦囊妙計」，它未曾直接解答所面臨的困境該怎麼辦？往哪裏去？有何出路？何時轉折？這張「王牌」單單提供一個屬靈「通行證」：我與你同在，而這就夠了！複雜的人生道路中，上帝兒女最需要的就是這「以馬內利」的屬靈王牌！

見到耶和華的使者，知道這位訪客就是耶和華（六 11、12、14、16），而且兩次稱呼耶和華為主的基甸（13、15 節），得到「**我與你同在**」的屬靈王牌之後，更大膽地請求上帝容許他藉著奉獻印證這王牌的真實性。「**我若在你眼前蒙恩，求你給我一個證據，使我知道與我說話的就是主。求你不要離開這裏，等我歸回將禮物帶來供在你面前。**」（17 ～ 18 節）對於這位謹慎又勉為其難的士師，上帝寬容地應允他（18 節），甚至耐心等待基甸仔細預備獻祭的禮物。❸ 謹慎的基甸並不因為急切就草率了事，他細心地「**預備了一隻山羊羔，用一伊法細麵做了無酵餅，將肉放在筐內，把湯盛在壺中，帶到橡樹下，獻在使者面前。**」（19 節）並且順從上帝使者的吩咐，將肉和無酵餅放在指定的磐石上，把湯倒出來（20 節）。看到基甸的用心，你我都必須深自檢討：當上帝的呼召臨到時，是否能像基甸一樣，認真、細心、謹慎、順服地將自己獻上，並且以敬拜作為事奉的起點？

有了上帝「**我與你同在**」的應許，還進一步求「神蹟」驗證的基甸，上帝並沒有因此而拒絕賜他證據。當耶和華的使者伸出手中的杖，杖頭挨了肉和無酵餅，就有火從磐石中出來，燒盡了肉和無酵餅。接著，第二個神蹟發生了：「**耶和華的使者也就不見了**」（六 21），基甸這時才驀然驚覺自己闖禍了，他說：「**哀哉！主耶和華啊，我不好了，因為我覿面看見耶和華的使者。**」（22 節）❹ 基甸沒有經歷過新約中耶穌是神人之間中保的啟示（約一 18），突然見到這些神蹟，他所受到驚嚇的程度與看到上帝顯現在西奈山的以色列人一樣，那摸山者必死的威力（出十九12），仍然震撼著他那謹慎膽小的心靈。但讓讀者困惑的是，要求獻祭以確定上帝乃應許賜下者的，就是基甸本人，當上帝確實藉著獻祭成就應許一事，他卻又矛盾地顯得驚惶失措！如此讓人摸不透的基甸！如此讓人摸不透的上帝的顯現！

最讓人摸不透的，其實是使火從磐石中出來燒了祭物，高聳、聖潔的上帝，不僅容許人觀看祂聖潔的屬性，那已經沒有資格說不知者無罪的基甸，竟然沒有步上當年亞倫的兒子被火所燒死的厄運（利十1～2），上帝反倒用溫柔的話來安慰基甸，「**你放心，不要懼怕，你必不致死。**」（23節）這不是僥倖，基甸之所以能安然在聖潔的上帝面前活著，是因為他被「上帝同在」的應許所遮蓋。感恩的他，遂在這磐石上為耶和華築了一座壇，起名叫「耶和華沙龍」（*YHWH šālôm*，意即「**耶和華賜平安**」）。原來，有了「上帝同在」這應許，才能在聖潔的上帝面前安然度過，免於像亞倫的兒子被火燒死的下場！

從新約的角度看，這「平安」是在那位名為「以馬內利」的耶穌裏，才可享受到（太一23）。正如保羅所說「因他是我們的平安」（弗二14，這是原文的意思；參「呂振中譯本」）。

8.1.2.2. 第二祭壇：基甸拆毀巴力祭壇（六25～32）

經歷了「上帝同在」應許的基甸，在家鄉俄弗拉立了一座名叫「耶和華沙龍」的壇（六11、24），這壇刻下了他生命中「耶和華賜平安」的記號；接著基甸開始了救以色列脫離轄制的任務，起點也在俄弗拉的磐石上（26節）。從本章來看（11、24節），基甸的家鄉「俄弗拉」確實扮演著前後呼應的角色，基甸製造了以弗得，並將之設立在「俄弗拉」，成為以色列和基甸家族墮落的源頭，「俄弗拉」成為基甸一生虎頭蛇尾、有始無終的前後呼應記號。現在，基甸必須先行拆毀他父親為巴力所築的壇，且在這磐石建立上帝的祭壇——上帝兒女在哪裏墮落，就得在那裏被潔淨、更新！

「當那夜，耶和華吩咐基甸說：『你取你父親的牛來，就是那七歲的第二隻牛，並拆毀你父親為巴力所築的壇，砍下壇旁的木偶，在

這磐石上整整齊齊地為耶和華——你的上帝築一座壇，將第二隻牛獻為燔祭，用你所砍下的木偶作柴。』」（25～26節）

上帝作出如此要求，因為兩個壇不能共存並立，基甸不能為上帝築壇（六24），又保留巴力的壇（25節），一個人不能事奉兩個主呢（太六24）！上帝要求基甸拆毀他父親為巴力所築的壇，砍下壇旁的木偶，這也是上帝對於全體以色列人的期待。正如第一章導論中所敍述的（二2），以色列不能腳踏兩條船，以色列若想認真事奉上帝，就必須從以色列的祭壇徹底除去巴力。當敍述者記載上帝吩咐基甸：「**取你父親的牛來，就是那七歲的第二隻牛……獻為燔祭**」（25～26節），暗示著第一隻牛可能已經獻給巴力，更提示著基甸需要為7年前父親為巴力築壇一事，獻上這7歲的第二隻牛為贖罪祭，也預告了7年來的米甸轄制即將結束（1節）。在聖經教導中，信仰是不可能有後現代所主張的「多元」或「包容神學」的，聖經所描繪的上帝乃**忌邪**的（出二十5），沒有容許心持二意的模糊地帶（王上十八21）。在此必須一提的是，本章與十七章呈現有趣的對比。在本章基甸按著摩西律法（申十六21，二十七5～6），毀滅家中的巴力祭壇，並獻以燔祭來取代；但是，在十七章米迦違背摩西律法（十七3～5；參出二十4～5），在家中建立拜以弗得的神堂。基甸晚年製造以弗得（八27），使得他在出道之初所行毀壞巴力祭壇的果效，只是斬草不除根，春風吹又生而已。

「忌邪」原文意思乃「嫉妒」。嫉妒是指本屬於上帝的，後竟琵琶別抱而另結新歡。

基甸的靈性光景其實代表著整個以色列的靈性光景，他們拜偶像，墮入敵人的網羅，因此他們呼求上帝（六6）。基甸「一邊在酒醉打麥子，一邊防備米甸人」（11節），這正好見證以色列人當時的苦楚；而基甸的蒙召就是上帝對以色列呼求的回應與答案（7、11節）。基甸自己先得從同胞的屬靈困境中掙脱，才能救拔同胞脱離這困境，他若能帶頭摒棄偶像崇拜，同胞的屬靈黑暗就能藉此找到出口。這個道理在新約也有案例記載。格拉森被鬼附的人，正代表著羣眾的靈性光景，他們看到耶穌醫好被鬼附的人後，竟然央求耶穌離開他們的境界（可五17），他們屬靈的眼睛是瞎的、短視的，看重2,000頭豬過於生命獲得解救。端賴這個被鬼附的人在得釋放後，以自身的經歷才能幫助同胞脫離他們靈裏的捆綁（可五 19）。

基甸的順服是他被上帝使用以救拔同胞的先決條件，這順服甚且是要付上代價的。對格拉森被鬼附的人而言，順服的代價似乎不大，因為回去傳揚耶穌為他做了何等大的事，「眾人就都稀奇」（可五 20）。但是，基甸順服的過程和結果可就不是這樣了。「**基甸就從他僕人中挑了十個人，照著耶和華吩咐他的行了。他因怕父家和本城的人，不敢在白晝行這事，就在夜間行了。**」（六 27）膽小的基甸採取權宜之計，並沒有因而免除順服後的壓力和代價。絕大部分學者都同意，基甸雖然順服了耶和華，「**從他僕人中挑選了十個人，照著耶和華的吩咐行了**」（27 節上），但是從敍述文的語法來看，他順服的行事和心態，都被「**怕父家和本城的人，不敢在白晝行這事，就在夜間行了**」（27 節下）影響，這讓敍述者很失望。❺ 隔天清晨，城裏的人起來，「**見巴力的壇拆毀，壇旁的木偶砍下，第二隻牛獻在新築的【耶和華沙龍】壇上，就彼此說：『這事是誰做的呢？』他們訪查之後，就說：『這是約阿施的兒子基甸做的。』**」（28 ～ 29 節）代價即將浮顯！

原來，跟從主，即使是為同胞的屬靈好處，也可能得不到旁人的諒解，因此順服主可能必需付上社會代價！不肯揹十架的人，最根本的原因就是不肯付順服的代價。然而，為了不知情的同胞的好處，上帝兒女該學習基甸付上順服的代價。對於基甸，這次不愛本土文化、本國信仰的代價很高——死亡（30 節）。被治死的代價浮顯出巴力信仰的殘忍，也暴露了基甸的時期，以色列百姓離開上帝的信仰已很遠了！基甸的故事顯示以色列的信仰已經完全被迦南文化所顛覆、滲透了。作為上帝兒女的你我，是否肯為了主，也是為了被世界弄瞎了的同胞能有朝一日醒悟過來（林後四 4），而付上順服主的代價呢？特別這些代價「還沒有抵擋到流血的地步」時（來十二 4）！基甸若不肯順服主，同胞不能被拯救，他自己也不能登上士師記 3 章篇幅的舞台（六～八章）！你我若不肯付代價，同胞不能因而從罪惡捆綁中掙脫，我們也不能立足在上帝的舞台上！

當然，順服上帝而付代價的人不必太悲觀，人生並不一定永遠是「悲劇性」的，不要忘記上帝乃真神，祂用自己的方法搭救基甸，也會用祂自己的方法來搭救任何肯順服祂的人。瞧！眾人藉著基甸的父親約阿施，來向他施壓（六30）。約阿施是**亞比以謝**人，屬瑪拿西支派（11節；參書十七2；代上七18），他曾經為巴力築壇，極可能是巴力的祭司（六25）。稀奇的是，他不為所服事的神明伸辯，反而站出來藉智慧的「自然論證」指證巴力不是真神來挺他的兒子，成為身陷族人追殺的基甸的幫助者。可見上帝可以使用任何管道來幫助祂的百姓：

「亞比以謝」（ʾăḇî hāʿezrî）原文乃「我父是我幫助者」。

> 「約阿施回答站著攻擊他的眾人說：『你們是為巴力爭論嗎？你們要救他嗎？誰為他爭論，趁早將誰治死！巴力若果是神，有人拆毀他的壇，讓他為自己爭論吧！』所以當日人稱基甸為耶路·巴力，意思說：『他拆毀巴力的壇，讓巴力與他爭論。』」（31～32節）

竟然是曾為巴力築壇的父親，以如此敏銳的方式幫基甸解圍！士師記敍述者記載到此，必然是一邊被聖靈感動寫下這神奇的經過，一邊會心微笑！❻ 約阿施這尖酸但又無法反駁的「真神不需他人救」的論證，只有以利亞對巴力的挑戰才可與之比擬（王上十八27）。❼ 約阿施的回答凸顯了巴力的被動、無能，不能救人，反而害人；同時也間接地浮顯本書的神學信息——耶和華才是真神。約阿施這段滿有説服力的自然論證，留給質疑基甸的眾人一個嚴正的問題：繼續（靠自己）支撐巴力、幫助巴力（六31），抑或敬拜上帝、讓上帝來「支撐／幫助」我們（24、28節）？結果，出乎意料的是，眾人將責任推給巴力：「他【基甸】拆毀巴力的壇，讓巴力與他爭辯」，於是一場興師問罪的宗教審判草草收場；危機化解之後，基甸也因而多了一個諷刺巴力的綽號「耶路·巴力」（32節）。這綽號正好是基甸一生行事的重點，也是全本士師記的中心信息。上帝要透過基甸的綽號，提醒以色列人必須與巴力抗爭。更重要的是，基甸經歷了一場屬靈的爭戰，確信了專心順服、跟從主的人，在困境中必有平安相隨，正如祭壇上他所刻的「耶和華沙龍」。

8.2. 掙扎的勇士得勝（六 33 ～七 25）

分段大綱（六 33 ～七 25）

1. 基甸的信仰掙扎（六 33 ～七 18）
2. 上帝使以色列得勝（七 19 ～ 25）

8.2.1. 基甸的信仰掙扎（六 33 ～七 18）

基甸蒙召後，便進入事奉的高潮。讓我們再度把焦點放在國際舞台上。以色列外在的環境和過往完全相同，那些惱人的米甸人、亞瑪力人，和東方人仍聚集過河，在肥沃且是巴勒斯坦地與鄰國貿易必經之地的耶斯列平原安營，想掠奪以色列含辛茹苦而得的莊稼。在此不同的是，以色列現時有一個與眾不同的新人，因為耶和華的靈降在基甸身上（六 34；參三 10）。這位屬靈人基甸一吹角，鬆散的以色列人立即產生凝聚力，不僅是自己族人的亞比以謝族聚集跟隨（34 節），他的影響力還延及族人之外，連瑪拿西人、亞設人、西布倫人、拿弗他利人也都聽從基甸的號召（35 節）。上帝兒女由此可以反思：想要別人應和我們的呼召，我們得先被聖靈充滿。愈是被上帝所征服，我們的影響力就愈能貫徹深入。服事上帝的人凝聚影響力的金科玉律乃：「不是倚靠勢力，不是倚靠才能，乃是倚靠我【指上帝】的靈方能成事。」（亞四 6）

生性多疑的基甸雖然改了名字，但仍然本性難移。雖然有父親、族人和以色列 4 族人同心相挺（31 ～ 35 節），甚至有了上帝的顯現和兩次神蹟（祭壇上祭物被燒和耶和華使者的消失；參 12 ～ 21 節），尤其是「**耶和華的靈**」降臨（34 節），卻不足以撐住這位膽小的士師。這位膽小的基甸在夜間拆毀巴力祭壇，但到了白天被發現後，他一直沒有說過話，躲在他父親背後不敢出來。即使後來有聖靈的降臨和跟從他的人羣為證，他仍然向上帝求神蹟、求印證（36 ～ 40 節），基甸在這章的表現已經給後來的事迹埋下陰影。再從士師記全書的佈局看，與底波拉對比下巴拉的膽小（四～五章），已給小信的基甸鋪路；基甸的虎頭蛇尾（六～八章），又給具爆炸性但也具毀壞性的耶弗他鋪路（十一章），更預示了有勇無謀的士師參孫的命運（十三～十六章）。

不過，他的膽怯或許情有可原，因為凶猛的仇敵像蝗蟲那麼多（六 5，七 12，八 10），以色列過去 7 年只有挨打的分，區區如基甸，焉能為可憐的同胞改運？因此，猶疑的基甸再次向上帝求印證：

> 「『你若果照著所說的話，藉我手拯救以色列人，我就把一團羊毛放在禾場上：若單是羊毛上有露水，別的地方都是乾的，我就知道你必照著所說的話，藉我手拯救以色列人。』次日早晨基甸起來，見果然是這樣；將羊毛擠一擠，從羊毛中擰出滿盆的露水來。基甸又對上帝說：『求你不要向我發怒，我再說這一次：讓我將羊毛再試一次。但願羊毛是乾的，別的地方都有露水。』這夜上帝也如此行：獨羊毛上是乾的，別的地方都有露水。」（六 36 ～ 40）

在這兩次祈求中，上帝都沒有説話，即使基甸小信、反反覆覆，上帝也沒有以對推辭的摩西發怒的方式來對待基甸（出四 14），上帝只用神蹟來回應這位測試祂的士師。即使第二個神蹟比第一個神蹟更難、更不合理，祂仍以超自然的方式破除羊毛吸水的自然定律，安定了基甸疑惑的眼神——惟獨羊毛上是乾的，別的地方都是露水。基甸**試驗上帝**的做法雖被聖經所記錄，但這並不代表敍述者的贊同。其實甚至基甸都知道自己在試驗上帝，他在此的舉動與以色列出埃及後的行為模式如出一轍（參出十七 2、7；民十四 22；詩七十八 18、41、56，九十五 9，一〇六 14）。曾祥新指出，以色列人對上帝的疑惑和不信，都反映在士師基甸身上，基甸乃整個士師時期以色列的縮影。上帝對於不信的基甸多次寬容，也是上帝對於不信的以色列多次寬容的縮影。上帝兒女中同樣多疑、猶豫的人啊，大可將自己的掛慮、煩憂全然卸給知道我們軟弱的上帝，儘管坦然無懼地到祂面前（來四 14 ～ 16），上帝的溫和必使祂的兒女為大（詩十八 35）。

六章 39 節「讓我將羊毛再試一次」中的「試」（nāʾsāh），原文就是帶著「試探」的意味。

呼召：基甸及摩西

表面上，基甸與摩西雖然沒有很大的關連，但從基甸的呼召看，他誠然與摩西的蒙召有許多平行之處：

1. 兩段經文皆有呼求上帝（六 7；出二 23 ～ 24）；
2. 兩者皆有躲避的心態。基甸因怕米甸人而躲在極深的酒醉中打麥子；摩西怕法老而躲在曠野岳父家中牧羊（六 11；出二 15 ～ 21）；
3. 兩者皆有「我差遣你」這呼召模式（六 14；出三 10）；
4. 兩者都知道自己的不配（六 15；出三 11）；
5. 兩者皆有「上帝同在」的應許（六 12、16；出三 12）；
6. 兩者皆有上帝同在的證據（六 17；出三 12）；
7. 皆有上帝火般的顯現帶來的懼怕（六 22；出三 2、6）；
8. 看見耶和華的面（（六 22；出三 6）。

不過，兩者的呼召仍有不同之處。當基甸向上帝求神蹟時，上帝沒有生氣；但當摩西拒絕上帝的呼召時，上帝發怒。更重要的是，摩西沒有帶來偶像崇拜，基甸卻帶來偶像崇拜（八 27）。因此，不能將基甸視為「新摩西」，基甸的拯救不能等同於「新出埃及」。他們呼召的相同只反映出上帝呼召人的一些原則，以及人對上帝呼召普遍的反應。

進入基甸故事高峯的七章之前，先從六至八章來綜觀基甸和以色列人的軟弱。首先，在米甸人的壓制下，以色列顯得非常無助（六 2 ～ 6）。在酒醉那裏打麥的基甸看不出有勇士的架勢和氣質（11 ～ 15 節），其實僅僅家族和同儕的壓力都已經能讓基甸喘不過氣來（27 節），即使有了士師的標誌「耶和華的靈」（34 節），他**仍是覺得缺乏充分的把握**和安全感（36 ～ 40 節）。基甸的安全感在參戰的人數減少下（七 2 ～ 8），更顯得單薄、脆弱，直到他進入敵營中竊聽軍情之後（9 ～ 14 節），才真正扮演起拯救同胞的士師角色（15 ～ 23 節）。

鮑曼（R.G. Bowman）尖銳地指出基甸日後失敗之因，是耶和華的靈降臨後，他不能完全順服，心中仍充滿恐懼和猶疑（六 36 ～ 40），不像同有「耶和華的靈」的俄陀聶（三 10），立刻順服。

基甸在士師記全書所佔的篇幅僅次於參孫，如此重要的士師，如此類型的勇士，竟然是在掙扎中經歷得勝。透過基甸在六至七章的發展，浮現了一個重要的真理：上帝可以讓「乞丐」變成「王子」，讓 zero 變成 hero。

「耶路・巴力」是六至八章的重要線索，基甸的這綽號再出現於八章 29 節。基甸在整個戰役獲勝後，用以弗得來代替上帝（八 27），以色列人遂又墜入基甸尚未出場前的巴力偶像崇拜裏（六 25，八 33）。

讓我們把焦點再度瞄準先前的戰場（六 33 ～ 35），看看上帝如何使用一個掙扎的勇士來得勝。然後，當打開士師記七章，立刻看見這位有本事與巴力爭論的基甸（七 1「**耶路・巴力**就是基甸」），在 32,000 人的擁護下，在巴珊附近、耶斯列平原東南、基利波山麓下的哈律泉旁紮營，哪知米甸人也如影隨形地在他們北邊的平原、靠近摩利岡安營（1 節）。其實，七章 1 至 8 節顯示以色列已被經文中首尾呼應的米甸人團團包圍（8 節「米甸營在他下邊的平原裏」）。另外，六章 36 至 40 節扮演著與七章 1 至 8 節對比的角色，在六章 36 至 40 節中基甸求上帝給應許，在七章 1 至 8 節佈陣的基甸，卻被仇敵虎視眈眈地圍繞著。這場戰役的序幕一拉開，就已隱隱約約散發一股不安的氣息！

更讓基甸不安的是，得到上帝超然能力的介入和應許後，原本可以安心了（六 36 ～ 40）；豈料他的「安全感」又再一次被試驗、被削減（七 1 ～ 8）。❽ 這次砍去他安全感的，不是敵人米甸，而是那位賜下安全感的上帝。❾ 耶和華竟然對基甸說：

> 「跟隨你的人過多，我不能將米甸人交在他們手中，免得以色列人向我誇大，說：『是我們自己的手救了我們。』現在你要向這些人宣告說：『凡懼怕膽怯的，可以離開基列山回去。』」（七 2 ～ 3）

對於基甸而言，原本參戰的人就不多，只有 4 個族（六 35），他也沒有如底波拉般，埋怨其他各族冷眼旁觀（五 15 下～ 17），哪知道在上帝的吩咐下，人數不但沒有增加，反而從原有的 32,000 人，減少到只剩下 10,000 人，基甸可以仰賴的軍力，一下子被刪去了三分之二。這樣的情況雖然不能責怪上帝，因為過往也曾有類似的事（參申二十8），但這場戰爭如何打下去？焉能得勝？原本膽怯的基甸，這時定必徬徨不已。敍述者似乎刻意藉著「哈律」（*ḥărōḏ*；七1）及「膽怯」（*ḥārēḏ*；3節）這兩個「同音異義」的相關語，呈現出仇敵重重包圍下，在哈律泉旁的以色列人中有三分之二是恐懼膽怯的。基甸的手下可以有離開的選擇，但他即使膽小軟弱，卻不能帶頭臨陣脫逃！如此，本章中受到心理衝擊最大的，可能就是基甸！正在膽顫心驚之際，豈料耶和華又對基甸說話了：

> 「人還是過多；你要帶他們下到水旁，我好在那裏為你試試他們。我指點誰說：『這人可以同你去』，他就可以同你去；我指點誰說：『這人不可同你去』，他就不可同你去。」（4節）

原來上帝不是在呼召志願軍而已，祂自有其使用人的標準，願意被上帝用的人仍必須經過一番試驗（煺煉）。能否加入耶和華的軍隊，不是因為人的行為、毅力或決心，而是按著上帝的旨意（提後一9）。誰可以入選為耶和華軍隊的成員呢？上帝挑選的門檻定在哪裏？答案很快就要揭曉。於是基甸帶著這10,000人下到水旁。

> 「耶和華對基甸說：『凡用舌頭舔水，像狗舔的，要使他單站在一處；凡跪下喝水的，也要使他單站在一處。』於是用手捧著舔水的有三百人，其餘的都跪下喝水。耶和華對基甸說：『我要用這舔水的三百人拯救你們，將米甸人交在你手中；其餘的人都可以各歸各處去。』」（七5～7）

讓基甸（和讀者）大吃一驚的是，上帝竟然只挑選這300人（百分之三！），去面對米甸人、亞瑪力人和東方人所組成的聯合陣線！一般解經學者認為，入圍者的條件不在身高、背景、長相、氣力，他們除了必備的膽量，仍須經過嚴格的挑選。考場就在戰場，考試題目是如何喝水！說得更精確一點，是如何在危機意識下喝水？入選的，是那些全副武裝，捧著用舌頭舔水，絲毫不敢鬆懈地把眼光注意著前面幾里外敵人動靜的人。其餘缺乏敵情意識、毫無防備地跪下喝水、專注自己的口渴甚於危機的，都不能出線。⑩

其實，這個考試基本上只是篩選的管道，整個篩選的計劃，源自於它的動機——免得以色列誇口，自以為得勝敵人聯合戰線是靠自己的力量，卻忘了完全是上帝的參與。因此，上帝不讓祂兒女單單不能拿人數、策略、方法、膽量等人為因素誇口，祂更要祂兒女全心順服祂的方式，並從中體會祂的能力。進而單單體會祂是神，祂凡事都能。⑪ 祂曾透過左撇子以笏打敗以色列東邊的敵人摩押王（三 12 ～ 30），曾藉著珊迦非傳統的武器打敗西邊的非利士人（三 31），也曾透過雅億用帳棚的橛子得勝西西拉將軍（四 21）。上帝作這「過濾」的行動，為要訓練基甸要完全倚靠祂，而非倚靠人數！因此，當上帝兒女面對危難和懼怕的圍繞時，可以從 300 個以色列人打敗米甸人的史實，經歷到得勝往往不在乎勢力和才能（亞四 6），而在乎順服上帝的旨意和方式，並從中學習憑上帝誇勝且將榮耀歸給祂！

原本有 32,000 人追隨的基甸，瞬間失去了人數的憑仗，只留下這 300 人，其餘的以色列人，基甸都打發他們各歸各的帳棚。從此之後，原本膽小多慮的基甸，面對如海邊的沙那麼多的敵人（七 12），沒有任何可以誇口的空間，只能乖乖地聽從上帝的指揮，才能打敗在他下方平原紮營的米甸人（8 節）。這肯定是場「非傳統性」的戰爭，因為這場戰爭有聖戰的特徵，從徵召參戰人選、參戰時機和策略等，完全等候耶和華這位大戰士統領。⑫ 果然，這場非傳統戰爭開打的時機到了：

> 「當那夜，耶和華吩咐基甸說：『起來，下到米甸營裏去，因我已將他們交在你手中。倘若你怕下去，就帶你的僕人普拉下到那營裏去。你必聽見他們所說的，然後你就有膽量下去攻營。』」（9 ～ 11 節）

從敍述者記載上帝對基甸説的話，證實了先前對基甸心理狀況的推測。一個連家鄉親友的壓力都不能承擔的人，哪來的膽量去面對如同蝗蟲那樣多的敵軍連線？以人的觀點推估，這場戰爭完全沒有得勝的機會；或更直接地説是輸定了，根本不必打！上帝很能體貼基甸的心情（參六 36 ～ 40），這時不必向上帝求問確據，上帝已主動告訴他這個眼見、耳聞為憑的選項。那一夜，基甸帶著僕人普拉，戰戰兢兢地下到敵營旁……去看看他自己不可能做的事。果然，「米甸人、亞瑪力人，和一切東方人都布散在平原，如同蝗蟲那樣多。他們的駱駝無數，多如海邊的沙。」（七12）到了敵營的基甸，「就聽見一人將夢告訴同伴說：『我做了一夢，夢見一個大麥餅滾入米甸營中，到了帳幕，將帳幕撞倒，帳幕就翻轉傾覆了。』那同伴說：『這不是別的，乃是以色列人約阿施的兒子基甸的刀；上帝已將米甸和全軍都交在他的手中。』」（13～14節）

上帝吩咐基甸的這「極端非傳統」的偷聽——而非偷襲——策略成功了。先前他**看見**火從磐石中出來、燒盡了他所準備的肉和無酵餅，才相信呼召他的乃上帝（六21）。後來，他**看見**自己的父親幫他解困，他才從砍下家鄉巴力偶像的懼怕中走出來（25～32節）。接著，他**看見**羊毛兩夜分別從濕的到乾的（36～40節），他才敢膽帶兵到哈律泉旁（七1）。如今，與前幾次完全不同的是，上帝主動告訴他可試試祂，他果然「聽到」上帝的印證。但這次不是從火、父親的口、羊毛，而是從敵人口中得印證，而且還透過**做夢**的敵人和解夢的敵人！他做夢也想不到敵人夢中劇情和現實情形如此地吻合，包括：

舊約多次提到上帝用夢來啟示祂的旨意（創三十七5～9，四十～四十一章；但二31～45）。

1. 觀點（兩位米甸士兵的觀點）；
2. 情景（「米甸營裏」）；
3. 主角（「以色列人約阿施的兒子基甸」）；
4. 情節（「一個大麥餅滾入米甸營中……將帳幕撞倒，帳幕就翻轉傾覆了」）。

這一切都「太神了」，基甸不能不被折服，他從此可以不必再多疑。正如約書亞記中那兩位從妓女喇合口中聽到上帝如何讓耶利哥城居民的心消化後，陡然膽子壯了起來的探子一樣（書二章）！聽見這夢和夢的講解，基甸即時的反應就是敬拜上帝，信心飽滿地回以色列營中，而且一掃過去縮頭縮尾的作風。學者坦納（J.P. Tanner）認為敍述者如此的記載，其實對基甸是一個諷刺，基甸並沒有對上帝口中的應許信服，反而信服米甸營中士兵的夢話。無論如何，基甸這下子再也不擔心「300 個人哪能打敗像蝗蟲、海邊的沙那麼多的敵軍」？當他呼召人來跟從耶和華時，充分表現了領導者的氣勢，他說：「**起來吧！耶和華已將米甸的軍隊交在你們手中了。**」（七 15）成為好的領導者，先要具備堅定的信心，而信心來自上帝的話和異象（9、10 ～ 14 節），這兩項基甸都有了，接著策略自然湧現，而策略的擬定就產生行動和果效：

> **「於是基甸將三百人分作三隊，把角和空瓶交在各人手裏（瓶內都藏著火把），吩咐他們說：『你們要看我行事：我到了營的旁邊怎樣行，你們也要怎樣行。我和一切跟隨我的人吹角的時候，你們也要在營的四圍吹角，喊叫說：「耶和華和基甸的刀！」』」**（16 ～ 18 節）

第七章至此已 3 次提及耶和華將敵人「**交在**」（*nāṯan*）基甸和以色列手中：第一次是上帝對基甸說的（9 節），第二次出自米甸士兵的口中（14 節），第三次乃基甸自己說的（15 節）。第一、二次是用來說服基甸的，到了 16 節再度出現「**交在**」，這次則是基甸起來呼召 300 人，並將角和空瓶「**交在**」他們手中。由這一路行來的演變，可見上帝對基甸匠心獨運的導引。

基甸能夠採取違反傳統的戰術，包括：吹角、打破瓶子，左手拿著火把，右手拿著角，是建立在兩個重要的基礎上。

首先，他親自帶頭作榜樣，自己先擺上，他的手下當然會受感召。沒有勇敢的領導者，焉能期待有勇敢的手下？上帝家裏的事奉亦然：有怎樣的領袖，就會有怎樣的同工。其次，策略完全建立在喊叫「**耶和華和基甸的刀！**」的異象上。可見領導者需要策略，擬不出策略是領導的致命傷，而好的策略必須建立在明確的信心和異象上。上帝家裏的事奉亦然：領導者先要有上帝的話為基礎，接著被祂的異象所引導，之後才談策略和方法。沒有上帝的話和異象，教會不過是一個社團機構罷了，可能輕易地被世俗化的浪潮所淹沒！有了聖經為基礎以及聖靈帶來的異象和使命，之後的策略、計劃和執行等，都是水到渠成的必然結果。

8.2.2. 上帝使以色列得勝（七 19 ～ 25）

果然，有了異象、使命（脫離仇敵轄制）、策略後，基甸的非傳統戰術就以「小蝦米對抗大鯨魚」的方式施展開來了。他將「兵分三路」，但是上下一心、一異象、一使命、一策略、一任務。「**基甸和跟隨他的一百人，在三更之初才換更的時候，來到營旁，就吹角，打破手中的瓶。三隊的人就都吹角，打破瓶子，左手拿著火把，右手拿著角，喊叫說：『耶和華和基甸的刀！』**」（七 19 ～ 20）陡地在明火執杖的燦亮中，轟然揭開一幕戰爭的場景。在 300 人的吹角吶喊下，敵人陣營頓時失去軍隊中最重要的領導和秩序，全營的人像無頭蒼蠅，四處亂竄，試圖逃跑（21 節）。接著上帝出手，使敵人用自己的刀互相殘殺（22 節），癱瘓的敵軍遂作鳥獸散！這次的呼喊、吹角，呼應著約書亞時代以色列人攻取耶利哥城的事件（書六 16、20），如此凸顯出一件事：雖然從約書亞到基甸的時代，人已改變了，但上帝的能力卻不變。兩次事件中，以色列人都只藉著呼喊來參與上帝的聖戰，兩件事真正出手打仗的都是上帝，以色列人僅是旁觀的鼓譟者，乃至後來的收拾殘局而已。這本來是一場實力懸殊的戰役，以色列以 300 兵力要對抗敵軍聯合陣營的 135,000 人（八 10），結果竟然局面反轉，演變成小兵立大功，那主角就是原本怯懦的「**大能的勇士**」基甸（六 12）。這樣小兵立大功的奇役，不僅出現在士師時代，也出現在聯合王國時代——大衛打敗歌利亞就是最典型的代表作（撒上十七章）。

但諷刺的是，潰敗敵人的基甸陣營手中所握的是角、空瓶、火把，而不是「**基甸的刀**」。⓭ 其實，基甸手中根本沒有刀！打敗敵軍的是敵軍自己的刀，或者更直截地說，是上帝用敵人的矛去攻敵人的盾！戰場上的耶和華，有各樣用不盡的戰略戰術，這格外凸顯士師記的神學主題：耶和華真乃全能的大戰士，只要是屬乎耶和華的戰爭，沒有打不敗的敵人。裝備齊整的敵軍部隊，在上帝出手之下，竟以兵敗如山倒收場；再犀利壯大的軍隊，也打不過耶和華這位大戰士，只要有祂統領指揮，基甸的士兵不費吹灰之力，敵軍就四處逃竄（七 22），被轄制、圍困者反成為追趕者（23 節）。這史實與底波拉和巴拉之歌完全相同（五 1 ～ 5），且都與出埃及記中的紅海之歌（出十五 1 ～ 6），有前後呼應之妙。基甸如此的「雕蟲小技」，竟然可以大敗超過 130,000 敵軍（八10），說明了本次戰役與以色列過紅海事件，有極多可供類比之處。與上帝站在同一邊的，上帝必要成為完全的倚靠，局勢從此逆轉，襯托出本次戰役的屬靈教訓：有耶和華大戰士助陣真好！

新約中尼哥底母也是夜裏去見耶穌（約三2），在耶穌被釘死之前，和亞利馬太人約瑟一樣，都因為怕自己的同胞，而「暗暗作門徒」（約十九38～39）。

基甸是一個膽小的人，從六至七章幾個發生在晚上的重要情節，更格外顯出他的膽小。他在夜間砍去巴力祭壇（六27），在**夜間**試驗上帝（六38、40），在夜間下到米甸營裏（七9），顯現不出分毫大將風範。但是從他的成長和轉變，顯明了上帝兒女只要願意讓上帝來對付、調整、熬煉、改變，無論如何軟弱的人都有成長的空間。原本不敢面對家鄉父老的基甸（六27），兩度求上帝的神蹟之後才敢承接以色列士師的職分（六36～49），但到了與米甸陣營的戰役即將結束時，就已經頭角崢嶸，確立了自己團隊領導的風格。他打發人走遍以法蓮山地，呼召他們下來一起投入攻擊米甸人的戰爭，並請他們把守約旦河的渡口，堵住敵人的退路（24節）。七章22至24節中的幾個地理名詞，包括「**西利拉**」、「**伯・哈示他**」、「**他巴**」、「**亞伯・米何拉**」、「**伯・巴拉**」等，準確地點不詳，只能確定米甸逃跑的路線是朝著約旦河的方向（七24～25），因此基甸才打發以法蓮人守約旦河口。以法蓮果然不負使命，捉住了米甸人的兩個首領，並分別將其中的俄立殺在俄立磐石上，將西伊伯殺在西伊伯酒醡那裏，且將「戰果」（俄立和西伊伯的首級）帶到約旦河西的基甸那裏（25節）。原本軟弱的基甸，現在是名符其實的「**大能的勇士**」（六12），甚至他領導的恩賜也得到了完全的發揮。由此看來，那懼怕成為領導者的上帝兒女有盼望了。

8.3. 晚節不保的結局（八1～35）

士師記六章記載不配勇士基甸的蒙召（六1～32），七章記載這位掙扎勇士的得勝（六33～七25）；在八章，讀者或許期望敍述文迅速跳接到八章28節，他輝煌士師生涯的閃亮收場，如同先前幾位士師一般（參三10～11，三

29～30，四23～24，五31下）。但是敘述者在基甸故事結束之前（八28），插入兩段頑固、殘敗的記載：難於處理的以法蓮人（1～3節），和晚節不保的基甸本人（4～27節）。盼望看到完美結局的讀者，更是萬萬想不到，這位傳奇的士師竟然沒有好下場。讀完六至八章，驀然發現舊約大人物的特徵——成功是失敗的開始。前兩章的成功，並不保證基甸在他人生的最後一章能夠圓滿收場！⓮

分段大綱（八1～35）

1. 基甸面對的衝突（八1～21）
2. 基甸故事的跋（八22～35）

8.3.1. 基甸面對的衝突（八1～21）

冰封三尺，非一日之寒，其實基甸一生充滿著衝突。他登上士師記舞台的時候，以色列人（和基甸）正與巴力衝突著（六章），而他事奉高潮是在與米甸的衝突（七章）。第八章是他事奉的尾端，基甸分別與國內反對勢力衝突（1～9、13～17節），與敵人衝突（10～12、18～21節），與自己衝突（22～26節），與上帝衝突（27節），與家庭衝突（20、30～31，九章）。正如本書第一章「士師記導論」（參1.5）所說，在基甸之前的士師並沒有明顯墮落，但基甸以後的士師，幾乎每下愈況，甚至那位大力英雄參孫因著沉迷大利拉，落得以眼睛被剜收場，成為無淚英雄的典型悲劇代表人物。整個士師時代的轉捩點，就是在六至八章的基甸！

進入八章基甸故事的尾聲，橫擋在基甸「衝突」路上的，赫然是七章中幫基甸「收網」的以法蓮人（七24～25）。為何在七章扮演著得勝米甸聯軍重要角色的以法蓮人，會向基甸抱怨呢？原來他們不是抱怨參與太多，而是太少、太晚（六35，七24）。他們埋怨說：「**你去與米甸人爭戰，沒有招我們同去，為甚麼這樣待我們呢？**」惟恐讀者沒有聽見這挑釁性的怨言，敘述者特別補上「**他們就與基甸大大地爭吵**」（八1）。以法蓮人所用「**為甚麼這**

「爭吵」(rîḇ)與基甸剛出道時，跟巴力「爭論／爭吵」同一字根。

樣待我們呢？」不僅是責罵的語氣（參創十二18，二十9），「**爭吵**」（*rîḇ*）其實還帶著「衝突」的意思。可見六、八章這頭尾兩章，都充斥著「衝突」這字眼，由此凸顯基甸是個富「爭議性」的人物。幸好這裏的基甸懂得「回答柔和，使怒消退」的原則（箴十五1），他謙卑地將自己的身段放下來，說：

> **「我所行的豈能比你們所行的呢？以法蓮拾取剩下的葡萄不強過亞比以謝所摘的葡萄嗎？上帝已將米甸人的兩個首領俄立和西伊伯交在你們手中；我所行的豈能比你們所行的呢？」**（八2～3）

基甸如此自貶，看低他亞比以謝族人的身世（六11），一方面釋懷於自己被質疑、挑釁的感受，另方面肯定上帝透過以法蓮人收拾了米甸兩個首領的貢獻，最後又著意貶低自己的功勞，並且以「**我所行的豈能比你們所行的呢？**」為「首尾呼應」（八2、3），謙和地結束他的回應。他沒有拿自己的呼召壓倒人（六11～24），⓯ 也沒有拿自己砍除巴力祭壇的事迹（六25～32），自己有「**耶和華的靈**」降在身上的屬靈特權（六34），以及自己離奇的神蹟經歷等來壯聲威（六36～40）；他更沒有因為自己就是這次以小吃大的勝利的主角而高傲、氣勢凌人（七章）。如此的不凡，實在不明白他怎能就在這章尾端，變得如此墮落、如此頹廢？上帝兒女該反思：誰可以把握當下得勝，而他日又不會跌倒犯罪呢？

然而從以法蓮踢館鬧場來看，整個以色列潛藏著根本的問題，這問題似乎又與基甸有關。一方面，當受到外敵米甸欺壓時，以色列人因為懼怕（七3），個人只顧自己（參五15下～17），只好任由敵人轄制宰割。另一方面，部分成員如以法蓮人，竟只因沒有受邀參戰而自認為被冒犯了，導致以色列人趕出外敵後卻引發了內戰。這正是日後士師耶弗他所要面臨的問題（十二1～6），而在本章已出現了徵兆。原來，進入士師時代這隧道後，以色列已經失去了約書亞時代的領導核心，他們的凝聚力已然潰散。以色列不僅有外敵的問題，內在合一的缺口也在明顯擴大，而且衝突愈來愈嚴重，最後演變為內戰

（十七～二十一章）。以色列內在的問題比外在的問題更為棘手，更難對付。可悲的是，這些棘手的「冰山一角」乃因為基甸而浮出水面！

八章往下看，將發現這棘手且日漸擴散的內在衝突，原來是基甸時代所埋下的種子，而在日後發芽成熟的。以色列在基甸時代，雖然得勝米甸聯軍，但是外敵被清除後，自己的家人卻變成了自己的敵人！這個矛頭由外轉向內，轉折點浮顯在八章4節。表面上八章4節呼應著七章23節，似乎繼續描繪基甸和300人如何與米甸人爭戰，如何追趕敵軍及至渡過約旦河。但敍述者刻意將以法蓮的參戰（七24～25），和以法蓮參戰後心頭不服的餘波（八1～3），安插在七章23節和八章4節中間，且將八章4至21節轉向另一個戰爭。學者布洛克正確地指出，如果沒有士師記七章，現代讀者僅從八章內容看，必視基甸為對同胞冷酷無情，且是獨裁者和暴君。基甸的狐狸尾巴已經露出來了，曾經讓以法蓮人怒氣消退的他（八3），現在卻以「爭論者」和「衝突者」的原形顯現。雖然基甸仍然以驚人的方式得勝仇敵（10～12節），且和以法蓮一樣（七25），殺了米甸的兩個首領（八21），然而八章所描繪的戰爭經文與七章有明顯的相異處：

1. 耶和華並沒有參與在其中（除了2至3節，基甸伶俐的外交辭令之外）；
2. 為了殺米甸敵軍，基甸的軍旅追到死海東邊的**加各**（10節）；
3. 基甸與河東的同胞起了激烈的衝突（5～9、13～17節）；
4. 基甸個人的仇恨取代了解救自己國家的大義（13～17節）；
5. 基甸親自組拿且處決了敵人的領袖（18～19節）；
6. 基甸已然從耶和華拯救同胞的勇士（七章），搖身變成野蠻的侵略者（八章）。

「加各」這地方位置不詳，估計應該是在死海以東100里，靠近米甸的家鄉一帶。

在七章的戰爭中，基甸悄悄地高抬自己（七18、20「耶和華和基甸的刀」）。麥卡恩正確地指出，基甸了解上帝才是士師時代的王（八23），但他藉著將「耶和華和基甸」並列，趁機奪取一些本來該歸給上帝的榮耀（七

2），更大膽、自私地將百姓的靈性帶往錯誤的方向（八4～35）。但對於同胞（4～9、13～17節），他卻沒有像耶和華那樣的寬容（六36～40）。曾思瀚認為，基甸對於疏割人的回答，浮顯出他視這場戰役為私人戰爭，因此基甸覺得受到挑戰的是自己的名聲，而不是上帝的尊榮。基甸故事的尾端，將這位暴君原形畢露地放在舞台上，他已經不是「使人怒氣消退者」（八3），而是不容許別人挑釁兼有仇必報的好戰主義者。⑯ 他的狐狸尾巴顯露在兩個處境中：（1）當他**疲倦**時（4、5節「疲乏」）；（2）權柄被質疑時：

以利亞也是在「燒盡／燒乾」時（王上十八章），因耶洗別的一句話就軟弱，往西奈山逃命，甚至求死（王上十九章），但他與基甸不同的是，以利亞想自殺，而基甸想殺人。

> 「基甸對疏割人說：『求你們拿餅來給跟隨我的人吃，因為他們疲乏了；我們追趕米甸人的兩個王西巴和撒慕拿。』疏割人的首領回答說：『西巴和撒慕拿已經在你手裏，你使我們將餅給你的軍兵嗎？』基甸說：『耶和華將西巴和撒慕拿交在我手之後，我就用野地的荊條和枳棘打傷你們。』」（5～7節）

追趕到約旦河東的**疏割**谷，疲乏的基甸和遠征軍以同胞身分請求疏割人提供糧食，好讓部隊繼續追討敵軍，爭討的對象正好呼應著以法蓮所處置的兩王（「西巴和撒慕拿」對比於「俄立和西伊伯」；3、5節），如此要求本是合宜「因為他們疲乏了」（5節），基甸的口吻也算客氣（5節「求你們……」）。哪知道，河東疏割人的諷刺、冷漠（6節），與河西以法蓮的反應南轅北轍（七24～25）！學者戴韋斯認為，河東這兩城的人可能是因為沒有約旦河的屏障，孤獨無助的他們惹不起近敵米甸，同時也認定基甸無力打敗米甸，因此只好謹慎小心地選擇與基甸劃清界限（參撒上二十五2～11），為自己將來的生存打算。馬太斯更指出，基甸在所要求於疏割人和毗努伊勒人的，不僅僅是食物，更是政治上的支持（八5～9）。這樣的情況自然引發聯想：耶和華的靈是否已經離開基甸（六34）？為何他的領導權柄似乎過不了約旦河呢？基甸的地位和面子

這「疏割」位於約旦河東，原為希實本王西宏之地，摩西將之分給迦得（書十三27～28）。它與以色列剛出埃及的「疏割」不是同一處地方（出十二37；民三十三5）。

在河東碰了一鼻子灰，對於冷眼旁觀、說風涼話的同胞，他的怒火爆發了，決定回來秋後算帳！

對於人多勢眾的以法蓮的質疑，基甸溫言以待（八 1 ～ 3），而對於河東人少力寡的疏割人的質疑，基甸怒火沖天。兩種截然不同的態度，顯現他領導的危機：對於不同族羣採取的待遇方式完全不同，可見他多少有些欺善怕惡。更大的危機是，他對於不同族羣的差異化處理方式，使這本來已經瀕臨決裂的國家，開啟了族羣的仇恨和裂痕。這個裂痕隨著基甸的遠征，持續擴大：

> 「基甸從那裏上到毗努伊勒，對那裏的人也是這樣說；毗努伊勒人也與疏割人回答他的話一樣。他向毗努伊勒人說：『我平平安安回來的時候，我必拆毀這樓。』」（8 ～ 9 節）

他威脅的狠話與「平平安安回來」，帶給族人（和讀者！）強烈的對比和張力，如此小眼睛小鼻子的基甸，焉能成為全民的領袖？此時，以色列攘外的問題已經演變成內鬨，這個轉化的關鍵就在基甸，而這個轉化的導火線，是因基甸的領導權柄受到質疑。⓱ 但是，基甸不也曾多次懷疑乃至質疑上帝嗎（六 36 ～ 40，七 9 ～ 14）？上帝並沒有因為基甸的挑戰而跳腳，反而溫和以待，耐心地建立、培育、訓練他（六 38、40，七 9 ～ 11）。得勝外侮之後的基甸，卻不容許自己的同胞對他的權柄有任何質疑，甚至放狠話要修理這些挑戰他的族羣！如此不能將上帝寬容他的恩典轉化給自己的同胞，這心態不就是那個被主人寬恕 1,000 萬兩、卻不能原諒同伴 10 兩的惡僕嗎（太十八 23 ～ 35）？看來以色列的危機與基甸的靈性（對上帝與同胞的態度）問題息息相關！

敢放狠話的基甸，以行動證明他確實具有當「狠角色」的資格。瞧！區區 300 人，在河西就殺了 120,000 拿刀的米甸聯軍（八 10），而且經文中完全沒有記載以色列有任何死傷。如今剩下的 15,000 敵軍，在西巴和撒慕拿帶領之下往米甸家鄉附近的加各逃竄，此時不趁勝追擊更待何時？基甸藉著急行軍，將部隊帶到挪巴和「**約比哈**」東邊，從「**住帳棚人的路**」

「約比哈」乃約旦河東邊的交通要道（王道）必經之地，而「住帳棚人的路」乃篷車商隊的路。

上去，趁著敵軍毫無防備、「**坦然無懼**」（*beṭaḥ*，原文與十八章 7 節的拉億人「**安居無慮**」同字）之際，順著王道猛然急攻，幾乎將他們趕盡殺絕（11 節）。米甸的二王西巴和撒慕拿被抓，其餘殘兵作鳥獸散（12 節），整個米甸營中的帳幕被撞倒翻轉傾覆，正如米甸士兵所夢到的（七 13），基甸抵禦外侮的任務終告完成（六 16）。

但是基甸認為任務仍未結束，接下來的目標不是攘外，而是攘內。由希列斯坡陣上回來，他用捉住敵人領袖的能耐的手，「**捉住**」（14 節；*lākaḏ*；參八 12）疏割的一個少年人，在逼問之下，將疏割 77 位首領長老的名字全部供出來（14 節）。為了宣洩胸中久藏的怒氣，尤其是他們認定基甸沒有能耐擒拿米甸二王時那譏誚、藐視的口氣（6 節），現在他將收穫、擄物——**西巴和撒慕拿**「揚」在這 77 位首領長老面前，並以「**你使我們將餅給跟隨你的疲乏人嗎？**」來反諷他們先前的譏笑（6 節），接著以君子一言駟馬難追的傲態，用野地的荊條和枳棘責打疏割人一頓（16 節）。如此，終於扳回顏面！當然他不會忘記先前的另一個「尊貴」諾言（9 節），將毗努伊勒的樓拆了，最後乾脆「**殺了那城裏的人**」（17 節），以洩心頭之恨！

從基甸對待疏割和毗努伊勒的手段來看，無論在勇氣、凶猛或果斷等軍事操作上，與他對付米甸聯軍毫無二致！只是他得勝了米甸後，槍口轉而朝內，對象竟然是只因言語上羞辱他、挑戰他權威的族人。族人對他的質疑當然不值得學習，也確實該有些教訓，但是他殺得過分了（17 節），超過他先前所說的（9 節）。甚至在抓著西巴和撒慕拿後，不先處死敵人的這兩個王（21 節），反倒先回去處理及至處決同族的人（13 ～ 17 節），比處決這 7 年來轄制以色列的仇敵更為急切（六 1），如此敵我不分，真有親痛仇快之歎！堂堂一位士師，本是以色列的拯救者，現在卻成為以色列的壓迫者，且如此的敵我不分、如此失控、如此胸襟狹窄！這不正是世上一些領袖，乃至教會領導者的最好寫照和借鏡嗎？

在 18 至 21 節，與米甸人的賬才終告算清；但是這次的最後清算，更浮現了基甸往河東追殺的真實動機。布洛克指出，審問這兩王的基甸，是經過詢問（18 節上）、回答（18 節下）、對話（19 ～ 21 節上）、動作（21 節下）。如此彬彬有禮，舉止風度像中古世紀敍述史詩中的騎士，甚至試圖以典雅的審判官姿態（而非劊子手）粉墨登場，卻不能博得讀者（和這兩王）的好感。相反的，與他如何懷恨在心的小人行徑的對照下（5～9、13～17節），更襯托這基甸絕非「君子」。他盤問西巴和撒慕拿：「**你們在他泊山所殺的人是甚麼樣式？**」二王回答：「**他們好像你，各人都有王子的樣式。**」（18節）西巴和撒慕拿如此回答，一方面可能是承認他們確實殺了長得像基甸這樣的人，並且順帶奉承基甸為「王子」，以乞基甸的同情；另方面是嘲笑基甸，彷彿對基甸說：「像你一樣的王子我們都殺了，你還能拿我們怎樣？」曾思瀚認定基甸的盤問乃多此一舉、自取其辱。無論是為了諂媚求生或是嘲笑諷刺，揭露的不僅是米甸人的殘暴行徑，也揭露了基甸的家庭背景，⓲更抖出基甸公報私仇的動機。基甸說：「**他們是我同母的弟兄，我指著永生的耶和華起誓，你們從前若存留他們的性命，我如今就不殺你們了。**」（19節）

雖然經文沒記載這兩王在他泊山殺以色列人的記載，但從他泊山乃靠近哈律泉對面米甸營地（七1），且鄰近的亞設人、西布倫人、拿弗他利人都參與這場戰爭來看（六35），「他泊山殺人」肯定是史實。

基甸引用十誡中「不可殺人」的誡命（出二十13；申五17），他的回答聽起來似乎敬虔。曾思瀚認為基甸雖在此高舉上帝，卻因為自私（看重家庭利益），為報私仇（而非上帝的旨意），已經無視上帝的存在。他其實是為自己「**同母的弟兄**」被殺而公報私仇的行徑找理由，⓳正如他在疏割人和毗努伊勒人身上發洩被質疑挑戰的恨一樣。為了洩恨，基甸還做了一件古怪的事——吩咐自己的長子益帖起來殺西巴和撒慕拿。（推卸公報私仇的責任？）曾思瀚認為基甸在此高抬自己，藉著吩咐別人（兒子）來殺米甸二王，以達到反諷二王的目的：你們不配我親自動手，只要一個小孩子就夠了。基甸似乎忘了自己過去的膽小（六27），竟然逼迫自己的兒子陷入殺人的懼怕中！從家庭教育的觀點來看，基甸吩咐童子益帖扮演劊子手，如此殘酷的軍事課程，顯然他對兒子們的影響只停留在仇恨、凶殺、刀光劍影的層次，這也預告了九章基甸的兒子們互相殘殺的悲劇。結果，膽小的兒子害怕，自然不敢拔刀，基甸只好自己動手殺了這兩位米甸王。敍述者描繪他們「視死如歸」的情景（八21「**你自己起來殺我們吧！因為人如何，力量也是如何。**」）更襯托出這奪得他們駱駝項上戴的月牙圈為擄物的基甸，確實是一位公報私仇、不得人心的「齷齪」殺手！施奈德指出，整本士師記中，基甸是第一位為了個人理由而殺人的士師，成為後來士師為私人恩怨而報仇的濫觴，他將俄陀聶所設立的士師典範破壞、污蔑了。

8.3.2. 基甸故事的跋（八 22 ～ 35）

仇敵被剪除，欺壓的痛苦被挪去後，以色列人雖然有感恩，但他們眼中依然沒有上帝，且盼望米甸轄制的惡夢能一了百了，因此便來到他們的「救主」基甸面前，盼望他建立「王權」保證以色列人的安全（八 22「你既救我們脫離米甸人的手，願你和你的兒孫管理我們。」）⑳ 這位被成功沖昏了頭的士師，表面上看來很謙卑（23 節「基甸說：『我不管理你們，我的兒子也不管理你們，惟有耶和華管理你們。』」）然而明白整個六至八章的解救工作完全是上帝作為的他，不但沒有矯正百姓失焦的視野和神學，還做了一件影響深遠的糊塗事：

「基甸又對他們說：『我有一件事求你們：請你們各人將所奪的耳環給我。』（原來仇敵是以實瑪利人，都是戴金耳環的。）他們說：『我們情願給你』，就鋪開一件外衣，各人將所奪的耳環丟在其上。基甸所要出來的金耳環重一千七百舍客勒金子。此外還有米甸王所戴的月環、耳墜，和所穿的紫色衣服，並駱駝項上的金鍊子。基甸以此製造了一個以弗得，設立在本城俄弗拉。後來以色列人拜那以弗得行了邪淫；這就作了基甸和他全家的網羅。這樣，米甸人被以色列人制伏了，不敢再擡頭。基甸還在的日子，國中太平四十年。」（24 ～ 28 節）

從這段敍述可以看出基甸的價值觀，他不僅向以實瑪利人蒐集金耳環，還像米甸王一樣，喜歡蒐集月環、耳墜、紫色衣服，並駱駝項上的金鍊子。從這次的樂捐看來，他的行為、價值觀、生活模式已經和迦南人一樣，有了西巴和撒慕拿所說「王子的樣式」（18 節），他已經是十足的大人物，是百姓心目中的王。但是他多積金銀的嗜好，顯然已經遠離了上帝的律法（申十七17）。經歷過上帝恩典的基甸，竟然禁不起迦南的考驗，思想和行為完全迦南化、世俗化。上帝兒女應從基甸身上得到教訓：在世俗化的世界中，若不能與世界保持距離，就會進入世俗化慢性自殺的軌迹中！

當百姓把權柄交給基甸，基甸並沒有用權柄來造就百姓（林後十8），反而使以色列人的靈性墮落。設若這時他開始以上帝的律法教導百姓，如同摩西和約書亞一樣，士師時期的百姓或許就可以早些脫離這個屬靈的墮落隧道。但可惜的是，大人物如他，已不再關心上帝的旨意，甚至還「目中無神」地像迦南人一樣，將這些蒐集來的金銀首飾，製造了代替上帝的以弗得（這以弗得原本是大祭司的聖衣；參出二十八，三十九章），如此蒙蔽了百姓對上帝的注目。他忘了上帝要他在本城俄弗拉砍除巴力祭壇、設立上帝的祭壇（六25～26），現在竟然「將豬所吐出來的呑進去」！結果，有怎樣的領袖，往往就有怎樣的百姓，基甸晚年的「屬靈工程」，牽引以色列人陷入以弗得的偶像崇拜，他自己的家庭也一同行了邪淫，全部陷入這個迦南文化的網羅，可見基甸靈性骨子裹仍是傾向巴力的，實在令人扼腕！㉑

晚節不保的基甸死後，「**耶路．巴力**」這名字終於正式取代了「**基甸**」（八35，九1～5），他雖然為以色列開啟了40年的太平歲月（八28），但是一生的功過，卻得等待下一章才能論定。其實，基甸還沒死之前，敘述者即藉著「**約阿施的兒子耶路．巴力回去，住在自己家裏。基甸有七十個親生的兒子，因為他有許多的妻。他的妾住在示劍，也給他生了一個兒子。基甸與他起名叫亞比米勒**」（29～30節），細膩地描繪他的墮落、狡猾、不可思議，也如此自我，上帝的名字從此消失，取代的是他藉著兒子稱自己為王的記號。他的兒子「**亞比米勒**」原文為「我父親是王」（*ʾăḇîmeleḵ*），但「我父親」可以指耶和華上帝或基甸自己。在此可確定基甸生命中的矛盾，當他呼喚兒子的名字時即完全浮顯出來——他一方面公開以上帝為王，但私下又想擁有王位。基甸在與米甸人爭戰時，長子益帖只是童子而已（20節），現在不知不覺間就有了**70個親生的兒子**，可見墮落人性的幾個重要基本定律是：

另一個有70個兒子的亞哈，也是被上帝看為惡的王，正好也與巴力崇拜有關（王下十1～7）。

- 靈性不進則退；
- 小罪會累積成大罪；
- 罪惡具有「傳染性」！

這狐狸尾巴為他死後所要上演的 70 個兒子爭奪王位的後宮權位爭霸戰，留下伏筆和預告。㉒ 果然，他所散播的屬靈餘毒，在他死後繼續發酵：

「巴力．比利土」原文乃「立約的主」（baʿal bərîṯ）。「巴力」與「主」同字。基甸的屬靈影響力完全報銷：以色列在他忙碌一輩子後，仍然回去與巴力立約，卻忘記原本與他們立約的上帝（二 1～2、11～13）。

「基甸死後，以色列人又去隨從諸巴力行邪淫，以**巴力．比利土**為他們的神。以色列人不記念耶和華——他們的上帝，就是拯救他們脫離四圍仇敵之手的，也不照著耶路．巴力，就是基甸向他們所施的恩惠厚待他的家。」（八 32～35）

斬草未能除根，迦南人的巴力崇拜再度死灰復燃，以色列人忘了拯救他們的神，忘了基甸一生的豐功偉業，也忘了他的家庭、後裔，他所有的屬靈資產完全破滅。留下的只是讀者的不解：「大人物怎會那麼沒有屬靈眼光呢？」更留下上帝兒女的感歎和警惕：除非靠主堅持到底，否則成功不過是失敗和晚節不保的開始而已。舊約有許多大人物，如參孫、大衛、所羅門、以利亞、約沙法等，其實都曾經滑落「成功是失敗的開始」這定律中，最後晚節不保！

溫習及思考問題

1. 六至八章所呈現的扇形結構，如何將這段故事的中心信息凸顯出來？在基甸的時代，以色列人面對著甚麼仇敵？他們帶來以色列人有何生活上的改變？社會處境的改變如何影響一個人的信仰？
2. 從六章 7 至 10 節先知的一番説話反映了以色列這次呼求上帝，與之前的，有何分別？先知這段話與二章波金耶和華使者的譴責有何相同的地方？你從其中得到甚麼教訓？

3. 在基甸蒙召這事上，上帝如何鼓勵基甸？你對自己是否也一面倒地只看見自己的軟弱，而忽視了可以被上帝使用的地方？「**耶和華與你同在**」對基甸有何特別意義？對你又如何？
4. 上帝對基甸與摩西的呼召有何異同？
5. 當上帝的話未能使基甸順服，上帝又以何方法引導他？為何上帝的話不能感動基甸？
6. 上帝向基甸行了多少個神蹟？試解釋這些神蹟背後的意義。
7. 基甸為上帝築一個壇背後有何特別意思？他在夜間拆毀巴力的壇反映了他對上帝的信心怎樣？他的父親如何維護他？耶路．巴力是甚麼意思？
8. 上帝如何從32,000人裏揀選300人出來為祂爭戰？上帝這樣行目的是甚麼？祂行事的方式對你的事奉有何反省？
9. 以法蓮人與基甸理論這小插曲反映了基甸哪方面的性情？
10. 基甸因何要殺疏割人和毗努伊勒人？這與人不能自制有何關係？為何基甸對待約旦河西與河東的人不同？這如何證明他的生命在滑落？如何從基甸與西巴、撒慕拿二王的對話中證明他是一個記仇的人？怎樣得見他重視自己的地位過於上帝？你曾否落在同類的試探中？
11. 基甸要求他的長子為他殺人是否有問題？問題出在哪裏？這事與後來他所生的70個兒子如何作對比？
12. 基甸故事的跋的主要中心思想是甚麼？基甸製造以弗得為以色列後代帶來甚麼惡果？你認為他當時知道自己的問題嗎？他當時所重視的是甚麼？

釋經短註

❶ 施奈德主張，「**行耶和華眼中看為惡的事**」（六1）乃以色列與異族通婚而導致他們拜外邦的神明。但士師記並沒有記載以色列是因與米甸人通婚而導致掉入崇拜巴力的漩渦裏，可以確定的是先前以色列因為基尼人／米甸人雅億而獲救（四17～22），現在米甸人反而成為以色列的轄制者。以色列的真正問題仍然是「**不聽從我【上帝】的話**」（六10），而去「**事奉諸巴力**」（二11）。

❷ 曾祥新認為基甸的勇氣浮顯在當米甸來襲時，仍膽敢在酒醉裏打麥；布靈將之解讀為基甸來自「貴族／大財主」；曾思瀚則認為這乃預言性的稱呼，只要有「耶和華同在」，基甸就可以是大能的勇士。

❸ 曾思瀚採納理克特（W. Richter）的立場，主張基甸的蒙召與創世記中3位使者訪問亞伯拉罕的故事有平行之處，並認為基甸也像亞伯拉罕一樣，非常熱心招待神聖的訪客。但是亞伯拉罕一見上帝使者，立刻俯伏在地接待使者（創十八1～8），而基甸卻非開門見山地真心接待。基甸先是疑惑上帝的同在，後又懷疑自己的能力，接著為印證説話的乃耶和華而獻祭，他的反應如此「勉為其難」，絕不能拿來與亞伯拉罕相比，敍述者更沒有呈現上帝在此乃與基甸立約的痕迹。

❹ 與摩西相同，基甸蒙召後的第一個反應是懷疑（六15），且都要求證據（17節）；與以利亞相同，基甸蒙召乃要與巴力爭戰（參王上十八20～40）。但是基甸更像雅各，他們在見到上帝後都懼怕（六22；參創二十八17），都得「平安」的應許（六24；參創二十八21，三十五6），也都在見了上帝的面之後築壇（六24；參創二十八18）。

❺ 絕大部分學者都同意，基甸雖然順服了耶和華，「從他僕人中挑選了十個人，照著耶和華的吩咐行了」（六27上），但從敍述文的語法看，他順服的行事和心態，都只因「怕父家和本城的人，不敢在白晝行這事，就在夜間行了」（27節下），這讓敍述者很失望。

❻ 施奈德正確地指出，批判學者討論本段經文，重點往往只放在「來源」和「編撰」的過程（卻輕忽了本段經文的合一性和聖經被聖靈感動的權威），因此疏忽了更重要的一面，即從神學角度帶出的（諷刺的）信息：與巴力爭辯的不是基甸，而是他的父親約阿施，甚至更直接地説，是上帝在與巴力爭辯。

❼ 約阿施的「回嘴」在教會歷史中另有呼應者。當約翰．諾克斯（J. Knox）在有槳帆船上為奴時，受命向馬利亞畫像行虔誠禮。這位愛爾蘭宗教改革家將那畫像投入河中，且説道：「讓我們的女士救自己吧！她夠輕的了，讓她學習游泳吧！」

❽ 布洛克正確地指出，故事的劇情沒有從七章1節直接進入七章19節，反而有兩個「繞道」：（1）上帝只挑選微薄人力300人（七2～8）；

（2）祂要基甸親自去敵營勘察（9～18節）。如此浮顯敘述者的意圖：讓整個事件的結果是單單上帝得榮耀（2節）。

❾ 施奈德認為，上帝先前透過底波拉命令巴拉，祂沒有親自挑選參戰的人馬，現在則是自己挑選人馬，因此認為上帝已經不相信以色列的領袖，也不相信以色列人會歸榮耀給祂。誠然，上帝不要人奪取祂的榮耀（七2），但施奈德此觀點忽略了上帝體恤基甸的懼怕膽怯（10節）。其實，是上帝主動吩咐基甸親自去看祂在前線所預備的幫助（9～14節），好建立這位膽小的領導者的信心（15節）。

❿ 布靈支持上帝揀選專注戰爭危機意識的人這個觀點，然而反對這觀點的學者仍大有人在，例如施奈德認為整個篩選（似乎選出非軍事專業人員），無非要凸顯上帝要為這場戰爭負完全責任，否則選了知所儆醒的人，反而更有可能奪走上帝的榮耀（七2）。

⓫ 曾祥新正確地指出，如果第二次的試驗仍然以「懼怕」作為指標，那麼，被學者描述為「儆醒」喝水的300人，可能是屬於「懼怕」的一羣，而那些完全跪下去喝水的9,700人卻可能是「沒有懼怕」的人。這樣看來，第一次揀選的標準不可以想當然地被當作第二次揀選的標準。布洛克即指出，上帝在這裏挑選人的方法其實很「隨機」，目的是只讓少數人參戰，以凸顯整個聖戰根本不是人為的，而是出於上帝的作為。

⓬ 馬太斯指出，本段與以色列人和亞瑪力人的爭戰（出十七8～16），並耶利哥城之戰相同（書六1～21），以色列都使用了非傳統的戰術、戰略，同是「聖戰」的等級，不同的是，只有基甸與上帝「討價還價」。

⓭ 麥卡恩指出，六至八章的主題乃耶和華的主權。但除了膽怯的基甸，在戰役中呼喊著「耶和華和基甸的刀」（七18、20），暗藏著基甸從懼怕轉向自高的痕迹之外，並沒有將榮耀完全歸給上帝（2節），在成功的戰役中埋藏了第八章中所要引爆的失敗種子。

⓮ 麥卡恩指出，基甸一生並沒有從懼怕轉向信靠，反而是從懼怕轉向自作主張，特別在八章24節之後，他更是成為「一手抓」的領導者，因而犧牲了上帝的主權。他不像摩西，反而較像亞倫（出三十二1～6）。

⓯ 從以法蓮事件中，曾思瀚認為：

（1）基甸呼召以法蓮人參戰並不是上帝旨意，因為上帝只將敵人交在基甸手中（七 7）；（2）基甸在回答以法蓮人時，已經失去異象和使命。他關心自己的領導地位，過於上帝的心意，因而沒有拿呼召來見證上帝。但是敍述者（和絕大部分的學者）對於基甸打發以法蓮人來參戰，並沒有質疑（參 23 節），對於他為舒緩以法蓮人怒氣的外交辭令，也沒有明顯的微詞。

⑯ 曾祥新主張，基甸在河西的戰事乃聖戰（七章），但是在河東的戰事並非聖戰（八 4 ～ 21），而是為了報仇。他在河東成為名符其實的「亂砍者」，對象包括疏割人、毗努伊勒人、米甸二王。

⑰ 布洛克尖鋭地指出，河西以法蓮人願意投入，甚至埋怨不能更早、更多地投入，而河東兩族卻拒絕幫助基甸，反映出整個河東質疑基甸這次追討的正當性，也浮顯出河東的追討已經不是「聖戰」，而是由於基甸個人的恩怨（八 18 ～ 19）。這 300 人已經不是國家軍隊，而是基甸個人的隨扈而已。

⑱ 八章 19 節提到「我同母的弟兄」，是因著基甸的父親拜了巴力；抑或基甸稱被殺的乃「我同母的弟兄」，而非我「同父」的弟兄；因此，施奈德揣測基甸母親乃迦南人。但是這觀點沒有經文可以證實。

⑲ 斯特伯格指出，基甸沒有在八章 4 節之後，立刻追殺這兩位米甸王；而且，敍述者在八章 4 節後追殺這兩王的敍述文中，刻意插入了：（1）基甸如何向族人施暴以洩恨（5 ～ 9、13 ～ 17 節）；（2）基甸殺米甸這兩個王乃因他們殺了「我同母的弟兄」（19 節），凸顯基甸在八章 4 節後的動機不是國家性的，而是個人性的。

⑳ 因著百姓想立世襲的王來代替由上帝揀選的士師，部分學者認為此乃王國時期的神學上的反應。誠然，舊約並不反對以色列立君王（撒上八 7，十二 12），但奧康奈爾竟試圖主張士師記原為支持掃羅政權、反對大衛的以法蓮人寫的，這樣的觀點不過是泛政治化的揣測與解讀而已。

㉑ 鮑曼尖鋭地指出，從耶和華的靈降臨在基甸身上後，他仍覺得「答案」不夠滿意（六 36 ～ 40），可以看出士師記中的失敗乃因人的意志強過上帝的旨意。結果，上帝僅能扮演影響人卻不能命令指揮人的角色；當人犯罪時，上帝僅僅能審判，不能預防。

㉒ 曾祥新跟從戴韋斯的看法，主張基甸雖然拒絕百姓擁戴他作王，骨子裏其實是把自己當王來看待的：（1）立以弗得作為王對神諭的特殊表徵；（2）像外邦的王一樣，有很多妻子；（3）給妾所生的兒子取名為亞比米勒；（4）兒子們為王位而競爭、廝殺（九章）。

第九章

亞比米勒：動刀的比死於刀下（九 1 ～ 57）

- 亞比米勒掠奪寶座
- 約坦的回應
- 亞比米勒的興亡史
- 跋及神學反省

敍述者描述基甸的晚年，並不像基甸之前的士師的方式，將基甸一生的句點停駐在八章28節，也沒有繼續以「**以色列人又行耶和華眼中看為惡的事**」作為下一位士師時期的引導（三7、12，四1，六1，十6，十三1），反而接著描繪基甸即使蓋棺也不能論定的餘毒（八29～35）。布洛克正確指出，基甸在道德和靈性方面所播敗壞的種子（八章），由他兒子亞比米勒使之開花結果（九章），因此兩章有緊密的連結關係。從以下的幾個重要特徵來看，九章所描繪亞比米勒的行徑，確實是八章基甸所施放餘毒的續篇而已：

八章35節「基甸」和「耶路．巴力」一同出現，但九章以後敍述者完全以「耶路．巴力」來稱呼（9次），「基甸」的稱謂從此消失。

1 記念**耶路．巴力**為以色列人做的好事（九16～21、57；參八35）；
2. 耶路．巴力與妾的關係乃發生在示劍（九1，八31）；
3. 兩章都提到「**巴力．比利土**」（***baʿal bərîṯ***，意思是「立約的主」；九4、46，八33）；
4. 兩章都提到亞比米勒的父親就是耶路．巴力（九1～2、5、16、24、57，八35）；
5. 兩章都提到耶路．巴力的70個兒子（九2、24，八30）；
6. 兩章都提到俄弗拉乃耶路．巴力的家鄉（九5，八27）；
7. 兩章都提到報血仇的角色（九24，八19）。

然而亞比米勒的行徑確實是「青出於藍勝於藍」。這位從未被敍述者稱為士師的亞比米勒，將他父親的墮落形態加深和擴散，從他的家族蔓延到示劍，引致全以色列發生內戰（十七～二十一章）。九章有本書其他章節所沒有的特色：

1. 從文筆風格來看，九章是三至十六章關於「以色列犯罪、墮落、受壓制、呼求、蒙拯救」的敍述文中，描繪最長、最細膩、內容最多的一段；
2. 耶路．巴力的名字完全取代了基甸，而上帝的名字也從立約的「耶和華」（*YHWH*），褪色為象徵性的「神」（*ʾĕlōhîm*）。這特徵浮現了敍述者的立場和憂慮：以色列已經全然迦南化，巴力已經全然在以色列得勢；
3. 全章充斥著亞比米勒和迦南示劍人之間的陰謀和暴力，彷彿迦南歷史的側記一般；

4. 與關心外敵的上下文截然不同的是，本章完全不關心以色列外在的敵人，只關心內在的政治問題；
5. 本章的場景雖集中在示劍，但在示劍為王的亞比米勒，他任意而行的不良影響擴展到以色列全國（22、55 節兩次提及「**以色列人**」），與本書的跋（十八～二十一章）記載「**以色列中沒有王，各人任意而行**」（十八 1，十九 1，二十一 25），成極端的對比；
6. 與六至八章（尤其六至七章）不同的是，在本章耶和華完全沉默，「神」這名詞只出現 3 次（23、56、57 節），祂似乎任憑以色列走上自我毀滅的路，全章看不到上帝救恩的手。

本章可以分成 4 大部分：第一，亞比米勒在示劍掠奪寶座（1 ～ 6 節）；第二，約坦對於亞比米勒掠奪王位的回應（7 ～ 21 節）；第三，亞比米勒的興亡史（22 ～ 55 節）；第四，跋及神學反省（56 ～ 57 節）。雖然記載的重點是亞比米勒的興亡史，但敍述者也打破沉默，從本書舞台布幕的後面站出來說話（22 ～ 23、56 ～ 57 節）。本章不單單是歷史的記載，同時也是敍述者秉持他神學眼光所作的撰述。士師記從開頭到本章，掠奪以色列的仇敵，分別是美索不達米亞王、摩押王、非利士人、迦南人、米甸人，這些都是以色列境外的民族，但是在耶路．巴力死後，掠奪以色列的仇敵從境外轉為自己人。亞比米勒甚至還僱了匪徒（4 節），在本章的開始就大開殺戒（5 節），一直到他被一個婦人以拋出的磨石打破腦袋，叫拿他兵器的少年人殺死自己為止，才結束血淋淋、殺氣騰騰的敍述；其中動手殺人的，沒有一個是外邦人。如此綜觀本章，更看到了基甸在士師記所扮演的角色：將以色列的動亂源頭從外在轉變為內在的始作俑者。❶ 因此，以色列的墮落從外交轉向內政，可說是從基甸和亞比米勒開始即每下愈況。例如，耶弗他打敗亞捫人卻導致內戰（十二 1 ～ 6），直至十七至二十一章，以色列社會的混亂和暴力，更是全面失控。原來以色列最可怕的敵人，並不是迦南人，而是他們自己！

以色列問題的關鍵在於領導者，尤其是領導者的婚姻。因為眾望所歸而順理成章取得領導地位的基甸，讓自己沉浸在情色的貪愛中，有了許多妻子和70個兒子之後，還繼續將情種撒在示劍（八30～31）。基甸死後，士師記接著上演的戲碼，就是這個情種「雜牌後裔」亞比米勒，心懷不軌地向70個「正牌後裔」霸權的挑戰。

9.1. 亞比米勒掠奪寶座（九1～6）

「耶路·巴力的兒子亞比米勒到了示劍見他的眾母舅，對他們和他外祖全家的人說：『請你們問示劍的眾人說，是耶路·巴力的眾子七十人都管理你們好呢？還是一人管理你們好呢？你們又要記念我是你們的骨肉。』他的眾母舅便將這一切話為他說給示劍人聽，示劍人的心就歸向亞比米勒。他們說：『他原是我們的弟兄』；就從巴力·比利土的廟中取了七十舍客勒銀子給亞比米勒；亞比米勒用以雇了些匪徒跟隨他。」（九1～4）

誰都想不到出手奪權的，是名不正言不順的亞比米勒；想不到他以甥舅的關係，藉著憐恤被壓迫者的心態（18節描繪他是「婢女所生的兒子」），和狹礙的種族觀念，煽動他在示劍的眾母舅、外祖全家，成功地離間了耶路·巴力眾子70人在家鄉父老心中的地位；想不到他的竄位伎倆得逞，眾母舅成了他顛覆政權的傳聲器；想不到他也得到他們宗教的認可和**加冕**，有了宗教界和民調輿論的全力支持，手法再黑也已經不會有人在意。於是亞比米勒雇了匪徒，到父親家殺光了耶路·巴力的70個兒子（5節），使得耶路·巴力一生積攢的家庭資產，一日之間全部泡湯！從亞比米勒向示劍眾母舅打「親情牌」（2節「我是你們的骨肉」），以此連結他們殺了自己的70個兄弟（5節），可見「親情、愛國、民族主義」等情操都可以被煽動、被利用，沒有以上帝為中心的人本主義或意識型態，可以讓事情變得很對立、很危險。原來人間的親情需要「上帝」來約束和主導。

他們給亞比米勒70舍客勒銀子，這銀子象徵著，將耶路·巴力的70個兒子「便宜」地交在亞比米勒手中（參利二十七3～7）。

這故事與亞哈 70 個兒子被耶戶所殺（王下十章），有許多相同之處：

- 兩個父親（基甸和亞哈）都是殺過同胞的頭目，且都是異教支持者；
- 被殺的正好都是 70 個兒子；
- 都由陰謀者（亞比米勒和耶戶）所推動；
- 新領導乃局外人，卻透過權謀、協調奪得貴族階層的支持；
- 這局外人奪權之後，都被推舉為王。

耶戶和亞比米勒上台被稱為王的情節，雖有許多雷同之處，但也有基本不同的地方。耶戶的興起乃由上帝所膏（王上十九 16；王下九 1 ～ 10，十 9 ～ 11），而亞比米勒是被自己的野心所驅使。從敍述者給耶路．巴力所下的「讖語」看（九 24；參八 34 ～ 35），兩處平行經文難免叫讀者懷疑，亞比米勒乃上帝用以審判他父親的棋子。

然而，這跌宕起伏的故事其實才剛剛開始而已。瞧！還有一個兒子約坦命大沒死，他躲藏了（5 節）。那是伏筆，暫且按下。❷ 此時劇中的焦點，自然是這位挾宗教勢力、羣眾勢力而奪得政治地位的亞比米勒，順利地舉行黃袍加身的儀式（6 節「示劍人和米羅人都一同聚集，往示劍橡樹旁的柱子那裏，立亞比米勒為王」），❸ 坐上了他父親心中渴望卻又不敢公然竊據的王位（八 23）。這兒子真的很行，藉著母系外戚親人的幫助，殺了父系這邊的所有兄弟，實現了父親說不出口的遺志（「亞比米勒」原文為 *ʾăḇîmeleḵ*，意思是「我父是王」），雖然代價是父親所有的親情遺產，但是因此成為士師記以來（乃至以色列立國以來）第一位王，帥哦！

9.2. 約坦的回應（九 7 ～ 21）

亞比米勒被封為王的幕放下後（九 1 ～ 6），下一幕演出的主角，是那位在上一幕僥倖逃過一劫的小兒子約坦。「亞比米勒」的名字（「我父是王」）埋藏著他當王的野心，但是「約坦」（*yôṯām*，意思是「耶和華乃完全、誠實」）蘊涵著上帝的信實。亞比米勒懷著掌控全局的權利慾望，最後生命被一個不知名的婦人掌控；但微小的約坦，雖沒有政治舞台，卻可以安然度過風

奇澤姆指出，約坦在基利心山說寓言，本身就是個諷刺，因為這地方原本是以色列人進應許之地後領受祝福的山（書八33；申十一29，二十七12），現卻成為國家被撕成碎片的指標。

暴。敍述者雖然沒有記載約坦的生平事迹，卻詳細記錄他在基利心山上向眾人宣告的一番說話（7～21節，共15節），反映了這段話的重要性。由約坦的呼籲可見他比同父異母的兄弟亞比米勒更正直；他去了**基利心山頂上**，是因為示劍已經沒有舞台可站。他的話可以分成兩段。

分段大綱（九7～21）

1. 寓言（九7～15）
2. 寓言的解釋（九16～21）

9.2.1. 寓言（九7～15）

他一開始講話，就帶著先知的口吻，「**示劍人哪，你們要聽我的話，上帝也就聽你們的話**」（九7），雖然下文藉著寓言來傳達，然而他所表達的神學核心思想，完全呼應著基甸登上舞台之前那位先知所說的話（六7～10），這兩段經文呈現平行的敍述。更特別的是，約坦將亞比米勒的暴力執政，追溯到他們的父親基甸仍未出道之前。原來上帝早已透過先知的口，來提醒示劍人應當「歸零」的屬靈光景。那位不具名的先知如何藉著上帝的名控告以色列人，這位弱小的小兒子也藉著父親耶路．巴力的名控告示劍的領袖們。誰敢說上帝拿惡人沒辦法？誰敢說敍述文體不能拿來講道？瞧！無力弱小的約坦就是用故事來喻道，且吸引人從示劍城裏出來。在基利心山上說話，除了因地形居高臨下所產生的特殊音效外，也使在場的聽眾回憶起摩西的吩咐（申十一28，二十七12～13）。如此特殊的「臨場感」，必然會加倍觸動示劍人：究竟我們要選擇順服上帝，在基利心山上得祝福；抑或選擇事奉巴力，伴隨著以巴路山上的咒詛？學者認為約坦反對的焦點並不是王權（正如上帝並非反對以色列人立王治理的期望；撒上八、十六章；申十七 14），而是反對亞比米勒的行徑。

「有一時，樹木要膏一樹為王，管理他們，就去對橄欖樹說：『請你作我們的王。』橄欖樹回答說：『我豈肯止住供奉上帝和尊重人的油，飄颻在眾樹之上呢？』樹木對無花果樹說：『請你來作我們的王。』無花果樹回答說：『我豈肯止住所結甜美的果子，飄颻在眾樹之上呢？』

樹木對葡萄樹說：『請你來作我們的王。』葡萄樹回答說：『我豈肯止住使上帝和人喜樂的新酒，飄颻在眾樹之上呢。』眾樹對荊棘說：『請你來作我們的王。』荊棘回答說：『你們若誠誠實實地膏我為王，就要投在我的蔭下；不然，願火從荊棘裏出來，燒滅黎巴嫩的香柏樹。』」（九 8 ～ 15）

9.2.2. 寓言的解釋（九 16 ～ 21）

約坦藉著寓言，來闡述他文以載道的信息，其內容有：

1. 寓言中是眾樹靠近每位「候選者」（九 8、10、12、14），被推舉為王的卻婉拒；但是亞比米勒是自己主動靠近眾人（1 節），要他們擁護他為王。
2. 眾樹所靠近的不同「候選者」，不論是橄欖樹、無花果樹、葡萄樹等，全都忙於服事上帝、服事人（9、11、13 節），沒有時間擔任無意義的王，以此暗喻好的王乃為服事百姓，不好的王乃為轄制百姓（參太二十 25）。
3. 首先被邀請的橄欖樹、無花果樹、葡萄樹（九 8 ～ 13），乃巴勒斯坦地區最有價值的植物，他們都為了服事上帝和人的緣故推辭了作王的邀請；只有會刺傷人，根本就無「蔭」可遮蔽，對上帝對人無益的荊棘（14 ～ 15 節），❹ 卻被推舉為王。如此影射那被推舉為王的亞比米勒，並非最佳人選，甚至是最差勁的。
4. 荊棘被推選為王，眾樹要受到威嚇，它們要「誠誠實實地」投靠荊棘的「蔭下」，若不然，就有「火從荊棘裏出來，燒滅黎巴嫩的香柏樹」（15

節）。因此約坦警告示劍人，不要所託非人地「自作自受」。曾祥新即正確地指出，亞比米勒和示劍人密謀反叛耶路．巴力的家（4 節），而後來的迦勒和示劍人也密謀反叛亞比米勒（27 ～ 41 節）。

8 節「有一時樹木要膏……」，15 節「膏我為王」。

5. 整段寓言雖然重點在「誰可以為王」的政治層次（8、10、12、14 節），然而從這寓言**首尾乃被「膏為王」所呼應**看，約坦藉著寓言呈現：選擇王具有其神學意義（8 ～ 15 節），政治學需要由神學主導（7 節）。

布洛克為約坦的傳講作了一正確的結論：在士師記中，主要的議題乃是宗教和靈性，而非政治性。

以寓言喻道之後，約坦隨即將處境帶進寓言中，好讓寓言背後隱含的神學意義（7 ～ 15 節）光照示劍眼前的政治、社會處境（16 ～ 20 節）。他的謙和、直接、不迴避，但又帶著警告的口吻，從基利心山上將勸勉的信息傳進這些仍未知「大禍臨頭」的示劍人耳中：

> 「現在你們立亞比米勒為王，若按誠實正直善待耶路．巴力和他的全家，這就是酬他的勞。從前我父冒死為你們爭戰，救了你們脫離米甸人的手。你們如今起來攻擊我的父家，將他眾子七十人殺在一塊磐石上，又立他婢女所生的兒子亞比米勒為示劍人的王；他原是你們的弟兄。你們如今若按誠實正直待耶路．巴力和他的家，就可因亞比米勒得歡樂，他也可因你們得歡樂；不然，願火從亞比米勒發出，燒滅示劍人和米羅眾人，又願火從示劍人和米羅人中出來，燒滅亞比米勒。」（16 ～ 20 節）

約坦所喻的道有幾個重要特色：

1. 他直接了當地提到他父親確實曾幫助示劍人脫離米甸人的手（17 節），將呼籲的內容建立在事實上，且將自己也說進去（17 節「我父」，18 節「我的父家」）。

2. 他更不諱言，亞比米勒被立為王的關鍵點是示劍人支持這事（16 節），而且他們付出殺害耶路．巴力 70 個兒子的代價（18 節）。這位將自己說進去的約坦，慘遭家變的痛苦之情溢於言表。
3. 示劍人雖然支持亞比米勒成為王，且又是殺害基甸 70 個兒子的幫兇（18 節「你們如今起來攻擊我的父家，將他眾子七十人殺在一塊磐石上」），但他並沒有要求他們與亞比米勒的關係割裂（18 節「他原是你們的弟兄」）。
4. 很特別的是，對於殺自己兄弟們的幫兇，約坦並沒有像基甸般「公報私仇」（八 4 ～ 21），反倒以更高的視角，鼓勵示劍人誠實地支持自己家人（九 16、19「你們……若誠實正直善待耶路．巴力和他的全家」），當然包括亞比米勒。
5. 他的盼望是行暴力的殺手亞比米勒和這些示劍幫兇，能以上帝眼光（7 節），彼此在誠實中建造（19 節「就可因亞比米勒得歡樂，他也可因你們得歡樂」）；他的焦點在於示劍人，要叫他們回到以上帝的眼光來看目前的光景。
6. 他喻道的結尾（20 節）回映到 15 節，說話的對象也同樣從第二人稱轉換成第三人稱，強調若願意支持耶路．巴力一家倒好（16 節「這就是酬他的勞」），但是若不願意，約坦藉著重複的「火燒滅亞比米勒、示劍人和米羅人」（20 節），將整段信息推至最高潮，如此呼應上一段的結尾（15 節「願火……燒滅」），以審判結束他的講道，也為本章留下伏筆（57 節）。

整體而言，亞比米勒訴諸於關心的是自己的意向、地位，但約坦卻將他的傳講直接訴諸於上帝（7 節），關心上帝的旨意。即使亞比米勒殘暴、殺人，約坦並沒有攻擊亞比米勒，反而站在聽眾示劍人的角度設想得面面俱到。最後說完他最嚴厲的警告後（20 節），雖然因怕他弟兄亞比米勒而逃到比珥躲避（21 節），他的傳講已餘音繞梁地影響讀者、聽者的思緒，並為本章的慘烈結局留下註腳。

9.3. 亞比米勒的興亡史（九 22 ～ 55）

「惡魔」（rûaḥ rāʿāh）原文意為「惡／壞的靈」。舊約中「惡靈」的降臨乃上帝審判罪人的一種急速的方式（撒上十六 14，十八 10，十九 9；代上二十一 1；參撒下二十四 1）。

果然，約坦的預言開始應驗了，亞比米勒只管理以色列人 3 年就草草結束。上帝也給約坦的傳講「撐腰」，讓**惡魔**降在亞比米勒和示劍人中間。上帝往往藉著惡人毀壞惡人，不義的國滅不義的國，以惡除滅惡。因此，示劍人就以詭詐待亞比米勒（九 22 ～ 23）。敍述者給「惡有惡報」作了神學註腳之後（24 節），繼續報導另一波劇情——亞比米勒的駕崩。示劍人設埋伏要害自己所立的王，這些人扮演起水滸傳佔山為寇的角色來（25 節），另擁立以別的兒子迦勒為新頭目（26 節），儼然成為宋江和七十二大盜一般，「**出城到田間去，摘下葡萄，踹酒，設擺筵宴，進他們神的廟中吃喝，咒詛亞比米勒**」（27 節）。這一節連續出現 8 個大動作，接著的是這位新「宋江」——以別的兒子——迦勒上台「調侃朝廷」，隔空羞辱亞比米勒一番，並準備招兵買馬、擴大勢力（28 ～ 29 節）。迦勒的挑釁（28 ～ 29 節），呼應亞比米勒對於耶路·巴力 70 個兒子的挑撥（2 節），兩者都是打親情牌，他質疑亞比米勒的「血統」不純。誠然，亞比米勒的母親是示劍人，但父親卻不是純正的示劍人，因此該將這「外籍人士」趕出去。好戲還在上演！

在幫派組織中，常見臥底通敵的反叛者，這一次在迦勒陣營中幫亞比米勒傳話的竟然是示劍城的「政治局老大」邑宰西布勒！他暗通了情報，也提供了策略給亞比米勒，建議他趁夜間在田間埋伏，日頭一出，就見機起來闖城，迎戰來襲的迦勒和跟隨他的人（31 ～ 33 節）。亞比米勒遂將跟隨自己的眾人，在夜間分作 4 隊，埋伏等候示劍人（34 節）。不知道軍情洩漏，已經被亞比米勒一夥人所埋伏、包圍的迦勒，仍然出去站在城門口（35 節），雖然看見了亞比米勒的人馬輪番佈陣（35、37 節），卻因著邑宰西布勒的欺瞞（36 節），誤了「先下手為強」的時機。待亞比米勒佈好陣勢，西布勒反過來慫恿不知死活的迦勒（38 節），進入他和亞比米勒「沙盤推演」過的圈套中（39 節），自此勝負定矣！

話說迦勒率領示劍人出去，與亞比米勒交戰。不料，戰況失利，他反被亞比米勒所追趕，主將迦勒逃跑，手下的人多有受傷仆倒的，直至城門（40節）。亞比米勒住在示劍東南方5里遠的亞魯瑪，而他的「軍師」西布勒趕出了迦勒和他弟兄，不准他們住在示劍（41節）。亞比米勒一不做二不休，把他的人分作3隊，埋伏並殺害從示劍出來的無辜居民（43節），且擊殺在田間的眾人（44節）。亞比米勒發揮了「盜寇本色」，「**整天攻打城，將城奪取，殺了其中的居民，將城拆毀，撒上了鹽**」（45節）。連自己的70個兄弟都可以殺了，還有甚麼人是他下不了手的？從此還有誰敢惹「示劍地頭蛇」亞比米勒呢？

撒鹽乃古代近東奪取城池後所做的動作，其原因可能是藉著撒下的鹽使地土貧瘠，城將從此荒蕪外（申二十九23；詩一〇七34；耶十七6；番二9），更可能是咒詛該城的一種宗教禮俗。

東羅馬帝國被攻陷時，宗教聖地索菲亞大教堂（Hagia Sophia）成為最後一道防線；被亞比米勒屠城後僅存的示劍樓的人，同樣躲進了他們的宗教中心巴力．比利土廟的衛所（46節）。得悉軍情後的亞比米勒（47節），帶領跟隨他的人都上撒們山。凶殘冷酷的亞比米勒和他的跟隨者，人手一把斧子，各砍下一根樹枝，扛回來堆在衛所的四圍，放火燒了衛所，以致示劍樓的人全都死了，男女共約有1,000人（48～49節）。在火攻之下，那迦勒用以咒詛亞比米勒的巴力．比利土廟（27節），反而成為迦勒人馬和示劍人的葬身之所。約坦所傳講、預告的「**願火從荊棘裏出來，燒滅黎巴嫩的香柏樹**」（15、20節），果然活化在眼前！從此還有誰敢輕忽這位連示劍都毀了的「示劍之王」亞比米勒呢？

看官且慢闔卷長歎，故事還沒有結束，而且好戲就緊接在後頭！讀者還在疑惑約坦的預告是否單單結束在「**願火從亞比米勒發出，燒滅示劍人和米羅眾人**」（20節上）這句子上，亞比米勒已經到了示劍的衛城提備斯，且攻取了那城（50節），擴充了他的王權。城裏的眾人，似乎忘了示劍的巴力．比利土廟是如何被毀的，無論男女，都逃進樓，關上門，上了堅固的樓頂（51節）。只有亞比米勒沒有忘記他的火攻戰術，到了樓前攻打，挨近樓門，要用火焚燒（52節），正在暗自盤算自己口袋中的廢墟數目又要增加一個時，誰知天有不測之風雲：

「有一個婦人把一塊上磨石拋在亞比米勒的頭上，打破了他的腦骨。他就急忙喊叫拿他兵器的少年人，對他說：『拔出你的刀來，殺了我吧！免得人議論我說，他為一個婦人所殺。』於是少年人把他刺透，他就死了。以色列人見亞比米勒死了，便各回自己的地方去了。這樣，上帝報應亞比米勒向他父親所行的惡，就是殺了弟兄七十個人的惡。示劍人的一切惡，上帝也都報應在他們頭上；耶路·巴力的兒子約坦的咒詛歸到他們身上了。」（53 ～ 57 節）

9.4. 跋及神學反省（九 56 ～ 57）

禍從天降，人亡曲終，配角和龍套也都散了，舞台上撤得乾乾淨淨，只留下敍述者的旁白，向看官諸君說明這不知名婦人的一擲，力氣和準頭的拿捏來自上帝（九 56、57），要讓亞比米勒蒙上橫死在女人手中的羞辱。亞比米勒的下場，可以成為婦女神學的一個反思。由示劍女子所生的亞比米勒（1 節），最後也是被婦女奪走性命（53 節）。沒有上帝的人，尤其是男性，可能囂張一時，但是掌權的上帝確能藉著女性讓那些以性別誇口的男性謙卑。一時得勢的亞比米勒，不能永遠得勢，上帝只要藉著一個小小婦女的磨石（53 節），❺ 這非傳統的武器（參三 31，五 26），就可以讓他肝腦塗地（九 53）；和一代梟雄掃羅相同（撒上三十一 4），亞比米勒冷清地告別他自以為全然掌控的舞台（54 節）。❻ 如此應驗約坦的最後一句話：「又願火從示劍人和米羅人中出來，燒滅亞比米勒」（20 節），也回應了敍述者對基甸家族的神學宣告（八 33 ～ 35）。從八章 33 至 35 節（敍述者的話），九章 15、20 節（約坦的話「願火」），九章 24、56 ～ 57 節（敍述者的話；特別是：九 57「示劍人的一切惡，上帝也都報應在他們頭上；耶路·巴力的兒子約坦的咒詛歸到他們身上了」），本章確實有所謂的「報應神學」。雖然**上帝**只在本章昏暗的舞台上出現兩次，但從基甸和亞比米勒一生來看，世人的野心、墮落、殘暴，即便是人間的宗教勢力，❼ 都不能搖撼上帝的王權，正如學者福克爾曼（J.P. Fokkelmann）所說：「渴

本章中的「耶和華」這名字一次也沒有出現過。上帝在充分迦南化的示劍人心中，已經被完全遺忘。然而上帝絕非消失，祂確實存在且掌管一切，包括黑暗的士師時代。

望證明自己配得父親所取的名字的亞比米勒（即王是基甸、我父），僅能經歷他名字的原意（王是上帝、我父）。」

溫習及思考問題

1. 九章有哪幾處描繪亞比米勒的經文，明顯地是八章基甸行徑的續篇？九章的內容有哪幾方面的特色，是本書其他篇章所沒有的？
2. 試略述亞比米勒的家庭背景，他與耶戶有哪方面相同之處？
3. 亞比米勒這名字的意義反映著甚麼意思？他殺了自己兄弟 70 人這事，反映了他與家人的關係如何？一個人的成長如何影響他的一生？
4. 約坦所說的寓言與亞比米勒有何關係？這寓言所喻的道有何特色？
5. 你如何看：「上帝藉著惡人毀壞惡人，不義的國滅不義的國，以惡除滅惡」這觀念？如何看出上帝仍是公義的？
6. 你如何看待亞比米勒的暴力行為？究竟是甚麼沖昏了他的頭？他的經歷如何反映上帝的參與？
7. 你如何評價亞比米勒的一生？他如何影響以色列的歷史？

釋經短註

❶ 曾思瀚認為本章是基甸故事中最讓人絕望的敘述，「如同深淵中的黑暗」，並認為除了參孫之外，亞比米勒是士師記中缺點最多的人物。當然，這個人的缺點和這時代的黑暗，可以從他父親的影子找到線索，其實亞比米勒的一生就是基甸墮落的延伸。

❷ 馬太斯指出，敘述者藉著「七十」與「一」的重複出現來達到諷刺的功能：亞比米勒將基甸 70 個兒子殺在 1 塊磐石上，但是有 1 個逃脫，最後成為亞比米勒殺害 70 個人的挑戰和伏筆。

❸ 「米羅」（*bêṯ millôʾ*）原文為「米羅屋」，可能是迦南宗教的一座神廟，「米羅人」可能是宗教人員。亞比米勒在代表著迦南人宗教祭祀之處「橡樹旁的柱子」被封為王，可見這位新王深獲宗教界的支持。

以色列的靈性愈來愈墮落，基甸一上士師記舞台，就砍除巴力祭壇，而亞比米勒卻在祭祀巴力之處被立為王，由此可以見微知著。

❹ 施奈德認為，亞比米勒並不是以色列處於危機之時誕生，他從沒有解決以色列的任何危機，相反的，他帶來以色列的危機。他並沒有為以色列出征，他只想征服自己的兄弟們和同胞。

❺ 曾思瀚正確地指出，亞比米勒在一塊磐石上殺了他父親 70 個兒子（5 節），卻死於一個婦女所丟的一塊磨石（53 節），如此巧合，凸顯了上帝對於他犯罪的公義審判。

❻ 奇澤姆尖銳地指出：「以色列人見亞比米勒死了，便各回自己的地方去」（55 節），敍述者完全沒有提到「埋葬」（參他「前後期」的士師，八 32，十 2、5，十二 7、10 ～ 11、15，十六 31），如此棄之如敝履，更遑論發布訃聞。由此顯示這位迦南化的士師如何不受歡迎！

❼ 麥卡恩正確地指出，這位匿名的婦人在「提備斯的樓」投磨石，呼應著「毗努伊勒的樓」（八 17）。公義的上帝似乎藉著亞比米勒被審判之處，提醒讀者「事出必有因」：基甸在毗努伊勒的樓流無辜人的血，終於得到該有的報應。

第十章

陀拉和瞎珥：暴風雨中的寧靜（十 1 ～ 5）

士師記的主體乃三章 7 節至十六章 31 節，描繪已迦南化的以色列如何陷入背約、受欺壓、悔改、最後得拯救的循環中，除了經歷過這相同循環的士師俄陀聶、以笏、底波拉、基甸、耶弗他、參孫等 6 位之外，另外還有 6 位「小士師」被敍述者扼要地融入士師記的主體中。記載這 12 位士師，可能不是偶然的。敍述者如此記載為了影射以色列的十二支派，因此將 6 位「小士師」與 6 位大士師並列在舞台上，期許每個支派確實應該有一位士師的出現。但事與願違，這 12 位士師並非平均地從十二支派中輪流產生；更重要的是，所有以色列人的生活都與每位士師息息相關。

細看 6 位「小士師」，除了第一位出現的珊迦之外（三 31），其餘 5 位全都圍繞在耶弗他故事（十 6 ～十二 7）的上下文中，他們分別是陀拉和睚珥（十 1 ～ 5），以比讚、以倫和押頓（十二 8 ～ 15）。❶ 描繪這 6 位士師的敍述文裏雖沒有提及背約、受欺壓、悔改、拯救的循環特徵（除了陀拉曾「**拯救以色列人**」），但這 6 位不多篇幅記載的「小士師」的出現，正好幫助讀者窺探士師時代以色列「小百姓」所渴望的日常生活。❷

耶弗他只有一個女兒，但是在他之前的睚珥有 30 個兒子（十 3 ～ 5），在他之後的以比讚更有 30 個兒子和 30 個女兒（十二 8 ～ 10）。睚珥和 30 個兒子更「**騎著三十匹驢駒，有三十座城邑**」（十 4），而以比讚「**娶了三十個媳婦**」（十二 9）；押頓所蒙的福更多，他有 40 個兒子，30 個孫子，騎著 70 匹驢駒（十二 14）。這 3 位小士師的子孫都不像耶弗他的女兒般，必須經歷威脅、完成誓言甚或意外死亡。由此可見小士師似乎比大士師更為蒙福。相較之下，耶弗他的出身顯得格外冷清，他必須格外地賣命、掙扎，才能力爭上游，取得「大士師」的席位，結果他卻帶領以色列進入更深的世俗化和內戰。這樣的對比，可以幫助讀者明白上帝的作為，看祂如何藉著這些小士師和他們沒有被「背約、受欺壓、悔改、得拯救」所污染的時代，顯明了這「士師隧道」中以色列可以開啟的天窗、典範和出路：不一定「大」人物才被上帝看重，無論多麼渺小卑微的人物只要是敬畏上帝，都可以被重用，就如這 6 位小士師帶來以色列的安靖，並且被上帝記念一般。相反的，「大士師」基甸和之後的亞比米勒都帶來全國性的災殃。因此，這也正好光照了「本書敍述者奢望以色列有王權」這種主張的盲點。在此再次顯示以色列的盼望不在政治上的王權，而在靈性上以上帝為王。

敘述者簡潔地由 3 方面來描繪陀拉：

- 門第：「朵多的孫子、普瓦的兒子」（十 1；參創四十六 13；民二十六 23；代上七 1 ～ 2）；
- 支派：以薩迦人（1 節）；
- 籍貫：以法蓮山地沙密（1 節）。

篇幅簡短，身世也確實卑微，「陀拉」（*tôlāᶜ*）原文意思是「蟲」，但正如林肯（A. Lincoln）所說，文章的好壞不在長短。其實，小士師陀拉和大士師一樣重要，他主導士師記的舞台 23 年（遠比以亞比米勒的 3 年更長，更被記念），讓以色列在亞比米勒的蹂躪之後，得到一段寶貴的安靖時期（1 節）。敘述者僅用了 3 個動詞來描繪他的一生：「他治理／當士師審斷」、「他死了」、「他被埋葬」（2 節），卻沒有記載外邦仇敵是誰，更顯出在混亂的亞比米勒之後，這位士師帶給以色列寶貴的社會秩序。敘述者給他蓋棺論定為「陀拉興起，拯救以色列人」（1 節），這一句話就足夠讓他與俄陀聶、以笏、巴拉、底波拉、基甸等平起平坐。馬太斯指出，敘述者刻意將「壞士師／好士師」與「好士師／壞士師」間隔描述，目的是以對比來呈現九至十二章的架構：亞比米勒／陀拉、睚珥／耶弗他。稀奇的是，就在亞比米勒試圖併吞自己勢力範圍的示劍邊境，上帝竟然呼召小士師陀拉。上帝兒女應當反思：豈可再以任何原生家庭的負面因素，作為推拒上帝呼召的藉口呢？

睚珥曾佔領基列的村莊，並將那地稱為哈倭特．睚珥（參民三十二 41）。

在士師陀拉之後，敘述者似乎按著地理位置（而非歷史年代次序），來描繪與大士師耶弗他同是**基列人**的睚珥。施奈德指出，敘述者巧妙地安置這兩位小士師的角色，提供讀者舒緩六至九章緊湊張力的空間，並以地理位置為連結點，將劇情連結到同是基列出生的耶弗他。但是睚珥與陀拉不同的是，敘述者並沒有告訴讀者睚珥的門第、支派和籍貫等身世，反倒簡單地強調他有 30 個兒子、30 匹驢駒、30 座城邑。由此看來，睚珥可能來自藉藉無名的家族，是道道地地的小士師。曾祥新即指出，陀拉的身分是用「過去」烘托，睚珥則以「將來」襯托；讀大士師像看慢速鏡頭，讀小士師則像看快閃鏡頭。睚珥尤其與那「有其父必有其子」地承襲了父親基甸負面遺傳的亞比米勒完全不同，卑微如睚珥，❸ 反而能夠父以子貴，為他平凡無奇的祖宗家譜，在聖經裏闖出地位來。他接續了陀拉的平靖景況，為歷經滄桑的以色列（九章），帶來了 22 年的和平，因著他，以色列得以安享祥和的日子。❹

這加們可能位於加利利海和基列的拉末中間（申四 43；書二十 8）。

對於緊接著的耶弗他時代的以色列人而言，這位葬在**加們**的小士師睚珥所呈現的，是暴風雨前的寧靜和盼望。從睚珥如此「富裕」的家庭，也可以成為以色列人的幫助來看，上帝要呼召各種背景的人，成為百姓在暴風雨中得享寧靜的管道！

溫習及思考問題

1. 士師記有哪 6 位大士師及哪 6 位小士師？
2. 敍述者如此刻意記載的目的何在？
3. 敍述者如何描述陀拉和睚珥的身分？與之前的珊迦有何相同之處？
4. 陀拉和睚珥這兩位士師對當時的以色列有何貢獻？
5. 如何從這兩位小士師的出身和成就，看見上帝確實使用小人物？

釋經短註

❶ 布洛克認為這 6 位小士師，是敍述者刻意安排在三章 7 節至十六章 31 節間的三段「插曲」（parenthesis）：珊迦（三 31）；陀拉和睚珥（十 1～5）；以比讚、以倫、押頓（十二 8～15）。

❷ 馬太斯認為這 6 位小士師不僅扮演著基甸和耶弗他兩位大士師間的「插頁」，而且正如麥卡恩的觀點，基甸、耶弗他、參孫死後以色列都以內戰作結局（九章，十二 1～6，十七～二十一章），這幾位小士師出現在大士師的「夾縫中」（十 1～5，十二 8～15），是敍述者的刻意安置，以凸顯上帝並沒有放棄以

色列這神學信息（二1）。

❸ 「睚珥」（4節；*yāʾîr*）原文意為「願上帝光照」。與後來的以比讚、押頓一樣，睚珥所擁有的30個兒子，也是多妻的記號（「七十士譯本」譯為「三十二個兒子」〔*triakonta kai duo huioi*〕）。難免引起讀者擔心：他死後，會不會有亞比米勒這樣的兒子出來執政，帶來另一波社會的殘暴和動盪？在這些小士師的時代裏，上帝並沒有放棄以色列人，但那些小士師也沒有將祂的主權彰顯出來。

❹ 「三十個兒子，騎著三十匹驢駒」（4節）意味著「一個兒子騎在一匹驢駒上」，可能象徵著睚珥這個「家族聯盟」（三十個兒子，三十個城邑；但在歷代志上二章22節卻記載「二十三個城邑」），帶給以色列「國泰民安」的政績，相較於珊迦和雅億時代的不安和危險（三31，五6～10），已迥然不同。

第十一章

耶弗他：讓邦國內傷、上帝啞口的「絕後外交官」（十6～十二7）

- 第一幕：耶和華與以色列
- 第二幕：耶弗他與基列人
- 第三幕：耶弗他與亞捫人
- 第四幕：耶弗他與他女兒
- 第五幕：耶弗他與以法蓮人

在陀拉、睚珥（十 1 ～ 5）以及以比讚、以倫、押頓兩組小士師（十二 8 ～ 15）前呼後擁之下，夾在這「三明治結構」核心的大士師耶弗他出場了（十 6 ～十二 7）！當這兩組小士師擔綱時，背景的以色列並沒有籠罩在「背叛—壓迫—呼求—拯救」的循環之下；但耶弗他上台之際，卻與這兩組小士師之前所有的大士師完全一樣，以色列仍被「背叛—壓迫—呼求—拯救」的危機所圍困（十 6 ～ 9）。從耶弗他一生的結局來看，整個循環的下半段（拯救）更是黯淡得完全褪了色，凸顯了以色列的靈性愈來愈衰敗的事實，已然陷進士師隧道的深處了，因為：

1. 「上帝成為以色列的拯救」這信息沉默了，耶弗他的拯救作為被描繪成純粹人為的，而且這人為的拯救甚至導致以色列內戰，並以此結束這位傳奇人物的離奇結局（十二 1 ～ 6）。
2. 上帝確實將祂的靈降臨在耶弗他身上（十一 29），而祂也將亞捫人交在耶弗他手中（33 節），可惜的是，這些神聖作為被耶弗他所許的願塗抹了（34 ～ 40 節）。
3. 給耶弗他蓋棺論定時，敘述者並沒有描繪這位費盡功夫的士師，得到其他大士師所擁有的「墓誌銘」：「國中太平 XX 年」，只輕描淡寫地說他作以色列的士師 6 年便死了，然後葬在基列一個不知名的城。這樣的描述似乎有「草草」被埋葬的意味（十二 7）。

描繪這位士師整段的情節（十 6 ～十二 7），可以分成 5 幕不同角色扮演的場景，而且每一幕都存在「衝突」和「解決」兩種成分：❶

1. 第一幕：耶和華與以色列（十 6 ～ 16）；
2. 第二幕：耶弗他與基列人（十 17 ～十一 11）；
3. 第三幕：耶弗他與亞捫人（十一 12 ～ 28）；
4. 第四幕：耶弗他與他女兒（十一 29 ～ 40）；
5. 第五幕：耶弗他與以法蓮人（十二 1 ～ 7）。

從本段經文與基甸的故事作比較，我們仍可以看見耶弗他與基甸有不少雷同之處：

1. 兩段皆以上帝直接抨擊以色列開始（十 6 ～ 16；參六 7 ～ 10）；
2. 兩位主角原都是由不起眼的背景脫穎而出，卻終以「暴君、墮落之君」收場（十二 1 ～ 6；參八 27 ～ 32）；
3. 兩位主角身上都有「**耶和華的靈**」，且都迅即得到軍隊的擁護（十一 29；參六 34 ～ 35）；
4. 兩位主角皆在上帝恩准後蒙召，但他們也曾對上帝的呼召隨即起了懷疑（十一 30 ～ 31，六 36 ～ 40），然而最後都漂亮地得勝仇敵（十一 32 ～ 33，七 19 ～ 25）；
5. 戰事得勝後，兩位主角皆與嫉妒的以法蓮人起衝突（十二 1 ～ 3，八 1 ～ 3），且都以屠殺同胞收場（十二 4 ～ 6，八 4 ～ 17）。

此外，耶弗他和亞比米勒兩位士師也有相似之處：

1. 兩者皆為（可能是外籍的）妾所生（十一 1，八 31），且都與土匪為伴（十一 3，九 4）；
2. 兩者獲得領導地位都是經過妥協的過程（十一 4 ～ 11，九 1 ～ 6），且都在「聖地」舉行正式的禮儀後，地位才得以定調（十一 11，九 6）；
3. 兩者都是殘暴的領袖，而受害者都是自己的親人（十一 34 ～ 40，九 5）；兩者都與自己的族人撕破臉皮，打起極具消耗性的內戰（十二 1 ～ 6，九 26 ～ 57）；
4. 兩者都以悲劇收場，完全沒有給後人留下絲毫盼望（十一 34 ～ 35，九 50 ～ 57）；
5. 兩者都扮演著拯救者的角色（十一 33，九 22），但是也都「為德不卒」，包括在內政上引爆了族人的爭鬥，死後也都**沒有留下**屬靈榜樣和資產。

基甸和之前的士師，都有「以色列國中太平X年」為「墓誌銘」（三 11、30，五 31，八 28），但在亞比米勒和耶弗他的墓碑上卻沒有這樣的功勳。

在這麼缺乏見證的士師身上，讀者仍可以窺見上帝憐憫的心腸，因為祂仍然留下憐憫的記號給耶弗他和他同時代的猶太人，包括「耶和華的靈降在耶弗他身上」（十一29），和「耶和華將他們【亞捫人】交在他【耶弗他】手中」（32節）。有了上帝這兩次特別的「灌頂」，耶弗他大可安心地得勝外敵。但是，就在上帝這兩次的出手（29、32節），盡情放光、得勝再得勝之際，耶弗他卻在其間釋放了極為迦南化、世俗化的許願（30～31節），獻兒女為燔祭，遮蔽了上帝的榮耀，以此塞住了上帝的口。如此領導、如此士師、如此墮落，上帝的角色被逼得逐漸「退場」、「褪色」，終至「靠邊站」，凸顯了這時期的士師已極為黑暗。這黯淡情景在士師基甸時代已經浮現出來，當時上帝仍作主導，幫助以色列人解圍（六1～七23），但隨著基甸的晚節不保（七24～八33），上帝的舞台受到排擠、壓縮（八34～35），以色列的命運也就愈來愈黯淡（九1～57）。光明的盼望似乎遙遙無期！

有了以上這些簡要的比較和了解後，讓我們來看看耶弗他出場時的情景。

11.1. 第一幕：耶和華與以色列（十6～16）

瞧！果真和先前的原則一樣，邦國的命運取決於它的屬靈光景。因著以色列人「又行耶和華眼中看為惡的事」（十6；參二11，三7、12，四1，六1，十三1），而且膽大包天地全方位胡亂去「事奉諸巴力和亞斯她錄，並亞蘭的神、西頓的神、摩押的神、亞捫人的神、非利士人的神，離棄耶和華，不事奉他」（十6；參二11，三7，八33），❷ 審判果然接踵而來。離開上帝的必有可怕的離心力，越軌的以色列被公義的上帝所唾棄，甚至被「**出賣**」，因為「耶和華的怒氣向以色列人發作，就把他們交在非利士人和亞捫人的手中」（十7；另參二14，三8，四2）。從以色列的墮落看，他們的遭遇是自作自受、惡有惡報。此時他們拜盡了迦南地諸神明，其中包括來自東北的亞蘭、西北的西頓、東南的摩押、南方的亞捫等地（參摩一3～二5），也包括全迦南人所拜的「諸巴力」（原文為複數）。他們的欺壓因而也來自各方：埃及人、亞摩利人、亞捫人、非利士人、西頓人、亞瑪力人、馬雲人（十7～9、11～12）。曾祥新指出，以往的危機都是區域性，現在乃

其中「交」（mākar）原文有「賣／出賣」的意思。

全面性的。❸

以色列一再舊疾復發的病歷，可見假神真拜果真愈拜愈失敗。靈性墮落導致社會地位墜落，成為仇敵的眾矢之的，以致民生窘迫，「從那年起，他們擾害欺壓約旦河那邊、住亞摩利人之基列地的以色列人，共有十八年。亞捫人又渡過約旦河去攻打猶大和便雅憫，並以法蓮族。以色列人就甚覺窘迫。」（8～9節），垂直面與上帝關係的毀壞，果真導致水平面社會體系的**全面崩盤**、瓦解！以色列的前途實在昏暗。這次的昏暗與先前士師不同的是，這時候的以色列「全方位拜假神」（6節），因此士師隧道的前景完全黯淡：亞捫人（十～十二章）及非利士人（十三～十六章），分別等待著轄制以色列的命運（十7），這怎一個「慘」字了得！

敘述者特意用兩個具有「類韻／母韻」（assonant）特質的動詞「擾害」（rāṣaṣ）和「欺壓」（rāʿaṣ）並列（8節），描繪以色列已經進入士師以來最壞的景況。

從以色列人哀求耶和華說：「我們得罪了你；因為離棄了我們上帝，去事奉諸巴力」來看（10節；參三9、15，四3，六7），人類對於自己失敗的過去何等的無知啊！歷史帶給人類的教訓，果然是人類不接受歷史的教訓，繞回原點後只好再度乖乖地哀求上帝。只是這時候的上帝雖然仍恩惠長存，但是耐心漸失，對以色列發出譴責與諷刺：

> 「耶和華對以色列人說：『我豈沒有救過你們脫離埃及人、亞摩利人、亞捫人，和非利士人嗎？西頓人、亞瑪力人、馬雲人也都欺壓你們；你們哀求我，我也拯救你們脫離他們的手。你們竟離棄我，事奉別神！所以我不再救你們了。你們去哀求所選擇的神；你們遭遇急難的時候，讓他救你們吧！』」（十11～14）

上帝拒絕單單成為以色列人脫離仇敵轄制的工具，祂更拒絕被降格為諸神的其中一位，拒絕與人間偶像一樣扮演一個人類藉以求福的媒介，等到所求的兌現後，又被甩在一旁的神明。人就是不肯完全信靠上帝！上帝是拒絕被利用、收買！新約的教訓與之完全相同。看到使徒們禱告就有聖靈降臨的撒馬利亞的西門，以為信耶穌後就可以用錢來買聖靈、買恩賜，卻因此遭彼得嚴厲地斥責（徒八 13 ～ 23）。上帝不能被這樣「交易」的！要與上帝「交易」，就必須全然「玩真的」，一點都不能有戲耍的態度。人若不肯對上帝認真，就不要期待上帝對人認真。但是人若肯認真向上帝悔改如浪子，上帝就會認真地以浪子父親寬廣的愛來擁抱人。這就是耶弗他上台之前，以色列和上帝間的微妙關係和暗昧態度：❹

> 「以色列人對耶和華說：『我們犯罪了，任憑你隨意待我們吧！只求你今日拯救我們。』以色列人就除掉他們中間的外邦神，事奉耶和華。耶和華因以色列人受的苦難，就心中擔憂。」（十 15 ～ 16）

當以色列這浪子知道自己錯了，已經沒有出路，自己不能靠、也不可靠，只好全心倚靠上帝了，上帝立刻就開始操心、擔心，掛慮這浪子所惹來的禍。❺原來，只要人肯徹底悔改，上帝總在替人找出路，即使從人的角度來看已經沒有路了。❻這章出現 3 次「拯救」（*yāšaᶜ*；12、13、14 節）這詞，由此可見，在沒有出路之時，以色列人急於尋求「拯救」，但他們卻找不著「誰」來拯救（18 節）。他們極像被亞述團團圍困的猶大王希西家的哀求：「就如婦人將要生產嬰孩，卻沒有力量生產。」（賽三十七 3）在士師記的這段隧道裏，上帝安置了一盞隧道的「燈」：耶弗他。這時候，以色列確實無路可走了，因為他們有外敵，卻沒有領袖來帶領他們禦敵：

> 「當時亞捫人聚集，安營在基列。以色列人也聚集，安營在米斯巴。基列的民和眾首領彼此商議說：『誰能先去攻打亞捫人，誰必作基列一切居民的領袖。』」（十 17 ～ 18）

在此的「**誰能先上去**」呼應了本書最開始的一章 1 節，當時以色列也面臨「領導荒」（約書亞甫過世）。但是從以色列如何禱告，便可以看出他們的信仰如何。首先，一章 1 節他們問上帝「**誰當先上去……**」，現在他們用相同的禱告，卻只尋求人的意思，而沒有尋求上帝的意思。布洛克更認為，十章 17 至 18 節乃如世俗性一般的聚集，而沒有信仰成分可言。

11.2. 第二幕：耶弗他與基列人（十 17 ～十一 11）

敘述完耶弗他的第一幕：耶和華與以色列（十 6 ～ 16）後，敘述者將焦點轉向第二幕：耶弗他與基列人（十 17 ～十一 11）。從第一幕和第二幕的關係看來，耶弗他的出線完全是因為時勢造英雄，但是敘述者接著強調英雄不怕出身低。❼ 無可否認，耶弗他被敘述者描述為「**基列人耶弗他是個大能的勇士**」（十一 1），可見他才幹出眾，然而「**是妓女的兒子**」這背景（1 節），卻形成他許多不能選擇的困境：

1. 身世上，父親基列好色，與妓女有染；❽
2. 血緣上，他乃妓女所生的私生子；
3. 親情上，被同父異母的兄弟所排擠趕逐，因為「**基列的妻也生了幾個兒子；他妻所生的兒子長大了，就趕逐耶弗他**」（十一 2）；
4. 經濟上，他無權繼承父親的產業，因為「**你【指耶弗他】不可在我們父家承受產業，因為你是妓女的兒子**」（2 節）；
5. 人際上，被原生家庭所隔離，因為「**耶弗他就逃避他的弟兄，去住在陀伯地，有些匪徒到他那裏聚集，與他一同出入**」（3 節）。

耶弗他的這些背景不免讓讀者想起同是私生子的亞比米勒，但耶弗他的命運更不如亞比米勒，因為後者好歹仍是合法的妾所生，且在 70 個兄弟中尚有一席之地（九 30 ～ 31）；前者則是妓女所生，更為其兄弟、家庭、社會所不容。簡單地說，從人的眼光看，耶弗他應該沒有「前途」。從另一角度看，耶弗他與兄弟的關係正好反映了以色列與上帝的關係：

1. 正如上帝被以色列離棄（十 6），耶弗他也被兄弟們所厭棄（十一 1 ～ 3）；
2. 正如拒絕上帝的以色列遭遇外敵困境（十 7 ～ 9），拒絕耶弗他的同族也遭遇外敵侵擾（十一 4）；
3. 正如拒絕上帝的以色列悔改（十 10），拒絕耶弗他的同族也向耶弗他求助（十一 5 ～ 6）；
4. 正如上帝拒絕以色列的請求（十 11 ～ 14），耶弗他也拒絕同族的請求（十一 7）；

5. 正如以色列懇求上帝出手（十15～16上），同族也懇求耶弗他帶領（十一8）；
6. 正如上帝至終答應以色列的請求（十16下），耶弗他至終也答應同族的請求（十一9～11）。

耶弗他是妓女的兒子，錯不在於他，而在他父母。了解原生家庭有益於了解自己，但原生家庭不能成為個人被上帝使用的限制。其實，沒有任何理由可以作為妨礙上帝兒女被上帝使用的藉口。

誠然，耶弗他是罪人，絕對不能與聖潔的上帝作類比，但是正像先知何西阿經歷了妻子歌蔑的外遇，才能體悟上帝被那與巴力「有染」的以色列撇棄所產生心中的痛（何一～三章），因此先知的宣講更能體恤上帝的心腸（何四～十四章）。**被同胞趕逐棄絕**的耶弗他（十一1～3），能深刻體悟上帝對以色列人期盼的落空和擔憂（十6～16），遂心甘情願成為上帝的出口（十一4～11）。原來，上帝兒女所有的生命經歷，都可以成為被上帝使用的職前訓練，萬事果然互相效力，叫愛上帝的人得益處（羅八28）。親愛的，當你面臨被同胞、同儕排擠時，不要埋怨上帝，更不要忘了上帝很可能透過這些磨難，預備你成為祂的器皿！

十章17節至十一章11節中的關鍵字是「首領」（十18，十一8、9、11）。本書中的幾個「王子」也都是從「乞丐」的背景中提拔出來的，其中包括左撇子以笏、明顯是外邦人的珊迦和雅億、社會地位卑微的女性底波拉，以及瑪拿西支派中貧窮家族「微小的」基甸等。被社會所排擠、封殺的耶弗他（十1～3），由至卑賤的乞丐終有變成至尊貴的王子的一天（Zero becomes hero）。首先，外交局勢在改變，原本想尋找領袖帶兵主動出擊亞捫人的以色列人（九18），卻再度淪為敵人的攻擊對象，「過了些日子，亞捫人攻打以色列」（十一4）。

那些深知「國不能一日無君」的基列長老們，在「蜀中無大將」的情況下，只好硬著頭皮找個「廖化作先鋒」，到匪徒相隨的耶弗他那裏求援，說：「請你來作我們的元帥，我們好與亞捫人爭戰」（十一6）。進入士師隧道中的以色列人，逐漸走到窮途末路。在亞捫人來襲時（十17），並沒有認真呼求上帝賜下拯救，他們雖然對上帝說：「**任憑你隨意待我們**」，但卻靠自己謀求解圍之道。諷刺的是，他們的長老們到「**陀伯**」這美好之地，去找他們不覺得「好」的「惡棍」（十一3）；對耶弗他而言，領導的名位竟然自己送上門來！上帝揀選了世人所厭棄的（林前一27～28），原來世人所厭棄的，卻可能是上帝所寶貴的（彼前二4）！

「任憑」（ṭôḇ；十15）是「和合本」意譯，原文直譯「隨你看怎樣好」；「陀伯」原文都是「好」（ṭôḇ）。

然而基列長老們與耶弗他商議談判的情景，並非甚麼「全職事奉培靈會」，而只有3回合的對話。對話中長老們3次提出請求（十一6、8、10），耶弗他也有3次回應（7、9、11節），長老們並沒有訴諸國家存亡的民族情懷，也沒有談及耶弗他成為領袖後的責任，更沒有從上帝的角度和眼光來商討事情。❾ 實際上，「上帝」並不是這次交易的焦點，他的出現只列席為見證人而已（9、10節），而且雙方都各有盤算，努力揣測對方的底牌。儘管基列全民在尋找「**領袖**」（*rōʾš*；十18），這些長老提供給耶弗他的籌碼卻是軍事性的「**元帥**」（*qāṣîn*；十一6）。耶弗他也非省油的燈，他在談判席上首先打出「背景牌」，他說：「**從前你們不是恨我、趕逐我出離父家嗎？現在你們遭遇急難為何到我這裏來呢？**」（7節）這樣說目的為測試對方的心意和「底牌」——至少先「還我清白」吧（參1～2節）！這一招不僅洗刷自己的污名，也拿到「公民權」，還使他成為「**基列一切居民的領袖**」（8節）。

「元帥」在希伯來文聖經中共出現8次，其餘7次乃軍事領導的角色居多（書十24；箴六7；賽一10，二十二3；但十一18；彌三1、9）。這「元帥」的權柄在長老之下。

看到長老們亮出底牌，耶弗他藉著「**耶和華**」的名義將長老們推到牆角，他說：「**你們叫我回去，與亞捫人爭戰，耶和華把他交給我，我可以作你們的領袖嗎？**」（十一9）趁機使勁捏緊已經到手的「聘書」。那些長老掌握了耶弗他渴望已久的權力與地位，而耶弗他則擁有他們所需要的作戰能力；因此，原本不敢供出太多，但已別無選擇的長老們，只好順著耶弗他的提議，回答他：「**有耶和華在你我中間作見證，我們必定照你的話行。**」（10節）敦請上帝出來當「橡皮圖章」，雙方皆大歡喜地各取所需。耶弗他搖身一變，由一個備受輕視的小角色，變為民族領袖、元帥；他還積極把握機會，讓耶和華替他作見證，「耶弗他在米斯巴將自己的一切話陳明在耶和華面前」（11 節），順理成章地在以色列軍營聚集處的米斯巴就任（11 節；參十 17）。曾思瀚認為，耶弗他與亞比米勒相同，都是在不道德、不正常、被排擠的原生家庭中長大，兩者皆渴望得到權力。這次基列長老與耶弗他的談判如此倉促，顯出他們不尊重上帝為真正的領袖，反而魯莽地設立耶弗他為領袖，這已註定一切不會有好下場；正如後來以色列人倉促推舉掃羅為王，結果嚐盡苦頭一樣。至於耶弗他至終有否對上帝忠誠，只能靜候時間驗證一切了！

11.3. 第三幕：耶弗他與亞捫人（十一 12 ～ 28）

描繪了第二幕中耶弗他與基列人的「戲碼」後，第三幕接著上演，演員乃耶弗他與亞捫人（十一 12 ～ 18）！當然，被高薪挖角的耶弗他，本來就該新官上任三把火，然而稀奇的是，這位黑道老大（3 節），也是個優秀的外交官，他似乎想從政治圓桌著手，將勞民傷財的戰爭列為下策。⑩ 出身卑微的他，身段卻絕不卑微，他以一國之君的尊嚴，打發使者去見亞捫人的王，並以平起平坐的姿態，直接且毫不客氣地祭出第一段外交辭令，說：「你與我有甚麼相干，竟來到我國中攻打我呢？」（12 節）⑪

使者詰問的依據乃「歷史」，亞捫王同樣以「歷史」來回答耶弗他的官方代表，說明自己師出有名，毫無侵略之嫌：「因為以色列人從埃及上來的時候佔據我的地，從亞嫩河到雅博河，直到約旦河。現在你要好好地將這地歸還吧！」（13 節）其實亞捫人從沒有佔有「從亞嫩河到雅博河，直到約旦河」之地，亞捫王所謂的歷史，並非事實，而是軍事地位膨脹後的自我期許，以及外交入侵藉口而已。耶弗他立刻拆穿了亞捫王的謊言，沿用五經來說明以色列並沒有「踩過界」。他在此借題發揮，將與這事件相關的以東、摩押、亞摩利人牽扯進來，引經據典（參民二十～二十一章；申二章）、長篇大論地給亞捫王足足上了一次五經的「歷史課」：⑫

> 「耶弗他如此說，以色列人並沒有佔據摩押地和亞捫人的地。以色列人從埃及上來乃是經過曠野到紅海，來到加低斯，就打發使者去見以東王，說：『求你容我從你的地經過。』以東王卻不應允。

又照樣打發使者去見摩押王，他也不允准。以色列人就住在加低斯。他們又經過曠野，繞著以東和摩押地，從摩押地的東邊過來，在亞嫩河邊安營，並沒有入摩押的境內，因為亞嫩河是摩押的邊界。以色列人打發使者去見亞摩利王西宏，就是希實本的王，對他說：『求你容我們從你的地經過，往我們自己的地方去。』西宏卻不信服以色列人，不容他們經過他的境界，乃招聚他的眾民在雅雜安營，與以色列人爭戰。耶和華——以色列的上帝將西宏和他的眾民都交在以色列人手中，以色列人就擊殺他們，得了亞摩利人的全地：從亞嫩河到雅博河，從曠野直到約旦河。」（十一15～22）

耶弗他義正辭嚴地回顧歷史真象，強調以色列人絕不是非法強佔摩押或亞捫地之後，耶弗他的口吻又轉回初衷（12節下），但是陳述的觀點從歷史（16～22節），轉向信仰上（23～24節），說明既然上帝將亞摩利人趕出，這地自然非以色列莫屬，藉此提醒亞捫人不可心存妄想，「耶和華——以色列的上帝在他百姓以色列面前趕出亞摩利人，你竟要得他們的地嗎？」（23節）如此方符合古代近東宗教上禮尚往來的習俗，「你的神基抹所賜你的地你不是得為業嗎？耶和華——我們的上帝在我們面前所趕出的人，我們就得他的地。」（24節）基抹原本是摩押而非亞捫人的神明，耶弗他簡潔地用「你的神基抹」，是將基抹神歸給亞捫人。誠然，耶弗他的信仰已經混雜了，但是因著這塊地過去的歷史多變複雜，摩押被興起的亞捫所取代，摩押的神明也被亞捫所接收。故此，耶弗他的說法並非全然張冠李戴，不能因此被判為錯誤或偏差，只是他的外交辭令確實犯了過分簡化的毛病。

從歷史和神學層面證明以色列合法擁有土地後，耶弗他更以**尖銳的詰責**口吻，像一把利刃直接插入非法來襲的亞捫王的胸膛（參12節），威脅、挑釁並警告亞捫王，說：「難道你比摩押王西撥的兒子巴勒還強嗎？他曾與以色列人爭競，或是與他們爭戰嗎？」（25節）⓭ 奉勸亞捫王

學者馬太斯甚至主張，耶弗他的談判技巧，可以成為「公義戰爭」（just war）的支撐工具。

最好乖覺一點，學效那本想試圖挑戰以色列，最後「摸著鼻子離開」的摩押王（民二十二～二十四章），識時務者為俊傑，快來臣服於那有能力打敗亞摩利王西宏和巴珊王噩、連摩押王也俯首的上帝吧！

陳述了歷史、神學、個人層面後，耶弗他接著以歷史回顧勸告亞捫王死心，因為 300 年來亞捫王都沒有抗議以色列非法佔有地土，「**以色列人住希實本和屬希實本的鄉村，亞羅珥和屬亞羅珥的鄉村，並沿亞嫩河的一切城邑，已經有三百年了；在這三百年之內**」亞捫人都沒有取回這些地方（26 節），為何現在無事惹塵埃，竟攻打以色列人，惡待他們（27 節上）？耶弗他最後拿起上帝作旗幟來表明自己的無辜，他說：「**願審判人的耶和華今日在以色列人和亞捫人中間判斷是非。**」（27 節下）耶弗他盼望藉著外交手腕化解一場「無妄之災」的戰爭。

耶弗他原本是個「外人」，是匪徒之友、妓女之子，被看為是世界上的污穢，萬物中的渣滓；現在他「飛上枝頭變鳳凰」，在亞捫王和懷疑的以色列人眼前搖身一變，成為政治家、外交家、歷史學家，甚至「神學家」。雖然他第一次的「演講」並沒有達到目的，因為「**亞捫人的王不肯聽耶弗他打發人說的話**」（28 節），但是誰敢再懷疑耶弗他的地位呢？甚至後來找他麻煩的以法蓮人，也沒有質疑他的地位和角色，而是質問他為何不給他們舞台和角色（十二 1）。從讀者眼光看，這位傳奇人物剩下的兩個問題，一是他是否可以戰勝亞捫人？另一個隱藏的屬靈問題是，願意被上帝使用的耶弗他，會不會只是在利用上帝的呢？

11.4. 第四幕：耶弗他與他女兒（十一 29 ～ 40）

在耶弗他故事的敍述中（十一 1 ～ 28），直到此時，上帝都一直處於被動的地位。現在耶弗他到了要面對生平中最重要的挑戰，這時上帝才從「被排擠」的地位跳出來成為主動者，將耶弗他面臨爭戰所需要的禮物賜給他，「**耶和華的靈降在耶弗他身上**（29 節），正如他的兩位前輩俄陀聶和基甸所經歷的（三 10，六 34）。敍述者藉著 4 次重複的動詞「**經過／來到／往**」（*ʿāḇar*），描繪因著耶和華的靈降臨，耶弗他似乎已經成為「流通的管子」：

- 「經過基列和瑪拿西」（十一 29）；
- 「來到基列的米斯巴」（29 節）；
- 「又從米斯巴來到亞捫人那裏」（29 節）；
- 「往亞捫人那裏去，與他們爭戰」（32 節）。

誠然，敍述者並沒有記述耶弗他這趟行程（*ʿāḇar*）的目的，但若參考基甸的故事（六 34 ～ 35），耶弗他應與吹號招聚勇士有關，故此可推斷這重複動作原來是為了在約旦河外招兵買馬；只是敍述者沒有記載回應的人數，也沒有記載上帝為了自己的榮耀而裁兵，敍述者的焦點只在士師本人。耶弗他這次的出戰，勝利應當可以在望，就如當年的俄陀聶和基甸一樣。

耶弗他雖然沒有成功地說服亞捫人退兵，但至少已經成功地取得了以色列人的領導權，如今在耶和華的靈的助陣下，外交、軍事的得勝指日可待。誰知，半路裏又旁生枝節。原來，耶弗他從來沒有直接與上帝說話，但是在耶和華的靈降下之後，他向耶和華說話了，其方式卻極為爭議、異教、自私、不信：⓮

> 「耶弗他就向耶和華許願，說：『你若將亞捫人交在我手中，我從亞捫人那裏平平安安回來的時候，無論甚麼人，先從我家門出來迎接我，就必歸你，我也必將他獻上為燔祭。』於是耶弗他往亞捫人那裏去，與他們爭戰；耶和華將他們交在他手中，他就大大殺敗他們，從亞羅珥到米匿，直到亞備勒．基拉明，攻取了二十座城。這樣亞捫人就被以色列人制伏了。」（十一 30 ～ 33）

從「耶和華的靈降臨」以及 4 次重複出現的 *ʿāḇar* 來看，敍述者確實暗示耶弗他許願這舉動實是多此一舉，它打斷了故事的發展和耶和華的靈的運行。這樣描述的重點不是戰爭勝利，而是許願引發的問題；因為只有於 33 節描繪戰爭的結局，而描述他勝利後還願的故事，卻足足用了 7 節（34 ～ 40 節）！⓯當然，面臨爭戰的耶弗他，了解這一戰的成敗影響著他日後的政治生涯；然而，曾經藉著談判的手腕從長老們和亞捫王得勝的他，現在故技重施，企圖從上帝那裏贏取勝利。從士師歷史看，俄陀聶和基甸因著耶和華的靈降臨，得勝便是遲早的事，並不需要耶弗他的任何許願，這反映了耶和華的靈似乎沒有帶給耶弗他安全感。他許願時使用 5 次「我」，更暴露了許願的動機：所關心的是自己的輸贏過於上帝的事。若這戰役失敗了，他在以色列人（和上帝！）面前的政治地位將會從手中溜走。在這情況下，耶弗他企圖利用許願抓住上帝，試圖鞏固自己的地位。不過耶弗他的行為，並不意味著凡是許願都是沒有信心的行為；事實上舊約書卷另有其他 4 次許願的記載：

- 盼望安全歸回（共 2 次；創二十八 20 ～ 22；撒下十五 7 ～ 8）；
- 盼望軍事得勝（民二十一 2）；
- 盼望得子（撒上一 11）。

至於獻人為祭，是摩西律法所明文禁止的，特別是獻人為燔祭的規定（參利十八 21，二十 1 ～ 5；王上十一 7；王下二十三 10；耶七 31 ～ 32，十九 5 ～ 6、11，三十二 35；結十六 20 ～ 21，二十 25 ～ 26、30 ～ 31，二十三 36 ～ 39）。獻人為祭乃迦南人的惡習，為上帝所禁止（申十二 31，十八 9 ～ 10）。耶弗他在此確實犯了很嚴重的錯誤，但他根本都不在乎，即使對象是自己家裏的人！

耶弗他本要藉著許願的手段，要脅上帝保證自己的得勝，但諷刺的是，他自己卻因此被這許願套牢了，而套牢的籌碼就是他的女兒。在上帝幫助下，耶弗他確實戰勝亞捫王（十一 32），而且取得 20 座城，亞捫人也被以色列人制伏（33 節）。接著，敍述者巧妙地將舞台上的主角，從戰場上凱旋歸來的耶弗他，轉向從他家中出來迎接的人：

> 「耶弗他回米斯巴到了自己的家，不料，他女兒拿著鼓跳舞出來迎接他，是他獨生的，此外無兒無女。」（34 節）

敍述者雖沒有記載這女兒的名字，但在這個以跳舞迎接的可愛女兒歡欣熱情的臉龐對比下，更襯托出她父親蠅營計較的自私心態。對於約旦河外的人而言，耶弗他是一位戰場英雄，但是對於這女兒而言，他仍是一位父親。對於這位民族英雄而言，他擁有的就只是這女兒，因為這女兒乃獨生女。這時耶弗他才發覺被套牢的，不僅是他的女兒，更是他自己：

> 「耶弗他看見她，就撕裂衣服，說：『哀哉！我的女兒啊，你使我甚是愁苦，叫我作難了；因為我已經向耶和華開口許願，不能挽回。』」（35 節）

耶弗他的掙扎與他和女兒為了獻祭的對話這情節，與往摩利亞山上，準備將兒子以撒獻為祭的亞伯拉罕的景況，有著平行和對比之處，但兩者仍有差異。亞伯拉罕的獻祭出自上帝的命令，目的為試驗亞伯拉罕是否順服，且預表著加略山上的十字架；耶弗他的獻祭卻完全因著異教侵襲的人為思想。見到女兒時，以為有能力掌管自己命運的耶弗他，赫然發現女兒乃自己貿然出口所許之願的犧牲者。想也想不到自己從戰場所得來的太平（31 節），乃建立在自己女兒的生命上。這位陀伯的大能勇士，卻讓自己的家人成為俘虜，⓰ 最後自己也成為自己許願的俘虜。正在為自己的無知、魯莽、愚蠢、自私而懊悔，也責怪女兒為何打亂棋局，⓱ 眼看著即將發生的悲劇而不知所措時，耶弗他必然想不到，幫他解套的竟然就是被他套牢的獨生女：

> 「他女兒回答說：『父啊，你既向耶和華開口，就當照你口中所說的向我行，因耶和華已經在仇敵亞捫人身上為你報仇』；又對父親說：『有一件事求你允准：容我去兩個月，與同伴在山上，好哀哭我終為處女。』」（36 ～ 37 節）

想不到女兒竟然一點都不掙扎，完全不怨恨被自私的父親出賣，甘心願意為父親的許願付上他戰勝的代價。⓲ 在這順服的女兒面前，更凸顯這位不擇手段求取勝利的父親那頑固、不信的心態。諷刺的是，女兒口中的話語「耶和華已經在仇敵亞捫人身上為你報仇」（36 節），正好與耶弗他先前所說的「願審判人的耶和華今日在以色列人和亞捫人中間判斷是非」（27 節下）前後呼應。女兒的話似乎在他耳中迴盪：上帝已經判斷了這場戰爭，該受公義審判的不是以色列人，不是亞捫人，而是士師自己！耶弗他打敗了敵人，也打敗了自己！

耶弗他信口開河式的許願，確實得到勝利與太平（31 節），但這太平的代價卻是自己女兒的命。若將耶弗他與亞比米勒作比較，他們的獻祭反映了士師記的屬靈「行情」愈來愈低落。亞比米勒為奪得他在迦南地的地位，便將他 70 個兄弟獻在自己野心的祭壇上；同樣，耶弗他為了掌握在迦南地的地位，甚至將他女兒獻在自己貪婪的祭壇上。他自己只能眼巴巴地看著女兒的快樂被奪走，看著女兒與同伴在山上以淚洗面，「**耶弗他說：『你去吧！』就容她去兩個月。她便和同伴去了，在山上為她終為處女哀哭。兩月已滿，她回到父親那裏，父親就照所許的願向她行了。女兒終身沒有親近男子**」（38 ～ 39 節）。耶弗他眼巴巴地看著自己的女兒被獻為燔祭，連成為人母的機會都沒有。使用手段抓到領導地位的耶弗他，卻在得手之後失去自己的兒女，也失去他惟一可能傳宗接代的後裔。⓳ 他女兒（和他的「絕後」）的哀哭遂成為以色列歷史上的淚痕，「**此後以色列中有個規矩，每年以色列的女子去為基列人耶弗他的女兒哀哭四天**」（40 節），也讓這本「哭泣之書」充斥著哭泣。⓴「**每年以色列的女子去為基列人耶弗他的女兒哀哭四天**」的習俗，可能緣起於約旦河東，因此之後沒有在以色列歷史中再現。但是肯定的是，試圖以「女兒並沒有被獻為燔祭，不過是終身為處女，歸耶和華為聖」的主張，並沒有認真地處理這件悲劇的真實面貌：「**父親就照所許的願向她行了**」（39 節）。再沿著士師記所記載的歷史看，女性的角色確實因著士師的墮落而變得模糊、被扭曲：在「隧道」初期，押撒獲得稱讚（一 11 ～ 15），底波拉和雅億被尊重（四～五章），到「隧道」中期耶弗他女兒被獻為燔祭，而「隧道」晚期就愈形悽慘——利未的妾被姦殺（十九章），400 位基列．雅比的處女和示羅女子被綁架（二十一 8 ～ 12）……㉑

「處女」（bəṯûlîm）意味著女子已達青春期、而且有潛力懷孕，但卻沒有生下第一胎。

11.5. 第五幕：耶弗他與以法蓮人（十二 1 ～ 7）

敍述完第一幕「耶和華與以色列」（十 6 ～ 16），第二幕「耶弗他與基列人」（十 17 ～十一 11），第三幕「耶弗他與亞捫人」（十一 12 ～ 18），和第四幕「耶弗他與他女兒」後（十一 29 ～ 40），耶弗他的生平到了尾聲的第五幕：「耶弗他與以法蓮人」（十二1～7）。在第二和第三幕中，敍述者描繪耶弗他除了有能耐在談判桌上與基列的長老們和亞捫王周旋外，也暴露這位大能的勇士利用人及至掌控上帝的野心，可見一般人很難在他身上佔到便宜。到了第四幕，可能來自他原生家庭的個性上的缺陷更顯露無遺，甚至他自己女兒也都佔不到好處，最後以燔祭來結束她的一生，也因此，藉著絕後而打敗了這位不容易打敗的士師。真正打敗耶弗他的，是他自己對上帝及對人的不信任、自私心、隨異教，以及操控的心態，而這些完全是因為他已離開耶和華使然的。不論耶弗他是否真正把女兒獻為燔祭，不能被挪除的事實是，士師時代已經墮落到連士師耶弗他都極度迦南化，以致與迦南人平常的習俗一樣，把人當作祭物。耶弗他獻女兒為燔祭所浮現的，是以色列已經全然迦南化了，而整個過程，都聽不到上帝的聲音——這才是敍述者所要呈現的悲哀。

到了第五幕，耶弗他靈性上的問題牽動了他的人際關係，竟連他引以為傲的領導都遭到嚴重的挑戰，以致引發了比他個人災難還可怕的後果——以法蓮支派發生絕後的危機（6節）。這不安的預兆已在第三幕的末段出現，其實早在第二幕已經暗藏著了。原來他僅僅扛著基列人的領導旗幟（「**基列人耶弗他**」；十一40），而非屬於約旦河西邊的領導，以法蓮人尤其不能服他。可惜當以法蓮人質疑他的領導時，他溝通斡旋的能耐再一次不足以應付，正如他不能掌控亞捫人一樣。因此，與對待亞捫人一樣，他僅能訴諸武力，只是這次爭戰的對象不是敵人，而是自己的同胞呢！整個內戰的原因也來自內在的屬靈問題——嫉妒，嫉妒推著約旦河東西兩岸成為仇敵，東岸的基列向西岸的以法蓮開火，領軍者不是別人，就是士師耶弗他也！

然而第五幕的引爆者是以法蓮人，引起爭端原因是耶弗他沒有召他們去參戰。「**以法蓮人聚集，到了北方，對耶弗他說：『你去與亞捫人爭戰，為甚麼沒有招我們同去呢？我們必用火燒你和你的房屋。』**」（十二1）這節中的「**以法蓮人聚集**」原文其實有兩個特徵。第一，動詞「**聚集**」（*ṣāʿaq*）原文意思除了是「召聚」，也有「呼求、呼叫」的意義；第二，這動詞的主語是指一個人，敍述者並沒有說明是誰「呼叫、召聚」同胞來「踢館」，但可以確定的是，這次「踢館」是一次集體行動。以法蓮的行為已有前科，他們當年如何對待士師基甸（八 1 ～ 3），現在老毛病再度發作，又來挑戰這位「贏了面子，輸了裏子」的士師耶弗他，而且揚言要用火燒了他的房屋。這麼大的火氣，來勢洶洶，一句恭賀耶弗他打勝仗「好聽」的「破冰」話語都沒有，誰能忍受得了呢？尤其是才剛失去女兒、家庭（home）的耶弗他，竟被以法蓮人揚言要拆掉他的房子（house）？誰能忍受以法蓮如此自大？

麥卡恩指出，以法蓮所揚言「我們必用火燒你和你的房屋」，正好觸動耶弗他心裏的傷痛之處，因為他才用燔祭燒了自己的女兒（十一39），一場更大的悲劇從此上演。

從這頭受傷的獅子耶弗他的處境來看，這樣的挑釁實在太殘忍了，過去被弟兄、家庭、社會長期排擠的他（十一 1 ～ 3），煎熬多時終得頭角崢嶸（4 ～ 11 節），打了一場漂亮的外交戰（12 ～ 27 節），又贏了一場精彩的軍事戰（33 節），焉能忍受以法蓮如此質疑、取鬧和羞辱？特別近日家裏又有喪事（34 ～ 40 節），那不明就裏的以法蓮竟膽敢**趁火打劫**，無知到不明白「被傷的會傷人」（hurted people hurt people）的人生哲理？此時此地來挑戰，不是自尋死路嗎？

處理他舞台上最後的危機時，耶弗他似乎仍算鎮靜，在混亂中他理出個頭緒，好為自己非戰不可找到開戰的下台階：

1. 承認自己一生乃掙扎的鬥爭史。「**我和我的民與亞捫人大大爭戰**」（十二 2 上）原文可直譯為「我是爭鬥／競爭（*rîḇ*）的人，我和我的民，以及亞捫人」（意思是：「我、我的民、亞捫人都是競爭的」）。這在以爭鬥／競爭聞名的以法蓮人面前（八 1 ～ 3），有著十足的警告、挑釁的火藥味。耶弗他在此似乎在說：「來吧！我也是爭鬥的人，我鬥贏基列的長老們，也鬥贏亞捫人，你們以法蓮竟然敢來找碴？誰怕誰呢？」
2. 自己曾給以法蓮人機會，因為「**我招你們來，你們竟沒有來救我脫離他們的手**」（十二 2 下）。耶弗他在這裏所說的到底是事實抑或信手拈來？以本書內容實在無法驗證，但從耶弗他的為人處事原則來看，恐怕是信手拈來的成分居多。
3. 誇自己的勇氣：「**我見你們不來救我，我就拚命前去攻擊亞捫人。**」（3 節上）耶弗他在此的高談闊論，不免引人回想基甸並把兩者作比較。面臨以法蓮的質疑時，英勇的基甸卻是謙和、委曲求全以對；但耶弗他卻不然，他的自吹自擂恐怕要叫敍述者（和讀者！）臉紅，心中不免暗忖：他不是先採取外交戰的策略，無功而返之後不得已才來軍事戰嗎？他不是嫌「**耶和華的靈**」不夠，需要加上許願才有把握打勝仗嗎？

4. 強調上帝站在他這邊：「**耶和華將他們交在我手中**」（3 節中）。他這句話強調了自己沒有向以法蓮招兵的合理性，因為這是上帝的安排，指出上帝也沒有認同以法蓮的參與。
5. 責怪以法蓮無理取鬧：「**你們今日為甚麼上我這裏來攻打我呢？**」（3 節下）耶弗他為自己的舉證下結論，並譴責以法蓮的挑釁行為，因為一直以來都不是他主動挑起這場戰爭的。

將心中所有的話和怒氣都一股腦地宣洩之後，他不等以法蓮回應，也不像他對亞捫人般仍會客套地請上帝來判斷（十一 27），惱羞成怒的耶弗他，將積蓄已久的憤怒和刀劍一同放出去，「**於是耶弗他招聚基列人，與以法蓮人爭戰**」（十二 4 上）。他不像基甸在處理領導風格受到質疑時，刻意要讓「**以法蓮人的怒氣消了**」（八 3），而且他的基列同胞此時還火上加油地讒言攪和，藉著挑起耶弗他同理心的拉攏戰術，趁機報復過去被排擠成為河東難民的羞辱（參十一 1 ～ 7），一起跳進來參與廝殺，「**基列人擊殺以法蓮人，是因他們說：『你們基列人在以法蓮、瑪拿西中間，不過是以法蓮逃亡的人。』**」（十二 4 下）一場士師時期以來從沒有發生過的內部殊死戰就此開打！

借用湯恩比（A. Toynbee）的說話：每個戰爭背後都有「屬靈」的原因。這次的戰役，對以法蓮人而言，導火線是其老大心態，見不得別支派的人在競武的面子上勝過自己。從基列人來說，自從約書亞時代被認為留在河東而不肯過河得應許之地，乃是貪生怕死，被羞辱為難民，使得面子掛不住，因此被耶弗他所招聚和利用，加入這場原本可以消弭的混戰！諷刺的是，過去基列人乃以法蓮中間的難民、逃亡的人（4 節）；在這次戰爭中基列人連本帶利地討回面子，讓以法蓮人成為插翅難逃的難民：「**基列人把守約旦河的渡口，不容以法蓮人過去**」（5 節），且在約旦河設下層層關卡：

「以法蓮逃走的人若說：「容我過去。」基列人就問他說：「你是以法蓮人不是？」他若說：「不是」，就對他說：「你說『示播列』。」以法蓮人因為咬不真字音，便說「西播列」。基列人就將他拿住，殺在約旦河的渡口。那時以法蓮人被殺的有四萬二千人。」（5～6節）

和基甸用暴力來對待河東人對比的是（八13～17），河東的基列人在此同樣用粗暴殘酷的手法來對待以法蓮人。㉒ 在約旦河的渡口設下「語言關卡／密碼」，這關口的考官是基列人，考生是想逃命回河西的以法蓮人，考題是「示播列」（*šibbōleṯ*；請留意原文讀音），以法蓮人往往將之發音為「西播列」（*sibbōleṯ*），因此就被擒拿。以法蓮人在這關口紛紛上了鉤，人數達到斷種的數目（參四6，七3，八10，二十35、46），如此也加深了約旦河成為河東二個半支派和河西九個半支派的鴻溝（書二十二章）！至此，對於士師靈性竟然如此黯淡，支派間互相殘殺，和以色列整體性聯繫的徹底支解，㉓ 讀者必然深感不可思議！但更不可思議的是，上帝在這光景中竟然完全沉默地任憑約旦河兩岸的以色列人彼此廝殺，似乎是以沉默譴責以色列自作自受的信仰問題！

比起先前的士師，耶弗他的墓碑上並沒有刻著「亞捫人被以色列制伏」（參三30上，四23，八28上），也沒有刻著「國中太平 XX 年」（參三11、30b，五31，八28下）；敘述者只是簡單地給這位一生存在爭議的士師蓋了棺：「耶弗他作以色列的士師六年。基列人耶弗他死了，葬在基列的一座城裏。」（十二7）輕描淡寫得如同耶弗他前面的幾個小士師一般（參十1～5），也如同在他後面要來的小士師一樣（十二8～15）。隨著時間的推移，這位對國家談不上建樹、卻從兄弟、家庭、社會、同胞所排擠的社會邊緣人中崛起、但同時可以將一切地位、親情、關係、面子等放在野心的祭壇上的士師，連同那必要逐漸腐朽的棺木和褪色的功過，盡都埋進他家鄉基列的廢墟裏，等待後人的慨歎！上帝兒女可以從耶弗他學到甚麼功課呢？

第一，留心尋找屬靈伙伴。耶弗他一生沒有父親、兄弟、兒子，只有兩個女人——身為妓女的母親和不知名的女兒。從「乞丐變成王子」開始，就看不到他有任何屬靈伙伴，官愈作愈大，被質疑的機會愈來愈多，裏面又沒有上帝作蔭蔽，因此在「高處不勝寒」之下愈形無法無天，做出絕子絕孫的慘事！上帝兒女當學被死亡所困時耶弗他的女兒，尋找屬靈伙伴（十一37）！

第二，看重權威過於權位。耶弗他因著從小被排擠所產生的不安全感，對於權位有莫名的渴望，因此，若有機會就會無所不用其極來抓住權位，以滿足小時候的缺乏和空白，他人的存在、尊嚴、安全，往往成為自己往上爬的犧牲品。改變的惟一方法，就是趁危機仍未發生之前，早早來倚靠永遠的權威——上帝的律法。耶弗他並沒有帶來以色列的太平，而上帝在他晚期闖禍時也閉口不言；由此可見，敍述者暗示著以色列若要得著真正的救恩，必定要在比耶弗他更大的權柄中尋找。整本士師記說明：士師時代的救恩不在士師，而是在上帝身上。

第三，看重家庭過於房子。沒有幸福家庭記憶的耶弗他，又沒有屬靈導師的影響，往往看重事工過於關係，看重房子過於家庭，也容易將房子內所有的一切，僅僅看為自己面子的一部分。身為上帝兒女，不要等待自己的兒女在我們野心祭壇上被燃燒時，才想到我們最寶貴的不是房子，而是在房子裏上帝所賜的親人。

第四，勒住最易闖禍的舌頭。熟諳外交辭令、長於談判的耶弗他（十一4～27），萬萬沒有想到斷送他女兒性命的，就是看起來最軟弱的舌頭（30～31節）。士師耶弗他的末期，不僅沒有解決初期時以色列的困難，猶有甚者，不用外敵來欺壓，以色列已經逐步走向自我滅亡的道路。其關鍵之一，乃不諳「禍從口出」的道理。當我們像耶弗他受到冤枉、欺壓、侮辱、歧視（十二2～3），或像以法蓮人受驕傲自大所驅動時（1節），更要留心受傷的當下，先勒住最可能招惹事端的舌頭，不要說或做出日後懊悔的事，以致於一輩子所努力的美事，被那能點著最大樹林的舌頭（雅二5），燒成灰燼！

溫習及思考問題

1. 耶弗他的故事與基甸的故事有何雷同的地方？他又與亞比米勒有何相似之處？這些故事反映了歷史不斷在重演，你認為原因何在？
2. 這段故事所記載的以色列人落在甚麼光景中？他們受到哪些外邦人轄制？
3. 上帝如何回應以色列人的呼求？與之前的士師有何不同之處？
4. 試描述耶弗他的家庭背景。他與兄弟的關係何以反映以色列與上帝的關係？
5. 他有哪幾方面不能選擇的困境？一個人的背景如何影響他的一生？這是否完全不能逆轉？
6. 簡述耶弗他與亞捫王的對話；耶弗他以甚麼姿態與亞捫王談判？是次談判成功嗎？
7. 既然上帝已賜下祂的靈幫助耶弗他，為何他仍要對上帝許願？為何他的許願是他人生的敗筆？他有沒有為自己的許願懊悔？
8. 敍述者這樣描述耶弗他的許願，是否暗示許願都不是上帝喜悅的？若反省我們的信仰，我們對上帝的信心是否也是如此薄弱？
9. 為何以法蓮人要去找耶弗他理論？耶弗他如何回應他們？為何這場內戰充滿著報復？
10. 耶弗他既然未能真正將以色列人帶離困厄，為何上帝仍要幫助他？

釋經短註

❶ 每一幕都浮現著「話語被傳講的威力」，而且動詞「過」（*ʿbr*）散布在十章6節至十二章6節間，總共達16次（十8、9，十一17、18、19、20、29〔3次〕、32，十二1〔2次〕、3、5〔2次〕、6），這動詞的字義卻從文字表面意義「過河」到神學意義「過界、犯罪」。

❷ 布洛克指出，十章6節出現的7個外邦神明，正好呼應了申命記七章1節迦南的7個族，顯示以色列的靈性已然全面墮落，以色列已經全面「迦南化」了。

❸ 布洛克指出，雖然本書多次出現「賣」這詞，但提到上帝要將以色

列「賣給」外邦兩族人卻是第一次。施奈德肯定地指出，描述約旦河兩岸的以色列民並各以色列支派被牽扯進來，同受外邦欺壓，在本書中仍是第一次。

❹ 布洛克指出，敍述者在基甸出場前刻意描繪以色列受欺壓的光景（六1～6），在此則刻意敍述受欺壓的以色列和上帝間的對話（十6～16）。但是布洛克質疑以色列是否真心悔改，他認為上帝清楚以色列所用「漂亮」的宗教辭令背後，其實只為了讓自己脫離外患而已。

❺ 某些學者試圖藉著擬人化語法詮釋「心中擔憂」（*nap̄šô baʿămal*；十16）。曾祥新認為，這詞表達上帝正處於「矛盾」的心情中；馬太斯認為，是指上帝「極端挫折、全然灰心」；麥卡恩則認為，是表達了上帝與受苦的百姓一同受苦。

❻ 麥卡恩指出，上帝原本要放棄重複犯罪的以色列（十13），祂之所以轉變成「為以色列的苦難擔憂」的關鍵（16節下），乃因以色列的悔改（16節上），以及上帝憐恤的屬性（參出三十四6）。但在此必須特別留心，正如戴韋斯指出：人不能以自己的悔改或宗教熱誠來威脅、換取上帝的恩典。上帝的恩典不是人能以任何方式威脅或挾持的，上帝的恩典完全出於祂的主權。悔改不過是恩典的條件，而非恩典的原因。人類的盼望不在自己的悔改或敬虔的態度，而是上帝主動的憐憫（參珥二12～14）。

❼ 在此布洛克質疑上帝的角色十分「被動」，祂不過是以色列和耶弗他之間「簽約的見證人」，而不像祂在挑選其他士師，如：俄陀聶（三9）、以笏（三15）、底波拉（四4～10）、基甸（六11～24）、參孫（十三3～25）般主權在握。

❽ 「耶弗他」（*ʾeṯ-yip̄tāḥ*）意為「神明已經打開」，這名字意味著他母親為「神明」打開她子宮，讓她能生兒子而感恩。但是這「神明」不一定是耶和華，從下文發展推測，這「神明」以迦南神明的可能性較高。這名字顯示耶弗他的降生，乃因父親在信仰上犯了邪淫，婚姻上犯了姦淫使然（申七1～4），如此呈現了整體以色列人靈性的光景。

❾ 曾祥新指出，在亞捫人欺壓下的以色列人利用上帝，長老們和耶弗他在談判桌上也是彼此「利用」，耶弗他一生充斥著的，不是「神學」，而是「人學」。施奈德又指出，光從「誰能先去」這問句（十18），就可以探出士師記中以色列的靈性在下滑。在一章1節這問句乃向上

帝發問，能先上去者並沒有想過要在其中得好處；但是現在這問句並不是向上帝發問，且好處由人來定，結果反倒沒有人上去，可憐的現象乃「錯誤的人問錯誤的問題，提供錯誤的獎賞」。

⑩ 因為代表以色列的耶弗他的「我」和代表亞捫王的「你」的對比，有些學者如曾祥新，認為耶弗他太高抬自己;他「先禮後兵」的舉動乃「假惺惺」而已。甚至認為他的口吻帶著挑釁（參十一 25、27），骨子裏其實早已定意拒絕亞捫人「好好處理」土地和邊界的提議（13 節），想的乃直接與亞捫人廝殺一番（9 節）。這樣的推測證據薄弱，完全否定了成為領袖的耶弗他可能有和好的意圖，多少有些過分解讀，且與「耶弗他被逼用兵的」觀點前後矛盾。

⑪ 耶弗他所說的「你與我有甚麼相干」，在舊約聖經只出現 6 次，其他 5 次與「大人物」息息相關，因此施奈德認為，敍述者在此刻意高抬耶弗他，乃與大衛（撒下十六 10，十九 22）、以利亞（王上十七 18）、以利沙（王下三 13）、約西亞（代下三十五 21）等同之地位。

⑫ 有趣的是，施奈德認為，耶弗他的長篇大論真正的對象不是亞捫王，而是自己的同胞以色列，藉著自己如何熟習救恩歷史，來證明自己「配」成為以色列的首領，而非僅屬「三教九流」的泛泛之輩而已。

⑬ 奧康奈爾指出，耶弗他採用古代近東的訴訟文體來表達他的談論，內容中充斥著：（1）耶弗他「不得不說」的宣告（十一 12 下、23、25 ～ 26）；（2）亞捫王違法的宣告（13 節上）；（3）耶弗他自己是無辜的宣告（27 節上）；（4）以色列也是無辜的宣告（15 ～ 24 節）；（5）有權為同胞辨明自己無辜等（24 節）。

⑭ 麥卡恩肯定地指出，從耶和華的靈降臨帶來士師的影響，便可以看出愈深入本書的靈性隧道，屬靈天空愈黑暗：俄陀聶受靈感動後，他立刻順服且得勝（三 10），基甸卻仍然猶疑懼怕（六 34 ～ 40）；到了耶弗他，更認為需要靠許願才能保證得勝（十一 29 ～ 33）；至於參孫的反應，似乎距離以色列的立即得救很遙遠（十四 6、19，十五 14）。

⑮ 施奈德指出，敍述者用了 3 節經文介紹耶弗他的身世（十一 1 ～ 3），7 節經文描述耶弗他與長老們的談判，16 節經文描述與亞捫王的攤牌，但描繪戰爭情節卻只用 1 節，可見敍述者關心的不是戰爭的

結果（doing），而是領袖的本質（being）。

⑯ 曾思瀚指出，耶弗他離開「好」地方，前來幫助以色列人，卻竟為自己的家庭帶來「壞」的結果。他的一生正正就是本書所言「以色列中沒有王，各人任意而行」這描述的實際範例（二十一25）。

⑰ 學者如馬太斯指出，耶弗他看見無辜天真的女兒出來迎接他，固然哀哭懊悔，但所責備的對象，不是自己，竟然是自己的女兒，如此行為更凸顯了這個士師的自私、不可理喻、不能原諒！

⑱ 耶弗他女兒是否真的被獻為燔祭，學者對此有相當的爭議。支持燔祭獻了，不過那只是在一個地方性的小神壇獻上終身、屬靈的祭（阿徹〔G.L. Archer〕持這觀點），或如撒母耳般終生在聖所服事上帝（猶太拉比甘奇〔D. Kimchi〕，以及德國舊約學者基爾〔C.F. Keil〕和德里慈〔F. Delitzsch〕持這觀點）。關鍵問題是：為何他不利用回贖許願的替代律法（利二十七1～8）？原來耶弗他離上帝的律法很遠了。

⑲ 布洛克將亞伯拉罕獻兒子及耶弗他獻女兒的結局作如此對比：「耶弗他在那裏築壇，把柴擺好，捆綁他的女兒，放在壇的柴上。他就伸手拿刀，要殺他的女兒。」不同的是，亞伯拉罕獻兒子為祭帶給以撒盼望和將來（創二十二章），耶弗他獻女兒為祭奪走她的一切。

⑳ 他提稱這卷書為「哭泣之書」有其道理。本書的導論是以以色列在波金的哭泣為結束（二4），原因是他們拜偶像；本書的尾端也以哀哭結束，原因是因陷入內戰、自相殘殺，導致一個支派絕了後（二十23、26，二十一2）；而在這「隧道」的中段也留下了一個悲劇，原因是耶弗他的不信和滲入了異教思維。

㉑ 反對男性「霸權」的女性主義者（如：埃克薩姆、包爾、崔菲莉〔P. Trible〕等）在此借題發揮，認為若沒有男性主導的意識型態，則女人成為男人工具、甚至成為祭物的悲劇就不會發生。其實，獻人為祭本就是違背聖經原則，不管獻的祭物是男是女。女人被男人利用，是因為男人的信仰出問題，而這就是本書的基本立場：士師記中社會、家庭之所以出問題，是因為信仰上出問題使然，而不能單單怪罪牽起痛苦的男性（如面臨絕後的耶弗他）。

㉒ 曾思瀚指出，從以法蓮人自大且歧視基列人的態度看，以色列人愈來

愈像迦南人。此外耶弗他的晚年和基甸的晚年遭遇愈來愈相像，他們都犯了公報私仇的毛病，而前者對同胞造成的傷害，遠遠超過後者。

㉓ 布洛克指出，因著耶弗他的野心和以法蓮的嫉妒，以色列的家庭、地理、社會、種族和靈性，都隨著已有的語言差異，更被支解、碎裂，讓以色列的整體光景，比耶弗他登上士師舞台之前更為險惡。

第十二章

以比讚、以倫、押頓：滾滾士師東逝水（十二 8 ～ 15）

敍述完耶弗他的生平後（十6～十二7），敍述者以「**耶弗他以後**」（十二8）作為開場白，帶出本段的3位小士師以比讚、以倫、押頓，他們與耶弗他之前的小士師陀拉和睚珥（十1～5），成為前後「首尾呼應」。正如上一章所説，士師記十至十二章乃完整的三明治結構。麥卡恩認為，本段的3位小士師，以及陀拉和睚珥（十1～5）等共5位，之所以被算為士師，是為了使士師記能湊足12位士師使然（以及俄陀聶、以笏、珊迦、底波拉、基甸、耶弗他、參孫等7位）。這3位小士師除了隔開耶弗他與參孫之外（十三章），也讓基列人與以法蓮間內訌的傷勢，得到休生養息的空間；❶ 然而以色列在此所經歷的25年短暫歇息，卻又被接下來的參孫和之後的內戰所掩蓋、吞滅。❷ 其實，士師記所浮現的士師們，並不是以色列的救主。進入迦南地後的盼望不在士師隧道中，而是在隧道後，波阿斯田間將要降生的大衛的後裔——新約的耶穌基督！

這3位士師雖小，出場時的排場和來頭可不小，尤其是頭尾的以比讚、押頓兩位士師，他們出場時更聲勢浩大。瞧！伯利恆人以比讚，在「**三十個兒子，三十個女兒**」（十二8）的簇擁之下登上士師記的舞台（9節），陣容如此浩蕩，與十至十二章這三明治結構的上層，擁有「**三十個兒子，騎著三十匹驢駒**」的睚珥（十4上），遙相呼應！不同的是，睚珥在基列擁有可觀的不動產—— 30座城邑（十4下），以比讚卻多了「**三十個女兒**」。另外，敍述者沒有記載睚珥兒女的婚姻，卻記載以比讚擁有瓜迭連綿的後裔，「**女兒都嫁出去了。他給眾子從外鄉娶了三十個媳婦**」（十二9），算一算兒子、女兒、媳婦、女婿加起來共有120個！由此可見，縱然以色列失信，信實的上帝仍然可信，正如麥卡恩所指，5位小士師（十1～5，十二8～15）仍然有他們的後裔，這正是上帝賜福的記號。

和耶弗他比較，以比讚更顯不同。敍述者花了很長的篇幅記載耶弗他的背景（十6～十一3），以及他如何藉著談判往上爬（十一4～28）和他如何因為耶和華的靈而得勝仇敵亞捫人（十一29～33）；然而以比讚這方面的功績紀錄卻完全空白，❸ 只是記載他擁有的卻正是耶弗他所匱乏的。耶弗他因為將女兒獻為燔祭而絕了後，但短短3節記載以比讚的經文，除了兩節分別記載他的上任（十二8）和下台（10節「**以比讚死了，葬在伯利恆**」），獨獨標榜他的子孫滿堂，如此堅固了他政治上的地位。❹ 敍述者藉着「葬禮」的記載（10、12、15節；另參八32，十2、5，十二7，十六31），仍然給這幾位小士師尊榮，而不像亞比米勒「死無葬身之地」（九54～55；參四21）。然而敍述者也只讓以比讚顯示了他在政治上短暫的影響力，就歸入士師記的死亡名單內，如此除了對耶弗他悲劇角色的諷刺外，仍然不免讓讀者迷惑：這位執政期比耶弗他多一年的小士師（十二7、9），除了子孫滿堂之外，到底帶給以色列怎樣的貢獻呢？❺

當讀者繼續沿著經文讀下去，這個疑惑愈來愈深。和基甸之前的士師不同的是，他之後所有士師的「墓碑」都沒有任何「國中太平 XX 年」的功勳可尋（參三11、30，五31，八28）；在本段則更為刺眼，不僅沒有「太平」這記載，這些小士師連「拯救以色列」的痕迹也付之闕如，甚至短短的9節經文（十二7～15），就出現了4次士師「**死了**」（7、10、12、15節）。

接下來敍述者僅用了2節經文，分別記載以倫的「上升」（十二11「**以比讚之後，有西布倫人以倫，作以色列的士師十年**」）和「下沉」（12節「**西布倫人以倫死了，葬在西布倫地的亞雅崙**」）；至於以倫是否在以色列的歷史有過任何痕迹，似乎都船過水無痕，根本已不可考，就如同傳道者的感歎一樣，「日頭出來，日頭落下，急歸所出之地」（傳一5）！

比起僅記載「上升」和「下沉」的以倫，押頓要醒目得多了。這小士師中的最後一位，「**以倫之後，有比拉頓人希列的兒子押頓作以色列的士師**」（十二13），「攝政」期間雖然比以倫少兩年（11、14節），但比子孫滿堂的以比讚多一年；更蔚為大觀的是，押頓的兒子比以倫多10個，而且敍述者還記載兒子們個個都有成就，似乎讓他享盡了天倫之樂，「**他有四十個兒子，三十個孫子，騎著七十匹驢駒**」（14節）。為政雖短，但是和前兩位小士師一樣，無外敵來襲，也同樣沒有帶給以色列「國中太平 XX 年」的貢獻，就被埋葬了。

與睚珥的「**三十個兒子，騎著三十匹驢駒**」一樣，以倫的「**七十個子孫、騎著七十匹驢駒**」也代表著「祥和」，但只有在文本前面的你我，知道這個

「祥和」其實乃一種「幻影」（illusory）而已，很快會被「後起之秀」參孫帶來的風暴所淹沒。馬太斯認為押頓子孫「騎著七十匹驢駒」所代表的，除了治安的穩定外，也包含他個人的財富（參五 10）；除此之外，便完全沒有「帶領以色列走出外敵的逼迫和危機」的記載。因此這 5 位宛如「太平紳士」的小士師所扮演的，不過是混亂士師世代中的「小角色」而已。曾思瀚更認為，與以比讚相同，押頓如此眾多的子孫，也是多妻的結果。敍述者強調他如此超越的生殖能力，似乎為後面那關心「性」的參孫鋪路。

沒有上帝涉入的人間，焉有真正的平安可言？押頓和前面 4 個小士師都被後來的「大士師」參孫所帶來的戲劇效果遮蓋了。縱使他們在人間曾擁有多少功名利祿，也一樣如過眼雲煙般，消散在士師記的隧道中，沒有為後人留下任何屬靈的榜樣或影響；更令人歎息的是，上帝在這段期間竟然完全沉默了！❻

溫習及思考問題

1. 以比讚、以倫、押頓與哪兩位小士師互相呼應？為何敍述者要將這 3 位小士師放在士師記？
2. 敍述者在這短短的 8 節經文中，如何描述這 3 位小士師？這與之前的兩位小士師有何相同之處？
3. 敍述者有沒有提及上帝在這 3 位士師身上的作為？試想若沒有上帝的人生會如何？如此一生的成敗得失意義何在？

釋經短註

❶ 奇澤姆指出，這 3 位小士師的劇情雖短，但與十章 1 至 5 節中扮演「動作派」的士師基甸、亞比米勒之後「插曲」角色的兩位小士師的情況一樣，即因著這 3 位小士師，在基列人耶弗他與以法蓮間內鬥衝突的血腥之後，以色列經歷了 25 年（十二 9、11、14）「超支派」的婚姻與多子多孫的難得的「祥和」景況——雖然這並不表示以色列有了真正的「和平」。

❷ 麥卡恩指出，帶給以色列內亂和慘烈結局的亞比米勒之後（九 54～

55），以色列進入了兩位小士師所帶來的45年西線無戰事的喘息（十1～5）。但是那兩位小士師後，以色列的情況彷彿又回到以風暴收場的基甸時代一樣，耶弗他將以色列帶進新的風暴中，以法蓮人因而死了42,000人（十二6）。耶弗他之後的這3位小士師（8～15節）所營造的25年祥和光景又被戲劇性的參孫所帶來的風暴掩蓋（十三～十六章），最後以色列進入悲哀的全面內鬥、內訌和內戰那自相撕裂的年代（十七～二十一章）。

❸ 麥卡恩指出，從這3位小士師執政的年代比前兩位小士師短，和之後更大的內戰風暴，就是比「後耶弗他時代」更慘烈的「後參孫時代」（十七～二十一章），也看出士師時期真乃墮落的「隧道」，愈走愈暗，愈走愈沒有盼望，原因在於「隧道口」就已開始的偶像崇拜（二1～5）。

❹ 「以比讚」（*ʾibṣān*）原文意為「迅速」，經文似乎要凸顯7年為政的他迅速擁有龐大的家族和政治地位。曾思瀚甚至認為以比讚以女兒的婚姻作為政治上得利的工具。

❺ 施奈德指出，如此短小篇幅來記載這5位小士師的生平（十1～5，十二8～15），不僅談不上他們的貢獻，更看不出他們是否屬敬虔的族類；他甚至主張，與亞比米勒並耶弗他的母親可能都是外邦人一樣，以比讚「給眾子從外鄉娶了三十個媳婦」（十二9），也為兒子娶了外邦女子，已經犯了五經所吩咐的不可與迦南族通婚的誡命。

❻ 施奈德指出，這些小士師並不是被上帝所召，他們沒有因著特殊時勢而被造成英雄，也沒有屬靈的特質可言。施奈德甚至將此解讀為：不管是否有危機，以色列盼望著的，是常駐的首領（如外邦）。如此的解讀，似乎將本書的成書主旨建立於「以色列渴慕（如外邦）君王統治的掃羅時代」的預設上。但按撒母耳記上八章19至20節的記載，以色列求王乃盼望這王是為他們爭戰，而非僅為充門面而已。

第十三章
參孫：情慾糾結的大力士（十三 1 ～十六 31）

- 參孫的誕生
- 參孫與亭拿女子
- 參孫與迦薩女子
- 參孫與大利拉
- 參孫的死
- 參孫故事的神學反思

參孫雖是士師記最後一位被記載的士師，但在士師列傳排行榜上，倒是居於「老大」地位呢！從以下的幾個特徵就能讓人對這位老大刮目相看：

- 他是本書士師中惟一記載出生及離世經過的士師；
- 他是所有士師中惟一被耶和華使者預告要出生的士師；
- 聖經記載他生平的篇幅，除了基甸可與他分庭抗禮外，沒有其他士師能出其右；
- 本書士師中記載了聖靈特別賦予工作能力的，都只有 1 次，但參孫卻足足被提到 4 次；他曾在不同的時間，祈求上帝超自然的供應，而上帝也都樂意賜下（十五 18 ～ 19，十六 28 ～ 30）；
- 上帝格外賜給參孫能力，使他能夠憑著雙手殺死獅子、擊殺 30 個非利士人、抓著 300 隻狐狸、用驢腮骨打死 1,000 人……如此傳奇的「英雄」，難怪他在希伯來書的「信心英雄榜」上也能夠金榜題名（來十一 32）。❶

從戲劇效果看士師記，參孫的角色確實是沉甕底的好酒，既醇且烈。曾祥新認為參孫的一生與其他的士師有許多相似的地方。從正面角度看，他和珊迦都是以異常的武器殺敗非利士人；參孫的父母與基甸所見異象亦很類似；參孫和基甸都是被聖靈感動，前者的「300 狐狸、火把」與後者的「300 士兵、火把」互相呼應；參孫和耶弗他都曾「許願」，且同樣遭受外邦人以火「燒家」的威脅。但從負面看，「蜂蜜」的「底波拉」（參 7.1.2.1）救了以色列人，吃了「蜂蜜」的參孫卻被「大利拉」（與底波拉諧音）所害；參孫、非利士女子的「墮落混合」，與俄陀聶、押撒的「完美組合」成了對比；參孫失敗的「祕密」更是與以笏成功的「祕密」成強烈對比。

參孫是最後，也是最有能力的一位士師，更是死得最悽慘的士師。在臨死的剎那，他身上的特異功能仍在發揮。當他將托房的兩根柱子推倒，現場有 3,000 個觀看他戲耍的男女陪葬。**悲劇和喜劇**一同被掩埋（十六 30），卻掩埋不了讀者驚異的眼神。他一生如此令人驚奇、驚歎（但不驚恐）的傳奇，難怪事隔 3,000 多年，仍然吸引許多音樂家、畫家、作家、導演為他傳奇的人生編撰、詮釋！

曾思瀚認為參孫的故事乃「一齣喜劇性的悲劇」。

其實，敍述者確實刻意在參孫身上添油加醋，來凸顯這位大力士戲劇性的一生，這個「作者意圖」（authorial intent）可以從敍述者使用的「重複語法」得到印證。從文學特徵角度看，敍述者悄然地重複用「火」的意象，來描繪參孫如「火」般的事迹：

1. 在得到耶和華使者的告知後，參孫的父母以獻祭來回應，他們看見「**火焰從壇上往上升，耶和華的使者在壇上的火焰中也升上去了**」（十三20）。如此預告了這位如「火」般的士師的降生；
2. 熱情如「火」的參孫，接連的3次「到處留情種」（十四1，十六1、4）；
3. 30個非利士人要脅參孫所娶的女子：如果沒法欺哄參孫説出謎語的意思，就要用火把她燒死（十四15）；
4. 那女人的父親使參孫失去作丈夫的名分，參孫將火把插在狐狸尾巴，放火燒了非利士人的禾田（十五4～5）；
5. 非利士人也還以顏色，立即放火燒死那女子和她的父親（十五6），結果當然是參孫如星火燎原般地大大擊殺他們（十五8）；
6. 參孫被猶大同胞用兩條新繩捆綁，帶到非利士人面前，參孫被耶和華的靈大大感動，「**他臂上的繩就像火燒的麻一樣，他的綁繩都從他手上脫落下來**」（十五14），參孫且以未乾的驢腮骨擊殺1,000非利士人作回報（15節）；
7. 在十六章，非利士人3次藉著大利拉引蛇出洞，但是參孫3次分別將捆綁他的7條未乾的青繩子、沒有使用過的新繩、7條髮綹完全掙脱，「**如掙斷經火的麻線一般**」（十六9）；
8. 參孫最後被困在大袞廟中，非利士人被參孫這把「火」全都燒毀了（十六30）。

除了重複用「火」這意象，敍述者還用「平行」的文學技巧來描繪參孫戲劇性的事迹：

1. 「參孫到了亭拿的葡萄園，『遇見』一隻少壯獅子向他吼叫」（十四5）//「參孫到了利希，『遇見』非利士人迎著他呼喊喧嚷」（十五

14）。如此他在十四章所遇見的獅子，成為他後來遇見非利士人的伏筆；

2. 「當參孫遇見獅子時，『**耶和華的靈大大感動參孫**』，參孫遂藉著上帝超然的能力殺死獅子」（十四 6）//「當參孫遇見非利士人時，『**耶和華的靈大大感動參孫**』，參孫遂藉著上帝超然的能力殺死 1,000 非利士人」（十五 14 ～ 15）。如此呈現參孫以勝過獅子的能耐來勝過非利士人；

3. 「參孫忽視拿細耳人不能摸死屍的誡命，從獅子屍體中取蜂蜜，以滿足自己肉體的需要」（十四 8 ～ 9）//「參孫忽視拿細耳人不能剃頭髮的誡命，讓大利拉剪去頭髮，以滿足自己性慾上的需要」（十六 17 ～ 19）。如此呈現參孫可以勝過獅子，卻不能勝過蜂蜜；參孫勝了非利士人，卻勝不了大利拉。

成功是失敗的開始，參孫一生以喜劇登場，卻以悲劇收場，這悲劇在喜劇開始時就埋著伏筆。參孫從小遵守特別禁戒，好分別為聖被上帝使用（十三 4 ～ 5），是整本舊約惟一明確記載為拿細耳人的一位。就奉獻生命時間的長短來説，拿細耳人可説是有兩類，第一類是短期的，從 30 日到 7 年，一旦獻身就不可違誡。使徒保羅曾作過這類短期的拿細耳人（徒十八 18）。第二類是終身的。他們或許是由上帝選召，也可能尚在母胎或剛出世時就獻給上帝。參孫及施洗約翰（路一 15、75）是這類的。奧爾特指出，參孫的母親將天使報給她的好消息，就是「**這孩子一出胎就歸上帝作拿細耳人。他必起首拯救以色列人脫離非利士人的手**」這話（十三 5），重述給丈夫時，卻改為「**這孩子從出胎一直到死，必歸上帝作拿細耳人**」（7 節），她沒有提及「**他必起首拯救以色列人脫離非利士人的手**」，卻加上「**一直到死**」，這正好抵銷了這孩子成為拯救者的身分。因此，敍述者使用了文學技巧如重複、平行、省略和伏筆等手法，暗示即使整卷士師記中最火辣的士師參孫，一旦離開上帝，將是死得最淒慘的一位士師，包括眼睛被剜、在眾人面前被戲耍，且被房子壓死。❷

從整卷士師記來看，基甸之前的士師不論是俄陀聶（三 7 ～ 11）、以笏（三 12 ～ 29）、巴拉與底波拉（四 1 ～五 31），敍述者並沒有格外描繪士師的私生活，敍述者記載的重點和方式，乃按著「背叛、逼迫、呼求、拯救」的循環定律。但從基甸之後的士師（六 1 ～九 57；包括十章 6 節至十二章 7 節所敘述的耶弗他），敘述者已經逐漸將焦點從以色列整體的「背叛、逼迫、呼求、拯救」的循環定律，轉向這些士師們的私生活，包括他們如何享福、如何擁有財產與後裔（參「以比讚」〔十二 8 ～ 10〕；「押頓」〔十二 13 ～ 15〕），「呼求耶和華」和「耶和華興起拯救」等士師記上半卷的基本要素，都付之闕如（除了十四章4節和十五章11節的暗示以外）。在描繪參孫時，敘述者雖然鋪張地足足用了一整章才敘述完這位耶和華所興起的拯救者的出身背景（十三 1 ～十四 4），但這位拯救者卻從來沒有聚集以色列人與仇敵爭戰，也從來沒有他勝過仇敵的記載，更沒有宣告他帶來「以色列國中太平 XX 年」（三 11、30 下，五 31，八 28 下）。敘述者在描繪參孫的私生活時，焦點集中在參孫一生的裂縫和致命傷——**情色**：❸

先前的士師如巴拉、基甸、亞比米勒和耶弗他，雖然也有女性在他們生活中佔一席之地，但從沒有像參孫，一生被 4 個女性完全霸佔：母親、妻子、妓女、反對者（大利拉）。

1. 參孫在距離瑣拉西南 6 公里的亭拿，陷入情色的試探（十四 1 ～ 4），且在此赤手空拳打死一隻獅子，摸了死屍（十四 5 ～ 9），得罪上帝的話。奧爾特指出，士師記十四章根本沒有婚約，參孫在亭拿遇見了非利士女子，就喜悅她。他想要就要，匆匆回家，無禮地要求父母給他把女子娶回來。兩老不情不願地陪伴參孫到亭拿去商討婚事，路上遇見了獅子，順便撕裂了獅子……如此呈現出參孫那種自我及魯莽衝動的個性。
2. 參孫在亞實基倫擊殺了 30 個非利士人，奪了他們的衣裳，餽贈婚禮中解了他謎語的賓客（十四 10 ～ 20）。
3. 在收割麥子事件中（十五 1 ～ 19），為報復妻子轉嫁他人的仇，參孫捉拿 300 隻狐狸，將火把捆在成對的狐狸尾巴上，趕放牠們，以此點燃焚燒非利士人的禾稼，大大擊殺了敵人，也因此間接地害死了他岳父及妻子。
4. 為了不為難受非利士人威脅的同族人，參孫被解送到利希，但輕而易舉地掙斷繩索，且用一塊未乾的驢腮骨殺了 1,000 敵人（十五 14 ～ 17）。
5. 當參孫停留在迦薩之時，他立刻成為情慾的俘虜（十六 1）。他與一妓女發生曖昧的行為，夜半醒來，發覺迦薩城已被非利士人圍困，遂將迦薩城門拆下扛回希伯崙附近的山頂上（十六 2 ～ 3）。

6. 到了梭烈谷的參孫，再一次受到情慾的牽制，迷戀非利士女子大利拉，以致鬆開最後防線，洩漏自己不可剃頭之祕，成為籠中鳥，且受到剜眼的悲慘對待（十六章）。後來參孫頭髮漸長，在非利士人的大袞廟前，呼求上帝恢復他的力量，結果他將支撐廟宇的兩根柱子推倒，摧毀房子，「**死時所殺的敵人，比活著所殺的還多**」（十六 30），此事件也成了參孫一生的完結篇。

見微可以知著，從大人物如參孫的墮落，可見士師時代的以色列面對外敵的態度已經改變，他們不再呼求上帝。他們完全像溫水青蛙一樣，不知不覺地與非利士人的文化妥協，融合在他們裏面！甚至士師參孫也按照自己的喜歡，娶外邦的女子，可見已經不再因為受到外邦轄制而呼求上帝（十三 1）。難怪，在這無奈的光景中上帝只好主動出手，試圖透過參孫（十四 4），攪亂以色列與外敵間那毫無距離、不知分別為聖的關係。但悲哀的是，與先前所有士師不同，以色列在參孫身上找不到他們脫離這個被「迦南化危機」的解決方案。這位士師不僅沒有幫以色列解決問題，❹ 甚至他自己都無法謹守奉獻為拿細耳人的身分，他本身就是以色列的問題。參孫的我行我素，行他自己眼中所喜悅的事（十四 1、3、7，十六 1），正好為接著的十七至二十一章的「**國中沒有王，各人任意而行**」鋪路（參十七 6，十九 1，二十一 25），共同見證士師晚期以色列靈性墮落的光景！

參孫的出生（十三 1 ～ 24）與死亡（十六 28 ～ 31），在地理上有他老家「**瑣拉**」的前後呼應下（十三 2，十六 31），形成了這故事的結構分成 3 大段：第一段，參孫的誕生（birth narrative；十三 1 ～ 25），但這段的重點不是在參孫，而是參孫的父母如何在參孫未出生前蒙上帝的呼召；第二段，參孫與亭拿女子（十四 1 ～十五 20），敍述參孫在耶和華的靈感動下（十三 25），如何透過與亭拿女子的婚姻，修理她的家族和種族，最後成功地登上士師的寶座（十五 20）；第三段，參孫與迦薩女子（十六 1 ～ 31），故事開始於參孫下了迦薩時，敍述他如何墮落、如何逕往鬼門關裏闖，直到記載耶和華的靈第一次降臨他的瑣拉地為止（十六 31，十三 25）。

13.1. 參孫的誕生（十三 1 ～ 25）

這段敍述參孫出生的經文，扮演著與底波拉、基甸出場前相同的前導功能（四 4 ～ 10，六 11 ～ 24），雖然沒有「上帝興起拯救者」等字眼（參二 16、18，三 9、15），但卻有「**他必起首拯救以色列人脫離非利士人的手**」（十三 5）作為參孫出生敍述文的核心，這樣的記載方式與耶利米一樣（耶一 5）。參孫在未出生前已經被呼召這事，參孫的父母當然知道，敍述者知道，讀者也知道，但參孫似乎不知道，因為他不斷地「犯規」（十四 8 ～ 10，十六 17）。他對於自己特殊的身分和的角色並不看重，一直到在敵人面前，他似乎才醒悟自己特殊的身分，但在這最後一次，他的身分也被徹底挪除——死亡結束了他地上的士師角色！

悲劇其來有自，讓我們從他生命的原點開始審視。到了士師記十三章，經歷這麼多的管教之後，以色列的老毛病卻仍然沉痾難癒。敍述者藉著「**以色列人又行耶和華眼中看為惡的事**」（十三 1），撈起過往多少墮落史的傷心回憶（參二 11，三 7、12，四 1，六 1，十 6），也提醒讀者這老毛病源自士師隧道洞口，因為離開上帝而自甘墮落、進入黑暗（二 10 ～ 13），背了約的以色列付出了踩紅線的代價，「**耶和華將他們交在非利士人手中四十年**」（十三 1），正如在這士師隧道中一再重複的傷心往事（二 14，三 8，四 2，六 1，十 7）。敍述者似乎厭倦了這重複又如此無聊的敍述，似乎在沉吟著：以色列人啊，何時離開這令人厭煩的循環定律？曾思瀚分析說，在參孫時代，以色列被欺壓達 40 年，是士師時代受欺壓最長的日子，可以媲美以色列人在曠野受苦的日子，可見愈接近士師時代的尾端，以色列靈性上愈走妥協、墮落、黑暗。在這非常時代，上帝挑選了特別的士師。

治亂世需要重典，上帝國的管教定律也相同。為了管教王國分裂後的北國，上帝興起亞述；為了管教王國分裂後的南國，上帝興起巴比倫。在以色列「斬草不除根，春風吹又生」的固執和墮落下，上帝讓非利士人逐漸站上巴勒斯坦的舞台，但是在非利士人的壓制下，以色列人竟然沒有任何哭求上帝的痕迹（十三 1；參三 9、15）。當時參孫父親瑪挪亞的家庭還會試圖避開非利士人（十四 3，十六 31），但是參孫則來者不拒。參孫的態度代表著當時以色列的妥協心態，在面臨非利士人來安營時，以色列人只求息事寧人，他們將參孫捆綁交給非利人（十五 9 ～ 13），完全沒有像耶弗他和基甸時代，受欺壓時呼求上帝的敏鋭態度（六 6，十 10）。以色列人與敵人妥協到一個嚴重的地步，甚至上帝都看不下去，這情況可以從明知「**非利士人轄制**」他們（十五 11；參八 23）、卻沒有呼求上帝、反而聚集 3,000 人、商量如何將自己的同胞參孫捆綁送給敵人來避過災難一連串事件看出來；他們的不智，在此完全暴露出來。難怪上帝藉著祂的靈來激動參孫（十三 25），好除卻參孫和他同胞的妥協心態。

非利士人

非利士這民族可能發源於愛琴海沿岸，後來移入巴勒斯坦地。大約於公元前 1190 年，他們被埃及的蘭塞三世（Ramses III）打敗後，被埃及聘為外籍傭兵，駐防於迦薩、亞實基倫、亞實突、以革倫及迦特等這 5 個沿海的城市（書十三 2 ～ 3）。以色列人出埃及之時是繞著內陸而行，原因為避開沿非利士地的道路（出十三 17）。入迦南後，他們成為以色列的後患。非利士人在士師記留下不少痕迹，他們曾一度被士師珊迦打敗（三 31），但這未能消除對以色列人的威脅。從歷史角度看，非利士人是以色列人的強敵，從宗教角度看，上帝是要藉著非利士人試驗不知道與迦南人爭戰的以色列人（三 3）。對以色列人而言，非利士人是強敵，但同時，以色列人並沒有特別抗拒他們，反而接受非利士人的宗教文化，膜拜他們的神明，因此上帝要管教以色列人（十 6、7；參 11.1）。在這最後一位士師的生涯中，非利士人就一直是以色列人真正的勁敵。以色列聯合王國的第一位王掃羅一生的爭戰，主要是與非利士人對峙，最終甚至死於他們手上（參撒上三十一章），直到大衞王時期，非利士人才被征服（撒下五 17 ～ 25）。

十三章可以從問題與解答、應許與應驗兩個向度來看。這故事的開始已帶出這個家庭的「問題」——瑪挪亞的妻子不孕不生（2 節），故事結束時耶和華賜給他們兒子作為「解答」（24 節）；開始時上帝就「應許」他妻子將要生一個兒子（3 節），這應許在十三章結束時「應驗」了（24 節）。因此，正如曾祥新所説，若沒有十三章，參孫故事只是一個沒有信仰意義的世俗故事；有了十三章，這故事就成了包含神學主題，且富於情節的故事。

分段大綱（十三 1 ～ 25）

1. 問題與解答
2. 應許與應驗

13.1.1. 問題與解答

諷刺的是，瑪挪亞這名字（mānôaḥ）的意思是「安息處」。

瑪挪亞的個性屬於不安、後知後覺、遲鈍（十三 16、21 ～ 22），與他妻子的那沉穩、鎮定、敏銳（3、9、23 節），迥然不同。十三章以對話組成。首先上帝主動發言（3 ～ 5 節），接著是瑪挪亞的妻子與他的對話，以及他與耶和華使者的對話。但是從他們夫妻間的對話來看，最先說話和最後說話的都是他的妻子（6、23 節）。耶和華的使者兩次都是直接向她顯現（3、9 節）這成為參孫一生故事的伏筆，且與後來參孫兩次與非利士人交手成對比（十四～十五，十六章）。如果女人是參孫出生的關鍵，女人也將是參孫死亡的關鍵。參孫的故事接續著多妻的以比讚、押頓之後（十二 9、14），敍述者如此舖排，似乎刻意凸顯士師時代以色列的墮落，與這些士師的「好色」有關。

瑣拉屬猶大低地一個城鎮（書十五 33），位於梭烈谷北邊的撒拉，同屬但支派和猶大支派的地界（書十五 33，十九 41）。

主角仍需要配角來襯托、串場。和先前所有士師的出場情節不一樣，在這裏參孫的父母率先出場，而且佔據了十三章全部的篇幅，真正的主角參孫要到 24 節才出現。敍述者先敍述參孫父親是「**瑣拉人，是屬但族的**」（十三 2）。這地方也是接著參孫之後利未人故事的劇場（十八 2、8、11），由此看來在瑣拉上場的但族（包括十三～十六章的參孫、十七～十八章拜偶像的但族），是敍述者陳述士師時代以色列人迦南化、世俗化的最後和最佳的例證。接著，敍述者再介紹他「**名叫瑪挪亞**」（十三 2），似乎重視參孫出身的地理背景和支派歸屬，過於父親的身分。有趣的是，在本章中角色比瑪挪亞更吃重的是他的妻子，卻是以低調的姿態出現，「**他的妻不懷孕，不生育**」（2 節），而且從始至終，敍述者都沒有記載她的名字。如此呈現參孫的出生，正如不生育、沒有孩子的撒拉生出以撒一樣（創十一 30），完全是上帝的工作，上帝才是配角瑪挪亞夫婦和主角參孫背後的導演。曾思瀚指出，以色列人這時候的靈性已經很黯淡，迫使上帝逕行選擇主動賜下參孫，給未曾向耶和華禱告的瑪挪亞（和以色列人），以完成祂對以色列的拯救計劃。

撒拉不孕，上帝向亞伯拉罕顯現並預告他將有一個兒子（創十八 10）；如今，上帝乃直接向瑪挪亞的妻子顯現，預告她將要得兒子的好消息（十三 3）。敍述者在此確實凸顯了瑪挪亞的妻子，而貶低後來知道闖了禍因而怕死的瑪挪亞；甚至他要將瑪挪亞妻子冷靜、睿智的角色，與那同樣面對上帝的顯現卻半信半疑的基甸形成對比作了比較。因此不能輕信某些婦女神學家片面的主張，宣稱上帝看不起女人，以為聖經乃大男人主義的作品云云。若將瑪挪亞的妻子與哈拿相比，哈拿在上帝面前痛哭祈求（撒上一 10），但瑪挪亞的妻子卻沒有如此求子，顯示了是上帝主動賜下這孩子，透過這匿名的母親，彰顯祂對以色列人的憐憫。❺瑪挪亞的妻子和哈拿原都不孕，但都得子且都貴為拿細耳人，這平行關係讓參孫故事扮演著士師時代進入聯合王國的過門，也讓以色列的歷史從祭司時期（士師記），過門進入君王、祭司時期（撒母耳記）。

憐恤的上帝向瑪挪亞夫婦留下 3 個特殊的命令，要求他們在懷孕、生養這位特殊的士師時格外留神。這 3 個命令是：第一，「**清酒濃酒都不可喝**」；第二，「**一切不潔之物也不可吃**」；第三，「**不可用剃頭刀剃他的頭**」（十三 4～5）。為了預備這個上帝所「欽定」的孩子的降生，「**這孩子一出胎就歸上帝作拿細耳人**」，瑪挪亞一家也必須同時分別為聖，好讓這特別的賜子，達成上帝賦予的特別任務，就是「**起首拯救以色列人脫離非利士人的手**」（5 節）。從拿細耳人的條例看（參民六 1～8），參孫的出生非常特別。首先，他不像一般拿細耳人是出於自願，參孫成為士師、拯救完全是非自願性的。其次，參孫成為拿細耳人的士師身分不是只在一段限定的時間，而是直到他死時（十三 7）。此外，拿細耳人要在他奉獻的期間潔淨自己，因此參孫的父母必須在受孕之初就要分別為聖，按照上帝的 3 個命令來孕育他。

經文沒有敍述她領受這好消息時的任何反應：興奮、感恩或謙卑？也沒有像瑪挪亞後來那樣打破砂鍋問到底的態度，查明這賜下應許的使者是何方神聖。經文只記載她立刻回去對丈夫說：「有一個神人到我面前來，他的相貌如上帝使者的相貌，甚是可畏。我沒有問他從哪裏來，他也沒有將他的名告訴我。」（6節）這話呼應了士師記開始所說「有別的世代興起，不知道耶和華」（二10）。問題雖多，那使者的話她卻聽進去了，只是選擇性地轉達給瑪挪亞，「卻對我說：『你要懷孕生一個兒子，所以清酒濃酒都不可喝，一切不潔之物也不可吃；因為這孩子從出胎一直到死，必歸上帝作拿細耳人。』」（十三7）她並沒有將參孫要「拯救以色列人脫離非利士人的手」（5節）告訴瑪挪亞，難怪瑪挪亞似乎對參孫的任務模糊不清（12節）。其實，從十三至十六章整體來看，連參孫都不曉得自己的呼召。參孫一生所忙碌的，除了尋求性慾滿足和報復外，並不關心自己活著的呼召。此外，她也沒有重述「不可用剃頭刀剃他的頭」（5節）這話，但卻增加了「一直到死必歸上帝作拿細耳人」，如此除了預告參孫拿細耳人身分乃終身職務（如撒母耳般；參撒上一11）之外，也留下了一個致命的伏筆——參孫就是犯了這誡命而喪命的。❻

按理說，有了上帝的「佈達」，接了聖旨的瑪挪亞就當高興地等著抱孩子就是了，但直到參孫出生之前（24節），本章大半的篇幅卻被一段複雜的情節填滿，這似乎多餘的情節的主導者，竟然是這位承受天大好消息的瑪挪亞！當他第一次出場，就指名道姓地求上帝再差遣神人來告訴他們該如何撫養這孩子（8節），這樣的祈求不僅多餘了（因為已有拿細耳人條例可以跟從），更顯出瑪挪亞多少帶著嫉妒上帝只直接向他妻子說話的心情，也暴露了他習於掌控的特質。❼ 憐憫的上帝很幽默，垂聽他的禱告，再次顯現，但仍然單單向他妻子顯現（9節）。不能拿到第一手資料的他，只能從妻子口中聽到上帝使者的吩咐，自尊和驕傲再度被澆了冷水，敍述者似乎在調侃這大男人主義的瑪挪亞：你並沒有那麼重要，你不是主角，你的妻子和兒子才是！❽ 誠然，本章真正的英雄不是瑪挪亞、參孫，而是瑪挪亞的妻子。當然，女性主義者也須謙卑，瑪挪亞的妻子即使再重要，**名字卻一直沒出現**，而且似乎是她隱瞞了參孫的呼召（5節），才導致瑪挪亞

士師記另記載了兩個匿名女子，就是耶弗他的女兒和利未的妾（參十一29～40，十九1～29）。

的無知（12 節）和參孫的悽慘下場。原來，參孫故事真正的主角和英雄，乃主動賜下參孫的上帝。

瑪挪亞的妻子在田間看到上帝的使者，立即快速跑回家報告，這一次瑪挪亞終於輾轉見到了這位使者。從他開口所問的第一句話「**與這婦人說話的就是你嗎？**」（11 節）顯示瑪挪亞心中的不安和不滿，盼望這人能在他面前和盤托出，不要透過他妻子轉告他。哪知道這人的話非常簡短，只有一個字「**是我**」（*ʾānî*；11 節），完全不讓瑪挪亞有掌控、多撈一點的餘地。上帝兒女該當從瑪挪亞身上得到反思：必須學習「尊主為大」（這是巴特〔Karl Barth〕的名句：Let God be God），不讓自己被好奇心、自尊、主觀宰制了，生命中的寶座只能讓上帝來掌控。切記上帝是不可輕慢，不能被操縱的。試圖操縱掌控上帝的，其實就是在拜偶像。奧古斯丁說得對：「偶像崇拜就是敬拜那本應被利用的，或是利用那本應被敬拜的。」瑪挪亞提出的第一個問題乃質詢這人的身分（11 節），第二個問題則是質詢這人的信息，在半信半疑的客套話後，他說：「**願你的話應驗！**」（12 節）他詢問這孩子將來的生活和工作：「**我們當怎樣待這孩子，他後來當怎樣呢？**」（12 節）❾ 而這人的反應也是有問必答，但簡短、不多說；其實這人在此的回答比當初向他妻子的宣告要短了許多（3 ～ 5 節），也比瑪挪亞從妻子口中聽到的還更簡短（6 ～ 7 節），除了增加「**葡萄樹所結的都不可吃**」外，內容相仿。在瑪挪亞耳中這樣的回答有些諷刺自己白問了，太多心了。更特別的是這人答非所問，因為瑪挪亞問這孩子的未來，這人卻是回答婦人該如何做：「**我告訴婦人的一切事，她都當謹慎……凡我所吩咐的，她都當遵守。**」（13 ～ 14 節）瑪挪亞至此惟一能確定的是，自己妻子所說的話絕非出自不孕者渴望懷孕的幻覺；此外，這人的回答了無新意，瑪挪亞更發現自己在這人面前的地位很像局外人，有被冷落之感。

除了為這人帶來好消息感恩外，問答之間毫無斬獲的瑪挪亞隨即出招兩次。第一招是動機不明的款待，他說：「**求你容我們款留你，好為你預備一隻山羊羔。**」（15 節）從「瑪挪亞不知道他是耶和華的使者」的角度看，瑪挪亞突然好客起來，這顯得有點詭異。究竟是好奇呢？感恩呢？是近東款待客人的習俗呢？抑或他想藉此探查來者的底蘊？讀者無從知道。但是這殷勤卻吃上了閉門羹，且聽到這人勸他要獻殷勤的話，就要認真地對待上帝，「**耶和華的使者對瑪挪亞說：『你雖然款留我，我卻不吃你的食物，你若預備燔祭就當獻與耶和華。』**」（16 節）接著瑪挪亞出第二招，藉著請問芳名，盼望這人透露自己的底細，他說：「**請將你的名告訴我，到你話應驗的時候，我們好尊敬你。**」（17 節）但這招也失效，同樣被拒絕了，因為「**耶和華的使者對他說：『你何必問我的名，我名是奇妙的。』**」（18 節）讀者從這些對話便知道這人絕非等閒之輩，他其實代表上帝在說話。人的失信並不能消滅、廢掉上帝的信實（羅三 3）。面對探究、調查的這神人，並沒有忘記暗示上帝準備藉著這位「奇妙者」（六 13），來施行救贖計劃。這「奇妙的」（***pālā***ʾ）呼應著舊約出埃及時上帝的作為（參出三 20，十五 11；書三 5；詩七十七 11、14，七十八 12；另參賽九 6）。這人的回答，一方面凸顯瑪挪亞的無知，因為他竟然不知道這樣神奇的預言乃來自上帝的使者；另一方面映襯出「**到你話應驗的時候，我們好尊敬你**」這話，顯然唐突得已有以小人之心度君子之腹的酸氣！

見到如此不知名，不能被掌控，不沾鍋的奇妙貴人，聽聞上帝要賜下不孕家庭奇妙兒子的瑪挪亞，多少感到受寵若驚，遂如這位貴人所說，認真向上帝獻祭，這獻祭的行動與基甸有前後呼應之妙。先前基甸為了求蒙恩，蒙召的確據，獻上一隻山羊羔和無酵餅在磐石上（六 17 ～ 20），現在瑪挪亞為了蒙恩得子的確據，也獻上一隻山羊羔和素祭在磐石上，和當年基甸所獻的過程極為相仿。有趣的是，基甸所獻的「禮物」（***minḥāṯî***），原文與「**瑪挪亞**」（***mānôªḥ***）可能是同字根，不同的是，基甸知道這是耶和華向他顯現，他事後為耶和華築了一座壇（六 24），但瑪挪亞夫婦並沒有這個遠見，只作了一個獻祭便結束了。可見士師的靈性乃一個不如一個。

> 「**瑪挪亞將一隻山羊羔和素祭在磐石上獻與耶和華，使者行奇妙的事；瑪挪亞和他的妻觀看，見火焰從壇上往上升，耶和華的使者在壇上的火焰中也升上去了。瑪挪亞和他的妻看見，就俯伏於地。**」（十三 19 ～ 20）

獻為祭後，另一件奇妙的事發生了。雖然這裏沒有基甸故事中「**耶和華的使者伸出手中的杖，杖頭挨了肉和無酵餅**」的舉動，也沒有「**火從磐石中出來，燒盡了肉和無酵餅**」的視覺效果（六 21），但卻有「**火焰從壇上往上升，耶和華的使者在壇上的火焰中也升上去了**」（十三 20）這兩個勝過基甸所經歷的奇妙景象，大大開了瑪挪亞夫婦的**眼界**，難怪這對夫妻比基甸單單呼叫「哀哉」更感到折服（六 22）。這「**俯伏於地**」的行為，大有為先前自己諸般的猜疑、不信、試探而求饒的味道。如此傳奇的獻祭、經歷，開啟了參孫如火般傳奇的一生。敍述者如此說：「**耶和華的使者不再向瑪挪亞和他的妻顯現**」（十三 21），然後又說：「**瑪挪亞才知道他是耶和華的使者**」。敍述者沒有記載瑪挪亞妻子的反應，以此更加凸顯了瑪挪亞本人的不信（8 ～ 17 節），他藉著種種問題在測試耶和華的使者。在此諷刺的是，這使者的顯現成為瑪挪亞「知道」的障礙（8 節），反而這使者的消失才讓瑪挪亞看清了真相。

十三章 19 至 23 節每一節都出現「看見」（rā'ah）這字根形成的動詞，包括 21 節的「顯現」，23 節的「指示」。

理虧的瑪挪亞至少做對一件事，就是看見耶和華使者時俯伏於地，也說對了一句話，他向妻子說：「**我們必要死，因為看見了上帝。**」確實沒有人可以看見上帝而仍然活著（出二十四 11，三十三 20；賽六 1 ～ 5；提前六 16）。還好，這位幸運的瑪挪亞有個聰慧的妻子，指出上帝不會讓他死的 3 個原因。首先，奉獻禮儀上，火焰從壇上升，可見上帝已經接受他的祭物，因此「**耶和華若要殺我們，必不從我們手裏收納燔祭和素祭。**」其次，從視覺顯現上，祂所派的使者兩次的顯現，因此「**耶和華若要殺我們……並不將這一切事指示我們。**」此外，在神諭傳達上，祂藉著說話傳達，因此「**耶和華若要殺我們……今日也不將這些話告訴我們。**」（十三 23；參 3 ～ 5、13 ～ 14 節）。

13.1.2. 應許與應驗

參孫故事的第一階段到了尾聲，最後一位士師進入這本書的舞台，「**後來婦人生了一個兒子，給他起名叫參孫**」（十三 24）。❿ 正如耶和華使者所宣告的（3節），並且有上帝的賜福相隨，陪著這位將來的大力士士師的成長，「**耶和華賜福與他**」（24節）；更有士師記稀奇的「**耶和華的靈**」來印證，「**在瑪哈尼．但，就是瑣拉和以實陶中間，耶和華的靈才感動他**」（25節）。從「耶和華言語稀少」的時代來看（撒上三1），這個**上帝的靈**的記號，以及十三章參孫出生的預言和應驗的首尾呼應，而且，也在「**耶和華的靈**」感動下，參孫登上士師記舞台，開始他動作片的劇情，如此將十三章與十四至十六章連結在一起。這一切都浮現了瑪挪亞和以色列人所擁有的都是上帝所賜的，好讓在非利士人轄制下的以色列人，仍然可以經歷士師時代的循環定律——在「背約、受欺壓、呼求」之後的拯救。原來，士師隧道中靈性最黑暗的時代，仍然可以看見上帝對祂子民的救贖和愛！

在本書中耶和華的靈出現多次，上帝藉此涉入士師時代的以色列人，施行拯救的工作（三10，六34，十一29，十三25，十四6、19，十五14）。

瑪挪亞夫婦得耶和華所賜兒子的記載結束後，開始記載被耶和華的靈所感動的參孫的事迹。其中有描述參孫與亭拿女子間的拍拖軼聞（十四1～十五20），⓫ 以及描述他與迦薩妓女和大利拉的拍拖軼聞（十六1～31）。這兩大段描繪參孫的敍述，都以參孫的豔遇開始（十四1，十六1），過程中都記載大力士參孫殺敵非利士人成千，且都以「**參孫作以色列的士師二十年**」結束（十五20，十六31）。

期許參孫成為以色列拯救者的讀者（十三5），進入十四章後，立即要被這位自私、背叛的孩子所困惑。諷刺的是，雖然參孫佔據本書足足3章的篇幅，勝過其他士師，但是仔細看他的英雄列傳，充其量不過是個我行我素的勇敢戰士，從來沒有施行解救同胞脱離外邦轄制的義舉，更談不上像底波拉一樣，扮演士師判斷以色列人的角色（四5）。他一生的功勳純屬個人，私生活其實行徑卑劣，遑論對於以色列整體性的影響力，根本不能與先前的眾士師們相提並論。參孫不僅違背拿細耳人條例，更叫人費解的是生活處處與敵方女子有染。其實不少學者都稱呼參孫為歹徒、騙子。

13.2. 參孫與亭拿女子（十四 1 ～十五 20）

分段大綱（十四 1 ～十五 20）

1. 參孫因亭拿女子殺非利士 30 人（十四 1 ～ 20）
2. 參孫因報復擊殺非利士 1,000 人（十五 1 ～ 20）

13.2.1. 參孫因亭拿女子殺非利士 30 人（十四 1 ～ 20）

亭拿位於耶路撒冷以西 20 里，屬於但支派地一座城（書十九 43）。

正如大多數的男人一樣；參孫墮落的原點來自於「色」。敍述者在十四章開始，就描繪這位好色之徒如何墮入他人生的盲點的陷阱中。參孫在士師記舞台上的第一個動作，乃「看見一個女子」，而且這女子是「**亭拿**」來的（「亭拿」原文在這一節共出現兩次），是「非利士人的女兒」（十四 1），他不管青紅皂白，回來就要求父母：「我在亭拿看見一個女子，是非利士人的女兒，願你們給我娶來為妻」（2 節）。揚格指出，基甸的行動乃被邏輯主導；耶弗他則為不知名的信仰掌控；參孫個人行事的最高指導原則卻是情慾，至於理性、常識、信仰都不能影響參孫的抉擇。1 及 2 節之間敍述者用「下到亭拿」和「上來稟告【父母】」的對比，和重複 1 節的「在亭拿看見一個女子，是非利士人的女兒，願你們**給我娶來為妻**」，凸顯了參孫獨斷、剛愎、無禮、急躁的個性。一個墮落的故事就要發生了。

參孫要求娶妻的時間乃「現在」（ʿattā^{h}；十四 2）毫無轉圜的語氣。

有趣且諷刺的是，士師記開始時記載了一個理想的妻子押撒，一個理想的丈夫俄陀聶，在父母的鼓勵下成立第一個士師家庭（一 11 ～ 15，三 9）；但最後一位士師參孫，卻是不聽父母親的勸告，沒得到父母的祝福。其實，瑪挪亞夫婦的勸勉「在你弟兄的女兒中，或在本國的民中，豈沒有一個女子？」（十四 3）是有理可循的，因為參孫乃正正式式的拿細耳人，而這女子是未受割禮的非利士人，門不當戶也不對。五經明文規定以色列人不得與外邦女子通婚（出三十四 16；申七 1 ～ 3），以撒和利百加也曾對以掃的婚姻失望（參創二十六35，二十七46，二十八1）。從十四章3節來看；參孫向父母的要求，其實是一個吩咐，甚而是要脅他們。他這樣的行徑確實得罪上帝在士師時代向以色列人提出的禁令（三5～6）。參孫所說：「**願你給我娶那女子，因我喜悅她**」（十四3），後半段的原文「她在我眼前乃正」（「正」原文為 *yāšar*），與十七章至二十一章後「各人行眼中看為正」（「正」原文為 *yāšar*；十七6，二十一25），完全一致。如此呈現參孫乃士師隧道末段墮落的典範，他自己就是失去「眼」而進入黑暗和死亡中（十六21）。本書首尾的呼應，凸顯了士師隧道洞口那理想的婚姻，已經被隧道尾端隨興的婚姻所取代了。連士師都如此隨興、如此「只要我喜歡，有甚麼不可以？」普羅大眾恐怕更是凶多吉少了！更叫人懷疑，在這時候有誰還理會上帝的命令呢？⓬

參孫的故事若沒有上帝，就會成了僅僅是人間男歡女愛的「崎情」小說。本書的開始即已呈現上帝兒女的婚姻需要秉持以上帝的眼光來看待（三4～6），當上帝兒女不再在意上帝的命令，與迦南人的婚姻隨便到連拿細耳人參孫都可以如此我行我素，如此迦南化、世俗化，沒有人可以攔得住，而參孫父母對於上帝的事也如此不敏鋭，「**他的父母卻不知道這事是出於耶和華**」（十四4），如此置身事外（6、9、16節），於是上帝只好將計就計。⓭ 以色列人不能確實採取行動與迦南人區隔，又心甘情願接受非利士人轄制；參孫遂成為上帝藉以攻擊非利士人的器械（4節），也讓非利士人的反動成為以色列人妥協結果的嚴厲例證，盼望以色列人可以從慘痛中學習功課。正如魯益師所説，「痛苦是上帝的擴音器，喚醒一個重聽的世界。」

在參孫的主導下，敍述者藉著第二次「**下亭拿去**」（1、5節）。⓮ 敍述著無奈並投降了的瑪挪亞夫婦，帶著參孫去安排婚禮。但在路上參孫顯然有機會與父母脱隊，在父母不知情的狀況下（6、9、16節），劇情插入了「**到了亭拿的葡萄園，見有一隻少壯獅子向他吼叫**」（5節）。讀者難免感到好奇：參孫到葡萄園去做甚麼？不能喝清酒、濃酒的拿細耳人，為何要鋌而走險，到釀酒之源的葡萄園？難道上帝要測試參孫？抑或敍述者要讓讀者看看參孫的功力多高，給他一個展現英雄的舞台？布洛克甚至主張這獅子乃上帝差派，以作為本章下文劇情鋪路之用。事實上，這插曲凸顯了因著上帝超然的能力，「**耶和**

華的靈大大感動參孫」（6 節；參三 10，六 34，十一 29，十三 25），讀者看到比打老虎的武松還神勇的參孫，飆出他的傳奇能耐和演技，「他雖然手無器械，卻將獅子撕裂，如同撕裂山羊羔一樣」（十四 6），但是瑪挪亞夫婦卻被蒙在鼓裏，因為參孫「行這事並沒有告訴父母」。為人父母的你我不禁要反思：我們真認識自己的兒女嗎？當他們不在我們視線範圍之內時，是否做下了我們不知情但是會惹火上身的舉動？

英雄難過美人關，這在十四章 6 至 7 節完全浮現出來。在本章第三次「下去」的陪襯下（7 節）；參孫下去與亭拿女子說話。他如此頻繁、認真，不顧自己的身分、父母的勸阻和上帝的誡命，原因仍然是「喜悅她」（3、7 節），顯然參孫只關心「她在他眼前乃**正**」，不關心自己的行動是否在上帝眼前為「正」。如此「驢」的個性，在他迎娶新娘那日更是完全顯露無遺：

> 「過了些日子，【他】再下去要娶那女子，轉向道旁要看死獅，見有一羣蜂子和蜜在死獅之內，就用手取蜜，且吃且走；到了父母那裏，給他父母，他們也吃了；只是沒有告訴這蜜是從死獅之內取來的。」（8 ～ 9 節）

先前遇見獅子，他為了自衞打死獅子，原是無可厚非；但他並沒有按照拿細耳人遇見死屍後，需要為沾染了不潔的頭而到會幕前行潔淨之禮，包括剃頭、獻贖罪祭、燔祭、贖愆祭等「修復」條例（民六 9 ～ 12），一切已變得不可理喻了。⑮ 這次他還刻意彎進去，不僅讓自己陷下去，違反了拿細耳人的條例，甚且以色列普通人該守的條例也沒有遵守（利十一 24 ～ 25、39），更讓不知情的父母陪他一起陷下去，因為他而違背了上帝交代的誡命（十三 4、7）。施奈德指出；參孫必定知道父母親不喜歡他摸死屍，因此才會將殺了獅子的奇聞掩蓋，不讓父母知道，免得他們嘮叨。對他而言，他們已經有了前科（十四 3）。而這些行徑，不僅玷污自己的身分，也玷污了自己的婚禮。如此完全浮現出參孫的人生觀，只要她「正」，只要有「色」，一切都無所謂了！

但上帝對於參孫的行徑卻看為「有所謂」，祂再度干涉參孫的處境。按理說，蒼蠅或蛆才會靠近死屍，但是這死屍竟然成為蜂巢，明顯是超自然的。上帝出手了，祂藉著死屍長出好東西的「反自然」定律，來諷刺不用大腦的參孫，只顧拿**蜜**來吃，只顧自己肉體的需要；也諷刺了士師時代的以色列民，比死屍還不如，在墮落的迦南文化中不能潔身自愛，不能成為甜蜜的團體，卻是像參孫一樣的腐朽，完全只顧自己，不顧上帝分別為聖的命令，沒有好東西可以從以色列這團體中取出。這不也是所有上帝兒女的警惕嗎？在墮落的世界文化中，我們的生命是否也像長不出好東西的死屍呢？

「蜜」暗示了大利拉，「獅子」暗示著非利士人（十四5，十五14）。從參孫一生看，這謎語預示了可以打死獅子的參孫，有著屬靈盲點：跌倒在女子裙裾之下。

參孫其實是沿路闖禍。違背了拿細耳人不能摸死屍的誡命，摸死屍後也沒有按一般以色列人的方式來潔淨，這些潔淨條例對參孫而言，既不方便（要走回會幕，費時、費錢又費力），也不重要，重要的就是那位他眼中看為「正」的女子。當瑪挪亞一家到了新娘家（10節），眼看親近女色、享受歡樂的時光到了；參孫按近東習俗（創二十九22），在那裏設擺筵宴。⓰ 成為新郎的他，免不了要不醉不歸來個豪飲，如此又踩到上帝透過父母所指示的紅線（十四4）。在岳父大人所安排**30個**保鏢的陪伴下（11、15節），一場暗藏殺機的喜宴正要上演。

士師睚珥、以比讚、押頓的侍從官同樣都是30個（十3～5，十二8～10、13～15），還有大衛的侍衛也是30個（參撒下二十三13）。

從接著的故事發展看（12～20節，十五～十六章），這30個陪伴的人肯定來者不善，正如「七十士譯本」的解讀（*bəyirəʾāṯām*，意即「因為他們懼怕」），非利士人自然會防著這位外表古怪的參孫（十三5），以為他設宴是另有目的。參孫赴的，顯然是鴻門宴，但他顯然完全不在乎這些「保鏢」，實際上，是他在主導這個鴻門宴。他藉著謎語首先出牌，且裝填餌料來確定非利士人與他玩牌，讓他們全部**上鉤**：

馬太斯指出，十四和十六章都有「圈套」這母題（trap motif），敘述著好色的參孫，被女人所設的圈套所害，且都以殺非利士人為報復。

「參孫對他們說：『我給你們出一個謎語，你們在七日筵宴之內，若能猜出意思告訴我，我就給你們三十件裏衣，三十套衣裳；你們若不

能猜出意思告訴我，你們就給我三十件裹衣，三十套衣裳。』他們說：『請將謎語說給我們聽。』參孫對他們說：吃的從吃者出來；甜的從強者出來。他們三日不能猜出謎語的意思。」（十四 12 ～ 14）

本章共出現 14 次的「告訴」（nāgaḏ；2、6、9、12〔2次〕、13、14、15、16〔3次〕、17〔2次〕、19節）。

果然這些非利士人，全被這充斥著母韻（assonance）、重複但用模糊語意的謎「**吃的從吃者出來；甜的從強者出來**」所套牢，足足有 3 天之久。這謎語乃參孫親身的經驗，只有參孫、敘述者和後來的讀者才知道這個謎語背後真實的故事。沒有**說出來**的，人就無從真知道，真知道乃從啟示而來。不知道這謎底的非利士人，被挫折、無解困惑了 3 天後，在第四天只好走後門，⓱ 威脅參孫的新婚妻子：「**你誆哄你丈夫，探出謎語的意思告訴我們，免得我們用火燒你和你父家。你們請了我們來，是要奪我們所有的嗎？**」（15 節）原來非利士人之所以防著參孫，乃懼怕參孫奪走他們所有的，因此威脅亭拿女子。但從亭拿女子和父家的結局來看（十五 6），這威脅帶給讀者最終極的諷刺：原本想從參孫套出謎底，以免自己和家人被火燒死的她，最後就是因為從參孫套出謎底，自己和父家被送進火坑。原本被邀請來保護的 30 個非利士侍衛，卻成為恐嚇和殺害自己的人（十四 15）。

任何婚姻的外在因素，都會衝擊到婚姻裏雙方的內在關係。為了自己家人的安危和維護自己的面子（我丈夫的事我竟然不知道？）亭拿女子使出讓英雄柔腸寸斷的哭功，「**參孫的妻在丈夫面前啼哭說：『你是恨我，不是愛我，你給我本國的人出謎語，卻沒有將意思告訴我。』**」（16 節上），誰知，這一招一開始行不通，「**參孫回答說：『連我父母我都沒有告訴，豈可告訴你呢？**」（16 節下）。但是英雄氣短，兒女情長，新婚妻子不放棄，她繼續使出哭鬧、軟硬兼施的手腕，7 日筵宴快要結束，被如蜜的愛所溶解的「獅子」參孫，終於向妻子和盤托出，他的妻子就告訴她本國的人（17 節）……遂開啟了一場殺戮。後來的大利拉，也打著與亭拿女子相同的戰術（參十六 10、13、16）。亭拿女子「**逼著**」參孫（*ṣûq*；十四 17），因而露出謎底；大利拉也「催逼」

參孫（*ṣûq*；十六 16），因而露出他力量的底牌——頭髮。

參孫所出謎語（十四14）和非利士人的謎底（18節），原文都是6個字，由兩行平行詩句所組成，都有4個子音m，且都有「甜」（*māṭôq*）字。

參孫藉著母韻與重複的謎出牌，得了謎底的非利士人也藉著**母韻與重複**回牌，如此的相仿和不可思議；參孫一眼便看穿這謎底乃走後門得來的，原本以為必贏的賭局，赫然發覺自己被玩弄了，遂以另一首也是 6 個字的兩行詩句來回擊：「你們若非用我的母牛犢耕地，就猜不出我謎語的意思來」。⑱ 在這詩句中參孫控告他們偷到自己的後花園，套住只有自己可以耕地的母牛犢（比喻為妻子）。⑲ 怒氣衝天的參孫，在耶和華的靈大大感動下（十四 19；參 6 節），他就下到亞實基倫，擊殺了 30 個人，奪了他們的衣裳，將衣裳給了猜出謎語的人。雖然這樣兌現對猜謎語者的承諾是很暴力，但由此可見參孫對於承諾的認真。其諷刺的是，他對於自己的婚事很認真，但看待自己的身分、父母、百姓、信仰卻是如此輕忽，他殺 30 個非利士人的目的乃為自己，而非為同胞以色列人，對照之下更凸顯了他「惟色」的原則。老子說「無欲則剛」，太在意色慾的參孫因耳根軟，遂埋下自己悲劇的根苗（十六章）。參孫將怒氣全部發洩在非利士人身上，且得到「羊毛出在羊身上」的附加利益，然後才氣憤地回父家去，仍不知道自己的婚姻已經遭到設計——原來新郎已經被調包了，「參孫的妻便歸了參孫的陪伴，就是作過他朋友的」（十四 20）。⑳

進入十五章之前，讓我們先綜觀這幾章的脈絡。十四至十六章乃非利士人的侵害與參孫的報復互動史。首先，非利士人從亭拿女子套出謎底（十四 15）；參孫遂殺 30 個非利士人為反動；接著，非利士人將新郎調包（19 節）；參孫遂放火燒非利士人的禾捆和農作物（十五 3 ～ 5）；接著，非利士人燒亭拿女子家（6 節）；參孫遂大大擊殺非利士人為報復（8 節）；因此，非利士人到猶大人中恐嚇、策反他們交出參孫（9 ～ 10 節）；參孫遂擊殺了非利士人 1,000（15 節）；之後，非利士人在迦薩埋伏，欲擊殺參孫（十六 2）；參孫遂拆了迦薩城門以資回報（3 節）；非利士人最後藉著大利拉來套牢參孫（5 節）；參孫遂使出殺手鐧，與非利士人「同歸於盡」（30 節）。

從這互動史來看，暴力逐漸加溫的主因乃非利士人，最後導致迦薩大袞神殿的傾覆；但是參孫「以惡制惡」，行徑與非利士人完全相同，暴力遂像滾雪球一樣逐漸膨脹擴大。整個事件乃冤冤相報的結果，正如寶津所說：「非利士人要參孫為殺了他們的人而償命，但是他如此行乃因為他們殺了他的妻子和岳父；他們如此行乃因為參孫燒了他們的田園，但他如此行乃因為他的岳父將他的妻子給了別人；他岳父如此行乃因為他氣憤地離開，但他如此氣憤地離開乃因為他妻子將謎底洩漏給非利士同胞；而她將謎底洩漏給非利士人乃為避免他們用火燒了她家……」

13.2.2. 參孫因報復擊殺非利士 1,000 人（十五 1 ～ 20）

割麥子季節約為陽曆五、六月。施奈德指出；參孫雖非農夫，但專挑在農忙之際忙於他自己的愛情。暗示這次尋求破鏡重圓的動機乃自私的。

綜觀了十四至十六章劇情的發展後，讓我們進入十五章。過了些日子，**到割麥子的時候**，對妻子的怒氣應當是消了的參孫，帶著一隻山羊羔去迎娶新娘，到了岳父家才知道自己的妻子已經在別的男人懷中了（十四 20）。㉑ 而阻止他入閨房見妻子的，竟是自己的岳父大人（十五 1）。岳父大人道出事情原委，並盼望以替代方案澆熄參孫心中的「火氣」：

> 「我估定你是極其恨她，因此我將她給了你的陪伴。她的妹子不是比她還美麗嗎？你可以娶來代替她吧！」（2 節）

這癡情的參孫沒有料想到，岳父會在完全沒有知會的情況下，將自己已經要定的愛妻拱手送人。他也料想不到自己氣憤離開，讓岳父以為參孫不愛女兒，實際上他再回來，就證明岳父大人是料錯了自己的忠貞；更料想不到岳父竟然可以將妻子歸她同族男人。顏面盡失的參孫，當然不喜歡這拉班式的替代品（參創二十九 26），也不喜歡自己成為搓圓子湯的對象，結果他選擇以殺人來洩恨，他說：「這回我加害於非利士人不算有罪。」（十五 3）另一樁凶殺案接著上演：

> 「於是參孫去捉了三百隻狐狸，將狐狸尾巴一對一對地捆上，將

火把捆在兩條尾巴中間，點着火把，就放狐狸進入非利士人站著的禾稼，將堆積的禾捆和未割的禾稼，並橄欖園盡都燒了。」（4～5節）

十五章4至5節這段經文中，敘述者藉著8個連續動作：「去」、「捉」、「拿」、「翻【尾巴】）」、「捆」、「點火」、「放」、「燒」，來呈現參孫的動作靈活敏捷，以迅雷不及掩耳之勢，破壞了非利士人的農業核心，卻看不到非利士人的神明有任何保護（參十六章23～24；另參撒上五1～7）。這以惡制惡的報復手段，直接打擊的是非利士人的經濟中心，也間接暴露出迦南人所拜的穀神大袞的無能（參撒上五1～5）。參孫如此的手段，浮現他大力士的特質，這一點也不奇怪，獅子都可以被他赤手空拳打死，30個非利士人都輕而易舉地被他擊殺，300隻狐狸更難不倒他。因此這回出手，為他後來掙斷捆綁在身的新繩、以驢腮骨打死1,000人，以及推倒大袞神廟掩埋了其中3,000個非利士人，這更大的特異功能鋪路。更重要的是，這比敵人更狠毒的手腕，凸顯了參孫只在乎順著自己的性子，不在乎上帝的律法（出二十二6），不在乎報復的權柄在耶和華手中（申三十二35），不在乎拯救同胞的呼召（十三5），在乎的就只是體貼自己肉體的情慾而已！

經濟、宗教、安全上都吃足了苦頭的非利士人，當然會尋找縱火者。這並不難，立即就查出這事的主謀無他：參孫也！他們查明了這事的犯罪動機乃婚姻的轉嫁，「因為他岳父將他的妻給了他的陪伴」（十五6），也了解直接對付他岳父家比硬碰硬面對參孫要容易，遂找了代罪羔羊，並且以其人之道還治其人，用火毀了參孫的岳父和妻子。「於是非利士人上去，用火燒了婦人和她的父親」（6節），「將」參孫一「軍」。可憐，本想藉著洩漏謎底來避開同族人威脅的亭拿女子（十四15），最關心的父家生命財產安全，竟然隨同自己的性命都化為灰燼！㉒

可惜，非利士人輕忽了大力士也可能是多情郎。沒有了妻子、沒有了愛情，萬念俱灰的參孫一不做二不休，「你們既然這樣行，我必向你們報仇才肯罷休」（十五7），結果他不但沒有平息暴力，更引發另一場殘酷的暴行和非利士人的盛怒，「**參孫就大大擊殺他們，連腿帶腰都砍斷了**」。事後參孫雖然暫時找到躲藏安身之處，「**他便下去，住在以坦磐的穴內**」（8 節），但這短暫的安寧乃山雨欲來風滿樓的序曲而已。

激憤已久的非利士人出手了，出手的戰略規模提升為部隊出擊，「**非利士人上去安營在猶大，布散在利希**」（9 節），目的很明顯——施壓讓以色列人將窩藏的參孫交出來。只想息事寧人的猶大人，在敵軍壓境下一時覺得無辜，「**猶大人說：『你們為何上來攻擊我們呢？』**」（10 節上）了解非利士人的原委，「**他們說：『我們上來是要捆綁參孫；他向我們怎樣行，我們也要向他怎樣行。』**」（10 節下）之後並沒有派兵抵擋非利士人，反而槍口朝內，要參孫負起全責，「**於是三千猶大人下到以坦磐的穴內，對參孫說：『非利士人轄制我們，你不知道嗎？你向我們行的是甚麼事呢？』**」（11 節）從被牽連的猶大人的反應來看，此刻的猶大人和在士師槍口向外的心智（一 1），已經迥然不同了。隧道深處的以色列已經很迦南化了。施奈德指出，以色列人並沒有讓 3,000 人連結對抗非利士人，卻連合一起，將參孫押解給非利士人。由此可見，以色列人的思想行為和參孫一樣，已經完全淪陷像非利士人「行自己眼中看為正的事」了。

在非利士人、猶大人、參孫 3 方面的角力中，看出參孫並沒有解決同胞的問題，他自己倒成了同胞的問題。猶大人對參孫所說的「**非利士人轄制我們，你不知道嗎？**」（十五 11）不免讓讀者回想到基甸所說「**惟有耶和華管理你們**」（八 23）。當時以色列人在基甸帶領下，經歷到「**米甸人被以色列人制伏了，國中太平四十年。**」（八 28）諷刺的是，現在的猶大人被轄制，沒有平安（十五 20），還處處委曲求全，情願與迦南人立約，忘記與上帝立的約（二 1 ～ 5）。猶大人現在只求偏安江南，將非利士人所踢來的球轉傳給參孫。他們對參孫說：「**我們下來是要捆綁你，將你交在非利士人手中**」（十五 12 上）。㉓ 還好，這到處惹禍的頭目參孫一身是膽；其實，他不怕惹禍，帶著好漢做事好漢當的氣慨，只要求不死在自己人手中，「**參孫說：『你們要向我起誓，應承你們自己不害死**

馬太斯指出，在參孫與大利拉的故事中將重複出現的關鍵字「捆綁」（十六 4 ～ 21），扮演著象徵功能：參孫被同胞捆綁去朝見非利士人，象徵著同胞也被非利士人捆綁了。

我。』」（12節下）條件談妥後，「他們說：『我們斷不殺你，只要將你捆綁交在非利士人手中。』」（13節）隱藏了好一陣子的參孫又再次現形在施展特異功能的舞台了，「於是用兩條新繩捆綁參孫，將他從以坦磐帶上去。」（13節）

雖然衝突已經提升為國際性的爭端；參孫對於被自己的同胞押解甚至出賣，似乎不以為意，他將爭端通通扛在自己的肩頭上。到此讀者發現，猶大人已經屈服於非利士人的威嚇和文化，並肩同心要除掉耶和華所膏立的士師參孫，這也就是為何耶和華的主權要在此彰顯的原因：藉著參孫來拉開已經對迦南文化進行了本色化、處境化的以色列人，免得上帝的子民完全世俗化。原來，要與世界分開，不能不付代價；當上帝兒女與世界沆瀣一氣時，上帝只好藉著痛苦來剪斷上帝兒女與世界連結的臍帶：

> 「參孫到了利希，非利士人都迎著喧嚷。耶和華的靈大大感動參孫，他臂上的繩就像火燒的麻一樣，他的綁繩都從他手上脫落下來。他見一塊未乾的驢腮骨，就伸手拾起來，用以擊殺一千人。參孫說：我用驢腮骨殺人成堆，用驢腮骨殺了一千人。說完這話，就把那腮骨從手裏拋出去了。那地便叫拉末．利希。」（14～17節）

國際性爭端，現在轉變成屬靈爭戰。面對來迎戰喧嚷的非利士人，上帝出手了——藉著參孫一生中向他第四次顯現的「耶和華的靈」（14節；另參十三25，十四6、19）。整個「他臂上的繩就像火燒的麻一樣，他的綁繩都從他手上脫落下來」的神奇事件，顯示了這並非出於參孫的能力，完全是出自上帝的作為。擊殺獅子事件和擊殺非利士人事件有平行之處：非利士人「迎著喧嚷」攻擊參孫，如同獅子向參孫「吼叫」（十四5）。但在耶和華的靈大大感動下，參孫擊殺了非利士人，如同擊殺了獅子。有趣的是，非利士人在猶大安營，散布在「利希」（*ləḥî*；十五9、14）。這地方原文就是「腮骨／顎骨」的意思。往「利希」安營的非利士人，正好為後來參孫施展上帝大能而預先佈置舞台。先前懦弱妥協的以色列人捆綁了參孫，現在上帝幫以色列人解套，讓以色列的羞愧得到遮蓋。原來，上帝樂意遮蓋以色列人的軟弱，祂的膀臂從來不縮短（賽五十九 1），祂還賜下聖靈與我們同在（約七 37 ～ 39）。從上帝的能力和慈愛並不會因為以色列不同的靈程而改變來看，你我不論遇見任何景況，該當專一仰望耶穌、等候聖靈並順服於上帝（亞四 6），讓樂意出手的上帝來解決我們手中難成的事，而非處處與世界妥協、看齊、同化！

參孫的一生除了可以看到上帝的主權之外，還可以看出人的軟弱。從被動轉為主動的參孫，遂拿起驢腮骨，打死 1,000 個非利士人。敍述者特別強調這驢腮骨乃「**未乾**」，這尚未積蓄力道，不足以成為武器的「**未乾**」驢腮骨，竟然可以打死1,000人，以後這地方就叫「**拉末‧利希**」（十五 17）。這彰顯了上帝的全能，正如珊迦用趕牛的棍子打死 600 個非利士人（三 31）。然而，珊迦的動機是為了救以色列同胞，但參孫的一舉一動僅為了報復而已，上帝要他拯救同胞的呼召絲毫不是他所關注的。他甚至連自己的身分都甩在身後：驢腮骨「**未乾**」，還意味著這驢腮骨仍然是驢子屍體的一部分；參孫使用這「**未乾**」的驢腮骨來施展功力，凸顯了參孫對於拿細耳人的規矩根本不在意，觸犯了「不可挨近死屍」的條例（民六 6）。這「上帝的作為中夾雜著人的墮落」的方程式，一直主導著基甸以後的士師的屬靈路線，在這裏不但重複發生，且被參孫集其大成！難怪參孫死得比先前的士師更悲慘。

「拉末‧利希」意即「腮骨塚」。

參孫難道完全忘記上帝了嗎？也不盡然。在與亭拿女子交往所引爆的非利士人衝突的尾端，也是十四至十五章的最高潮；參孫第一次開口禱告了，這也是士師記第一次提到這位大力士的禱告。不過，他是為了以色列民被轄制禱告嗎？不是，他是為自己的需要禱告。「**參孫甚覺口渴，就求告耶和華說：『你既藉僕人的手施行這麼大的拯救，豈可任我渴死、落在未受割禮的人手中呢？』**」（十五 18）曾祥新認為，參孫在此已經認識自己的錯誤，重新與上帝聯合，向上帝全心仰望……是真以色列人的代表。這觀點其實與上下文的論述抵觸。參孫在此稱呼自己是上帝的「**僕人**」，對於死在「**未受割禮的人手中**」那麼在意，但是他父母對於他與未受割禮的人交往的警告，他卻完全不在意（十四 3）。如果當初聽從父母的話，焉有今日的困境？如此更凸顯了這位先做再說、「不見棺材不落淚」，只關心自己的生死、不關心上帝的百姓和祂榮耀的衝動士師，是如何自我中心了。參孫的自私自大心態，在他得勝後所說的話裏已表露無遺：「**我用驢腮骨殺人成堆，用驢腮骨殺了一千人**」（十五16），這帶著頭韻的希伯來文兩行詩中，完全看不到上帝的影子，有的只是自吹自擂的英雄主義而已。他與底波拉在得勝後的讚美截然不同（參五章）。

參孫刻意在放非利士人的屍骨的地方，給自己的得勝留名（參十五17）。在求水解渴後的「隱·哈歌利」（19節）；參孫也在他「逼」上帝賜水的地方為自己留名。他完全不能體會這是上帝的憐恤。

參孫禱告的方式其實很粗魯、無禮，但是憐恤的主仍照常垂聽。正如曠野時期上帝讓磐石出水，滋潤了自私、抱怨連連的以色列民（出十七1～7；民二十2～13）。慈愛屬性不變的上帝，也照樣憐憫參孫，「**上帝就使利希的窪處裂開，有水從其中湧出來。參孫喝了，精神復原；因此那泉名叫隱·哈歌利，那泉直到今日還在利希。**」（十五19）試從十四章4節和十五章20節的前後呼應看，以色列人和參孫一樣，行為模式與迦南人毫無區別，此乃上帝不讓以色列有平安的原因。十四章4節所言「**這事是出於耶和華**」，並不意味著上帝激起參孫對亭拿女子的愛情慾望，但意味著上帝使用被情慾所綁的參孫來擊打非利士人，以成就祂的計劃（參創五十20）。若沒有耶和華的靈降臨激動參孫，被非利士女子沖昏頭的參孫哪會自動攻擊非利士人？

最後，這兩章所敍述的參孫與亭拿女子事件要結束了，敍述者僅用「**當非利士人轄制以色列人的時候；參孫作以色列的士師二十年**」來收筆（十五20）。與其他士師不同的是，在參孫執政下，以色列人仍然成為外邦的殖民地，並沒有享受到以前士師所留下的平安（三11、30，五31，八28），正如這兩章的起頭所說的（十四4）。

13.3. 參孫與迦薩女子（十六1～3）

其他士師的墓誌銘往往是「作以色列的士師XX年後死了」（參十二7～15）；參孫「**作以色列的士師二十年**」後（十五20），他的死卻延到十六章的末端（十六30），之後「**作以色列的士師二十年**」卻又重複出現（31節）。

曾祥新認為，參孫故事沒有在十五章結束，因為十三章7節他母親所說「直到死必歸上帝作拿細耳人」的話尚未應驗，沒有十六章，參孫的故事並不完整。

敍述者如此例外的呈現絕非歹戲拖棚，反而是好酒沉甕底。士師記**十六章**不僅是參孫生命延長賽的敍述，更是參孫一生事奉的最高潮。敍述者在此娓娓道來，特別描繪參孫如何走上這條死亡的不歸路，且將焦點集中在參孫的致命傷——上了致命吸引力的毒鉤使然！

其實，踏入十六章，立刻便看到參孫已經上了致命吸引力的毒鉤。他到了迦薩，地點雖然不像先前的亭拿，但是江山易改、本性難移。當看見一個妓女，他的老毛病又出來了。從亭拿及迦薩事件，可發現參孫墮落的規則：參孫「**下**」亭拿「**見**」到一女子（十四 1）；參孫「**去**」迦薩「**見**」一妓女（十六 1）。他是順著眼目的情慾行事，因而陷入所羅門王所警告的陷阱中（箴六 23 ～ 35）。再加上似乎從與亭拿女子的交往學到耽延只會誤事的教訓（十四～十五章），這回更快更急「**就與她親近**」（十六 1）。但是壞事總是傳千里，「**有人告訴迦薩人說：『參孫到這裏來了！』**」（2 節上）很快地參孫進入十面埋伏的劇情裏。「**他們就把他團團圍住，終夜在城門悄悄埋伏，說：『等到天亮我們便殺他。』**」（2 節下）麥卡恩指出，參孫曾多次殺非利士人（十四 19，十五 8、15），又毀他們家園（十五 5），在非利士人中間可算是惡名昭彰；但他竟沒有避諱，想在不安全的非利士人中找到安全的「性」，來滿足他情慾的需要，實在愚蠢，等於在找死。泰山崩於前仍能面不改色的參孫，經過一夜風流後，又顯出他大力士的本領。「**參孫睡到半夜，起來，將城門的門扇、門框、門閂，一齊拆下來，扛在肩上，扛到希伯崙前的山頂上。**」（十六 3）單刀赴會的參孫依舊安然脱困。希伯崙距離迦薩約有 50 里，海拔高出 2,000 呎。讀者欣賞這英雄式的表演後，除了給參孫鼓掌外，不免要質疑：拆了城門豈不夠了嗎，何必如此「作秀」呢？他的表演，並非為了救同胞，而只為救自己。原來，參孫仍是老樣子。

安然脱困的參孫卻留下一籮筐問題給讀者：這女子是誰？背景呢？名字呢？參孫到離家 45 里的迦薩做甚麼？他為何如此囫圇吞棗？他如何脱離守衛的層層關卡？為何整段媲美西楚霸王力拔山兮氣蓋世的傳奇，僅僅 3 節就草草交代了？是否有耶和華的靈參與，或者完全是參孫的本事呢？不像亭拿女子事件，參孫還回去請父母來完婚（十四2），在此他偷了腥後，擦擦嘴巴就走了的態度，為何敘述者沒有責備？為何敘述者僅只報導而完全沒有任何解讀？這為何又與後來參孫跟大利拉交往一樣，連上帝都沉默了？敘述者沉默了，但是讀者難免要問：**城門**擋不住參孫的力量，到底甚麼力量才可以擋住他呢？

迦薩的城門，乃是可以向內外雙向推開又自動關上的門。進入城門後兩旁都有衛士房。

13.4. 參孫與大利拉（十六 4 ～ 21）

讓參孫上鉤的致命吸引力，乃接著所要描繪的大利拉。這段精彩的敘述文中，敘述者使用許多重複語法，如「看／見」（十六 5、18），「告訴」（6、10、13、15、17、18〔2 次〕節），「欺哄」（10、13 節），「欺哄／說謊」（10、13、15 節）等，來表達 5 種「試驗／考驗」：

- 非利士人考驗大利拉：大利拉是非利士人，抑或是參孫的愛人（5 節）？
- 大利拉考驗參孫：參孫對她是真愛，抑或是僅僅應付她（15 節）？
- 上帝考驗參孫：參孫對拿細耳人的身分是否認真（17、20 節）？
- 上帝考驗大袞：大袞能為自己辯論、為自己子民挺身嗎（23 ～ 30 節）？
- 參孫考驗上帝：上帝會在參孫上鉤時仍聽他呼求嗎（28 ～ 30 節）？

參孫遇見大利拉後，敘述者藉著 4 次誘惑來描繪參孫如何上鉤，而且在每次的誘惑中敘述者藉著語言的重複（repetition）和變化（variation），建立劇情的懸疑和張力，並凸顯參孫的脆弱、無知和愚昧。十六章 6 至 21 節分段如下：

1. 第一次誘惑（6 ～ 9 節）
   甲、大利拉的請求（6 節）
   乙、參孫的回應（7 節）
   丙、陰謀失敗（8 ～ 9 節）
2. 第二次誘惑（10 ～ 12 節）
   甲、大利拉的抱怨和請求（10 節）

乙、參孫的回應（11 節）

丙、陰謀失敗（12 節）

3. **第三次誘惑**（13 ～ 14 節）

甲、大利拉的抱怨和請求（13 節上）

乙、參孫的回應（13 節下）

丙、陰謀失敗（14 節）

4. 第四次誘惑（15 ～ 21 節）

甲、大利拉的抱怨和請求（15 ～ 16 節）

乙、參孫的回應（17 節）

丙、陰謀成功（18 ～ 21 節）

在三次誘惑、捆綁、掙脫後，參孫仍是如此的自信、天真、毫無防備，終於在第四次上鉤了。

敍述完迦薩女子（1 ～ 3 節），讀者驚魂甫定之際，若無其事的主角參孫已經出來打野食了。愛女人的情意比蜜還甜、比獅子還強的他，專找「野食」——位於耶路撒冷西南約 21 公里梭烈谷的外邦女子，「後來參孫在梭烈谷喜愛一個婦人」。只是不像先前參孫所邂逅的兩位女子（和他母親）全是不知名的，這位最後出場的女子「名叫大利拉」（4 節），㉔ 名正言順地瓜分了參孫在舞台上的戲分；更讓參孫料想不到的是，他已經遇見了一生中最不祥、最毒的野玫瑰！從以後的劇情來看，參孫雖然逃離迦薩（3 節），但是就是因為這毒玫瑰，他終究被鉤回迦薩（21 節）。遇見了大利拉的參孫，已經成為逃不掉的甕中之鱉了。

沿地中海旁非利士人 5 大城市之首領所答應給付的，合起來是 5,500 舍客勒，是基甸從米甸奪得的 3 倍之多（八 26），是米迦母親財富的 5 倍（十七 2），是當時一般人年薪的 550 倍（十七 10）。

非利士人看到參孫已經進了網，遂派人到大利拉這裏佈下圈套準備收網，「非利士人的首領上去見那婦人，對她說：『求你誆哄參孫，探探他因何有這麼大的力氣，我們用何法能勝他，捆綁剋制他。我們就每人給你**一千一百舍客勒銀子**。』」（5 節）捨棄先前對亭拿女子勒索的硬手段（十四 15），非利士人這次用利誘的柔軟方式。不論是如何的恩威並濟，目標只有一個，就是讓參孫上網、上鉤，好清算先前一切損失的帳（包括迦薩城門被拆）。從參孫可以逃過威脅卻躲不過誘惑的角度看，上帝兒女的你我，是否應當為患難痛苦而感恩，為忽然獲得財利而大大地警惕？苦難熬煉出信徒的屬靈生命，名利卻往往拖垮人的靈性！

分段大綱（十六 6 ～ 21）

1. 第一次誘惑（十六 6 ～ 9）
2. 第二次誘惑（十六 10 ～ 12）
3. 第三次誘惑（十六 13 ～ 14）
4. 第四次誘惑（十六 15 ～ 21）

13.4.1. 第一次誘惑（十六 6 ～ 9）

大利拉拿到重賞的合約後，自是開始辦事了，她藉著美人計想要掀開參孫的底牌。「大利拉對參孫說：『求你告訴我，你因何有這麼大的力氣，當用何法捆綁剋制你。』」（十六 6）連說話的遣辭用字都與非利士領袖們一樣（參 5 節）。她大概很吃驚，參孫竟然順口就「說：『人若用七條未乾的青繩子捆綁我，我就軟弱像別人一樣。』於是非利士人的首領拿了 7 條未乾的青繩子來，交給婦人，她就用繩子捆綁參孫。」（7 ～ 8 節）一切都打理妥當，包括派人「預先埋伏在婦人的內室裏」（9 節）的臥底。正高興參孫怎麼那麼容易上鉤，（錢怎麼這樣好拿！）卻發現原來只是一場鬧劇。「婦人說：『參孫哪，非利士人拿你來了！』參孫就掙斷繩子，如掙斷經火的麻線一般。這樣，他力氣的根由人還是不知道。」（9 節）

參孫往往被描繪成四肢發達的大力士，但是以非利士人屢次藉著「心計」，試圖掀開參孫的底牌來看，他這麼大的力氣不是外顯的，而是內蘊的、祕密的，是非利士人不能從外表看到的，需要設計去挖掘的。若他的外貌類似於歌利亞，則非利士人首領押下這麼龐大的賭注就顯得很愚笨。其實，按肉體來說；參孫乃平凡人，他的不凡之處來自上帝所賜拿細耳人的身分。

13.4.2 第二次誘惑（十六 10 ～ 12）

有錢能使鬼推磨，大利拉並沒有因為設計害參孫而覺得汗顏，反倒責怪參孫不誠實，埋怨說：「你欺哄我，向我說謊言」（10 節），但和第一次一樣（6 節），加上一點溫柔來套參孫。「現在求你告訴我當用何法捆綁你」（10 節）。參孫沒有責怪大利拉出賣他，被綁過一次的他也沒有任何警覺，只和第一次一樣，隨便編一個理由來打發大利拉：「人若用沒有使過的新繩捆綁我，我就軟弱像別人一樣。」（11 節）大利拉就藉著枕邊柔情細語之際，用新繩捆綁他，接著搖醒他，對他說：「參孫哪，非利士人拿你來了！」但仍發現一切都是白費功夫，因為「參孫將臂上的繩掙斷了，如掙斷一條線一樣。」（12 節）

13.4.3. 第三次誘惑（十六 13 ～ 14）

參孫雖然懷裏抱著大利拉的身體，但他的心反被大利拉圈住、套牢。這毒玫瑰鍥而不捨，第三次再來追問參孫。大利拉對參孫說：「你到如今還是欺哄我，向我說謊言。求你告訴我，當用何法捆綁你。」（13 節）不知已經深陷火窟的參孫，還在繼續玩火，而且他的回答愈來愈靠近與頭髮有關的謎底了。參孫回答說：「你若將我頭上的七條髮綹，與緯線同織就可以了。」（13 節）㉕ 以為抓到「把柄」的大利拉，「將他的髮綹與緯線同織，用橛子釘住，對他說：『參孫哪，非利士人拿你來了！』」哪知，參孫從睡中醒來，將機上的橛子和緯線一齊都拔出來了（14 節）。冀望以身體換取財富的大利拉這一回仍是撲了空。參孫「從睡中醒來」不免叫讀者想到疲乏沉睡的西西拉（四 21），而為參孫捏一把冷汗。其實，大利拉 4 次計綁參孫（十六 8、12、14、19），必是在參孫沉睡之時。諷刺的是，夏瑣將軍因為沉睡而被女子雅億所釘死，現在靈裏疲乏、肉體沉睡的參孫，很快地將被外邦女子所害。

13.4.4. 第四次誘惑（十六 15 ～ 21）

經過 3 次「交手」之後，第四次誘惑的劇情被描繪得更仔細，彷彿影片中的「慢動作」再加上重複鏡頭。這時大利拉採用了先前亭拿女子的勒索伎倆

（十四 16 ～ 17），用反覆哭鬧，誣指參孫用情不專的手法，來「激、刁」參孫吐出祕密。她對參孫說：「**你既不與我同心，怎麼說你愛我呢？你這三次欺哄我，沒有告訴我，你因何有這麼大的力氣。**」（十六 15）果然，大利拉像蜜蜂圍繞般的嘮叨與糾纏的策略成功了；參孫「死」的惡兆也浮現出來了。「**大利拉天天用話催逼他，甚至他心裏煩悶要死。**」（16 節）他的意志繩索斷裂，要命的懦弱全部暴露出來。堂堂一位神奇的拿細耳人，竟然向外邦女子透露上帝給以色列人的祕密：

> **「參孫就把心中所藏的都告訴了她，對她說：『向來人沒有用剃頭刀剃我的頭，因為我自出母胎就歸上帝作拿細耳人；若剃了我的頭髮，我的力氣就離開我，我便軟弱像別人一樣。』」**（17 節）

13.5. 參孫的死（十六 22 ～ 31）

參孫的自白讓大利拉（和讀者！）發現，㉖ 參孫不是糊裏糊塗的人，他其實知道自己是上帝呼召的人。只是讓大利拉（和讀者！）不解的是；參孫如此特別的身分，為何卻是如此的隨便，乃至與妓女瞎混（十六 1），如此地不知謹守，將拿細耳人的誓言當作安撫女人的道具，而完全不在乎自己的呼召，實在是匪夷所思！上帝兒女若不知道潔身自愛、分別為聖，會像參孫一樣，成為外邦人的笑話；也讓自己如愚蠢的伊磯倫王，被以笏輕易地刺殺一般（三 12 ～ 30）。自己身敗名裂事小，羞辱主的名才是最大的損失。

劇情愈來愈慢，但是戲劇張力卻愈來愈強，更特別的是，舞台上的主角似乎轉變為女性，就是那位先前已經被暗示過，比蜜還甜、比獅子還強的大利拉（十四 18）。原來；參孫並不是敗在非利士男人手中，而是敗在非利士女人裙裾之下。參孫前 3 次以胡扯的回答來打發大利拉，玩弄大利拉，最後一次才發現原來是自己被大利拉玩弄於股掌之間。敍述者用 8 次的連續動詞，來描繪這位已經摸到謎底的大利拉，如何操弄她掌控中的大力士參孫（十六 19 ～ 20）：

- 她「**見**」他把心中所藏的都告訴了她；㉗
- 她就「**打發**」人到非利士人的首領那裏；
- 她對他們「**說**」，他已經把心中所藏的都告訴了我，請你們再上來一次。

於是非利士人的首領手裏拿著銀子，上到婦人那裏（大利拉已然成為大財主了）；

- 大利拉「**使**」參孫枕著他的膝「**睡覺**」；
- 她「**叫**」了一個人來；
- 「**剃除**」他頭上的7條髮綹；
- 於是大利拉「**剋制**」他；
- 大利拉「**說**」：參孫哪，非利士人拿你來了！

在大利拉演完8個連續的慢動作後，㉘ 5,500舍客勒到手，完成了她的戲分，下台一鞠躬；留在舞台上的只剩下一個無力、任人宰割的參孫，「**他的力氣就離開他了**」（19節）。這時醒來的參孫，仍不知道自己已經不是男主角，已經不再是大力士。「**參孫從睡中醒來，心裏說：『我要像前幾次出去活動身體』；他卻不知道耶和華已經離開他了。**」（20節）他已經成為囚犯，主角變成了小丑，而且是無眼的小丑、奴隸了。「**非利士人將他拿住，剜了他的眼睛，帶他下到迦薩，用銅鍊拘索他；他就在監裏推磨。**」（21節）在古代近東的社會，只有奴隸、女人、囚犯和驢才去推磨（九53；另參出十一5）。諷刺的是，曾經燒了非利士人糧草、禾稼的參孫（十五5），卻成為非利士人糧草、禾稼的推磨者；曾經用驢腮骨殺人的他（十五16），現在卻像驢般工作；將妻子比喻為「母牛犢」的（十四18），現在自己卻是如牛一般。

過去一直主導劇情發展的參孫，現在已經落在別人的掌控中，被剝奪了主導權，主要的原因，就是他一再地挑戰上帝的誡命，正如以色列人一直逾越上帝所劃定的紅線（利二十六章；申二十八章）。㉙ 參孫經歷到人生最大的悲哀，就是上帝的離開。他的命運和武功都隨著耶和華的離開而逆轉，正如以色列的命運乃隨著上帝離開而黯淡。參孫失敗的起點就在他所誇耀的成功；原來，一個人的成功往往是失敗的開始。一夜之間，他成了瞎子，成了連眼淚都流不出來的無眼英雄，絢爛的太陽終於下山了。上帝兒女由此可以反思：該當隨時隨處「深深考察自己的行為，再歸向耶和華」（哀三40），免得進入參孫那無助、無光、無尊嚴、無自由、無上帝的慘況中。

然而太陽落山後，仍然有升起之時。對於參孫這樣四肢發達、頭腦簡單，一再不理會上帝心意的人，「主雖使人憂愁，還要照祂諸般的慈愛發憐憫」（哀三 32）。這齣戲還沒有結束，看官請繼續看下去，因為好酒沉甕底，好戲在後頭。參孫喪失的能力隨著頭髮長出來而復原，「**他的頭髮被剃之後，又漸漸長起來了。**」（十六 22）在監牢中長出了頭髮的參孫，乃本齣戲結束時劇情平反的伏筆。真正的導演不是參孫，不是大利拉，也不是非利士人；真正的導演乃上帝！

這時，舞台的佈景從監獄（21 ～ 22 節）換成非利士王宮，好將這策反勝利的政治慶功宴轉變成宗教活動。「**非利士人的首領聚集，要給他們的神大袞獻大祭，並且歡樂，因為他們說：『我們的神將我們的仇敵參孫交在我們手中了。』**」（23 節）從他們慶祝的乃參孫被抓而非以色列被打敗來看，同化了的以色列對迦南人已經不具威脅，惟一能威脅他們的這根刺，如今總算被拔掉了，積壓多時的鬱卒遂轉變為歡樂。「**眾人看見參孫，就讚美他們的神說：『我們的神將毀壞我們地、殺害我們許多人的仇敵交在我們手中了。』**」（24 節）若將非利士人對大袞的讚美，相較於底波拉對耶和華的讚美來看（五章），參孫故事的最高峯終於浮現——大袞與耶和華的爭戰。若非上帝離開了參孫，非利士人斷不能捆綁參孫，這都出於上帝。讀者很快地將從接著的故事看到，勝利只屬於上帝。

來自愛琴海沿岸的非利士人，雖然不是閃族後裔，卻也像以色列人一樣，被迦南人的文化所同化。這大袞乃農業神明，是氣候神巴力的父親。

非利士人歡慶的最高峯，乃將他們的戰利品帶上舞台，好為這宗教活動添加餘興節目。「**他們正宴樂的時候，就說：『叫參孫來，在我們面前戲耍戲耍。』**」（十六 25）這時所有的聚光燈通通對準了他們的俘虜，那個成為小丑、無眼的參孫：「**於是將參孫從監裏提出來，他就在眾人面前戲耍。**」（25 節）這時出場的參孫已經成為無助的囚犯，是個連走路都需要小孩來導引的瞎子。

「他們正宴樂的時候」原文為「他們的心覺得好」。這與參孫的老毛病（即「她在我眼中為正」；十四 3）前後呼應，諷刺著參孫被迦南化後，結果是親痛仇快，自己遂成為迦南人的俘虜。敘述者似乎在質問以色列人：這樣被同化，值得嗎？

「他們使他站在兩柱中間。參孫向拉他手的童子說：『求你讓我摸著托房的柱子，我要靠一靠。』」（26 節）這一幕，可是非利士人等待已久的好戲，「那時房內充滿男女，非利士人的眾首領也都在那裏。房的平頂上約有三千男女，觀看參孫戲耍。」（27 節）

日暮途窮的參孫，在此獻上他一生中最後、卻也是最重要的一次禱告。在信仰上他終於體認到耶和華是他的主（參十五 18），走過一生的際遇才明白上帝在他生命中該有的主權。再也找不到出路的參孫，終於體會上帝才是他的出路：

> 「參孫求告耶和華說：『主耶和華啊，求你眷念我。上帝啊，求你賜我這一次的力量，使我在非利士人身上報那剜我雙眼的仇。』」（十六 28）

在世俗化中打滾了一輩子的參孫，禱告中顯示他的動機仍然脫離不了以自我為中心——求主救他，為他的冤屈苦楚報復。在這樣的絕境中如此禱告誠然情有可原，但對於他以色列同胞的困境卻絲毫沒有提到，這本來是他出生的真正目的（十三 5）。對比於非利士人的羣體生活，他一向獨來獨往，[30] 關心的就是自己的命運和面子，過於以色列全體的。相較於大衞打敗歌利亞時所說的：「這未受割禮的非利士人是誰呢？竟敢向永生神的軍隊罵陣嗎？」（撒上十七 26）反映出大衞關心的不是自己的生命安危，而是上帝的名譽。更諷刺的是，非利士人在歡樂的時候知道要獻祭給大袞神，他們會替他們的神爭面子；參孫卻只會給耶和華丟面子，讓外邦人來嘲笑、戲耍！

讓上帝丟盡了臉的參孫，來到他生命的尾端，也是他此生的最後一搏。在童子引導下，他取得了施力點。「參孫就抱住托房的那兩根柱子：左手抱一根，右手抱一根」（十六 29），[31] 藉著許願方式說了他一生最後的一句話：「我情願與非利士人同死」（30 節）。一個該為上帝分別為聖的拿細耳人，卻悲慘地與未受割禮的非利士人一同結束生命。他「就盡力屈身，房子倒塌，壓住首領和房內的眾人」（30 節），如此壯烈的結局，成就了他一生最大的功勳：「這樣；參孫死時所殺的人比活著所殺的還多。」（30 節）當然，最後得勝的仍然是上帝，絕非大袞神。連大袞神崇拜者的讚美嘴唇也被大袞廟所壓毀，在層層斷垣殘壁中變為冰冷，就是大袞神自己也被壓毀在其中。只是上帝的得勝，是藉著一個老是喜歡致命吸引力的毒鉤的參孫受死後才顯明出來的，留下讀者無限的慨歎。在此，還出現一個信仰的迷思：在參孫最後一搏時，上帝在哪裏呢？參孫的頭髮中是否仍有「上帝的同在」這記號呢？上帝的面子因此被奪回嗎？敍述者完全沒有作任何交代。敍述者僅僅記載人的舉動——參孫如何死的，正如參孫登上舞台時一樣，上帝仍然守約、施憐憫，但是似乎被邊緣化了，也正如以色列一樣，進入士師後，上帝就被邊緣化了。

全劇結束了，幕已落下，幕後參孫的家人在幕後幫忙劇中人參孫收拾善後，他被鄉親接納，而且打包回老家，「**參孫的弟兄和他父的全家都下去取他的屍首，抬上來葬在瑣拉和以實陶中間，在他父瑪挪亞的墳墓裏。**」（31節）㉜敍述者最後給參孫一生蓋棺定論：「**參孫作以色列的士師二十年**」（31節），這墓碑其實已經預先刻好了（十五20）。麥卡恩指出，參孫悔改得太少、太晚，正如拜偶像的以色列一樣，太少、太晚認真悔改，因此滑進這愈來愈墮落、黑暗的士師隧道，到最後，即使有士師如參孫，以色列仍然被非利士人統治（20節）。第十六章可以說是一場加演。但加演的安可曲（encore），竟然比十四至十五章的曲目更精彩、震撼，讓逐漸散場了的觀眾沉思、納悶、不解，這到底是喜劇，抑或悲劇呢？馬太斯認為對以色列讀者而言，這齣戲有喜劇成分，原因是：第一，仇敵太笨，竟然回答不出沒有欺騙成分的謎（十四12～18）；第二，仇敵無能，竟然連迦薩的城門都守不住（十六3）；第三，仇敵健忘，竟然沒有留心剃過頭的參孫頭髮還會再長（19～22節）；第四，仇敵軟弱，連1,000人都擋不下沒有傳統武器的參孫一人（十五15～16）。雖然如此，這位以色列最後的士師，至終竟然是惟一死在敵人手中的士師，這究竟是一個怎樣的收場啊！故事至此，士師記已記載了3次女人殺害男人：第一次，乃以色列女子雅億殺外邦將軍西西拉（四21）；第二次，則是以色列不知名女子殺士師基甸的兒子亞比米勒（九53）；第三次的情況更慘，外邦女子設計誘殺以色列士師參孫。這3個悲劇，刻劃出以色列靈性日益墮落的軌迹。㉝

13.6. 參孫故事的神學反思

參孫的一生提醒以色列（和讀者），誘惑經常是致命的，特別是名、利、色，會使英雄墜落到無淚可流的地步！「力拔山兮氣蓋世」的參孫，是聖經中的頭號大力士，別的不說，僅僅用一塊驢腮骨，他就足以殺死 1,000 個非利士人（十五 15）。他也是一個死得最悲慘的英雄，雙眼被剜掉，死前還成為別人戲耍的玩具（十六 21 ～ 27），以英雄無淚來結束他壯烈曲折的一生！他的悲劇，對熱衷拜金、享受、物質，惟性主義，笑貧不笑娼，視同性戀為常情的後現代化社會，實在是當頭棒喝。這個史實告訴 21 世紀的世人：留心名、利、色的試探，因為這吸引力是致命的！

多少人不懂得在情色上謹慎，覺得自己比參孫、甚至比彼得更強，「眾人雖然為你的緣故跌倒，我卻永不跌倒。」（太二十六 33）聰明如所羅門，絕不會認為自己乃至偉大的王國，會斷送在區區女子身上，因而大膽地娶 700 個妃、300 個嬪（王上十一 3），結果把父親留下的大好江山，硬是統治到分裂成南北兩國，乃至被擄被滅！直到日後被擄歸回的上帝子民，想起大有智慧的所羅門王對大衞王朝帶來的毀壞，仍心有餘悸（尼十三 26）。福音派名傳道人麥高登（G. MacDonald）未犯罪之前，不也是從來不認為自己的靈性過不了美人關？我們這些在色情氾濫的世俗化中浮沉的信徒，難道還能看外遇為樂趣事，在情色上不肯儆醒嗎？

參孫過不了美人關的另一原因，是他不懂得試探者的詭計，他若能儆醒，也不致於落到英雄無淚的地步！試探者的伎倆，就是教參孫靠自己的力氣自誇，以至漸漸在本身的防禦系統讓步。因著參孫不知儆醒的感情生活，非利士首領收買大利拉，多次想要套出他超人力氣的祕訣。第一次他胡亂地說「七條未乾的青繩子捆綁我」（十六 7），以搪塞她的要求，使自己的肉體情慾得滿足；第二次、第三次……參孫都以不同的話來延續自己性慾的需要，雖然多次被自己放出去的祕訣所招惹來的非利士人弄醒（4 ～ 14 節），但他總能爭脫，因而也就愈來愈不謹慎。以至「大利拉天天用話催逼他，甚至他心裏煩悶要死」（16 節），就把自己力氣大的祕訣洩漏給她，因而頭髮被剃，上帝也離開他，自己就軟弱地上了鉤，落在仇敵的手裏，成為無淚的英雄。英雄過不了

美人關，完全是因著沒有防範於未然的敵情觀念，不明白吸引力常是致命且難以避免的緣故！㉞

參孫的結局可以是上帝兒女更新的警惕。㉟新約的教訓如「所以，不要容罪在你們必死的身上作王，使你們順從身子的私慾。也不要將你們的肢體獻給罪作不義的器具；倒要像從死裏復活的人，將自己獻給上帝，並將肢體作義的器具獻給上帝」（羅六 12 ～ 13），以及「隨從肉體的人體貼肉體的事；隨從聖靈的人體貼聖靈的事。體貼肉體的，就是死；體貼聖靈的，乃是生命、平安」（羅八 5 ～ 6），這些話提醒我們應當在主前思想：

- 是否常常以今生的驕傲誇口？
- 是否常被肉體的情慾、眼目的情慾控制著自己的心？
- 是否像參孫一樣，不知不覺地讓自己的防禦系統被解體？
- 是否有屬靈的朋友，像拿單之於大衛（撒下十二章）？
- 最重要的，是否輕忽主的道，以為自己有免疫的能耐？

溫習及思考問題

1. 參孫的那些特徵使他與其他的士師截然不同？敘述者用了不少篇幅描寫參孫的私人生活，其目的何在？
2. 參孫的母親曾經歷不孕。在舊約聖經中有哪幾位婦女曾經歷不孕？她們的反應如何？與參孫的母親有何不同之處？你從中得了甚麼教訓？
3. 瑪挪亞遇見上帝的使者的反應如何？使者向瑪挪亞夫婦留下哪 3 個特殊的命令？他們有沒有完全遵守？
4. 十四章共有 5 次「下去」，這重複用法如何呈現出參孫的墮落史？人的墮落是否都有步驟可循？
5. 從參孫娶亭拿女子，顯示了他的婚姻觀如何？他的觀念帶來甚麼嚴重的問題？參孫的父母沒有阻止參孫這段婚姻，這反映了他們的關係如何？他們的家庭教育如何？
6. 從參孫的妻子迫使參孫講出謎底一事，你如何看參孫這人？雖然參孫殺了 30 個非利士人，他的婚姻卻落得怎樣的光景？

7. 參孫用甚麼方法向非利士人報復？「未乾」的朧腮骨意味著甚麼？他這樣行目的是為救以色列人抑或為著個人理由？上帝如何在參孫生命中的經歷中作參與？
8. 迦薩事件如何顯出參孫漸漸墮落？
9. 大利拉事件中，敍述者如何用重複語法來表達 5 種「試驗／考驗」？
10. 參孫明知大利拉是欺騙他的，為何他也甘願受騙，將自己的能力的祕密說出來？參孫這次的錯誤與之前兩次有何不同？從大利拉事件中，你得了甚麼教訓？
11. 參孫臨死前的禱文有何特別之處？你認為他當時與上帝的關係如何？
12. 你的信仰生活從參孫的整個故事可以得到甚麼借鏡？

釋經短註

❶ 有些學者認為參孫的故事是神話，曾祥新則指出，參孫的故事乃歷史事件，不能視為神話或傳說、傳奇而已。它其實是以色列的象徵：參孫與上帝之間的關係代表著當時以色列人與上帝之間的關係。為參孫這位大力士蓋棺論定，便會發現他一生忙於追逐與非利士人有關的情慾及報復，對於拯救以色列人的任務和呼召（十三 5），卻興味索然。在非利士王宮的最後一擊，更浮現他活著的動機：向自己的敵人報復，而非拯救自己的同胞。

❷ 因著參孫和掃羅同有上帝的靈感動，同樣攻打非利士人，都被同族出賣，且都以自殺結束，布魯克斯（S. Brooks）就認為，敍述者乃藉著參孫和大利拉的故事，影射掃羅和大衛的關係，怪罪大衛不該像大利拉出賣參孫一樣出賣了掃羅。其實，大衛並沒有像大利拉般被收買而出賣掃羅（撒上二十四 5），布魯克斯的類比顯然錯套了。更重要的是，參孫和掃羅的命運不能怪罪他人，離開上帝才是他們悲慘人生的關鍵。

❸ 最先將參孫讀為道德完美的屬靈偉人，足為後世楷模的，是猶太史家約瑟夫：「……從許多不同的角度看，他【參孫】是其中一個擁有超然美德的。」（“in all other respects he was one of extraordinary virtue”；參 *Ant.* 5.8.12）但現代絕大部分的學者卻

看準參孫是一位「色狼」士師，是士師記晚期以色列靈性墮落的最佳例證。

❹ 初代教父和一些學者如克倫肖（J.L. Crenshaw）試圖將參孫預表為基督，認為參孫殺獅子預表為耶穌勝過陰間權柄，也將被自己同胞厭棄的參孫等同於不被自己的人接納的耶穌。但是被情慾如此轄制的參孫，絕難與聖潔羔羊類比。其實，沒有一個士師可以成為以色列人解決困厄的真正解答。

❺ 也因此有學者（如跟從雷納哈斯〔A. Reinhartz〕的馬太斯）認為，這孩子的出生並非當事人心甘情願的，以致最後才會成事不足、敗事有餘。這觀點有否定上帝的憐恤和能力之嫌，也沒看清聖經中的人論（罪人本質），更以為士師記本身有救贖。士師記中真正的救贖，乃隧道洞口要出現的撒母耳（參撒母耳記上），以及其所要膏為王的大衛（路得記四章）。

❻ 包爾認為瑪挪亞的妻子在此說參孫「一直到死必歸上帝作拿細耳人」，是表達她咒詛兒子至於死，這是主觀且沒有根據的解讀。

❼ 約瑟夫從瑪挪亞的「求你再差遣那神人到我們這裏來，好指教我們怎樣待這將要生的孩子」（十三8），認為瑪挪亞是因為嫉妒而推動這一無必要的情節（參 *Ant.* 5.276～280）。其中重複使用「我們」這代名詞，語氣之間確實浮現出他責怪的口吻，似乎要說：「為何不直接通知我？」再者，從上帝向瑪挪亞妻子的顯現，學者富克斯（Ester Fuchs）、曾思瀚、曾祥新等，都主張這個家庭的真正領導者不是瑪挪亞，而是他的妻子。但是從瑪挪亞的妻子獲知將得子的消息後，就立刻回去向丈夫「報告」的行為，反映了這女子仍以瑪挪亞為主（6節），他們這樣的觀點有些過頭了。布洛克則另有不同看法，且更適切：在耶和華使者出現後（3～5節），本章的記載似乎顯得累贅（6～23節）。佔據如此篇幅，其實要浮現瑪挪亞和當時的以色列人（尤其是男人！）對上帝已經很陌生、瞎眼了——像新約的多馬那種眼見為憑的小信者。

❽ 對於因為瑪挪亞的大男人觀念，因此不信他妻子的話，布靈對此有不同的解讀：瑪挪亞之所以不相信妻子的話，乃認為「那婦人其實不清楚自己說的是甚麼，雖然她說得頭頭是道。」（“The woman doesn't really know what she is saying, though she is dropping hints all along the way.”）蘇遵也認為無子

的瑪挪亞妻子，一定是盼望得子到「昏了頭」，因此瑪挪亞不相信她的話。

❾ 十三章12節下「我們當怎樣待這孩子，他後來當怎樣呢？」原文並沒有「和合本」的「我們」這代名詞。（「新譯本」譯為「這孩子的生活方式怎樣？他要做甚麼呢？」）曾祥新跟從克萊因，將後者的讀法（“How will the boy be judged, and how will his work be judged?”）翻譯為「這孩子和他的工作將要如何裁判（*mišpaṭ*）呢？」雖然 *mišpaṭ* 也在四章5節以「判斷／裁判／士師」方式出現。*mišpaṭ* 亦可以讀為生活形態（manner of life）。因此最適合的翻譯乃「這孩子生活方式和工作將如何？」

❿ 瑪挪亞的妻子給這孩子起名，除了讓瑪挪亞愈是靠邊站之外，更浮現士師記作者絕非大男人主義者。此外，「參孫」（*šimšôn*）的字根為「太陽」（*šemeš*），可能與出生地瑣拉、以實陶附近的「伯・示麥」（*bêṯ šemeš*，意即「太陽之家」）拜太陽有關（撒上六9～15；王上四9），也因此有些學者將參孫的故事視為與太陽神等同的神話故事，但是科恩（G.C. Cohen）認定兩者之間沒有關連。

⓫ 十四章與十五章顯現了平行的劇情：3段插曲式的平行為十四1～4 // 十五1～3，十四5～9 // 十五4～8，十四10～20 // 十五9～19；4段插曲式的平行則為十四1～4 // 十五1～3，十四5～6 // 十五4～6上，十四7～9 // 十五6下～8，十四10～20 // 十五9～19。

⓬ 布洛克指出，瑪挪亞夫婦並沒有扛著上帝的旗幟來阻止參孫的意圖，他們反對參孫的婚姻，理由其實也僅僅是文化、社會因素而已。在他們的對話中，婚姻最重要因素的上帝不見了。

⓭ 麥卡恩指出，人類任何處境都不能阻止上帝的主權和計劃。無禮、失信、好色、自我中心的參孫，不能妨礙上帝的信實和慈愛。人雖失信，但是上帝仍是可信的。奇澤姆認為，認識參孫的上帝，按著他的軟弱推行祂救贖的計劃。

⓮ 十四章共有5次「下去」（*yāraḏ*；1、5、7、10、19節），這重複用法呈現出本章乃參孫的墮落史，但也同時彰顯上帝的主權——每次的「下去」都開始另一段祕密，分別是隱藏著「耶和華行事目的」的祕密（1～4節），「殺獅子」的祕密（5～6節），「蜂蜜」的祕密（7～9節），「謎語」的祕密（10～18節），

最後以耶和華的靈的權能結束本章（19～20節）。

⑮ 格里斯坦（E.L. Greenstein）認為，只要參孫不犯拿細耳人所有條例，耶和華的靈會繼續降臨使用他。但是馬太斯反駁此看法，認為參孫雖有悔改的空間（十六28～30），但他不能以上帝的恩典為放縱情慾的空間（羅六1）；喜歡與否，他都必須認清自己的身分。

⑯ 曾思瀚與克倫肖同一立場，認為將參孫主動設擺筵宴、主動出謎語等，解讀為參孫標榜男性雄威、炫耀自己，咎由自取地換得妻子在這7天中（至少4天）的啼哭。這看法只說對了參孫在筵宴中採取主動的心理原因。實際上參孫宴請，乃「因為少年人都有這規矩」（十四10）；而參孫出謎題，與這30個非利士人可能是刺客（十四11），息息相關。

⑰ 雖然十四章15節在「馬所拉文本」讀為第七天（且有較晚期的「他爾根」，和「武加大譯本」的支持），但是「七十士譯本」和「敍利亞文本」解讀為第四天，應是比較適合的讀法。若然如此，十四章17節「七日筵宴之內，她在丈夫面前啼哭」，應解讀她在7日中剩下的日子啼哭。

⑱ 布洛克指出，十四章最引人入勝之處，不僅是中東的婚姻禮俗，更是敍述者藉著模糊的語意、雙關語、婉轉語詞、同音異義字、同義字和母韻等，讓讀者進入經文中的佈局——猜謎，猶如參孫、非利士侍衛和亭拿女子間的一場猜謎競賽。

⑲ 過度靈意解讀這些謎語的細節，例如，曾祥新將蜂蜜比喻為上帝特別的恩典，另有其他學者甚至將謎底解讀為「嘔吐物」、「精子」、「性關係」，使得這謎語失去了原本的意義。

⑳ 十四章20節「新譯本」的讀法較白話：「參孫的妻子卻歸了一個陪伴參孫的人，這是作過他伴郎的」。參孫設擺婚宴，最後赫然發現新郎不是我，真的是賠了夫人又折兵。如此正好是十五章劇情的引爆點，更是上帝藉聖靈降臨（十四6、19），來管教不該與非利士人走得太近的參孫（和以色列民）的導火線。

㉑ 參孫生氣地離開岳父家，與妻子洩漏謎底給非利士人（甚至懷疑她與他們有染？）有關。曾祥新觀點與布靈相同，認為參孫尚未進洞房，因此婚禮不算完成。這尚未進洞房的觀點與經文有出入。十四章15至17、20節，十五章1節等都稱亭拿女子為「參孫的女人／妻子」。學

者有這樣的看法，乃在於不同文化所引致認知上的差異。岳父想以小女兒替代大女兒嫁給參孫的建議，與創世記二十九章26節，拉班將大女兒嫁給雅各的情節極為相似。布洛克指出；參孫岳父不僅沒有經參孫同意即將女兒轉嫁別人，現在再次沒有經過小女兒同意，又要將之許配給參孫。由此可見，非利士的文化中女人沒有地位。如此也間接反映了以色列人就是被這種迦南人「行自己眼中看為正的事」的文化所同化的。曾思瀚則指出；參孫的岳父找替代品這手法，乃本書接下來所要敍述的利未人以妾代替自己，成為一羣同性戀土匪手下犧牲品的預告片（十九25）。其實這替代品手法，早在羅得時代已有了（創十九8），絕不是非利士人的專利。

㉒ 曾祥新指出，在參孫與非利士人爭鬥中，最可憐的乃這個亭拿女子。她被非利士人威脅去誘出謎底，也任憑父親擺佈去轉嫁別人，最後，被邀請來保護自己父家的非利士人，卻成為殺害父家的兇手，成為沒有原則的人的借鏡。

㉓ 過去的士師在以色列都是受歡迎的，但是參孫卻是以色列的燙手山芋。曾思瀚指出，成為士師的參孫，對以色列同胞所下的第一道命令，竟然是求自己免死，如此的狹窄、自我，完全沒有成為全國領導的風範。

㉔ 「大利拉」（*dəlîlā*^{h}）與「夜」（*hallaylā*^{h}）為雙關語。雖然有學者質疑大利拉可能是以色列人，但是仍以非利士人最為可能。有趣的是，埋伏的非利士人不能在夜晚襲擊參孫（十六2～3；這裏「夜」原文共出現4次），後來卻4次透過大利拉試圖擒拿參孫，而且這「大利拉」一字出現7次（十六4、6、10、12、13、14、18），遠勝於先前其他名字沒有被提及的3個女子。

㉕ 「馬所拉文本」在此只有「若將我頭上的七條髮綹，與緯線同織」，「七十士譯本」則譯為「若將我頭上的七條髮綹，與緯線同織，且用橛子釘牢，我就軟弱像別人一樣。」另外「七十士譯本」還在十六章14節「於是大利拉將他的髮綹……」之前，加上「於是大利拉使他入睡，並將他的髮綹……」。這些「追補敍述」還原了「馬所拉文本」（很可能是跳讀）的經文原貌。

㉖ 正如克萊因所指出的，敍述文的讀者往往比主角知道的還多。諷刺的是，大利拉前3次用的動詞乃「捆綁」（*ʾāsar*；十六6、10、13），只有到最後一次才用「愛」，但是這「愛」字一出口；參孫就破功了。

大利拉所要的是參孫被捆綁；參孫要的是大利拉的「愛」（*ʾāhaḇ*）。果然，英雄難過美人關。

㉗ 從語法的變化，可以看出大利拉為何相信第四次的誘惑之後；參孫口中所吐乃真言：

- 前三次用第三／二人稱未完成式語法「人若用／你若用……」（十六7、11、13），第四次改為第一人稱的完成式「如果我」（*ʾim-gullaḥtî*；17節）；
- 在「我便軟弱」之前（7、11節），加上「我的力氣就離開我」（17節）；
- 將「我就軟弱像別人一樣」（*kəʾaḥaḏ hāʾāḏām*；7、11節），改變為「我便軟弱像別人一樣」（*kəḵol-hāʾāḏām*；17節）「新譯本」譯作「我便軟弱像所有人」；「和合本」在此並沒有區別兩處原文的差異。

㉘ 布洛克認為參孫之所以如此容易「入睡」，好讓大利拉下手剃光他的頭，乃上帝介入使參孫沉睡使然。這說法在神學上可能正確，但經文的證據薄弱。其實大利拉只要將參孫灌醉就夠了。

㉙ 布洛克指出，士師記作者可能藉著參孫（和士師時代）的墮落、悲劇，來影射並警告那先後亡於亞述和巴比倫的以色列和猶大（正如「申命記歷史」學派所持的預設），但敘述者如此呈現，其視野絕非僅限於王國時期，而是給各世代上帝的子民的。

㉚ 十六章28、30節的禱文原文，18個字中有5個字與「我」有關，包括28節「眷念我」、「賜我力量」、「讓我報仇」、「我的雙眼」，以及30節「讓我死」。而非利士人禱告中14個字（23～24節），卻有8次「我們」，包括我們的「神」〔2次〕、「手」〔2次〕、「仇敵」〔2次〕、「地」、「殺害」。

㉛ 曾祥新正確地駁斥包爾和埃克薩姆所提倡的「兩根柱子代表女性的兩腿」以及「抱住托房的那兩根柱子」乃影射參孫對於擁抱女性的愛恨交織此等無稽讀法。但也不宜如曾祥新將這兩根柱子，靈義解為非利士人的宗教與政治。其實，兩個柱子乃參孫施力點，這是最自然合宜的讀法。

㉜ 參孫父親「瑪挪亞」原文意為「安息」。曾思瀚正確地指出；參孫的故事以家庭開始，也以家庭結束。故事開始於瑪挪亞一家奇迹得子而歡樂，最後卻在埋葬參孫屍首的悲傷中結束。當家庭沒有以上帝為中心，悲劇將會隨之來到。

㉝ 基督教傳統用預表和「基督中心」（Christocentric）讀法，將參孫預表為基督（參來十一32）。其中最突出的是彌爾頓（J. Milton），他試圖藉參孫的死來激勵被打敗的英國清教徒，而寫下 *Samson Agonistes*（1671年）。之後，這樣的解釋成為主流。這類比讀法的動機雖好，但從神學角度看並不恰當，墮落、自私、自我中心的參孫，絕對無以攀附聖潔無罪，並神本中心的耶穌。

㉞ 奧爾特指出，敍述者藉著4次的「次」（*paʿam*）重複用法（十六15、18、20、28），來描繪體貼肉體情慾的參孫，被色慾催逼而上鉤，直到最後一次才向上帝說：「這次（*paʿam*）我需要你幫助了」（十六28「求你賜我這一次〔*paʿam*〕的力量」）。

㉟ 麥卡恩指出，想讓福音來改變文化（如尼布爾〔H.R. Niebuhr〕）的主張太樂觀。他認同侯活士（S. Hauerwas）、韋利蒙（W. Willimon）和霍爾（D.J. Hall）的主張，認為上帝兒女的首要目標不是改變文化，而是忠於上帝的呼召。文化的改變，首先來自忠信的教會；教會只有將焦點放在天上，愈靠近主，才愈可能改變主流文化。

第三篇

跋：
士師的尾聲——以色列迦南化的輓歌（十七 1～二十一 25）

正如本書第一篇「序言」（即本書第二章）中所提及的，士師記的序（一1～三6）可以分成兩部分，分別是一章1節至二章5節和二章6節至三章6節。它的跋（十七1～二十一25）也分為兩部分。這「兩個導論」與「兩個結論」前後互為呼應：

A　一1～二5
　B　二6～三6
　B'　十七1～十八31
A'　十九1～二十一25

這兩個導論與兩個結論間的關係，包括以色列由與外族爭鬥（A），發展成以色列與自己爭鬥（A'）；以色列失敗的屬靈原因乃拜外邦的偶像（B），演變成以色列事奉自己所造的偶像（B'）；猶大被指定為外禦的領隊（一1～19），演變成以色列內戰的領導（二十18）；以色列在波金哀哭（二5），演變成在伯特利哀哭（二十23、26，二十一2）。不僅兩個導論與兩個結論之間具有首尾呼應的關係，兩個結論之間也有著以下共同的特徵：❶

1. 第一個結論和第二個結論所描繪的但支派和便雅憫支派所住地區，都是位於以色列的核心地帶，且介於後來分別領導南國和北國的猶大和以法蓮支派之間。藉著選擇靠近以色列的心臟地段，敘述者以此顯示以色列的墮落絕非僅僅表面而已，其實整個以色列的核心都已潰爛了。
2. 但支派在進入士師隧道洞口的時候，已沒有辦法攻佔約書亞所分給他們的地（一34～36），到了士師隧道末端仍然居無定所；在隧道末端的便雅憫人還激怒了全體以色列民，導致了以色列全面內戰，便雅憫幾乎慘遭滅族之禍（十九～二十一章）。

3. 這兩個結論中的危機，都因為不知名的利未人在其中攪和而升溫，而且這利未人都與猶大、伯利恆有關：第一個利未人從猶大伯利恆來（十七7～8），而第二個利未人往猶大伯利恆去（十九1～2）。
4. 兩個利未人都與以法蓮有關，第一個利未人被以法蓮人米迦包養為祭司（十七1），第二個利未人住在以法蓮山地（十九1）。
5. 兩個結論都記載著以色列人透過祭司求問上帝的事宜（十八5～6，二十27～28），且都以「示羅」為結束這兩個結論的地點（十八31，二十一19～24）。
6. 兩個結論中的軍事行動，都有600個人扮演著關鍵的角色（十八11、16～25，二十47，二十一7、12、14、16～17、23）。
7. 兩個結論都有著「那時以色列中沒有王，各人任意而行」為標記（十七6，十八1，十九1，二十一25）。

其中第7點，4次出現的「那時以色列中沒有王，各人任意而行」，在本書的跋佔有最重要的指標地位，貫穿了十七至二十一章，使它成為一體；更因此將十九至二十一章和十七至十八章這兩個結論完整地連結起來，成為本書的跋，正如兩個導論乃本書的序一樣：

A　自設祭壇的家庭（十七1～5）

那時以色列中沒有王，各人任意而行（十七6）

B　惟利是圖作祭司的利未少年（十七7～13）

那時，以色列中沒有王（十八1上）

B'　為利求問神的但支派探子（十八1下～10）

A'　自設祭壇的支派（十八11～31）

當以色列中沒有王的時候（十九 1 上）

A　利未人的妾被輪姦（十九 1 下～ 30）

　B　對便雅憫的內戰（二十 1 ～ 48）

　　C　問題：以色列的誓言與便雅憫的滅族危機（二十一 1 ～ 7）

　B'　對基列．雅比人的內戰（二十一 8 ～ 15）

A'　示羅女子被強姦（二十一 16 ～ 24）

那時，以色列中沒有王，各人任意而行（二十一 25）

敍述者藉著兩次精細的扇形結構，以及連結指標「那時以色列中沒有王，各人任意而行」，顯示本書結尾的社會亂象（十九～二十一章），完全建構在以色列靈性的混亂上（十七～十八章），並都以「那時以色列中沒有王，各人任意而行」作總結（十七 6，十八 1，十九 1，二十一 25），以此多次感歎結束本書的悲劇！綜覽全書立刻就發現，原來以色列在士師秉政時「行耶和華眼中看為惡的事」（二 11，三 7、12，四 1，六 1，十 6，十三 1），在沒有士師秉政、沒有王時也都「行自己眼中看為正的事」（等於偏行己路）。❷ 整個士師時代真的是無可救藥了！

第十四章
宗教的墮落：星星之火可以燎原（十七 1～十八 31）

- 自設祭壇的家庭
- 惟利是圖作祭司的利未少年
- 為利求問上帝的但支派探子
- 自設祭壇的支派
- 信仰反思

大力士士師參孫死後（十三～十六章），本書前兩大段「**以色列人行耶和華眼中看為惡的事**」的描繪（一～十六章），也隨著落幕了。接著的是由「【那時】**有一個人名叫……**」（十七 1），這句引入士師記故事第三大段。敘述者藉著十七章 1 節「**有一個人名叫米迦**」，連結語法相同的十三章 2 節「**那時，有一個……人……名叫瑪挪亞**」的參孫故事，並有接著的撒母耳記上一章 1 節「【那時】有一個……人，名叫以利加拿」為呼應。這較大的結構（macrostructural / larger discourse）襯托出對比：參孫母親奇妙地得拿細耳兒子，但不能救拔以色列脱離墮落；撒母耳的母親也奇妙地得拿細耳兒子，卻帶領以色列進入新世代。米迦的母親很熱心但卻拜假神，導致以色列的墮落；撒母耳母親委身於真神，導致以色列的更新。士師記從十七章開始，敘述者的焦點由以色列大人物士師的事迹，轉向描繪以色列的普羅大眾如何過日子，看看檯面下的老百姓是否也和「檯面上」的士師一樣，走世俗化、迦南化的路線。從以下扇形結構所呈現的十七章 1 節至十八章 31 節，淪陷在自設祭壇、拜偶像和逐利的牢籠裏，可見士師時代乃全民皆輸：

A　　自設祭壇的家庭（十七 1 ～ 6）

　B　　惟利是圖作祭司的利未少年（十七 7 ～ 13）

　B'　　為利求問神的但支派探子（十八 1 ～ 10）

A'　　自設祭壇的支派（十八 11 ～ 31）

這全民皆輸的光景，正好是本書序言和結論的重點。其中 B' 和 A' 的主角乃但支派，這兩章是接著參孫的故事，他也屬但支派（十三～十六章）。敘述者刻意描繪但支派人參孫的劇情以滾雪球方式發展，最後以災難結束；而十七至十八章也如滾雪球在發展，理由都是因為離棄上帝，其中包括參孫離棄上帝所定拿細耳人的條例，以及米迦離棄十誡而拜偶像。揚格指出，從十七章 1 節至十八章 31 節的記載中，完全反映以色列最根本的問題乃得罪五經所定下的規條，特別是不可隨意設立祭壇的警告，而獻祭當到耶和華選擇之處的條例（申十二章）。但故事最後愈演愈烈，也以如滾雪球般的災難方式結束，為惡劣的劇情十九至二十一章鋪路：從一個利未人的妾被強姦並分屍，導致以色列的內戰，以色列從一人的慘死演變為數萬人的滅亡，最後便雅憫幾乎慘遭滅族。

14.1. 自設祭壇的家庭（十七 1 ～ 6）

剛進入士師隧道的洞口時，以色列人沉迷於事奉外邦的神明（二 6 ～三 6），到了這裏以色列人乾脆自己造起偶像來。本段一反過去「背約、受欺壓、悔改、拯救」的鋪陳模式。❸

在本章的開始：「**以法蓮山地有一個人名叫米迦**」，敘述者便把主角拉上舞台（十七 1），並以諷刺的方式，娓娓道出準備造偶像的，不是外邦人，不是普通的「**一個人**」，乃是名字意義為「誰像耶和華」的米迦也。讀者若問：「誰可以像耶和華呢？」標準答案是：「絕無一人！」但諷刺的是，主導這次造偶像的，竟然是來自如此敬虔品牌的自家人。連懸掛上帝招牌的米迦都造偶像，以色列人普遍的信仰自是不言可喻！

這位懸掛上帝招牌的米迦，犯的第一條罪並不是造偶像，而是第八誡的「不可偷盜」（出二十 15；申五 19），之後或許是良心發現，抑或怕母親的咒詛，在偷盜後不知過了多少時日，才向母親告解，他說「**你那一千一百舍客勒銀子被人拿去，你因此咒詛，並且告訴了我。看哪，這銀子在我這裏，是我拿去了**」（十七 2）；❹ 奇怪且諷刺的是，原本「咒詛」的心態，在發現賊來自自己的家後，母親的態度瞬間出現了「一百八十度」的大轉變，不僅不再咒詛這個「大偷」，也沒有絲毫責備兒子。兒子犯了摩西的十誡（包括第五誡「該孝順父母」；參出二十 12；申五 16），根據五經的吩咐，米迦在認罪後，應該要將所偷的錢如數歸回母親，而且還要到耶和華會幕前賠償他所偷的五分之一給母親，並透過祭司獻上一隻沒有殘疾的公綿羊為贖愆祭（利六 1 ～ 6）。然而米迦的母親竟然從輕發落，還不分青紅皂白地給予祝福，說：「**我兒啊，願耶和華賜福與你！**」（十七 2）真是匪夷所思。

米迦母親將咒詛變成祝福，並不見得是因為她心存良善。若往下挖掘她的動機，就發現她一切向錢看，只要錢回來，一切都好說。錢以外的道德、信仰、家教、勸誡都不重要。如此一位母親，一個富裕但虛有敬虔表象的家庭，對於兒子遵守上帝的道和誡命的教導是如此地輕忽，因此後續劇情的發展當然令人擔憂。果然，就在米迦把這 1,100 舍客勒銀子還他母親後，他母親說：「**我分出這銀子來為你獻給耶和華。**」（3 節）然而她並沒有當真如自己所說的，將這 1,100 舍客勒銀子帶往示羅的祭司去潔淨（十八 31），卻在給了兒子米迦 200 舍客勒銀子後，其餘的 900 舍客勒仍然納入私房錢，原來她的敬虔僅僅掛在嘴皮子上而已。

猶有甚者，促成這個偶像鑄造的，竟然是這位聲稱著耶和華的名的母親，她要兒子拿這 200 舍客勒「**好雕刻一個像，鑄成一個像**」，赤裸裸地得罪十誡中的第二誡（出二十 4 ～ 5、23，三十四 17；利十九 4；申五 8 ～ 9）和第一誡（出二十 3；申五 7）！讀者到此不免要跳腳：糊塗、無知、不可理喻！竟然是母親帶頭犯罪！這時，信仰本就脆弱的米迦，原來以為會受到咒詛，不料卻反而得到母親的祝福，遂認真地置辦起來，以期將功贖罪，「**米迦將銀子還他母親，他母親將二百舍客勒銀子交給銀匠，雕刻一個像，鑄成一個像，安置在米迦的屋內。**」（十七 4）結果，無知的兒子被誤導，一錯再錯！❺

母子二人聯手，乾脆一不做二不休，在家裏經營起宗教事業來，「**這米迦有了神堂**」（5 節），如此得罪了「不可在你所看中的各處獻祭」的吩咐（申十二 13 ～ 14），並開始「**製造以弗得和家中的神像**」（十七 5），有了宗教工業，完全將基甸因為造以弗得後成為全家網羅的教訓（八 27），當作馬耳東風。最不可思議的是，米迦還「**分派他一個兒子作祭司**」（十七 5），如此又踩到另一條紅線——直接挑戰、藐視、否認上帝透過亞倫所設立的祭司系統（出二十九 9；民十六 10）。在母子聯手建立宗教事業後，米迦搖身一變，由盜賊成為教主，目無法紀，到此焉能不跌破讀者的眼鏡！有「誰像耶和華」名字的米迦，生命光景卻一點也不像耶和華，因此敍述者記載了 5 節後，立刻蓋上「**那時以色列中沒有王，各人任意而行**」（十七 6）的印記，真是再恰當不過了。

學者對這事件有所評論。麥卡恩認為，經文敍述才 5 節，米迦母子就得罪了十誡中的五誡，包括拜了別神、造了偶像、妄稱耶和華的名、偷盜、不孝順父母（可能還包括貪心）。而且與士師記一貫的思路一樣：罪惡具有傳染性，因著十七章拜偶像，導致十八章的殺人。布洛克則指出，米迦與耶羅波安有相同之處：首先，宗教祭祀私有化；此外，造偶像替代上帝；其次，自行設立祭司。不論是否有君王，以色列都是「**行耶和華眼中看為惡的事**」（即「**各人任意而行**」），這樣的墓誌銘在撒母耳、列王紀共出現 20 次。沒有王的士師記，墮落情況與有王的列王時代，沒有兩樣。由此可見，以色列的問題不在於是否有王，而是不把上帝看為他們的上帝。

14.2. 惟利是圖作祭司的利未少年（十七 7 ～ 13）

在「**以色列中沒有王，各人任意而行**」的過門後（十七6），敍述者接著把另一個人物拉上士師記舞台，讓劇情繼續加溫。被介紹進來的少年人身世顯赫，「**猶大的伯利恆有一個少年人，是猶大族的利未人，他在那裏寄居**」（7 節）。但是遺憾的，這位少年人有家歸不得，漂泊不定，走進米迦的家。敍述者使用「**猶大族的利未人**」，說明了這少年人是利未人與猶大人聯姻的後代。敍述者更強調他是居無定所，好為後來要出場，同樣在找地的但支派作預告（十八 1）。本來被安排散居在不同支派所讓出來的 48 城的利未人——不包括伯利恆（民三十五 1 ～ 8；書二十一 1 ～ 42），也因以色列人沒有順服上帝去得地（士一章），成為無殼的蝸牛。「**這人離開猶大的伯利恆城，要找一個可住的地方。行路的時候，到了以法蓮山地，走到米迦的家**」（十七 8），❻ 也意外地被牽連進入這兩章滾雪球的劇情中。讀者難免會問：在這「**各人任意而行**」的時代，這少年寄居者是否會遇見危險（參十九 16 ～ 30）？或是給別人帶來危險呢？

「少年」應該指年紀尚未足以任職祭司的利未人，他可能只有 30 歲（民四 3、23、30）或 25 歲（民八 24 ～ 26）。「七十士譯本」將這 5 歲的差異，解釋為 25 歲的只能作助手，30 歲方可作祭司。

仔細看這少年人的行徑，可以發現這少年人居心叵測。當「**米迦問他說：『你從哪裏來？』他回答說：『從猶大的伯利恆來。我是利未人，要找一個可住的地方。』**」（十七 9）是的，作為利未人，他是有遷移的自由，所以「**要找一個可住的地方**」（8 節）是一件很自然的事，但要在耶和華所選擇為祭祀之處居住，好服事以色列同胞（申十八 6 ～ 9），而不是任由己意去選擇。曾思瀚指出，當米迦問少年人從哪裏來，他卻先回答自己屬利未支派，目的是期待米迦對他有特別的尊重，他利用他家譜淵源為謀生、牟利的工具。著名華人牧者、中華福音神學院前院長林道亮曾如此說：「要錢的傳道人不值錢。」他說得好！這少年在聽到「**米迦說：『你可以住在我這裏，我以你為父、為祭司。我每年給你十舍客勒銀子，一套衣服和度日的食物。』**」（十七 10）這少年機會主義者見錢眼開，立刻陷進幾個信仰上的錯誤：

1. 違背利未人該到耶和華選擇為祭祀之處的條例。其實，耶和華的殿就在以法蓮的示羅（十八 31），米迦的祭壇明顯地故意與上帝的殿分庭抗禮；
2. 選擇與沒有「執照」的祭司米迦同工，並孤立於上帝所選擇的利未人之外，沒有在上帝的家被按立，卻在人的家被按立；
3. 他從此事奉的老闆不是耶和華，而是米迦。他的祭司職分乃人設立的，而非上帝設立的；
4. 他拿了由人給他的薪水，卻排除了上帝給利未人給付的制度（申十八 1 ～ 5）；他看人的臉色，而不看上帝的臉色。

這個一身銅臭的利未人，不在乎米迦已經將宗教私有化，不在乎行事為人是否與他作為利未人的身分相稱。他不選擇跟從上帝而跟從人，或者嚴格地說是跟從自己的私利而行。棄萬王之王的服事於不顧，為了瑪門來服事人，可悲！更可悲的是，他竟然系出名門。此刻甚至利未人都如此世俗化，普羅大眾的信仰更是不用看也知道，當然是全面瓦解、崩盤、墮落了。這少年人名字乃「**約拿單**」（意即「耶和華所賜」；十八 30），與米迦一樣，這少年人身上帶著與上帝有關的名字，讀者卻完全感覺不到他有與世不同的香味。實際上，他還拖垮摩西（因為他是摩西的子孫）！敍述者要在十八章之後才將他的名字說出來，不單是為保護摩西的面子，更襯托出連摩西的後裔都這麼世俗，可見士師記中的百姓何等墮落啊！

這米迦在耶和華之外自設宗教，且按立自己兒子為祭司，或許會遭人指指點點，但是現在有一位祭司譜系的利未人自投羅網，因為「**利未人情願與那人同住**」（十七 11），從此祭壇可以名正言順地開業了。雖然口中稱利未人為

「父」（10節），但眼中卻「看這少年人如自己的兒子一樣」，米迦成為利未人祭司的父親。米迦稱利未人「為父、為祭司」，誠然是尊稱（如同底波拉被尊稱為「母親」；參五7）；而且，祭司確實可以是以色列人的（屬靈）父親（十八19）。但稱呼這少年人為父親的米迦，後來卻「看這少年人如同自己的兒子一樣」（十七11），敍述者是諷刺米迦（和當時的人）乃沒大沒小、價值觀顛倒，反映了這是一個混亂的時代。有錢能使鬼推磨，米迦壟斷、包養宗教人士，「米迦分派這少年的利未人作祭司，他就住在米迦的家裏」（12節），進而以為可以壟斷上帝的祝福，他說：「現在我知道耶和華必賜福與我，因我有一個利未人作祭司」（13節），其實已經完全被異教文化所掩埋！❼ 士師隧道尾端的以色列真是荒唐、可笑且可悲。

14.3. 為利求問上帝的但支派探子（十八1～10）

在記載但支派的遷徙之前，敍述者一開始便掛起十七至二十一章的屬靈招牌——「那時，以色列中沒有王」（十八1），但卻省略了這招牌的下半節：「各人任意而行」（十七6，十九1，二十一25）。即使如此，卻挪不去讀者對它的印象。麥卡恩指出，「以色列中沒有王」已經足夠表達出「各人任意而行」。更重要的是，這「只要我喜歡，有甚麼不可以」的墮落世代準則，已經從參孫個人及米迦家族表露無遺，然後擴散到十八章流蕩中的但支派，❽ 甚而全以色列（十九～二十一章）。如此反彈的力道，不僅將本章與十七至二十一章糾葛在一起，更叫讀者回想本書一至十六章的屬靈招牌——「各人行耶和華眼中看為惡的事」，敍述者以此將本章融入全書，讓讀者懷著無可救藥的感慨，來看這拒絕上帝為王的以色列人中但支派遷徙這件全民皆輸，全民崩盤的具體例證。提到**但族**，士師記第一章以但族被亞摩利人強逼住在「山地」為尾聲（一34），正好扮演著十八章沒有地土、因此只好尋地並遷徙的但支派故事的伏筆。此外，士師記中最傳奇、能力最大、也是最墮落的士師參孫，正好是但人（十三2），連其埋葬之處瑣拉和以實陶（十六31），乃

「但」（dānî）原意為「審判」。老大哥以法蓮人的靈性墮落（拜偶像；參十七章），導致但支派的社會道德墮落（殺戮同胞；參十八章）。但支派墮落的寫實，正好扮演著「審判」以法蓮人的角色。

但族的大本營（十八 2、8、11），更將本書的主體（三～十六章）與跋（十七～二十一章），首尾環環相扣。

十七章記載無殼、無窩的利未人在找住處，十八章則記載無殼、無窩的但支派在找殼、找窩。「**但支派的人仍是尋地居住**」（十八 1），❾ 敘述者讓讀者回想起找地的緣由，是「**因為到那日子，他們還沒有在以色列支派中得地為業**」（1 節），但支派居無定所，並非上帝不給他們地業（參書十九 40 ～ 48），乃是因為他們妥協（士一 34）。過去他們不順服上帝、不靠上帝，現在只好靠自己了，「**但人從瑣拉和以實陶打發本族中的五個勇士，去仔細窺探那地，吩咐他們說：『你們去窺探那地。』**」（十八 2）

這段「**窺探那地**」的記載，與摩西派 12 個探子進入迦南地的記述有平行之處（民十三～十四章）：

1. 後者出自上帝的吩咐（民十三 1 ～ 3），而前者則完全是人本的。曾思瀚指出，在這章敘述者以約書亞征服迦南的歷史為背景，但模仿之中帶著諷刺意味；事實上，士師記探子的故事中上帝缺席了。
2. 在後者，以色列人拒絕進入上帝所應許之地，而在前者，但支派則是磨刀霍霍、摩拳擦掌地去找地。
3. 後者導致以色列在曠野漂流 40 年，將自己的靈魂耗損在背棄上帝後的曠野孤寂中；前者表面上看起來成功了（十八 27 ～ 29），但以色列卻將自己的靈魂出賣在迦南人的世俗化中（30 ～ 31 節）。

這些明顯的差異，帶給讀者不安感，不禁要問：但支派是否知道自己也在士師隧道的沉淪之列？

從「**窺探那地**」的記載，也與約書亞從什亭派兩個探子進入耶利哥城有平行之處（書二 1），這組平行比摩西派 12 個探子的記述更接近，「**他們來到以法蓮山地，進了米迦的住宅，就在那裏住宿**」（十八 2），因為：第一，兩者都達成任務（以色列人入迦南地與但人入拉億平行）；第二，兩者都進入淫亂的處所（妓女喇合家與屬靈妓院米迦家平行）。❿ 需要屬靈指南針的這 5 個探子，尋求的重點乃在屬靈人利未人，「**他們臨近米迦的住宅，聽出那少年利**

未人的口音來」（3節），盼望從代表上帝的利未人口中聽到上帝的聲音。上帝的兒女該反思：當世人失去方向時，我們的口是否可以成為上帝的「頻道」，指點世人出迷津？

違反主人詢問來訪者來歷的慣例，這渴慕屬靈指引的5個勇士遇見了代表上帝的祭司，急忙反客為主地盤問起這升格為祭司的利未人的來歷：「**誰領你到這裏來？你在這裏做甚麼？你在這裏得甚麼？**」（3節）可見他們多麼驚奇並珍惜這巧遇；這些問題本該由成熟老練的神職人員向5位偵察兵提出的。⑪諷刺的是，這利未人並沒有替他們禱告，也沒有用牧者的心來詢問他們，他回答說：「**米迦待我如此如此，請我作祭司**」（4節）如此空泛及人本的答話，而非「因耶和華帶領我來」，也非「因我在此專心教導上帝兒女」，又或「因我在此忠心，得上帝喜歡」云云。如此地靠人而不靠上帝，沒有屬靈分量，如此地甘於被人用而不是被上帝用，如此「官派」的神職人員，悲哀！更諷刺的是，這位利未人原本也是迷路者（十七章），現在竟然搖身一變，權威地扮演起為迷路者指點迷津的角色來，這真是一個人間典型為財、為名的神棍最露骨貼切的寫照。這墮落的行徑和後來那些為了飯碗，甘心將傳講上帝的道的權柄出賣給付薪水的官長、卻攻擊不肯供給他們吃食者的無恥公職先知們，完全同出一轍（彌三5～7）。

正如米迦的神壇與宗教設施的地位，乃因為有了利未人才顯尊貴，但支派5個偵察兵尋地之旅，若沒有利未人加持，無從顯出其神聖來。如今，以為遇見祭司貴人的但支派的5個偵察兵，自是將心中的疑惑全盤托出，「**他們對他說：『請你求問上帝，使我們知道所行的道路通達不通達。』**」（十八5）這五個偵察兵言談之間所用的「上帝」（*ʾĕlōhîm*），並非與以色列立約的「耶和華」（*YHWH*），使用這樣的泛稱，但支派普遍的信仰可見一斑。在士師隧道口不肯認真尋求立約的耶和華，在隧道中迷路時只好求神問卜，不幸巧遇的是有求必應、裝神弄鬼的神棍。「**祭司對他們說：『你們可以平平安安地去，你們所行的道路是在耶和華面前的。』**」（6節）這神棍雖然以「耶和華」之名來回答，但明眼人一定可以看出，但人求神問卜不過是圖個安心而已，整個（包括後來屠殺拉億城）事件絕非上帝的旨意！

有了神棍隨口的祝福，但支派的偵察兵信心滿滿地踏上征途，往北來到加利利海北邊、黑門山下、雨水充沛的淨土——「拉億」。偵察兵「**見那裏的民安居無慮，如同西頓人安居一樣。在那地沒有人掌權擾亂他們；他們離西頓人也遠，與別人沒有來往。**」（7節）⓬ 這有天然屏障、與世無爭、沒有外援、容易攻取的拉億，對於飽受擾亂、挫折的但支派而言，是再理想不過的世外桃源了，有此從天上掉下來的禮物，又夫復何求？雖然這5個探子的勇氣呼應著約書亞記中的兩個探子（書二24），但他們的信仰薄弱而且動機不良，他們憑藉上帝的旗幟去攻打弱小羣體拉億城；他們若真正有膽色，就該攻打上帝給他們的亞摩利人（一34）。

任務完成的他們，喜孜孜地迅速回到焦慮等待的族人那裏。「**五人回到瑣拉和以實陶，見他們的弟兄；弟兄問他們說：『你們有甚麼話？』**」（十八8）這5個探子長途奔波的疲倦尚未得到喘息，立刻就以奮興家的口吻回答說：「**起來，我們上去攻擊他們吧！**」激動地分享此次任務如何的成功，「**已經窺探那地，見那地甚好**」。如此高亢、興奮，大有深怕被別人捷足先登的意思。還說：「**你們為何靜坐不動呢？要急速前往得那地為業，不可遲延**」（9節），並說明這是沒有防備之民、好山好水之地，「**你們到了那裏，必看見安居無慮的民，地也寬闊。**」（10節上）最後，與摩西所派出去的探子帶回叫人洩氣的訊息完全不同（民十三25～十四10），這5位探子打出「神主」牌，給必得這美地加上保證：「**上帝已將那地交在你們手中；那地百物俱全，一無所缺。**」（10節下）「**上帝已將……交在你們手中**」在本書中出現超過20次（一2，二14、23，三10、28，四7、14，六1，七7、9、15，八3、7，九29，十一30、32，十二3，十三1，十五12，二十28）。此外，這句也呼應了約書亞和迦勒的豪言壯語（民十四8），只是與之不同的是，約書亞和迦勒確實有上帝為後盾，但是這5個偵察兵的後盾卻是個神棍的信口胡扯。

14.4. 自設祭壇的支派（十八11～31）

得到了5個偵察兵如此正面的情報後，敘述者將角色從這5個人轉向整個但族，包括他們所派出的600人（十八11～13），如何往米迦家去挾持利未人（14 ～ 20 節），如何斥退來追討利未人的米迦（21 ～ 26 節），並如何取得拉億城（27 ～ 31 節）。敍述者將焦點集中在宗教（而非領土）議題上，包括但人如何與迦南人一樣，帶著米迦家中的神壇、神明出征，得勝後且自設祭壇，好與在示羅法定的祭祀系統分庭抗禮（30 ～ 31 節）。整章呈現了但支派如何得了地土卻失去信仰的墮落景況。

首先，敍述者沒有洩漏在聽了 5 個偵察兵的回報後，但人的反應到底是激越或是冷淡，讀者惟一知道的是但族僅僅派出 600 人（參四 6，七 3），帶著兵器從瑣拉和以實陶出征（十八 11），正如先前 5 個偵察兵一樣（2 節）。不同的是，他們這次上到猶大的基列．耶琳，在這地方後邊安營，原因是這個地方與但支派有著歷史性的意義，「**因此那地方名叫瑪哈尼．但，直到今日**」（「**瑪哈尼．但**」原文乃「但營」；12 節），象徵著他們代表但支派出征前的要塞，「**從那裏往以法蓮山地去，來到米迦的住宅**」（13 節），盼望他們沿著偵探兵路線出征，可以洗刷無殼族那叫人自卑的稱謂，替自己的宗族、家室找到長期安身之所。誰願意繼續成為遊民呢？自我及民生的問題重要，至於是否合乎上帝旨意、榮耀祂的名，根本可以完全甩在一旁了。但族的大本營瑣拉和以實陶（2、8、11 節），正是參孫的故鄉（十六 31）。將雙手可以擊殺 3,000 非利士人的參孫，來比較但人如何攻打安居無慮的無辜拉億居民，就浮現了但族柿子專挑軟的吃的心態，卻搖著「**上帝已將那地交在你們手中**」的旗幟；更凸顯這次戰役的動機很卑鄙，上帝的名字被糟蹋了，正如十字軍東征一樣。

循著先前偵察兵的路徑，600 位但族士兵來到了米迦家門口，這時，5 個偵察兵才透露他們先前向鄉親回報時所省略的：「**這宅子裏有以弗得和家中的神像，並雕刻的像與鑄成的像，你們知道嗎？現在你們要想一想當怎樣行。**」（十八 14）這時才提出，明顯地是要提示 600 位士兵，何不來個挾天子以令諸侯般，挾著神明、神壇、神像和神職人員一同出征，以期這次出征有神明相助，豈不更為上算？

這 5 個偵察兵的提議，將這場戰爭注入了宗教（迷信）色彩。由此看來但人的敬拜已然迦南化，正如祭司以利當時的以色列人抬約櫃上戰場一樣（撒上四章）；也像後來的巴比倫，將彼勒和尼波兩位守衛巴比倫城的「父子檔」

神明，駝在牲畜上一同出征（參賽四十六 1）！在士師隧道裏，以色列人不僅造偶像（十七章），現在更要利用神明，將偶像帶上戰場助陣。以色列人不僅敬拜所該被利用的（偶像），更利用所該敬拜的上帝（奧古斯丁語）。如此顯示以色列連戰爭的思想模式，也已經和迦南人沒有兩樣，完全忘記了俄陀聶、珊迦、底波拉時代，以色列人怎樣靠上帝得勝的史實！

果然，這 5 個偵察兵的提議被接納。5 人遂第二次進入米迦的住宅，只是態度不像先前盤問式的質疑（十八 3），現在有求於人，口吻間帶著討好的語氣，「到了那少年利未人的房內問他好」（15 節）；但也恩威並濟，門口派著衞兵把關，「那六百但人各帶兵器，站在門口」（16 節）。如此軟硬兼施，一心就只想達到目標，挾著米迦家的神明作為軍隊的後盾。「窺探地的五個人走進去，將雕刻的像、以弗得、家中的神像，並鑄成的像，都拿了去」（17 節上），被洗劫的祭司也毫不反抗，「祭司和帶兵器的六百人，一同站在門口」（17 節下）。一切都按計劃順利進行著（參 14 節）。

敍述者藉著 3 次呈現「那五個人進入米迦的住宅，拿出雕刻的像、以弗得、家中的神像，並鑄成的像」（14、17、18 節），來凸顯這 600 人到米迦家的動機。這時，被綁架的祭司似乎只能無助地回應。「祭司就問他們說：『你們做甚麼呢？』」但當這利未人祭司聽到那 5 個人叫他「不要作聲，用手摀口，跟我們去吧！我們必以你為父、為祭司。你作一家的祭司好呢？還是作以色列一族一支派的祭司好呢？」（19 節）哦，原來有更高的薪水和官位呢！見錢眼開的祭司立即放棄掙扎，不再眷戀一個家族的神棍地位。找到新雇主的利未少年，開心地「跳槽」成為一個支派的神棍。「祭司心裏喜悅，便拿著以弗得和家中的神像，並雕刻的像，進入他們中間」（20 節）。這位在「大偷」米迦的屬靈妓院中服事的祭司，面對另一場違背十誡的搶劫時，惟一說出的話乃「你們做甚麼呢？」但他的屬靈良心很快就被更高的薪水收買了，從此不再服事「大偷」，卻為了錢去服事「大盜」。原來，傳道人若事奉的動機是為金錢，會為了更多的金錢去服事魔鬼。

一切都完全按照計劃執行，600 人順利地挾持了米迦家中的神壇和祭司，使之成為先頭部隊，且讓攜帶兵器的士兵來斷路，「他們就轉身離開那裏，妻

子、兒女、牲畜、財物都在前頭」（21 節），⓭ 留下的是讀者心中的疑問：為何米迦都不知情？這位造了偶像、用錢買了利未人為祭司的米迦（十七章），為何但人兩次來訪、來襲，他所建立的宗教舞台已被拆了，他卻完全被蒙在鼓裏？他是否也和祭司一樣，被挾持、綁架、威脅乃至制伏？當但人的妻子、兒女、牲畜、財物等大夥吆喝地出了米迦的家門，米迦為何仍然沒有動靜？

對於一切都按照計劃進行的但人，即使米迦再度出現在士師記的舞台，還糾集左鄰右舍來搶救，「**離米迦的住宅已遠，米迦的近鄰都聚集來，追趕但人**」（十八 22），但他首先必須面對帶兵器的士兵，才能奪回屬於自己的宗教資產。看來，米迦的反應和呼叫都太慢了，特別是面對的這羣無賴，居然以無辜的口吻來冷處理米迦心中的不平。「**但人回頭問米迦說：『你聚集這許多人來做甚麼呢？』米迦說：『你們將我所做的神像和祭司都帶了去，我還有所剩的嗎？怎麼還問我說『做甚麼』呢？』**」（23 ～ 24 節）人多勢大的但人，當然有恃無恐，最後來個「恐嚇」便安然脱身。「**但人對米迦說：『你不要使我們聽見你的聲音，恐怕有性暴的人攻擊你，以致你和你的全家盡都喪命。』但人還是走他們的路。米迦見他們的勢力比自己強盛，就轉身回家去了。**」（25 ～ 26 節）

從米迦渴望奪回他自己所做的神像，卻完全不能救回這些神像，心中的無助、無奈，和被強奪的偶像一樣，也是無聲、無助、無奈，不能保護自己的造物主（米迦）的家免於被掠奪，正好凸顯了敍述者高超的文學技巧背後的神學信息：米迦的神像並不能救自己，遑論去救造它的米迦！不禁讓讀者想到基甸的父親所説的話：「**你們是為巴力爭論嗎？你們要救他嗎？……巴力若果是神，有人拆毀他的壇，讓他為自己爭論吧！**」（六 31）猶有甚者，米迦竟然被自己所按立為父、為祭司的那個吃裏扒外的機會主義者利未人所離棄、背叛，一生的積蓄全被搶個精光，這不正是上帝透過這段經文給士師時代的以色列人（和以後的讀者）警告的最佳案例嗎？布洛克即説過：「人在事奉上的自私和野心，至少有 3,000 年的歷史。」

從十七至十八章來看，罪惡果真具有傳染性。以偷竊登上士師舞台的米迦，現在成為形同強盜的但人的受害者；而米迦被但人所偷走的神像、以弗得……等一切財物，正是他當初從母親偷走的部分銀子所建置的。如今，在舞台上的但人，不僅犯了米迦所犯的偷竊罪（第八誡），還將罪惡升級（第六誡），而戰場就在拉億；將平靜安穩的拉億居民，帶入一場虛假的宗教戰爭，一場無言又殘酷的殺戮。「**但人將米迦所做的神像和他的祭司都帶到拉億，見安居無慮的民，就用刀殺了那民，又放火燒了那城**」（十八 27）。描繪拉億城人的「**安居**」一詞，原文意思為「信靠」（*ḇāṭaḥ*），在本章共出現 4 次（7〔2 次〕、10、27 節）。這個關鍵字正好浮現但人所最缺乏的：不信靠上帝的但人，單單信靠自己、行自己眼中看為正的事，包括搶劫米迦家偶像、綁架利未人、殺拉億城的人，成為不可靠的人，帶給安寧的拉億城不安寧。原來但人不信靠上帝，因此經歷不到先前士師的「太平／安寧」（三 11、30，五 31，八 27）。諷刺的是，這一場殺戮中死的人不是以色列人，而是迦南人！帶給以色列人迦南化、世俗化的迦南人，最後也成為以色列迦南化之後的無辜犧牲品。與哈巴谷書一樣（邪惡的迦勒底人來滅不義的猶大國），上帝確實會用邪惡的人來懲罰其他邪惡的人。上帝容許士師記中最敗壞的參孫，來除滅許多非利士人。曾思瀚尖銳地說：「這段故事，無疑是讀者的警告。想要活得像迦南人，就得死得像迦南人。」

這羣以色列人（但支派）殺人，並不是從上帝而來的命令，他們大開殺戒完全只為了自己的生存空間，本身並沒有受到拉億城人的任何威脅。他們只是藉著神棍的信口胡扯（十八 6），將殺戮合理化而已（10 節），與上帝的旨意完全無關。上帝真正的旨意乃但支派得自己的地土（參書十九 47 ～ 48、51）。這種假借上帝名義的戰爭，說穿了就是「各人行自己眼中看為正的事」罷了。敍述者強調，其實拉億城的人「**離西頓遠，他們又與別人沒有來往**」（十八 28、7），犯不著如此血腥！敍述者在此藉著說明「**因為這城在平原，那平原靠近伯・利合**」，將劇情連結到曾走到此地的民數記中的探子（民十三 21），凸顯了以色列民一向悖逆上帝的本質：離開上帝後的人，只關心自己的生存、地位和名譽。「**但人又在那裏修城居住，照著他們始祖以色列之子但的名字，給那城起名叫但；原先那城名叫拉億**」（十八 29），如此的自我、自私、殘酷！

離開上帝的人，不僅走上為自己留名、自我、自私、殘酷的不歸路，就像無神論者伏爾泰說的：「如果沒有神，我們必須去造一個。」但人有了自己的地盤後，不理會摩西的吩咐（申二十七 15），也步上米迦的後塵（十七 4），開始造起神明來了。「但人就為自己設立那雕刻的像」（十八 30）。最讓人吃驚的是，一開始就以見證人身分參與這兩章的利未人，正是鼎鼎大名的摩西的孫子、革舜的兒子約拿單和他的子孫作但支派的祭司也！連這位寫了五經、包括其中的創造論的摩西，都被「拖下水」！果然，好不過三代，正如士師隧道洞口的序所闡述的（二 6 ～ 10）！這裏的「兒子」也可能是指「後裔」（參出二 22；代上二十三 14 ～ 15），因此約拿單不一定是摩西的孫子輩。但為了不讓神人摩西被拖下水，後來的文士刻意在摩西的原文（*mōšeʰ*），插入 *n* 而成為「瑪拿西」（*mənaššeʰ*，即南國君王）使之與猶大國最促銷叛教的瑪拿西連結（王下二十一 1 ～ 18）。

對以色列而言，世界（包括城市的名字）是會改變，然而敍述者在此卻告訴讀者，摩西所寫的律法不會隨之改變。當以色列離開上帝，得罪律法，必然走向迦南化、世俗化。罪惡逐漸氾濫、傳染，走向造偶像、不孝順父母、偷盜、殺人、貪戀別人財物、作假見證……等各樣觸犯誡命的行為，正如十七至十八章所浮現的。⓮ 最後上帝在五經中的警告（特別是包括利未記二十六章和申命記二十八章），就成為以色列活生生的審判：「直到那地遭擄掠的日子」（十八 30）。⓯ 但是，士師記也告訴讀者，以色列並不肯從歷史學教訓，他們一直挑戰上帝，「上帝的殿在示羅多少日子」（31 節；參撒上一～四章），「但人為自己設立米迦所雕刻的像也在但多少日子」（30 節）。北國耶羅波安在但所設立的金牛犢敬拜，可能與但支派在本章所設立米迦所雕刻的偶像有關。或許因為示羅有上帝的殿，因此耶羅波安將金牛犢的敬拜，設立在但和伯特利（王上十二 25 ～ 33），而不設立在示羅。對於本書而言，示羅更重要的意義乃在連結十七至十八章，以及十九至二十一章，因為這兩段經文都以示羅為結束地點（二十一 12、19 ～ 23）。十七章以米迦造偶像開始，十八章以但人為自己造偶像結束（十八 24、27、31），時代會改變，但若進入無神的隧道，遠離上帝之後的人心，剛硬的本質卻一直不變！

14.5. 信仰反思

第一，從經濟導向社會看士師時代：**金錢缺靈性，墮落的開始！**從這利未人每年的工資只有 10 舍客勒銀子（十七 10），而米迦偷走母親 1,100 舍客勒來推測，米迦的母親必定是個大富戶。如此財富，撥出 200 舍客勒來雕刻偶像（3 ～ 4 節）、建神堂、又製造以弗得和家中的神像，這種積功德的事，誰曰不宜？有錢能使鬼推磨，委派兒子為祭司（管他是不是利未人，遑論與亞倫後裔無關），誰曰不宜？

如此推論下去，因著錢多了，遂投身宗教團體，修建廟寺自封為壇主，並著力於地方選舉的賄賂，以期將來能遮掩自己的不法，於是行政、立法和司法的後面遂隱藏著許多財團，甚而操縱政策的擬定……這不正是當今偶像崇拜的社會寫照？如此無法、無天、無神的有錢社會，不墮落才怪！

第二，從民主自由體制看士師時代：**自由缺權威和道德，敗壞的保證！**從舊約來看，沒有比士師時代更自由。那關鍵名言「以色列中沒有王，各人任意而行」的旗幟，在士師黑暗隧道尾端的顯眼位置飄揚著。這裏，兒子可以自由地偷竊，母親可以自由地包庇兒子；但支派可以自由地搶奪米迦家中的祭司、神像，也可以自由地屠殺拉億居民和城；基比亞匪徒可以自由地強姦利未人的妾；利未人可以自由地將自己的妾分屍……不正是「只要我喜歡，有甚麼不可以？」的後現代社會的寫照？

第三，從犯罪行為模式看士師時代：**罪惡會互相勾結並傳染！**士師記的十七至二十一章浮現了罪惡具有傳染性的本質。首先，米迦犯了第八誡「不可偷盜」，接著與母親一同犯了第二誡「不可雕刻偶像」；利未人犯了第九誡「不可作假見證」。從此，罪惡的層面節節升高，但人犯了「不可殺人」、「不可貪戀別人的房屋」的誡命，利未人的妾和基比亞匪徒犯了第七誡「不可姦淫」，利未丈夫犯了第六誡「不可殺人」，最後整個十二支派通通犯了「不可殺人」的誡命。原來，原罪真是社會底層作亂的原因，因著米迦的偶像崇拜，墮落從一家、一族到一國，如麵酵一點一點腐蝕全體，甚至也影響到幾百年後耶羅波安在但的金牛犢敬拜（王上十二 29），終於引致整個北國被亞述所滅的悲慘命運。

第四，從社會人文架構看士師時代：**上梁不正下梁歪！**但人所派的5個勇士出去尋地，遇見擔任祭司的利未人，特意問到「我們所行的路通達不通達？」得到的是那令他們愉快的恩言：「**你們可以平平安安地去，你們所行的道路是在耶和華面前的。**」（十八6）如此充分迎合但人的心、有求必應、察言觀色的神棍，骨子裏所求的，並不是這百姓的平安，而是自己的好處。事實上，他是為了錢才來事奉上帝，當然會為了更多的錢去事奉魔鬼。當但人要「提拔」他成為但族的祭司，他立即惟利是圖、忘恩負義地拋棄看他為兒子的米迦。當神職人員腐敗，社會必然更為黯淡：拉億全城被殺，利未人的妾行淫（十九2），便雅憫的基比亞人輪流強姦這個妾（25節），利未人對待妾的不齒行徑更引發內戰，從此槍口從朝外變成向內（二十章）。

從十七至十八章的角色（拉億城人、米迦的母親、米迦、但人），可以幫助上帝兒女在末世提防且勝過世俗化：

第一，從拉億城看：**人無遠慮，必有近憂！**拉億城地處偏遠的山谷地帶，西北面有黎巴嫩山與西頓隔開，東北面有黑門山與亞蘭隔開，其水泉和溪流為約旦河源頭之一，水源充沛、物產豐富。因此拉億人毫無危機意識地「**安居無慮**」（十八7、27），不會注意到但人已經在虎視眈眈！他們平時又不結交朋友，等但人600殺手一到，在沒有任何外援下，只能任人宰割。

在世俗化如是侵襲的文化中，上帝的兒女若不留心世俗化浪潮正一波波在腐蝕我們的心，又不留心結交屬靈朋友，就當從拉億城學到功課——人無遠慮，必有近憂。男士們更該留心，自己是否有屬靈朋友？在自己墮落後，有否像勸大衛的拿單來勸你？免得自己愈陷愈深，像那晚節不保、造成死後國家分成兩半的所羅門王般，前功盡棄！

第二，從米迦的母親看：**留心金錢主導靈性的後果！**從十七至十八章以色列人的墮落來看，一個社會的混亂之源乃拜金主義（十七1～4）。拿台灣來說，百分之九十九以上的罪案是經濟犯罪。錢可以很可怕，沒有人能倖免。俗語說：「男人有錢就變壞，女人變壞就有錢。」在末世，為了錢財而賣主賣友，是必然的趨勢（參提後三2～4），傅士德（R. Foster）說得對：「金錢確是有很多『神明』的特性。它給予我們安全感、引誘我們犯罪、給予我們自由、賦予我們權力，它更似乎是無所不在。不過，最可怕的，還是它要爭取成為全能的『神』！」初代教會時撒馬利亞的西門就曾經動用錢來買聖靈的可怕念頭（徒八 18 ～ 19）。

從聖經的末世論來看，權、錢和色乃撒但用以腐化人心最有利的工具（啟十七～十八章）；而世俗化的金錢觀乃看價格（price）過於價值（value），卻忽略靈性往往與財富成反比。上帝兒女必須秉持永恆觀來分辨價格與價值，正如改革宗神學家斯普路（R.C. Sproul）所說：「價格與價值最大的區別，是價格用現在決定現在，但價值用現在決定未來。」不要讓瑪門取代你我心中上帝的角色！

第三，從米迦的行為看：**怎樣的父母，往往有怎樣的兒女！**基督徒該留心家庭教育，特別是富裕的時候。僅僅給兒女取個與信仰有關的名字於事無補（「米迦」的意思是「誰像耶和華」），兒女長大，不必人教，在原罪唆使下照常像米迦一樣逾矩。其關鍵是，當他偷了母親的錢，不僅母親沒有警告或懲罰，反而從母親得到鼓勵、幫助與祝福，母親甚至利用上帝的招牌來幫助兒子米迦創業（十七 3），米迦當然就愈變愈壞。

從即使是摩西的孫子，也可能墮落到成為但支派的神棍祭司看，我們更當留心帶著歷史眼光來栽培自己的兒孫，好讓長江後浪推前浪，免得像三國時代，打敗劉備、孔明的，不是曹操、孫權、周瑜、司馬懿，而是多年後扶不起的阿斗成為我們的寫照！

士師 400 年的隧道中，有幾位值得學習的榜樣。在隧道入口的迦勒，鼓勵自己的女兒和女婿為主用，第一個士師俄陀聶，就在老迦勒的鼓勵下誕生（一 12，三 9）。在隧道的出口，路得、拿俄米撫養出大衛的先祖，而哈拿所生的撒母耳育出了掃羅和大衛，結束以色列 400 年的士師黑暗時代，進入燦爛的聯合王國！世俗化的社會可以被禱告的人所轉化。

第四，從但人的結局看：**迷路的人最需要的就是回到人生分歧點！**但人原本分得的地，座落在猶大和以法蓮中間一狹長地的西端（書十九 41 ～ 46），卻因亞摩利人和非利士人佔據，因此居無定所（士一 34，十八 1）；其實，他們若能像迦勒，抓住上帝的應許去得地，就不必另起爐灶。在信仰上迷了路的但支派，不肯回到原點，卻拚命用人的方法來自救。從派出去的探子送回的消息，還真以為上帝把拉億城給了他們；在半路上上帝似乎又為他們預備了利未人摩西的孫子為祭司，以及現成雕刻鑄造的神像，就誤以為這是上帝的旨意，一切似乎都有神的帶領和祝福。

原來，「以別神代替耶和華的，他們的愁苦必加增」（詩十六4）！結果，拉億城是得到了，然而手段卻太過於殘忍。從拉億人是「**安居無慮的民**」看，士師記作者暗示著但人所做的事是一件惡事，他們挾少年利未祭司口裏所謂的「神意」壯大自己而盡行殺戮，欺壓比他們善良的拉億人，卻害怕比他們強大的非利士人。離棄上帝者必被上帝所離棄，如此不義的但人，終究難逃遭擄掠的日子（十八30）。

溫習及思考問題

1. 試列出本書序與跋的比較。
2. 從米迦的母親處理米迦偷竊這事件中，如何看出這母親不懂得教育兒子？當母親說：「**我兒啊，願耶和華賜福與你**」（十七2），表示他們的宗教光景如何？
3. 如何從米迦在家中設立偶像推論當時以色列人的宗教生活？
4. 從利未人四處尋覓工作一事，反映了當時的以色列人如何看利未人的身分？那時代出現了甚麼信仰上的錯誤？這內容如何凸顯「**各人任意而行**」這信息？
5. 但支派以600人攻打拉憶的事件，與約書亞時代取地在手法上有何不同？如何看出以色列人已完全沒有遵照上帝的律法行事？
6. 在以色列人全體的墮落中，你認為上帝所扮演的是甚麼角色？

釋經短註

❶ 馬太斯和曾祥新也曾確實地指出，兩個結論的關鍵人物乃利未人。利未人愛財，導致但人擄掠拉億城且自己也被擄掠（十七～十八章）；

利未人的妾導致以色列的內戰（十九～二十一章），原來以色列的宗教影響已及於社會整體。

❷ 布洛克指出，這指標並不暗示著敍述者盼望以色列交由君王執政，更談不上盼望理想的君王大衛來掌權。它意味著不論有沒有士師秉政，以色列同樣背叛上帝、偏行己路。這個背叛摩西的屬靈結語，也是以色列在列王執政時的墓碑（參列王紀上、下）。如果敍述者有夢想，應是夢想著上帝親自作王（申三十三5）。

❸ 本書第二篇（三7～十六31）與第三篇（十七～二十一章）有直接關係，包括：左手便利的便雅憫人（三15，二十16），造以弗得（八27，十七5），1,100舍客勒（十六5，十七1），瑣拉、以實陶和瑪哈尼．但（十三25，十八11～12），「行眼中看為正的事」等於「各人任意而行」（十四3、7，十七6，二十一25）。

❹ 1,100舍客勒銀子的數目正好是非利士每一位首領給大利拉的「誘惑謀殺費」（十六5），從米迦家裏後來所包養的祭司年薪乃10舍客勒銀子看（十七10），米迦的母親可算富婆一個。布靈和施奈德甚至認定她就是大利拉，但這揣測沒有經文支持。大利拉可能是非利士人，絕非以法蓮人。

❺ 曾思瀚指出，米迦乃懼怕咒詛才承認自己偷錢。他又指出，米迦的母親與西西拉母親一樣，都縱容兒子做不道德的事，兩者不同的是，西西拉母親是外邦人，米迦母親乃以色列人，而這位儼然已成為了這個家庭之主的母親，原來與外邦母親沒有兩樣了。

❻ 布洛克認為，靠近猶大地耶路撒冷的伯利恆，原屬於西布倫支派的地（書十九15），十七章7至9節連續出現3次「從猶大地的伯利恆」，說明「猶大」和「伯利恆」關係很近，而且以法蓮人（米迦）接納這位猶大伯利恆少年人，因此（如布雷勒和施奈德）主張本書乃為「支持大衛、反對掃羅，或支持猶大（後來的南國）、反對以法蓮（後來的北國）」而成書。但這觀點的論據不足。

❼ 施奈德指出，米迦所作所為都是為了經濟上的考量，包括立利未人為祭司，而看他如自己的孩子，乃為了想從耶和華得祝福。壟斷一切的不是被封為祭司的利未人，而是開始就偷母親的錢、後來透過設立自己的祭司制度來偷上帝祝福的米迦。

❽ 絕大部分的學者都了解，參孫故事與十八章內容的時間先後次序不能定案，但施奈德有趣地指出，參孫像飛蛾撲火式的自殺（十六章），最後在迦薩城中大衮神廟和3,000個非利士人同歸於盡的事件，可以是壓倒但支派必須往北遷徙的最後一根稻草。

❾ 施奈德將十八章1節解讀為「就是因為以色列沒有王，但支派就沒有地居住」。這樣的解釋與經文有落差，實際上原文意味著「在以色列支派中，但支派尚未得（應許他們的）地為業」。上帝已經將地賜給他們（參書十九40～48），只是他們拒絕上帝的應許，妥協於外在的困難（一34～36）。以色列的真正問題不是沒有王，而是沒有以上帝為王。

❿ 布洛克指出，這5個勇士在意的乃利未人祭司的屬靈印證（這樣解釋了為何十八章2至6節中米迦的角色完全被忽略），而米迦家中拜偶像、淫亂的作為，與士師記全書中以色列淫亂的作為吻合、呼應（二17，八27、33）。只是布洛克沒有指出，妓女喇合改邪歸正，而有耶和華招牌的米迦卻自甘墮落。曾思瀚更指出，「在作者眼中，米迦是屬靈的娼妓，他的住宅是屬靈的妓院」。

⓫ 布洛克確實指出，若利未人真有屬靈眼光，詢問5位勇士這3個問題（十八3），他們會有這樣的回答：「但族弟兄派我們來的」，「我們來此過夜」，「我們要去尋地為業」。而那利未人也該回答、責備他們說：「你們該被上帝（而非人）差派」，「你們不該在背道者家過夜——背道者該被石頭打死」，「你們不必去尋地，回去奪回上帝已經賜給你們的地足矣」。這樣模擬的對答，足以在利未人的臉上狠狠地賞他一巴掌。

⓬ 「**西頓**」原為迦南的長子（創十15）。在舊約，外邦的「西頓人」代表著腓尼基人（申三9；書十三4、6；士三3，十12；王上五6），荷馬的史詩《伊利亞特》（*Iliad* 6.290, 23.743）和《奧德賽》（*Odyssey* 4.83）都將「西頓人」與「腓尼基人」對等。過著繁華、偶像崇拜、不道德生活的腓尼基人不愛戰爭，而拉億又憑著地理屏障（有黎巴嫩山與西頓隔開，黑門山與亞蘭隔開），享受偏安江南的清閒。

⓭ 21節原文並沒有「**妻子**」這詞。曾思瀚認為但族將兒女、牲畜、財物放在士兵的前頭，乃出自他們的高傲和向米迦的挑釁。然而這觀點不如布洛克和施奈德說的恰當：隔開

這些，好讓士兵可以專心、安心地抵抗米迦和鄰里的追討。曾思瀚更準確地指出，但族讓兒女參與搶劫，乃最壞的家庭教育示範。

⑭ 士師記絕非只為了針對掃羅／大衛、北國／南國的對立而寫，也非只為褒揚大衛王朝和以聖殿所在的耶路撒冷為京城的南國，卻貶低有但和伯特利的金牛犢崇拜的北國而寫。主張以色列只有一合法政治和宗教體系的施奈德如是觀（參十八31）。從全書來看，以色列各階層、各地方都墮落。麥卡恩說得對，若十七至十八章是為了南國背書、撐腰而寫，敘述者大可在這裏的上下文大做文章。

⑮ 「遭擄掠的日子」（十八30）指的，乃亞述王提格拉．毗列色於公元前734年將北國北部擄走一事（王下十五29）。因著文士所插入的「瑪拿西」（十八30），布洛克主張士師記乃成書於瑪拿西時代，認為敘述者藉著這「遭擄掠的日子」，來警告南國瑪拿西王（王下二十一2），該從在但設立偶像的北國（王上十二25～33）被亞述擄掠一事得教訓，悔改並遵行摩西律法（利二十六章；申二十八章），免得同遭擄掠。

第十五章
道德的淪喪（十九 1～二十一 25）

- 暴力的社會：利未人與被強姦分屍的妾
- 內戰的邦國：從一人的犧牲到多人的犧牲

本書最後的一段由「**那時以色列中沒有王**」（十九 1）引導下，終於登上士師記的舞台。這段篇幅僅次於基甸故事（包括亞比米勒故事在內）的敍述，與十四至十六章、十七至十八章相同，從故事開始的情節看來不過是一個小家庭的危機，但最後竟演變成為全以色列的風暴。❶ 從敍述文角色的描繪來看，先前的士師故事中的次要角色大都是具名的，包括：示篩、亞希幔、撻買（一 10）、押撒（一 11 ～ 15）、耶賓（四 2、24）、基尼人希百（四 11、17、21）、基甸的僕人普拉（七 10）、米甸首領俄立及西伊伯（七 25，八 3），基甸小兒子益帖（八 20），耶弗他父親基列（十一 1 ～ 2），迦薩妓女（十六 1 ～ 2），以及拉參孫手的童子（十六 26）。當然，不是所有的配角都具名，但不具名的往往是因著重要的理由。如：亞比米勒母親匿名（八 29 ～九 3），以及抛磨石在亞比米勒頭上的婦女匿名（九 53），是為了快快結束一齣冗長的戲碼；耶弗他的女兒（十一 34 ～ 40）、瑪挪亞的妻子（十三章）、參孫的妻子（十四～十五章）和米迦的母親匿名（十七 1 ～ 6），是為了襯托對男人的諷刺；耶和華的使者以匿名方式出場（二 1 ～ 5，六 11 ～ 24），以此將焦點集中在耶和華。但在十九至二十一章的故事中，具名出現的只有小配角伯特利的祭司（二十 27 ～ 28），其他所有要角統統匿名，包括利未人和妾、妾的父親、以法蓮山地那位試圖救利未人的老年人。正如啞劇可能帶給觀賞者更大震撼一樣，本章由匿名的角色所推動的劇情正在搖撼著整個以色列的國本！

敍述者如此隱藏的手法，其實為了刻意凸顯這些劇中人，以他們象徵以色列各階層的共同特質：即只要我喜歡，有甚麼是不可以任意而行的。❷ 進入士師記的隧道深處，每一位主人都可以如基比亞的便雅憫人一樣凶暴，每一個客人都可能被惡待，每一個女人都可能成為被強姦、殘害、肢解的對象。以色列人在墮落的本質上如此一致，甚至利未人都可以隨己意肢解他的妾，而整個國家也正在「**彼此連合如同一人**」（二十 11），既同心又隨己意地肢解自己。因此，這 3 章經文的匿名角色究竟是誰，已顯得不重要了，因為對敍述者而言，結局完全一樣——以色列已經全面世俗化，和迦南人沒有兩樣了。

十九至二十一章所呈現的社會混亂，是以扇形結構的型態出現，且以「**以色列中沒有王**」為「首尾呼應」（十九 1，二十一 25）：

A　利未人的妾被輪姦（十九 1 ～ 30）
　B　對便雅憫的內戰（二十 1 ～ 48）
　　C　問題：以色列的誓言與便雅憫的滅族危機（二十一 1 ～ 7）
　B'　對基列．雅比人的內戰（二十一 8 ～ 15）
A'　示羅女子被強姦（二十一 16 ～ 24）

相較於十七至十八章，敍述者在十九至二十一章所呈現的，更讓讀者觸目驚心。前者敍述米迦家中的祭司怎樣墮落，怎樣為錢事奉魔鬼，雖然是最後才掀開他惡名昭彰的底牌（十八 30），見識到他如此地污衊自己的名字，以至讓摩西和上帝的名都被連帶玷污了（「約拿單」意即「上帝給予」）。雖然每個角色好歹都應該有個名字，但後者的利未人連名字都沒有，因為他實在是見不得人，竟然凶狠恐怖到將自己的妾肢解！基比亞匪徒的名字同樣不值得記錄，因為他們不過是「性」的奴隸而已。而利未人的妾，更是從本書中高貴女子如押撒、底波拉、雅億等，退化到只成為被基比亞匪徒強暴、被丈夫切砍的靈肉爾！在十七至十八章，敍述者關心的焦點是但支派，但十九至二十一章的焦點轉向便雅憫人，敍述者在此顧不得家醜不可外揚的忌諱，著墨於他們如何凌辱利未人的妾，這遂成為後來先知何西阿指責北國社會的背景和「壞榜樣」（何九 8 ～ 9，十 9）。原來，在「各人任意而行」的環抱之下（十九 1，二十一 25），以色列每一個人的名字已經失去原有的價值、地位和意義！❸

在十三至十六章的描述中，上帝刻意出手，讓參孫對亭拿女子的迷戀（十四 4）成為以色列人攻擊非利士人的緣由，藉此因勢利導地切斷以色列陷入被迦南人同化的迷思；在十九至二十一章，沉默的上帝更是任憑以色列人自己做決定，甚至允許他們濫用祂的名來求問（二十 1 ～ 2、18、23、27 ～ 28），導致以色列人愚蠢地互相殘殺，最後悽慘至便雅憫人幾乎被滅族。敍述者在關鍵之處，藉著「耶和華使以色列人缺了一個支派」（二十一 15）的說法以凸顯上帝的出手，好呈現整段劇情的神學中心：以色列人不肯認真從上帝接受教導，上帝就任憑以色列人從偏行己路、興起聖戰，走向內戰、自毀的祈求（二十 28），最終才從滅族的危機中得到慘痛的教訓。這是上帝對世俗化百姓所施的殺手鐧，正好也是士師記的終點，敘述者最後遂以「那時，以色列中沒有王，各人任意而行」（二十一 25），以吟唱輓歌的方式結束記載！

15.1. 暴力的社會：利未人與被強姦分屍的妾（十九 1 ~ 30）

分段大綱（十九 1 ～ 30）

1. 基比亞暴力的背景（十九 1 ～ 9）
2. 基比亞暴力的本質（十九 10 ～ 30）

15.1.1. 基比亞暴力的背景（十九 1 ～ 9）

士師記最黑暗的時期，就在「以色列中沒有王」的宣告中拉開序幕（十九 1）。這在垂直面上拒絕上帝為王的以色列民，他們的罪惡、墮落緊密地沿著水平面的向度腐蝕著包括個人、家庭、宗族、全國等各方面，並不住地擴散。首先上場的乃呼應十七至十八章的利未人，他同樣以匿名的角色登上舞台，「有住以法蓮山地那邊的一個利未人」（1 節），而墮落的軌迹也與前兩章一樣，由神職人員帶頭，再水平面擴散及於家庭、支派、全國，最後全面崩盤。整體地從十九至二十一章來看，赫然發現社會靈性上的淫亂（spiritual idolatry），往往帶來社會與家庭的淫亂（physical adultery）。

這兩個利未人雖然背景、身分和匿名等特點都一樣，但仍有其迥異之處：前一個利未人住在伯利恆，卻往以法蓮山地去找住處（十七 7 ～ 8），這裏的利未人乃從以法蓮往猶大伯利恆去（十九 2），路線正好相反。兩者都被款待，且米迦和這岳父都同樣像待兒子般看待這兩個利未人，但是前者以祭司身分受職業性的款待（十七 10 ～ 11），後者乃是岳父以家庭性方式來款待女婿。前者乃貪財的神棍，但後者雖然提到他「往耶和華的殿去」（十九 18），但只是輕描淡寫，在他身上看不出任何信仰的特徵。兩者最不同的地方是：前者並沒有婚姻的記載，這裏則是先從利未人的婚姻記載開始。曾思瀚認為這利未人的生活乃以「性」和私人興趣為中心，絕非事奉上帝。這兩段劇情的引爆點都是利未人，但偏偏這神職人員如此不屬靈，正應了上梁不正下梁歪的講法。而且本段利未人所娶的女子乃名聲不好的妾（參八31），如此給後來的劇情留下令人擔心的伏筆。敍述者也沒有説明誰是這利未人的正室，是否暗示正室已死，而妾是續絃？如果正室死了，為何他不將這妾扶正？❹ 若從信仰的角度來審視這關係，耶和華因與以色列立約，以色列乃上帝的正室——而不是上帝的妾。這些敍述者沒有交代的情節，似乎暗示了整個以色列像這妾離開丈夫一樣（十九2），離開了上帝（參北國和南國的淫亂史；參結十六，二十三章），如此同樣給後來的劇情留下令人擔心的伏筆。

在不明的原因下，這位妾行了舊約律法所沒有允准的，竟然離開了丈夫回猶大的伯利恆娘家一段時間，「到了父家，在那裏住了四個月」（2節）。她丈夫在長時間等待之後，決定採取行動好贏回自己的婚姻。「她丈夫起來，帶著一個僕人、兩匹驢去見她，用好話勸她回來」（3節）。她顯然也有破鏡重圓的意願，因為「女子就引丈夫進入父家」，而岳父也「歡歡喜喜地迎接」，沒有任何責怪的意思，甚至盛情款待，「那人的岳父，就是女子的父親，將那人留下住了三天。於是二人一同吃喝、住宿。」（4節）看起來這對久別重逢的夫婦，可以經歷破鏡重圓的喜樂了。

誰知好事多磨，3天的歡聚，利未人必然覺得夠久了，該收拾包袱回自己家了，「到第四天，利未人清早起來要走」，岳父卻挽留這對剛剛團圓的小倆口。「女子的父親對女婿說：『請你吃點飯，加添心力，然後可以行路。』」（5節）利未人遂和岳父坐下一同吃喝。接下來該可以上路了吧？焉知又被岳父強留，「對那人說：『請你再住一夜，暢快你的心。』」（6節）如此利未人的願望只好再次被耽延，「那人起來要走，他岳父強留他，他又住了一宿」（7節）。第四天又被耗掉了。

蹉跎4天於吃吃喝喝的利未人（4、6、8節），到了第五天當然盼望能抽身，「到第五天，他清早起來要走」（8節），哪知岳父大人又強力挽留。「女子的父親說：『請你吃點飯，加添心力，等到日頭偏西再走』，於是二人一同吃飯。那人同他的妾和僕人起來要走，他岳父又說：『看哪，日頭偏西了，請你再住一夜；天快晚了，可以在這裏住宿，暢快你的心。明天早早起行回家去。』」（8～9節）歷經幾次想拔腿就跑卻被困住的挫折的利未人，勉強地多應了岳父一餐，就定意立刻離去，可是離開的時刻，已經是最不宜出門的日薄西山時分了，也因此導致悲劇的發生。❺

十九章首尾都以利未人為焦點，凸顯了以色列的道德墮落源頭——利未人所代表的靈性敗壞使然，他一開始就沒有好好地住在利未人該住的城，行該盡的職責（1節）。從**時間**和**空間**的**情景**來看十九章，這次悲劇其來有自：

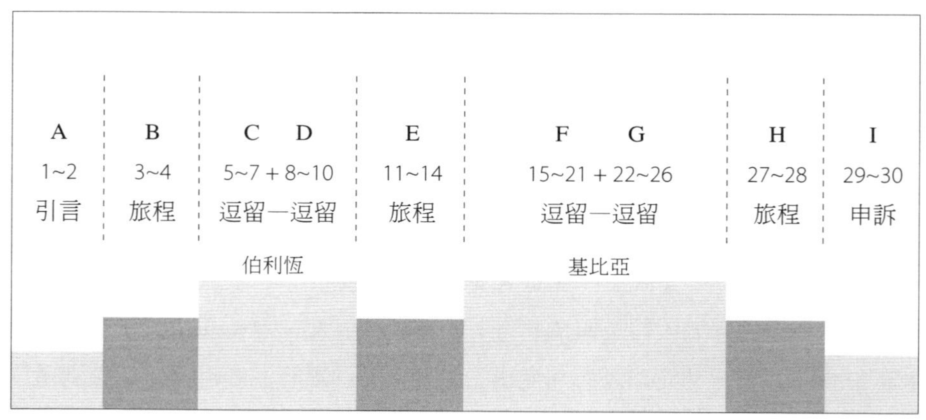

從上圖兩次的逗留，看見是對稱的，為了迎取那回父家已4個月的妾，這利未人在伯利恆岳父家受到熱情款待，因而發生上圖對稱的兩次逗留。布洛克認為，即使讀者比較容易同情想早日回家團圓的利未人，但是岳父大人的殷勤也不算過分，因為敍述者沒有給他負面的批判。這岳父其實在十九章10節後就從舞台消失了。布洛克更認為這岳父比亞伯拉罕款待耶和華使者還殷勤、還值得稱讚（參創十八章）。在這一章敍述者並沒有陳述那婦人的蹤影，只見利未人與岳父吃喝玩樂足足4整天，是自己貪於飲食或是無法拒絕岳父的盛情呢？❻ 他明知路上不平靖卻耽延至第五日傍晚才出發（十九1～10）？以致於步行一至兩個小時後，必然得在離伯利恆不遠的耶路撒冷或基比亞過夜。如此，無知地將自己和妾的安全推入困境之中！若能早些出發，

不就可以避開基比亞的匪徒？從**時空**角度看，因為男人貪愛宴樂而種下悲劇之因的根由，實屬不智之舉！❼

15.1.2. 基比亞暴力的本質（十九 10 ～ 30）

儘管岳父數度好意款待，利未人辭意堅決，「那人不願再住一夜，就備上那兩匹驢，帶著妾起身走了」（十九 10），走了約 6 里路，來到耶布斯（即日後的耶路撒冷）的對面。到此，「日頭快要落了」，不宜徹夜趕路，僕人首先提議：「我們不如進這耶布斯人的城裏住宿」（11 節），這個利未人正確認出耶布斯城並非猶太人的城，遂拒絕僕人的提議，主張再走個約 6 里路，就可以到耶路撒冷北邊的便雅憫城市——基比亞或拉瑪。「主人回答說：『我們不可進不是以色列人住的外邦城，不如過到基比亞去』；又對僕人說：『我們可以到一個地方，或住在基比亞，或住在拉瑪。』」（12 ～ 13 節）

這 3 個人繼續趕路，到了便雅憫的基比亞，日頭已經落了。哪知，這基比亞完全沒有伯利恆岳父般的熱情接待，到了晚霞消褪之際，仍然找不到夜宿處，於是「就坐在城裏的街上，因為無人接他們進家住宿」（15 節）；這才赫然發覺在耶布斯時的盤算錯了，因為這同胞的城沒有同胞的愛（出二十三 9；來十三 2）。這裏的以色列人對待客旅的心和夜晚基比亞的街道一樣冰冷無情。利未人心裏不免打著哆嗦：今晚難道真要在外頭風餐露宿不成？

利未人正徬徨之際，瞧！救星出現了，是個種田夜歸的老先生。「晚上，有一個老年人從田間做工回來」，而且是個同鄉。太好了，同是天涯淪落人，因為「他原是以法蓮山地的人，住在基比亞；那地方的人卻是便雅憫人」（十九 16）；不用怕陌生，也不必報上名來，只要能幫他們度過一夜，明天便可繼續趕路，相逢何必曾相識！果然，這位老先生不像這冷漠的城市，從他的眼神和語氣就可以知道，「老年人舉目看見客人坐在城裏的街上，就問他說：『你從哪裏來？要往哪裏去？』」（17 節）利未人趕快掀開自己的底牌，並說明自己不會帶給人負擔，免得這老先生有所顧忌或不願承擔，而失去溺境中惟一可抓到的救生圈：

「他回答說：『我們從猶大的伯利恆來，要往以法蓮山地那邊去。我原是那裏的人，到過猶大的伯利恆，現在我往耶和華的殿去，在這裏無人接我進他的家。其實我有糧草可以餵驢，我與我的妾，並我的僕人，有餅有酒，並不缺少甚麼。』」（18～19節）

利未人説明了自己所要的不多，只要能有過夜的牀就夠了。但是談話間卻也流露出沒有人理他們的委屈，盼望這老先生能同情他們，不要讓他們再吃閉門羹。老年人果然開口了，且大開方便之門超過所奢望的，並警告他們提防夜宿。「願你平安！你所需用的我都給你，只是不可在街上過夜」（20節），喜出望外的利未人一夥，終於找到落腳之處，「於是領他們到家裏，餵上驢，他們就洗腳吃喝」（21節），原本求告無門的他們，總算僥倖地獲得收留。

進得屋裏，大夥兒正在老年人家中舉杯暢飲之際，忽然聽到急促的敲門聲，宛如作曲家貝多芬的房東敲門索取房租般，讓屋中的人（和讀者）突然停頓、窒息，誰能料到命運來敲門了！誰能料到，羅得時代那醜陋、要求同性戀的病態故事（創十九4～8），竟然也在士師記的舞台上演！

「他們心裏正歡暢的時候，城中的匪徒圍住房子，連連叩門，對房主老人說：『你把那進你家的人帶出來，我們要與他交合。』那房主出來對他們說：『弟兄們哪，不要這樣作惡；這人既然進了我的家，你們就不要行這醜事。我有個女兒，還是處女，並有這人的妾，我將她們領出來任憑你們玷辱她們，只是向這人不可行這樣的醜事。』」（十九22～24）

「任我們所為」（創十九5）原文是「讓我們知道他」。這「知道」亦有一個意思是指「交合」。

這羣基比亞城中的混混，❽ 口中所吐出那致命、噁心的交合，讀者自然想到所多瑪城中的匪徒，如何到羅得家門口來勒索、要求「**知道**／性交」耶和華使者。「交合」（22節）原文意思乃「知道」（*yāḏaᶜ*；參創四1，十九5、8；民三十一17；王上一4），但也有「性交」

的意思。創世記十九章的典故與本段經文有著極密切的平行，同時又有關鍵性的差異——上帝的臨在。創世記中，上帝顯現救了羅得一家；但是在利未人的故事中，上帝完全消失。在此老年人站出來責備基比亞人「不要這樣作惡」、「不要行這醜事」，這責備呼應全書中對以色列的指責：「行耶和華眼中看為惡的事」（二11，三7、12，四1，六1，十6，十三1），也凸顯這些匪徒的行徑正是「國中沒有王，各人任意而行」（十七～二十一章）的極致。這老年人責備完之後，接著應承願意將女兒及利未人的妾，領出來「任憑」他們玷辱（十九24）。這「任憑」原文意思乃「在你們眼中看為好」，其中的「好」正好與上文的「惡」對比，可見他絕對是個相對主義者，單行自己看為「正／好」的事。原來，沒有上帝為標準的人類道德（包括所謂「好客傳統」，布靈給本章的標題就是「盛情」〔hospitality〕），必會走上相對道德主義路線。不可理喻的是，這老年人的款待好意，只停留在男人（利未人）身上，卻以女人為被虐待、姦殺的犧牲品。或許有些人會認為：難道為朋友捨命有錯？這老年人不是刻意避開將利未人送出門所可能引發的同性交媾嗎？這說法顯然忘了基比亞匪徒要的乃是利未人的同性交媾，而不是異性。將女兒送出去乃愚蠢，白白犧牲，多此一舉的行為。當讀者讀到這老年人願意將女兒送出去代替利未人，必然會懷疑自己的眼睛並深深歎息：現在「任意而行」的，乃是將自己女兒送入慾火坑中的老年人。這劇情不正是耶弗他將女兒獻為燔祭的再版（十一章）！

但基比亞匪徒執意要外來客，不理會老年人的好意，「那些人卻不聽從他的話」（十九25）。明顯地，他們要的是具新鮮感的「進口貨」，這是否也相對反映了老年人的女兒平常即唾手可得？協議不成，這個利未人無從躲藏，必須自己來面對了。這利未人謹慎地避開外邦人的款待，單單信靠以色列同胞，來到了這基比亞，才赫然發現其實他到了所多瑪城，甚至連這老年人說話的語氣和內容，都像極了羅得——甘願將女兒們送給匪徒玷污（24節；創十九8）。可悲的是這些對客人獸性大發的匪徒，強暴的對象不在乎其種族、性別、身分（他們和老年人可能都不知道這利未人的確實身分）；更可悲的是這利未人並沒有真正好漢做事好漢當，他竟然將自己的妾拉出去替代

自己受凌辱：❾

「那人就把他的妾拉出去交給他們，他們便與她交合，終夜凌辱她，直到天色快亮才放她去。天快亮的時候，婦人回到她主人住宿的房門前，就仆倒在地，直到天亮。」（十九 25 ～ 26）

一場無恥、醜陋的強暴，❿ 硬生生地在士師記（聖經！）的舞台上演出。整個強姦過程，這個妾完全沒有聲音。其實，自從迎接丈夫進入父家後（3 節），她一直都沒有出聲，也沒有露面，任憑利未人丈夫帶領她離開父家，路過耶布斯，進入基比亞老年人家裏，從來沒有人關心她的命運。現在她更無聲無息地被丈夫撇棄，成為外面那羣野狗雜交的對象，就是整夜被凌辱到天亮，且仆倒在利未人房門前，讀者仍然聽不到她的心聲。最無情的是，這整夜孤伶伶經歷匪徒輪姦的妾，清晨更遇到一個倍加冷酷無情的匪徒——那個不把妾當人看的丈夫：

「早晨，她的主人起來開了房門，出去要行路，不料那婦人仆倒在房門前，兩手搭在門檻上；就對婦人說：『起來，我們走吧！』婦人卻不回答。那人便將她馱在驢上，起身回本處去了。到了家裏，用刀將妾的屍身切成十二塊，使人拿著傳送以色列的四境。」（29 節）

這妾除了曾經主動離開夫家之外，她在整個故事都完全被動，寂寞無助到任憑父親、丈夫、基比亞匪徒擺佈，至死都無聲無息，喪失任何說話、訴冤的權力和機會。最淒涼的是，死後不但沒有被埋葬，還被自己的丈夫利用來說他要說的話。不可思議的是，身為丈夫的利未人，不僅將她拉出去成為靈肉，整夜無助地被凌辱之際，也不曾見他有任何試圖營救的動作，更可惡的是，他仍可以睡得著？清晨起來，竟然可以好像甚麼事都沒有發生一般，優哉游哉地準備上路，大有將妾完全棄之不顧的打算，如此豈不白費此趟團聚的奔波？幸虧他的妾用自己的身體來擋路，否則他可要大搖大擺地逃離犯罪現場！再仔細看，這擋在他門口的妾「**兩手搭在門檻上**」（27 節），原來她已經孱弱得連開門，甚至敲門求救的力氣都沒有了，她惟一能掌握的只有死！而這狠心郎竟然在將她半死的身體馱回家後，再將其肢解。這利未人以殺祭物的專業手法肢解這女人，實在慘不忍睹！

讀者必然好奇：當妾仆倒在門前之時，是否已經死了？若她死了，利未人就犯了人死為大的大忌；若她沒死，他更是罪加一等，因為他肢解一個未死的人如同劈砍動物屍體一樣，這利未人也就成了兇手（崔菲莉如是觀）。「七十士譯本」和「武加大譯本」加上了「但她已經死了」這句子，為要將他從輕發落，但「馬所拉文本」並沒有交代。敍述者似乎刻意用西西拉死在雅億帳棚的史實，來描述這妾的下場。這利未人完全忘了岳父如何好意款待他，更不在乎妾的死活，豈有如此狠心自私的神職人員！

至此，士師記中的女子被姦殺（利未人的妾），被獻為燔祭（耶弗他的女兒）的故事，確實浮現了父權時代的黑暗面。更可悲的是，這些脆弱無辜的女子以人類最沒尊嚴的方式（侮辱、虐待、姦殺）被犧牲，卻似乎只單為了男人的安全、尊榮和傲慢的宗教！難怪不少女性主義者藉士師記替被壓抑的女子發聲。⓫ 整個劇情中所呈現的墮落，包括基比亞匪徒動物般的性慾、同性戀、強暴以及利未丈夫的分屍，統統以這個妾作為宣洩的對象。可憐亦復可悲！

接著，士師記舞台上的罪惡繼續衍生、升溫、擴散，包括基列．雅比和示羅的女子如何被擄、被出賣、被強暴、被遣散，罪魁禍首和本章一樣，都是便雅憫人！⓬ 但是從本章來看，士師記的根本問題，乃是每個人都是眼中沒有上帝，行自己看為正的事，導致以色列的道德全盤瓦解，最後家庭和社會體系也全面崩潰。⓭ 麥卡恩指出，與士師記的其他故事一樣，敍述者藉著這利未人故事中所呈現的自私和淫亂，乃為呼召各世代的人悔改歸向上帝；而且也只有歸向上帝（而非歸向人間王權），才可能建立公義和平的社會。

從利未人個人角度來看，他為了親人安全而避免接近迦南人，卻赫然發現自己的同胞便雅憫人的行徑和迦南人一樣，因此他藉著恐怖手法將自己的妾的屍塊分送四境。⓮ 他這行徑是為掩飾自己的責任？抑或激怒同胞以達到公報私仇的目的？曾祥新認為利未人將妾分屍，乃企圖藉此激發以色列的恐慌來公報私仇。包爾認為利未人分屍為要達到消除自己看到妾被強暴的恐懼，並試圖淡化自己將妾拉出去被基比亞人強暴的心理反應。與利未人肢解自己的妾故事平行的，乃掃羅將一對牛切成塊子，且同樣地託付使者傳送以色列全境，以色列的反應也和士師記所載的相同，「眾人都出來，如同一人」（撒上十一7）。兩個事件最根本不同的是，掃羅乃在耶和華主導下發動聖戰，但是這裏的「義憤」，完全是人墮落的彰顯而已。

從整體以色列角度來看，在這事件之前，以色列十二支派間的合一性猶存，但這合一性隨著利未人的妾的身體被肢解的同時也分解了。各支派從利未人收到這令人觸目驚心的屍塊，親眼見識到以色列整體社羣中竟然有如此粗暴、殘酷和冷漠的人（十九29），一場戰爭於是開始醞釀，「凡看見的人都說：『從以色列人出埃及地，直到今日，這樣的事沒有行過，也沒有見過。現在應當思想，大家商議當怎樣辦理。』」（30節）只有戰爭才能釋放羈押在憤怒眼神背後的能量，拒絕上帝為王的以色列，即將面臨空前的內戰浩劫！若是沒有認清這個重點，就容易陷入布雷勒以政治角度的解讀方式，認為這段經文的描述有其背後的意圖：即敍述者對於掃羅的貶低——因為這利未人進入的是基比亞城（掃羅的故鄉），而不是耶路撒冷（大衛之城），或撒母耳的城拉瑪。曾祥新說得對，這裏的對比不是「基比亞」與「耶路撒冷／耶布斯」，而是以色列人的城和外邦人的城（十九12）。

15.2. 內戰的邦國：從一人的犧牲到多人的犧牲（二十1～二十一25）

分段大綱（二十1～二十一25）

1. 以色列對暴力的回應（二十1～48）
   - 甲、第一次交戰（二十18～21）
   - 乙、第二次交戰（二十22～25）
   - 丙、第三次交戰（二十26～48）
2. 暴力所引發的以色列危機（二十一1～25）

15.2.1. 以色列對暴力的回應（二十 1 ～ 48）

這米斯巴不是約旦河的米斯巴（十一11），而是座落在耶路撒冷以北約 12 公里、基比亞西北約 5 公里的便雅憫與以法蓮交界處，撒母耳曾在此禱告且帶來屬靈復興（撒上七 5 ～ 14），掃羅也就在此被膏為王（撒上十 17 ～ 24）。

耶弗他也曾招聚基列眾人，攻打以法蓮人（十二～ 7）。

正如一點麪酵能使全團發起來一樣，因為一個利未人的妾在基比亞被強姦（十九章），一切便被渲染、發酵、引爆（二十章），以色列遂進入史無前例的內戰，社會架構因而支離破碎。而參與這內戰的，竟然包括了以色列各支派，從北到南（其中舊約中以色列地圖的南北極「**從但到別是巴**」第一次出現）同仇敵愾，統統到齊，「**如同一人，聚集在米斯巴耶和華面前**」（二十 1）。但令人黯然的是，這次大集合不是為了敬拜上帝，而是準備去對付便雅憫支派。在此提及聚集「**如同一人**」，以及「**以色列眾人彼此連合如同一人**」（11 節），是除了後來的基列．雅比城的人以外（二十一 1 ～ 9），所有被耶弗他招聚去攻打以法蓮的基列地眾人，也都包括在內（十 17 ～十二 7）。這與一至二章的「**如同一人**」迥然不同，在士師記的序中以色列的槍口對外，經歷了得勝；但是在士師記的跋中以色列的槍口卻完全朝內，經歷了空前的挫敗。

這「會」很可能不是指會幕，因為會幕乃在示羅（二十一 19）。此外，約櫃是在伯特利（二十 27）。因此，這「在上帝百姓的會中」可能僅指以色列人聚會之處。

上帝是否同意這次戰爭？表面上看起來是，因為「**以色列民的首領，就是各支派的軍長，都站在上帝百姓的會中**」（二十 2）。從讀者／作者／劇中人的差異角度來看，作者和讀者一眼就可以看出這利未人一切的表演，全是自我中心在主導。但是沒有跳脫現場的眼光、沒有屬靈視野的劇中人，卻盲目地被利未人的演說所催使，熱血沸騰地投入替天行道的「宗教戰爭」。在這事件之前，已有很長一段時間沒有任何以色列人聚集敬拜上帝的痕迹，現在卻為了管教同族而聚集，而且這次的戰事規模甚大，「**拿刀的步兵共有四十萬**」（2 節；參民一，二十六章）。以色列人上到米斯巴，這麼盛大的事當然會轟動武林，「**使雅憫人都聽見了**」（二十 3）。以色列人首先蒐集呈堂證供，「**請你將這件惡事的情由對我們說明**」（3 節）。諷刺的是，陣前喊話的是本該扮演屬靈領導的利未人，然而現在卻成為被逼迫羣體的代表：⑮

「那利未人，就是被害之婦人的丈夫，回答說：『我和我的妾到了便雅憫的基比亞住宿。基比亞人夜間起來，圍了我住的房子，想要殺我，又將我的妾強姦致死。我就把我妾的屍身切成塊子，使人拿著傳送以色列得為業的全地，因為基比亞人在以色列中行了兇淫醜惡的事。你們以色列人都當籌劃商議。』」（4～7節）

這利未人沒有回答讀者所關心的問題，包括：明知基比亞人存心來強暴的對象是自己，怎能忍心將妾拉出去任人蹂躪（十九25）？如果她的死是他們強姦後的結果，他將她分屍一事，算不算是謀殺？他切割她身體的時候，她是死了、抑或活著？若是仍然活著，這利未人的角色已經不是被壓迫者，而是謀殺者，他應該同列為被告，而非原告！

但是這個利未人避重就輕（參與謀殺案的兇手大多如此），直接控訴基比亞人行了兇淫醜陋的事（這乃是他從基比亞老人剽竊來的「口供」；參十九23～24），甚至強調自己是被害者，且藉著「傳送給以色列得為業的全地」的説詞（二十6），為自己佩戴保護以色列淨土的美名，好博取以色列眾人的同情，進而掩飾自己的原始動機——他不惜葬送全以色列的和諧，只為一洩自己的妾被強姦之恨。

另一方面，在這利未人的説明中，顯示了他為要撇清自己的責任而語多保留：

1. 話語間對於妾的遭遇完全沒有同情、惋惜；
2. 完全沒有提到他拒絕僕人留在耶布斯的提議（十九11），反而一口咬定基比亞乃他的目的地（二十4）；
3. 他睜眼説瞎話，指控基比亞人乃衝著想要殺他而來（二十5；參十九22）；
4. 推説妾的死是出於他們的手，自己乃無辜的。

他整個辯護、控訴的自我陳述中，似乎就定調在為自己和族人討回公道。奧康奈爾認為這利未人借用律法中「以眼還眼、以牙還牙」的原則（出二十一

23～25）來挑起爭端，骨子裏乃為了要替自己和以色列人爭一口氣。他完全沒有引述上帝，已不在乎有沒有上帝的介入；完全沒有引述上帝，上帝不見了！他也更不在乎便雅憫人的命運，更絕非訴諸於上帝的旨意。實際上，當以色列準備興師問罪，這利未人就溜走了。在三至十六章，上帝興起士師來幫助以色列人解決危機；現在以色列危機的解決者不是上帝（上帝消失了），而是這個將妾分屍的利未人。在他義正辭嚴的短講之後就下台一鞠躬，接著上台的不是士師，更不是上帝，而是一羣被利未人煽動性——而非申命記式的誡命——的辭令所牧養的屬靈侏儒。曾祥新認為利未人乃醜陋的，但是以色列全會眾更是荒謬的。因他們「先兵後禮」，先出兵，再聽取利未人和便雅憫人的報告；又「責人不責己」，對利未人的撒謊和其妾的行淫完全不聞不問，後來甚至鼓勵便雅憫人強姦示羅女子；而且「先決定再求問」，他們不先問是否該攻打便雅憫，只問誰先去。如今他們不明就裏地「發奮圖強」，並非為了上帝國的大業，卻是為了一己之私和其背後所隱藏的欺騙、罪惡，以致徒發義怒至於違背律法：

> 「眾民都起來如同一人，說：『我們連一人都不回自己帳棚、自己房屋去。我們向基比亞人必這樣行，照所掣的籤去攻擊他們。我們要在以色列各支派中，一百人挑取十人，一千人挑取百人，一萬人挑取千人，為民運糧，等大眾到了便雅憫的基比亞，就照基比亞人在以色列中所行的醜事征伐他們。』於是以色列眾人彼此連合如同一人，聚集攻擊那城。」（二十8～11）

麥卡恩指出，以色列若對律法認真，他們能執行的原則乃「以眼還眼、以牙還牙」（出二十一24），對罪惡的懲罰是有範圍、約束的，而絕非像他們這樣的無法無天，幾乎要將整個便雅憫族人都滅絕才停手，最後甚至還放火燒城（二十48）。在十九章利未人犧牲了自己的妾，成功地救了自己的性命；現在他正要犧牲以色列人的性命，好報復基比亞匪徒加給他個人的仇恨，然後從此就消失在士師記的舞台。施奈德指出，這個利未人刻意藉著個人恩怨，挑起族人的矛盾情結。雖然其他士師如基甸／耶路．巴力、耶弗他、參孫等，也曾因為個人恩怨而挑起戰端，但是從來沒有像這個無名利未人所引爆的內戰，那麼龐大、全面、悽慘的。在他報告後，這些被煽動了的義勇軍，不分青紅皂白，決定直搗基比亞。⑯ 究竟誰該作先鋒？攻擊部隊的先後次序如何安排？這與士師記最開始時由上帝作決定（一 1）不同的是，這羣沒有領導者——連上帝也消失了——的烏合之眾，採用自認為公平的抽籤方式來決定。他們也確實有備而來，知道這是一場硬仗，因此用抽籤的方式，抽出十分之一為補給兵，預備糧餉支援在前線爭戰的部隊，好讓惡者能有惡報。整個情景與士師記開始雷同，只是槍口已經不是朝向迦南人、迦南的城，而是自己的同胞骨肉、城鎮了！可悲啊！

軍備就位後，外交折衝也同步開始興師問罪的作業，「**以色列眾支派打發人去，問便雅憫支派的各家**」，免得師出無名！以武力作為後盾撐腰的使者，用除惡務盡的感召要便雅憫的惡徒就範，「**你們中間怎麼做了這樣的惡事呢？現在你們要將基比亞的那些匪徒交出來，我們好治死他們，從以色列中除掉這惡。**」（二十 12 ～ 13 上）寧可與同族共生死的便雅憫人哪肯束手就擒，他們「**卻不肯聽從他們弟兄以色列人的話**」（13 節下）？誰肯丟族人的臉？⑰ 面臨 40 萬大軍，便雅憫人一無懼怕，還傾巢而出。「**便雅憫人從他們的各城裏出來，聚集到了基比亞，要與以色列人打仗**」（14 節），看看到底誰怕誰？

果然，便雅憫人也不是省油的燈，國家有難、匹夫有責，誰敢苟且偷生呢？好戰的個性全都被激發出來。「**那時便雅憫人從各城裏點出拿刀的，共有二萬六千**」（15 節上），愛國情操遮蓋了護短的盲點，英雄好漢通通出列，「**另外還有基比亞人點出七百精兵**」（15 節下），再從這 26,700 人中揀選出 700 精兵，他們都有以笏怪手的能耐，「**在眾軍之中有揀選的七百精兵，都是左手便利的，能用機弦甩石打人，毫髮不差**」（16 節）。這 700 左手便利的精兵，雖然歷經這次內戰的耗損，仍有部分存活（二十一章），其子孫是「能用左右兩手甩石射箭」的掃羅族人，且曾在大衞的勇士榜上佔有一席之地（代上十二 1 ～ 2），原本是右手之子的便雅憫人（「便雅憫」希伯來文意思是「右手之子」），卻生出這麼多的左手便利者。然而，他們不像同族的以笏以這專長來服事族人，反而用它殺戮族人。敍述者最後清點人數：26,700 的便雅憫人，與400,000大軍對峙，「**便雅憫人之外，點出以色列人拿刀的，共有四十萬，都是戰士**」（二十17），讀者難免好奇：誰會贏？上帝站在哪一邊？

二十章乃士師記全書中關於戰役記載篇幅最長的一章。敍述者用17節經文描繪戰前雙方的佈陣，但是竟然用31節經文來描繪戰事的進行過程（二十18～48），而且以3次重複的方式來呈現，敍述者藉此顯示，不論是以色列或便雅憫都是行自己眼中看為正的事，泥足愈陷愈深：

1. 第一次交戰（二十18～21）
   求問（「**我們中間誰當首先上去？**」）
      回答（「**猶大**」）
         以色列敗陣
2. 第二次交戰（二十22～25）
   求問（「**我們可以上去攻擊嗎？**」）
      回答（「**可以**」）
         以色列敗陣
3. 第三次交戰（二十26～48）
   求問（「**我們打仗呢？還是罷兵呢？**」）
      回答（「**上去，且必勝**」）
         便雅憫敗陣

15.2.1.1. 第一次交戰（二十18～21）

雙方第一次交鋒之初，以色列似乎仍有一點屬靈痕迹，還懂得來求告上帝，「**以色列人就起來，到伯特利去求問上帝說：『我們中間誰當首先上去與便雅憫人爭戰呢？』**」（二十18）但是從他們的禱告卻顯現了他們屬靈光景的低落。

第一，他們並不是問「我們該上去與便雅憫爭戰嗎？」而是問「誰該先上去？」如此強勢的禱告，強迫上帝認同他們已經定好的選項，而且禱詞中並沒有提到上帝的任何稱謂，簡直是唐突造次！他們把上帝貶抑成他們的橡皮圖章而已。

第二，敍述者陳述他們所求的對象乃「神」（*ʾĕlōhîm*，上帝的泛稱），而非以色列人對上帝的尊稱「耶和華」（*YHWH*，這代表著與以色列立約的上帝的稱謂），以色列靈性的光景由此可見一斑。對他們而言，這位上帝不過是眾神中的泛泛之輩，而非帶領他們出埃及、進迦南的全能上帝，更非亞伯拉罕、以撒、雅各所跟從的守約施慈愛的上帝。

第三，上帝以立約的稱謂「**耶和華**」來回答，且說首先該上去爭戰的乃猶大。誠然，受害者來自猶大的伯利恆（十九章），因而猶大有足夠理由討回受冤屈中的公義；但若將士師記出現兩次的聖戰比較，雖然兩者都有「**誰當首先上去**」以及「**猶大當先上去**」（二十 18；參一 1 ～ 2），然而士師記開始乃為抵禦外侮而爭戰（一 1 ～ 10），現在以色列卻因內亂而爭戰，可見以色列立約團體的觀念已經蕩然無存；被同化的以色列，其靈性和運作已經和迦南人完全不能分別了。這次所謂的聖戰，其實只是為討好自己。談到聖戰，本章似乎有幾個構成聖戰的關鍵要素：第一，他們以上帝的名聚集（二十 27）；第二，祭司帶領百姓尋求上帝旨意（27 節）；第三，上帝給予爭戰的方向（35 節）；第四，耶和華以戰士身分出現（35 節）；第五，百姓以聖戰身分出去爭戰。然而，上帝並非這場戰爭的主導者（1 ～ 2、18、23、28 節），參戰的人的靈性及心態很迦南化，到最後，是雙方皆輸（而非聖戰中的單方勝利），甚且敵人竟然是自己的同胞。

發了霉的橘子仍能吃嗎？失了味的鹽仍會鹹嗎？看起來似乎有上帝撐腰的以色列人，⓲ 起個大早對著基比亞安營佈陣，「**以色列人早晨起來，對著基比亞安營。以色列人出來，要與便雅憫人打仗，就在基比亞前擺陣**」（19 ～ 20 節）。哪知，一天之內全然翻盤，「**便雅憫人就從基比亞出來，當日殺死以色列人二萬二千**」（21 節），平均每個便雅憫人殺了一個以色列人。這麼多的以色列人，可能就是首先出兵的猶大人，卻鎩羽而歸，而敍述者沒有記載對方的死傷人數，可見敵軍仍是老神在在，不免令人質疑：上帝不是站在以色列人這邊嗎？上帝雖然回答「**猶大當先上去**」（18 節），但並沒有應許猶大必勝。其實，以色列祈求之先早已決定了要去打仗，怎麼也沒有料到上帝可能不同意，更沒有料到會如此慘敗，而且連敗兩次。曾思瀚指出，上帝乃用惡人來審判惡人，而上帝先從猶大支派開始審判，因為他們首先對便雅憫發難。曾祥新也有類似的觀點，指出以色列人需要檢討兩個向度：「與上帝」和「與兄弟」的關係。

15.2.1.2. 第二次交戰（二十22～25）

以色列人並不氣餒，這個仇非報不可，大夥兒再接再厲，準備第二次戰役：「**以色列人彼此奮勇，仍在頭一日擺陣的地方又擺陣**」（二十22）。但是舊帳尚未討回，又添了一樁新仇，誰會不氣餒？這時的以色列宛如長不大的孩子，先到上帝那裏哭訴一番：「**未擺陣之先，以色列人上去，在耶和華面前哭號，直到晚上**」（23節上），且比第一次單單給上帝選項要懂事，這次問最根本的問題，如孩子般問父親可否去打我們的兄弟。他們求問耶和華說：「**我們再去與我們弟兄便雅憫人打仗可以不可以？**」倒是意外地得到肯定的答案。耶和華說：「**可以上去攻擊他們**」（23節下），這才化悲為喜，放心去預備次日要一報雙仇！哪料得到結局卻仍然是慘敗：

> 「**第二日，以色列人就上前攻擊便雅憫人。便雅憫人也在這日從基比亞出來，與以色列人接戰，又殺死他們一萬八千，都是拿刀的。以色列眾人就上到伯特利，坐在耶和華面前哭號，當日禁食直到晚上；又在耶和華面前獻燔祭和平安祭。**」（24～26節）

白忙了許久，敵人便雅憫似乎毫髮無傷，兩次爭戰下來，友軍已經死了40,000人之多，遠多於跟隨底波拉對抗西西拉的武裝戰士。這戰還能繼續打下去嗎？難道我們聽錯了上帝的回答？還是上帝已經離我們而去了？本來預期歡慶勝利的，怎會變成慘烈的國殤？難道是因為沒有獻祭？禁食加上獻祭總可以了吧？原本準備轟轟烈烈打一場聖戰的以色列人，現在腳步完全亂了，兩場戰役都只有披麻蒙灰的分，於是以色列人謙卑了。

對了，這時候需要祭司，不能再蒙著臉辦屬靈的事了，更需要請來以色列的護身符約櫃助陣，如此該算是萬事俱備了吧。「**那時，上帝的約櫃在那裏；亞倫的孫子、以利亞撒的兒子非尼哈侍立在約櫃前**」。⑲ 禱告的內容回到原點，不再一廂情願，得問清楚上帝的真正意思，免得專打糊塗仗。「**以色列人問耶和華說：『我們當再出去與我們弟兄便雅憫人打仗呢？還是罷兵呢？』**」得到的答案仍是綠燈。「**耶和華說：『你們當上去，因為明日我必將他們交在你們手中。』**」（27～28節）這下可是連東風都借了來，可以完全放心了！

誠然，約櫃代表上帝的同在，但有了祭司、禁食、哀哭，是否代表著以色列人完全以上帝為中心，這卻仍有待商榷。以色列人如此行的目的，是否要上帝為以色列人互相殘殺負完全責任？以利時代的以色列人不就是犯了相同的屬靈錯誤（參撒上四章）？可以確定的是，利未祭司的職責乃將百姓帶到上帝面前，但諷刺的是，現在反而是利未人失職後，才將以色列帶到上帝面前。

15.2.1.3. 第三次交戰（二十26～48）

有如徐蚌會戰決定了國民政府的命運一般，第三次交戰決定了便雅憫以重殘的面目結束它在士師記跋中的命運。敍述者在二十章29至48節，扼要地描述雙方進入第三次戰役的情形，藉此呈現與邪惡共舞的便雅憫人的愚拙。[20] 敍述者也毫不隱諱地描繪這個放棄上帝恩典的以色列團體，即將獲致罪有應得的醜陋、邪惡的結局，使得讀完整卷士師記的讀者，在悲歎無語地掩卷之後，仍然久久不能卸下這悲劇巨大的衝擊力道。

有了祭司非尼哈的助陣，約櫃的加持和上帝的應許，亟思報仇的以色列人這次精明多了。他們「**在基比亞的四圍設下伏兵**」（二十29）。在便雅憫人的眼中，以色列的戰略、戰術與前兩次一樣，「**第三日，以色列人又上去攻擊便雅憫人，在基比亞前擺陣，與前兩次一樣**」（30節）。然而不明就裏的便雅憫人中計了，他們「**也出來迎敵，就被引誘離城；在田間兩條路上，一通伯特利，一通基比亞，像前兩次，動手殺死以色列人約有三十個**」（31節），以為仍然可以輕易得勝，卻不知已經踩到驕兵必敗的地雷了：

> **「便雅憫人說：『他們仍舊敗在我們面前。』但以色列人說：『我們不如逃跑，引誘他們離開城到路上來。』以色列眾人都起來，在**

巴力・他瑪擺陣，以色列的伏兵從馬利・迦巴埋伏的地方衝上前去。有以色列人中的一萬精兵，來到基比亞前接戰，勢派甚是凶猛；便雅憫人卻不知道災禍臨近了。耶和華使以色列人殺敗便雅憫人。那日，以色列人殺死便雅憫人二萬五千一百，都是拿刀的。」（32～35節）

這一段不僅與士師記第一章，也與約書亞記七至八章呼應，包括設伏兵、佯敗誘敵、攻擊並燒城、敵軍看到城被燒而驚恐逃竄、宰殺敗逃敵軍。馬太斯指出，以色列人將審判便雅憫人視為與約書亞審判亞干一樣的嚴正。當然，整個戰事勝負的關鍵在耶和華。如同過去一樣（出七4，十二23、27；書二十四5），耶和華出手後（二十35），便雅憫的命運定了，「於是便雅憫人知道自己敗了」（36節上）。接著，敘述者再回頭描繪這次交戰的細節（36下～48節），這次乃從以色列人的角度來描繪，如此將相同事件敘述兩次，讓讀者再度回到戰爭的現場，體會更為全面（而非單向）的臨場感：

1. 「先是以色列人；因為靠著在基比亞前所設的伏兵，就在便雅憫人面前佯敗。伏兵急忙闖進基比亞，用刀殺死全城的人。以色列人預先同伏兵約定在城內放火，以煙氣上騰為號。以色列人臨退陣的時候，便雅憫人動手殺死以色列人，約有三十個，就說：『他們仍像前次被我們殺敗了。』當煙氣如柱從城中上騰的時候，便雅憫人回頭觀看，見全城的煙氣沖天。以色列人又轉身回來，便雅憫人就甚驚惶，因為看見災禍臨到自己了。」（36～41節）
2. 「他們【便雅憫人】在以色列人面前轉身往曠野逃跑；以色列人在後面追殺。那從各城裏出來的，也都夾攻殺滅他們。以色列人圍繞便雅憫人，追趕他們，在他們歇腳之處、對著日出之地的基比亞踐踏他們。便雅憫人死了的有一萬八千，都是勇士。其餘的人轉身向曠野逃跑，往臨門磐去。以色列人在道路上殺了他們五千人，如拾取遺穗一樣，追到基頓又殺了他們二千人。那日便雅憫死了的共有二萬五千人，都是拿刀的勇士。」（42～46節）

前兩次交戰殺敵40,000的便雅憫人，現在成為以色列人刀下游魂，陸續被殺的人數有18,000、5,000和2,000人，如此總共25,000人。比較35節與46節的記載，便雅憫被殺的人數有100人的落差，甚至「七十士譯本」的15節讀為25,000人，而「馬所拉文本」為26,000人，都應當只是緣於敍述者的整數記載而已。但以色列人得勝，是否就代表著上帝站在以色列人這邊、立約關係正常化（曾思瀚如是觀），仍待商榷（參二1～5）。整體而言，這時候的以色列和便雅憫人都已經是「爛橘子」——完全的迦南化了。

便雅憫人剩下的少數倖存者棄甲逃竄，「**只剩下六百人，轉身向曠野逃跑，到了臨門磐，就在那裏住了四個月**」（二十47），㉑ 只能為那曾經叱吒一時的便雅憫支派徒然感傷。收拾戰場的以色列人，終於可以將先前兩次的敗仗和利未人的妾被姦殺的冤屈，藉著刀和火得到釋放，「**以色列人又轉到便雅憫地，將各城的人和牲畜，並一切所遇見的，都用刀殺盡，又放火燒了一切城邑**」（48節）！便雅憫人的結局確實印證了「如果你活得像迦南人一樣，那麼你也將死得像迦南人」這講法。然而上帝沒有完全滅絕便雅憫人，祂保存了600人，由此看來上帝真是不永遠懷怒。

15.2.2. 暴力所引發的以色列危機（二十一1～25）

二十章結束時便雅憫支派幾乎絕種了，只剩下逃往臨門磐的區區600人而已，讓他們幾乎絕種的以色列人，卻做了全士師記中最荒唐的事（二十一章）——良心發現的這11個支派，為了彌補他們先前的虧欠，包括「**不將女兒給便雅憫人為妻**」的誓言（1、7節），這羣得勝者以月下老人的角色出現，試圖給這600位殘存的單身漢安排一場快速配婚。沒有投入二十章戰場的基列·雅比人遂被殺（5、8～11節），留下其餘未嫁的處女400人與便雅憫人送作堆（編按：原指童養媳長大後與養兄成親，今俗指找個伴侶），剩下沒有找到對象的200個便雅憫男人，被允許在示羅搶奪跳舞的女子為妻……各樣稀奇古怪的事，一幕幕上演著，最後以「**那時國中沒有王，各人任意而行**」落幕（25節）。

從整卷士師記中以色列墮落的歷程來看，二十一章扮演的乃壓垮駱駝的最後一根稻草，因為這一章呼應著本書的序所記，以色列不肯順服上帝，卻與迦南人立約（二1～5），又與迦南人通婚（參申七1～5）。到了士師隧道的尾端，他們不僅自己造偶像、拜偶像（十七～十八章），淫亂、暴力、姦殺、內戰（十九～二十章），現在更是發誓不與自己的族人結婚——以色列人在米斯巴曾起誓說：「我們都不將女兒給便雅憫人為妻」（二十一1；參二十1），如此，以色列人分別為聖的召命和身分，就完全被迦南人所顛覆了。揚格更精闢地指出，約書亞記與士師記在本色化方面正好扮演著對比的角色。在約書亞記中，以色列人試圖將迦南人猶太化，但是在士師記中，以色列卻自己迦南化自家人。

二十一章的起點乃以色列人在米斯巴所立下的兩個「誓言」：㉒ 第一，不到米斯巴的人必被治死（5節）；第二，不可將女兒嫁給便雅憫人（1、18節）。將便雅憫打得幾乎片甲不留的以色列（二十章），重新反省在米斯巴的誓言，眼睜睜看著這些痛失親族、沒有便雅憫女子可娶的600男子，怎能忍心實行這誓言，以致這同是雅各後裔的便雅憫人絕了後？難道真的要讓他們娶外邦女子？難道我們都忘了先祖雅各的驚恐——害怕便雅憫被其他兄弟帶走的惡夢（創四十二36）？難道殺戮的慘烈已經到了六親不認的地步？該是哭泣、悔改、歸零的時候：㉓

> 「以色列人來到伯特利，坐在上帝面前直到晚上，放聲痛哭，說：『耶和華——以色列的上帝啊，為何以色列中有這樣缺了一支派的事呢？』次日清早，百姓起來，在那裏築了一座壇，獻燔祭和平安祭。」（二十一2～4）

但是，這悔改是真心的嗎？從下文來看，其實不然！他們關心的乃族人被滅後，驕傲和尊嚴受挫的憂傷而已（二十一6、15），絕非靈裏徹底的歸回。㉔這可以從他們用如此尖酸的言語責怪上帝（而非自己！）看出端倪，這樣假惺惺式的禱告和先前如出一轍（二十18、23、28）。他們就像迷了路的孩子，並不反省自己因為不肯好好跟著父母才迷路，竟還賴在地上賭氣、哭嚎，怪罪父母為何沒有盡到保護的職責一般，怨嗟上帝為何不能保護他們的兄弟便雅憫人？說穿了，這時候的上帝不過是失去民族顏面的以色列人的出氣筒而已。此時，似乎曾被拖下水的上帝（二十章），和先前回應不同，儘管他們怎樣認真獻祭（參二十 26），祂完全保持距離、保持沉默，免得還要為他們接下來所要做的惡事背黑鍋。㉕

讓以色列人失望的是上帝不出聲。上帝不說話、不出手，他們只好自己說話，自己出手；沒有上帝指示，只好靠自己想辦法了。第一步乃先肅內，查出不守團隊規矩的人。「**以色列人彼此問說：『以色列各支派中，誰沒有同會眾上到耶和華面前來呢？』先是以色列人起過大誓說，凡不上米斯巴到耶和華面前來的，必將他治死。**」（二十一 5）試圖將造成便雅憫人滅種悲劇的責任，推卸到替死鬼的頭上！「**以色列人為他們的弟兄便雅憫後悔，說：『如今以色列中絕了一個支派了。』**」（6 節）「絕／砍」（*gādaʿ*；6 節）一詞與「**基甸**」同字根。基甸砍掉了迦南的巴力祭壇（六 25 ～ 27），現在以色列卻將同胞中的一支派便雅憫人砍到絕種，甚至還將便雅憫地各城中所有的人、牲畜、財物等，全都殺了、燒了（二十 48）。

從下文來看，他們還將少了一個支派的責任丟在上帝的頭上（二十一 15）。但是目前怎好意思這樣膽大妄為呢？有了！至少可以藉著表明自己乃清流，對所起過的誓很認真，絕非口是心非、信口開河之流；此外，也表明自己對便雅憫人有誠意，想辦法讓他們可以傳宗接代，如此好解決便雅憫人的困境，並給自己脫罪，「**我們既在耶和華面前起誓說，必不將我們的女兒給便雅憫人為妻，現在我們當怎樣辦理，使他們剩下的人有妻呢？**」（7 節）如此，一舉兩得，多聰明呀！

但是總要有人扛責任啊！替死鬼總得揪出來啊！要從哪裏找呢？對了，那些沒有來參加誓言、不被誓言所捆綁的人，就是最佳的替身。「**又彼此問說：『以色列支派中誰沒有上米斯巴到耶和華面前來呢？』他們就查出基列．雅比沒有一人進營到會眾那裏；因為百姓被數的時候，沒有一個基列．雅比人在那裏。**」（8 ～ 9 節）既然找到了這替死鬼，就不分青紅皂白，不給任何解釋或答辯的機會，立刻派兵征剿，「**會眾就打發一萬二千大勇士，吩咐他們說：『你們去用刀將基列．雅比人連婦女帶孩子都擊殺了。所當行的就是這樣：要將一**

切男子和已嫁的女子盡行殺戮。』」（10～11節）他們以為這次的內戰至此方才劃下完美的句點，殊不知為已經解體的以色列社羣帶來了形同傷口洒鹽的可怕後果。悲哀的是，基列．雅比人沒有犯下甚麼大罪，就慘遭幾乎滅種的命運——除了沒有在米斯巴聚集去參加攻打便雅憫人外（8節；參二十1）。此外，正如曾思瀚所指出，以色列人發動這次攻擊的動機，只為尋找一些處女，與公義完全無關，「還有甚麼比為了『性』的需要和繁衍後代而掀起的戰爭更為低下呢？」以色列人在此的行為，和沒有上帝形象、為了食色而廝殺的動物，難分軒輊。

這些以色列民或許還誇耀自己的誓言，「**凡不上米斯巴到耶和華面前來的，必將被治死**」（二十一5）以及執行層次，特別是他們刀下留活口的事實，「**他們在基列．雅比人中，遇見了四百個未嫁的處女，就帶到迦南地的示羅營裏**」（12節），這些從未「**知道**」男人的基列．雅比處女，和耶弗他女兒形成極諷刺的對比。後者乃因死前不得與男人親近而哀哭（十一37～40），前者生命可以被存活，卻是因為他們尚未與男人親近。以色列人搶奪處女的行為，與十九章基比亞人強姦利未人的妾，誠屬一丘之貉（曾思瀚如是觀）。基比亞人確實是輪姦了利未人的妾，因此罪有應得；但基列．雅比人只因沒有參加以色列人極具爭議的內戰，就要忍受滅族以及餘留的處女被搶奪的厄運，可見以色列的道德層面顯然愈來愈黑暗、險惡、迦南化了。以色列人的行事，表面看來似乎完全符合摩西律法（民三十一10～11、17～18），然而摩西曾擊殺的，乃與巴蘭計謀息息相關、讓以色列拜巴力且與摩押女子淫亂有關的米甸人（民二十五1～5），且在上帝的吩咐下才如此行（民三十一1）。現在，基列．雅比沒有犯該死的罪，且以色列民並沒有上帝的吩咐，僅僅因為自己所起的誓言就要殺人，殺的又不是米甸人之流，而是不該被殺的自己同胞！原來，基列．雅比人的生命，就在以色列人的兩個誓言下被犧牲了！

「知道」意味著性交（參十九22）。

行了兩次誓言，卻又後悔對便雅憫人動刀過頭（二十一5～6），便藉著犧牲基列．雅比人來贖罪的以色列人，向600個便雅憫餘民釋放善意。「**全會眾打發人到臨門磐的便雅憫人那裏，向他們說和睦的話**」（13節），但他們如此行善、積功德，乃是為給自己幾乎讓便雅憫人滅種的殘忍行為卸責而已；他們從沒有為屠殺基列．雅比人後悔，甚至連遮羞布都不必費心去找！正如世上法官、檢察官選擇性辦案的行徑一樣，以色列人後悔先前所殺的便雅憫人，卻因此而殺了基列．雅比人，讓基列．雅比的處女被強暴，罪惡遂一路繁衍，真讓讀者愈讀愈替他們感到羞愧！

猶有甚者，這速速配的交易地點也是精心設計的。原來，以色列人沒有選在讓便雅憫人傷心並羞愧的軍事要地伯特利或米斯巴進行這樁交易，免得讓這羣敗軍因為無顏見江東父老而不來參與。因此，邀便雅憫人到有耶和華會幕的示羅地 ㉖ ——在宗教聖地的祭司和上帝面前，不正可以讓失去族人的殘存便雅憫人，隆重且心安理得地參與這交易？以色列人也好將功贖罪，讓自己的內疚可以被聖化，可以一筆勾消，這豈不兩全其美，善哉？原來，沒有上帝為王的以色列人的思想和行徑，已然迦南化了。

明眼人一看就知道，問題還沒有結束，400 個處女當然不足便雅憫 600 男人分配。「**當時便雅憫人回來了，以色列人就把所存活基列．雅比的女子給他們為妻，還是不夠**」（二十一 14），自覺已為他們留種的事盡心盡力，但是尚未完全遮羞的以色列民，一股腦兒將責任推給上帝。「**百姓為便雅憫人後悔，因為耶和華使以色列人缺了一個支派**【原文是使以色列中有了破口】。」（15 節）這與往常上帝沒有出聲，只好自己想辦法辯解的情況相同（參 4 ～ 5 節），這羣撒野的小孩以色列，想辦法給自己所許的誓言解套（7 節），找個台階下來：

> 「**會中的長老說：『便雅憫中的女子既然除滅了，我們當怎樣辦理、使那餘剩的人有妻呢？』又說：『便雅憫逃脫的人當有地業，免得以色列中塗抹了一個支派。只是我們不能將自己的女兒給他們為妻；因為以色列人曾起誓說，有將女兒給便雅憫人為妻的，必受咒詛。』**」（16 ～ 18 節）

若以色列人真正悔改，解決的方式其實很直接、簡單，就是將自己的女兒嫁給這剩下未有對象的便雅憫人，且將便雅憫支派的產業歸還，如此繼續傳宗接代，問題就解決了（參民二十七 6 ～ 11，三十六 7 ～ 9）。但是這羣沒有以上帝為王、被徹底迦南化的以色列民，「沒有異象、民就放肆」；沒有上帝，就將誓言（和人的道德、誡命、規章）當作最高權威，且緊抓不放，深怕自己也因而受咒詛（參申二十七15～16）。㉗ 如此自私、剛硬、律法主義、行自己以為正的事，結果是一波未平一波又起，行起迦南人綁架女子的惡習（五30），還鼓勵本為此次內戰元凶（基比亞人）的便雅憫人去犯綁架女子的罪：

> 「他們又說：『在利波拿以南，伯特利以北，在示劍大路以東的示羅，年年有耶和華的節期』；就吩咐便雅憫人說：『你們去，在葡萄園中埋伏。若看見示羅的女子出來跳舞，就從葡萄園出來，在示羅的女子中各搶一個為妻，回便雅憫地去。他們的父親或是弟兄若來與我們爭競，我們就說：「求你們看我們的情面，施恩給這些人，因我們在爭戰的時候沒有給他們留下女子為妻。這也不是你們將女子給他們的；若是你們給的，就算有罪。」』」（二十一19～22）

耶弗他女兒和示羅女子的命運（參十一34～40），與「跳舞」和「誓言」息息相關。前者在拿著鼓跳舞出來後，被獻為燔祭，後者是在跳舞後被搶奪；前者被獻為燔祭後，以色列每年在節期中記念她，後者乃在耶和華節期中被搶奪；前者被父親的誓言約束，不能親近男人，後者被以色列人的誓言約束，被強迫親近男人，父兄搭救的疼愛卻被誓言所摒擋。

根據申命記十六章16節和出埃及記二十三章17節，只有成年男丁，才必須每年上去耶和華選擇的地方朝拜耶和華3次，但是申命記十六章11、14節清楚記載女人和小孩也受歡迎參與這朝聖。更重要的是，摩西律法禁止以色列人搶奪別人的東西（利十九13），何況人口呢！但這些長老們竟向便雅憫人提議，趁著以色列人一年3次到耶和華指定的地方來朝拜耶和華的節期慶典，在往返聖地示羅的路上誘拐、攔截、綁架、劫持一些女子（書十八1），好給便雅憫人留種——迦南化縱情之種！這裏所謂的節期包括逾越節／除酵節、七七節、住棚節（出二十三14～17，三十四18～23；民二十八26；申十六1～

17）。布洛克認為，敘述者沒有記載這是哪一個節慶，暗示著這時的以色列人已經迦南化到分不出這是哪個慶典了。而女子**跳舞之節期慶典**，敘述者是用「示羅的女子」而非「以色列女子」，且女人在這屬於男人的節期跳舞，似乎也暗示整體以色列女子和迦南女子一樣，在宗教節期縱情。

從「葡萄園埋伏」和有歡樂意味的「跳舞」看來，這節期可能是葡萄收成後的新年節期。

諷刺的是，以色列男人在伯特利哭泣（二十一2），女人卻在示羅跳舞。更令人詫異的是，在這些被搶劫的女子之兄長挺身出現來搶救前，長老們在這搶奪、騙婚、逼婚背後，還編織著美麗卻詭詐的説詞：「這也不是你們將女子給他們的；若是你們給的，就算有罪。」（22節）意味著「你們沒有違背了不可將女子嫁給便雅憫人的誓言，因為你們並非自願的，而是被迫的，因此女兒被強暴，你們大可袖手旁觀哪！」原來，長老們藉著誓言套牢這些被搶奪女子的家庭，又藉著搶奪來釋放這些家庭脱離長老們所立下的誓言條例（和「圈套」）。新約時代藉著遺傳／誓言而廢止了上帝誡命的法利賽傳統（太十五1～9），早在士師時代就已經可以找到根源了！

從家長監護角度看，父兄保護女兒免於被他人搶奪綁架乃當然的事（創三十四7～31；撒下十三20～29）。但是在長老們的説詞中，暗示著任何「拒絕」示羅女兒「被搶奪」的父兄，即好像犯了不該將女兒給便雅憫人的誓言，將受到咒詛（二十一18）——這是怎樣的一種邏輯。因此這些疼愛女兒的父兄，僅能乖乖地看女兒們「被搶奪」（正如米迦只能就範於但支派的惡勢力，十八22～26）！心裏對於這惡勢力的威脅，除了咬牙切齒之外，完全束手無策！士師隧道的尾端，真的是個公理不彰的黑社會！

堂堂一個邦國的長老們，怎麼忍心讓邦國中的女子被便雅憫人搶奪、忍受親人分離的衝擊，甚至被強迫速速配，讓自己的未來陷入未知的恐懼中？怎會有單單關心遮自己的羞卻不肯付代價，專只犧牲別人家庭幸福的領袖？以色列的女子至此已沒有安全感和尊嚴可言。布洛克指出，敘述者是以婦女的眼光撰寫二十一章的：這些基列．雅比處女，如何在失去家人、親人後，被掃出門，被迫與受咒詛的便雅憫人成婚。敘述者如此輕描淡寫，旁觀者似乎對這羣安全感、尊嚴、歸屬感等全被強暴和剝奪的婦女的心聲，毫無感覺。曾祥新指出，便雅憫人搶奪示羅的女子，與基比亞人強暴利未人的妾，本質上乃相同，兩處的女子都是違背自己的意願，被搶奪、強姦的。但是荒謬的是，後者的女子乃被攻擊，前者的女子卻在被允許下而發生的悲劇，而下令允許的，竟然還是以色列的長老！前者的主謀者被懲戒，後者的主謀者卻安然無恙！以色列的頭號敵人已經不是迦南人，而是自家人了！

士師記全書中的長老只在序和跋中各出現一次（二7，二十一16），但可悲的是，跋裏的這些長老和序裏的截然不同，跋裏的長老們為了解決一個利未人的問題，卻製造出全體以色列人的問題。這「首尾呼應」格外浮現士師記前後以色列整體靈性的對比。在序中那些見耶和華為以色列人所行大事的長老還在的時候，百姓都事奉耶和華；但是在跋中的長老看不見上帝，上帝在此也不作聲。長老僅忙碌於自己所設的誓言，甚至墮落到鼓勵便雅憫人去搶奪示羅女子！上梁不正下梁歪，便雅憫人在以色列長老的鼓勵、縱容下，放手辦理自己以為正的事。「**於是便雅憫人照樣而行，按著他們的數目從跳舞的女子中搶去為妻，就回自己的地業去，又重修城邑居住**」（二十一23）。如同偷吃了以後還知道擦乾抹淨的惡人，回去過安居樂業的日子。旁觀的以色列人，也好像甚麼事都沒發生過一樣，「**當時以色列人離開那裏，各歸本支派、本宗族、本地業去了**」（24節）。

綜覽本書，十九至二十一章乃被「**國中沒有王，各人任意而行**」的母題包圍（十九1，二十一25）。這3章的劇情，沿著一個利未人的妾被強暴、便雅憫人被殘殺，發展到最後乃400個基列．雅比處女和200個示羅女子被強暴。在沒有上帝為王的士師隧道尾端，以色列男人不僅姦殺一個婦女，更強暴了許多婦女，「肢解了以色列女性的共同身體」（崔菲莉所言）。罪惡正侵襲、滲透、擴散到無法無天的地步。

從本書的序和跋對於女子的描繪對比，更看出當時的以色列真乃黑暗時代：俄陀聶因為戰勝而得押撒，便雅憫人卻因戰敗而得處女；押撒在父親的祝福下，嫁給了第一位士師俄陀聶（一11～15），示羅女子卻在父老的無奈之下被搶奪。士師記開始時女子活得有尊嚴、盼望；但是士師記結束時，女子的尊嚴和盼望已蕩然無存！

再以本書和約書亞記的跋作對比，更讓讀者憂傷悲歎。士師記二十一章24節不僅扮演著本書的序與跋的「首尾呼應」（二6），更是與約書亞記的跋呼應著（書二十四28）。然而諷刺的是，兩本正典雖然都有「各人回家過日子」的描繪，但是在約書亞時代，「那些見耶和華為以色列人所行大事的長老還在的時候，百姓都事奉耶和華」（二7），與現在完全迦南化的以色列人的靈性，卻有天壤之別！難怪，敍述者似乎不忍多加描繪示羅女子被搶奪的場景，只輕描淡寫地留下十七至二十一章的屬靈「黑」招牌。「**那時，以色列中沒有王，各人任意而行**」（二十一25），就黯然掩卷！

布洛克指出，敍述者並沒有描述上帝對士師記二十一章所發生事件的看法；事實上，上帝在整章裏都沉默了。因此，士師隧道尾端所發生的事，不論是便雅憫人被殺（二十章），抑或以色列人是否應該保存便雅憫支派餘種，以及婦女被多次蹂躪、強暴、搶奪等悲劇，責任完全在人，不能責怪撤退、放棄了的上帝。從整卷士師記來看，上帝可以藉著任憑世人在罪惡中受苦，讓他們在悖逆中學功課。

溫習及思考問題

1. 十九至二十一章如何以扇形結構的型態呈現社會的混亂？試略為解釋。
2. 敍述者是否刻意不記載利未人的名字？原因何在？他與十七章出現的利未人有何分別？
3. 從利未人的妾走回父家和利未人受到岳父的接待，你如何看利未人這段婚姻以及他與岳父的關係？
4. 在這段故事中，利未人有兩次的「逗留」，其中有何不同的遭遇？這些遭遇凸顯這利未人是一個怎麼樣的人？利未人的表現如何呈現當時某些社會背景？
5. 那些在基比亞匪徒來到利未人的住處，其目的何在？最後那家主如何解決困局？為何從利未人對自己妾的態度，可以看出他是一個沒有道德的人？
6. 利未人的妾至終是怎樣死的？利未人如何對待她的屍體？他背後的動機何在？

7. 試描述以色列人與便雅憫人的三場戰爭。請問你如何看待上帝准許以色列人攻打便雅憫這件事？又如何將之應用在你的信仰生活中？
8. 以色列人的得勝換來甚麼結果？他們以何方法承擔這結果？
9. 以色列以甚麼方法為便雅憫人娶妻而同時也不破壞他們曾立過的誓言？你如何評價他們的行為？
10. 如何從整卷書的序與跋看見以色列人墮落的步伐？你如何總結以色列人在士師時代的結局？這對於一個信徒而言，可帶來甚麼反省？

釋經短註

❶ 正如布洛克所指出的，十九至二十一章的劇情確實被因果環環相扣：妾可能因為生氣而離開利未人，利未人遂有迎妻之旅，因此遇見基比亞匪徒，也因而導致這妾被姦殺。看見屍體的以色列各支派遂因此興師問罪，便雅憫人因而被殺到只剩下 600 人，各支派也因此後悔，遂搶奪示羅女子來給便雅憫人留種……

❷ 赫德森（D.M. Hudson）正確地指出，這 3 章乃敘述者藉著無名氏以廣泛凸顯：不論哪個宗教人士（利未人代表著整個利未支派）、哪一個女人（利未人的妾乃所有以色列女子的化身）、哪一個主人（利未人的岳父代表所有的主人）、哪一個便雅憫人（以基比亞的老人為代表），都是「當時以色列中沒有王，各人任意而行」的徹底寫照。

❸ 崔菲莉適當地開始本章的敍述：「匿名婦女遭受背叛、強暴、凌辱、謀殺甚至肢解，這是我們急於忘卻的故事，但卻被命令必須訴說之文本……」，當然，失去活著的價值和意義的還包括男人（便雅憫男人只剩下 600 人），如果單單以女性角度來看本段經文，難免失諸偏頗。

❹ 是否因為沒有被扶為正室，抑或她偷偷以妓女的身分在打工？是否她沒有因為行淫而被石頭打死（參利二十 10；申二十二 21）？又或甚至為了父家的經濟在打工（下文記載她父親不讓她離開娘家）？「七十士譯本」（LXX[A]）將之解讀為「她對他生氣」，而「他爾根」譯為「她瞧不起他」。「馬所拉文本」惟一能確定的是：第一，這妾乃先行淫，再離開丈夫；第二，敍述者在這裏對雙方都沒有加以責怪。

❺ 在十九章，敍述者用了多次的重複語法來呈現利未人被拖住的無奈，包括岳父 4 次的命令「請」（*nāʾ*；6、8、9〔2 次〕節），「留下／坐下／住」（*yāšaḇ*；4、6、7 節），「等到／滯留（*māhaᵃh*；8 節；參三 26），「再住一夜」（*lîn*；4、6、7、9〔2 次〕、10 節），「清晨起來」（*šāḵam*；5、8、9 節），「起來／起身」（*qûm*；5、7、9 節），「行路／走」（*hālaḵ*；5、7、8、9〔2 次〕、10 節），其中「再住一夜」（*lîn*）在下文中重複 4 次（11、13、15、20 節）。敍述者重複記載著這利未人想走卻走不成，只得一再地被迫滯留「再住一夜」，他勉強地在岳父家過夜，果然夜長夢多，演變成利未人在便雅憫地的惡夢。

❻ 包爾主張利未人和其岳父間的張力，乃這位妾該歸父家抑或歸夫家的主權爭奪戰；鍾斯－華沙（K. Jones-Warsaw）則認為，利未人乃被自己的岳父所操縱、掌控。

❼ 福克爾曼指出，這兩個男人所犯的錯誤乃自我放縱和物質主義。但是福克爾曼過分依賴這利未人主人與僕人對話所呈現的扇形結構，其核心乃主人堅持「我們不可進不是以色列人住的外邦城，不如過到基比亞去。」（十九 12）遂主張利未人真正的問題乃腐敗的種族主義。但是客旅仰賴同族人過於外族人，本是情理所在（參創十八，十九，二十四章；羅十二 13；來十三 2）。從本書接下來的分析所呈現的，士師記作者敍述這利未人的錯誤，並非其抱持以色列比外邦人好的偏見，而是離開上帝的以色列人，比外邦人還要世俗、還要不可靠、還更令人髮指！

❽ 22 節「匪徒」（*ḇənê-ḇəliyyaʿal*）原文意義不能確定，可能指「無意義之子」（與亞比該稱自己的丈夫拿八為「性情凶暴」、「壞人」同詞；參撒上二十五 17、25），具有「彼列（即撒但）之子」的意思（林後六 15）。在舊約中「彼列」與死亡有關（詩十八 4～5〔參撒下二十二 5～6〕，四十一 8）。

❾ 25 節中「那人【*hāʾîš*】就把⋯⋯」在文法上所指的，可能是那老年人（23 至 24 節的主語），也可能是利未人（22 節的賓語「把你家的**那人**帶出來」）。但 23 至 24 節的「那人」有「房主」作為修飾語，更重要的是，「那人就把他的妾」中「那人」和「他的」（*wa*）應是同一個人（即利未人）。因此，最合宜的解釋是，利未人將自己的妾拉出去犧牲掉，免得成為主人的難題。

⑩ 曾祥新認為，基比亞人的意圖不僅在「性」，更在「羞辱客人」。他且認為他們即使不能羞辱客人，羞辱妾也是間接地羞辱客人，因此認為這暴力事件背後，乃侮辱「神聖的好客」傳統(創十八章)。但是揚格卻認為不宜過分強調這觀點，因為根本的問題不是人與人之間的事，而是人與上帝之間的事。

⑪ 誠然，這女子是犧牲品，且絕對值得同情、哀悼，男性罪犯當然該受譴責。然而福克爾曼反駁崔菲莉以「以色列待客之道單為男性」的主張，並指出問題不單單在於性別，而是信仰出了問題，因為「人人都行自己(而非上帝)以為正的事」。

⑫ 布洛克和揚格指出，聖經反對各種罪惡，不論是同性戀(參利十八22，二十13)或異性強暴、淫亂行為。現代女性主義者(如:埃克薩姆)試圖單以父權時代的霸權主義來解讀士師記，這雖然有一定的貢獻，但是對於經文的詮釋(包括將「同性戀不是罪」合理化?)仍有不夠全面的偏頗之嫌。

⑬ 十九章接待客旅這倫理問題，即曾祥新所謂的「神聖的好客」，馬太斯就是將本章的解釋建立在與創世記十九章的「待客」比較。然而除此之外，在同有「驢」襯托下，士師記的序中，押撒與父親迦勒、丈夫俄陀聶間的謙讓、委身、成全和眼光，成為整本士師記的模範家庭(一11～15)，與本章利未人與妾、岳父之間父不父、夫不夫、妻不妻的關係，形成極強烈的對比。士師記的「首尾呼應」，見證自從基甸後，以色列的家庭在迦南化過程中完全瓦解了。

⑭ 迦南人的神話中，巴力曾強姦亞拿77次。麥卡恩跟隨基菲(A.A. Keefe)的看法，認為舊約3次女性被強姦事件(創三十四章;士十九章;撒下十三章)，浮現該社會長了毒瘤。

⑮ 揚格正確地指出，本章最大的一個諷刺，乃一個無名、自私、無情的利未人，竟然是鼓動了整卷士師記從來沒有的民族團結的關鍵人物。布靈也指出，這時的利未人儼然以士師身分自居。

⑯ 施奈德指出，以色列人並沒有嚴謹地審問這利未人事情的經過，也沒有找便雅憫人來對質清楚，單聽一面之詞。就連耶弗他與亞捫人正面衝突之前，不也曾派遣人去溝通嗎(十一12～27)?他這看法是正確的，可惜他將這便雅憫人的敗落，牽強地解釋為掃羅輸給大衛的預告。

⑰ 曾思瀚誤以為被差遣出來與便雅憫支派打仗的，乃以色列各支派的十分之一（二十 10），其實這十分之一乃補給部隊。但是他正確地指出，便雅憫人的問題乃貪愛面子、關心自尊，拒絕將匪徒交出來接受該得的懲罰。

⑱ 麥卡恩指出，從上帝 3 次回答以色列人可以去打仗，只有一次準確（戰勝）的角度來看，讀者對於這 3 次的求問是否真心，倍加懷疑。在「國中沒有王，各人任意而行」的陰霾籠罩下（十七 6，十八 1，十九 1，二十一 25），以色列人在二十章 18 節的求問，只是參考而已，以色列打自己人的心意，其實在二十章 1 至 17 節中早已經成定局了（二十 1 ～ 17）。

⑲ 對於「非尼哈」究竟是誰，學者有不同意見，但肯定的是，他不是以利的兒子（撒上一～二章）。布靈認為也不是殺了那個與米甸女子行淫的以色列人非尼哈（參民二十五 1 ～ 9），而是另一位「非尼哈二世」，是以利之前的祭司。但「那時，上帝的約櫃在那裏；亞倫的孫子、以利亞撒的兒子非尼哈侍立在約櫃前」（27 ～ 28 節）提及的家譜與其他書卷（參出六 25；民二十五 7 ～ 11；代六 4、50；拉七 5）吻合，故此，布洛克認為這非尼哈乃五經所指的那位，因此他相信本章的劇情發生於約書亞死後 100 年之內。

⑳ 3 場戰事的敍述不肯定是否依照時間的次序，更不是如馬太斯所主張的乃兩個不同戰爭版本（其中一個是被擄後的）的合成。18 至 28 節從以色列人角度來描繪雙方的爭戰，29 至 35 節從便雅憫人的角度來看困獸猶鬥的最後掙扎，36 至 48 節則從以色列人的角度來描繪終戰的勝利。

㉑ 有趣的是，掃羅的崛起與此前後呼應著：掃羅聚集 600 位便雅憫人，於基比亞旁的石榴樹下，預備與非利士人爭戰（撒上十三 15，十四 2）。但是便雅憫人的東山再起，不能作為支持士師記乃作者刻意用以暗示大衛王朝與掃羅王朝鬥爭的說法，因為兩個史實不同：掃羅乃抵擋非利士人，但是本章描述的則是內鬨。

㉒ 曾祥新指出，以色列人所立的誓言，浮現其作繭自縛的愚昧，正如同米迦母親也曾起誓，卻成為自己兒子的咒詛（十七 2）；也如耶弗他一樣，無知地起了誓，害死了自己的女兒（十一 30 ～ 39）。現在因以色列的誓言，基列．雅比人全都被殺，僅餘的 400 處女被迫成為便雅憫人的妻子（二十一 10 ～ 12）。

㉓ 對於以色列人的哭泣（二十一 2 ～

4),士師記乃以哭泣開始(二1～5),以哭泣結束(二十一2)。開始乃為迦南人將會成為網羅和荊棘哭泣(二1～5),結束時乃為荊棘和網羅是自家人而哭泣。麥卡恩指出,整卷士師記乃「哭泣之書」(另參十一37～38,二十23、26),到了二十一章中以色列的景況,那些哭已沒有丁點兒悔改的心。奧康奈爾更指出,以色列人在此的虔誠,其實乃藉著哭求來推託自己看顧自己兄弟的失職,找上帝成為替罪羊羔而已。

㉔ 曾思瀚指出,從以色列人的禱詞「耶和華——以色列的上帝啊,為何以色列中有這樣缺了一支派的事呢?」看出他們為了便雅憫支派要斷絕而悔恨,而非因為罪惡、拜偶像、行不公義的事而憂傷;以色列的築壇獻祭,背後更只是以為上帝需要宗教禮儀的心態作祟(參何六6)。

㉕ 衛布為此下了尖鋭的註腳:「祂先前藉著説話來懲罰他們,現在祂藉著沉默來懲罰他們。祂絕不願意被他們利用。」

㉖ 讀到約旦河東的示羅營被標為迦南地時(二十一12),學者如馬太斯及格雷(J. Gray)認為這乃敍述者藉著申命記歷史架構將這裏的劇情與撒母耳記上作連結的線索。對於此類持編撰觀點的學者的見解,不須予以採納。正如布洛克精闢地指出,敍述者刻意用迦南地來闡述其觀點,表示士師記十九章以後的利未人、妾、基比亞人、便雅憫族人和以色列人的行徑,都已經迦南化,連聖地示羅也不例外。

㉗ 麥卡恩指出,這時以色列人所用的誓言,不過是利用上帝來為人本的自私作為作掩護而已(出二十7)。即使以色列人在上帝面前築壇、獻祭(二十一4),上帝仍然不必為以色列人的所作所為——包括幾乎滅絕便雅憫人——背黑鍋。人不能另立法律、條例、誓言來取代上帝律法的權威,更不能藉之將責任賴在上帝身上。

附錄

神學反思：
從士師記看女性的角色

從女性角度看，本書的十九至二十一章所描繪的情景，實在慘不忍睹，令人髮指。利未人的妾被自己的丈夫所撇棄，接著終夜遭受基比亞匪徒的凌辱，最後還被自己的丈夫切成12塊（十九章）。之後，以色列發生內戰（二十章），便雅憫支派幾乎被滅絕，僅剩600個拿刀的勇士，因此基列．雅比的已嫁女子全部被以色列男人所殺，留下的400個處女被強行搶去（二十一1～12），而示羅女子在歡樂跳舞時也被強行搶去，帶去異地異族成為陌生的便雅憫人的妻子（13～25節）……十九至二十一章的首尾（參頁285的扇形結構），以女子受威脅、強姦前後呼應。敍述者在前者描繪利未的妾被基比亞匪徒強姦；在後者則是示羅女子被便雅憫人強暴、擄掠為妻。前者的女子是活生生被冷酷無情的丈夫以暴力將她拉出去替代自己才被強姦的；後者是以色列長老們允許和鼓勵下的犧牲品，而且在以色列人所立的「誓言」下，示羅父兄的愛心被套牢，只能硬生生地看著女兒的自尊和愛情被無情地摧殘。難怪婦解學者包爾認為士師記乃一部關於死亡的書！

這幾章中的女性，歷盡了恐懼無奈，包括在「性」方面被迫害、被虐、被殺！女性完全無人權、無保護、無安全可言，而兇手全都是男人。女性主義者巴卡（A. Bach）指出，不論十九章利未人的妾被丈夫拉出去替代而死，或者二十一章的報復事件，都源於男人藉著強暴將傷害、恐懼加諸於無辜、無助、無聲的女性身上，而且女子所受的傷害，從十九章一個女子被強暴，擴散到第二十一章一羣女子（示羅女子）被搶奪，男人都是禍首。

本書敍述者似乎藉著**對比**，在這幾章的記述中，一面描繪男人如何威權、暴力、強奪、恐怖、殺害、為所欲為，另一面則描繪女性任憑男人虐待、蹂躪、搶劫，只能無言、無辜、無助，無聲無息地走向滅絕之途。難怪會有女性主義者責難聖經敍述者有大男人主義的威權、霸權心態，指責男人乃社會暴力之源！❶

十九章25節「拉出去」（ḥāzaq）在原文中是一種粗暴的動作。

若仔細研讀這幾章經文，難免要怒斥這利未男人的行徑著實可惡。身為丈夫，遇見基比亞匪徒的挑釁時，將自己的妾**拉出去**，本就是自私可恥！妾代替自己任匪徒為所欲為，利未丈夫卻沒有任何尋找、解救的意圖或舉動，導致妾整夜被強暴到天亮，仆倒在丈夫住宿的房門前；而且他竟然忍心將她被凌辱過的身體切為 12 塊（**也許她還活著**！）並再將支解的屍體分送全國，可憐女子遂死無葬身之地（十九 25 ～ 29），實在慘無人道！試問：是可忍，孰不可忍？是不殺，孰可殺？

「七十士譯本」在此加上「因為她死了」，但是「馬所拉文本」並沒有這句，因此情況不明。施奈德指出，士師記如此模糊手法，正好讓情節更引人入勝。

然而，我們必須從十七至二十一章中，敍述者所呈現的全貌來看婦女神學。從十七章的導論中可以清楚看出，敍述者特別藉著 4 次出現於本書跋中最重要的一句「**那時以色列中沒有王**（各人任意而行）」為指標（十七 6，十八 1，十九 1，二十一 25），將十九至二十一章，以及十七至十八章融合在一起。如此，將十九至二十一章所呈現的社會亂象，完全建構在十七至十八章所呈現的以色列靈性混亂上，並都以「**那時以色列中沒有王，各人任意而行**」總結，多次以感歎結束本書所載的悲劇！原來十九至二十一章所描繪女性被迫、被虐、被搶、被姦、被殺、無人權、無人道、無安全的慘狀，乃是因為十七至十八章所呈現的信仰墮落使然！❷ 罪性使得男人貪圖享受、縱情、好色，不能保護女性。

與研究任何聖經中的倫理學議題一樣，研究士師記中的婦女，更不能抽離與其有關的上下文。以十七至二十一章整體而言，前兩章劇情從米迦個人的偷竊開始，接著造偶像，且聘一個利未人主持家庭祭壇；到後來發展為整個但支派集體的偷竊，且殺無辜之民，最後聘這利未人主持整個支派的祭壇。後 3 章劇情則是從一個利未人的家庭糾紛開始，接著發展出強暴、分屍等醜惡新聞，導致便雅憫支派與其他 11 個支派間的殘殺，以及以色列支派為了便雅憫支派所設下的兩個誓言：他們因而捆住了基列．雅比人的生命，最後、也是最醜陋的發展：殘留的 400 個處女和 200 個示羅女子被搶奪、強姦！更讓讀者吃驚的是，這幾章中迦南人基本上沒有出現（尤其二十一章），打敗以色列人的不是迦南人，而是以色列人自己！

從士師記所呈現社會中人的真實面目，更能幫助讀者全面了解婦女問題的根源。士師記充斥著人性的黑暗面，從團體上看，讀者可以輕易找到嫉妒的以法蓮人，以及宗教實用主義者但支派等。從個人上看，讀者看到軟弱的男子巴拉，充滿異教混雜想法的基甸，以自我為中心的參孫，以及侵犯女性尊嚴的基比亞人、利未人和以色列人，還包括為了潔身自愛鼓勵便雅憫人搶奪女子的領袖以色列長老們等。整體而言，以色列的社會問題乃是宗教性的。❸ 以色列因為離開上帝（二 1 ～ 5），牽引出上致命的離心力，上帝兒女盟約團體遂加速瓦解，社會急速與拜偶像的迦南人靠攏，個人的尊嚴全面渙散，女性當然無安全可言！

研讀聖經中的婦女神學，更需要從整本聖經來看。按創造的角度看，女人原本是男人的「骨中的骨、肉中的肉」（創二 23），墮落後的男人卻推卸責任（創三 12），就連列祖也不例外；亞伯蘭怕埃及法老會強取美貌的妻子並加害於他，故不敢承認他們的關係（創十二章），而且這樣貪生怕死的行徑，一再上演（創二十，二十六章）。簡而言之，女性所面臨的痛苦，源於人類最根本的問題：罪惡。

扼要地從敍述者角度、十七至二十一章的架構、上下文、全書和整本聖經闡述了關於女性的聖經神學之後，讓我們再度回到本書最後 5 章，尤其是其中敍述者所呈現的種種暴行罪惡，包括偷竊、搶奪、強暴、婚外情、同性戀、分屍、濫殺無辜等，來了解婦女受害的本質。在這幾章，敍述者除了闡明靈性墮落必然導致社會墮落之外，還陳述了一個定律：罪惡是具有蔓延性的。這正是本書所呈現的以色列光景：

麥卡恩指出，「米迦」之名正好扮演著諷刺的功能，因為十七至十八章中的所有人物，沒有一個認識上帝。馬太斯指出，米迦的問題來自母親縱容他偷錢。

第一，敍述者在十七章先從掛著上帝招牌的米迦開始（**米迦原文字義為「誰像耶和華」**），描繪他偷了母親的錢，違背十誡中的第七誡「不可偷盜」；接著母親縱容兒子，而且與兒子聯合製造偶像（十七 1 ～ 5），犯了「不可雕刻偶像」的第二誡。敍述者接著將焦點轉向急於找地居住的但人，如何派 5 個勇士去探地。但人原本分到的地，位於猶大與以法蓮中間一狹長地的西端（書十九 41 ～ 46），卻因亞摩利人和非利士人佔據了，他們無法進住這塊上帝劃分給他們的地（一 34）。他們路上詢問了有求必應的神棍（1 ～ 5 節），遂以挾天子以令諸侯的手段，綁架了米迦家中的以弗得和神像（11 ～ 26 節），進行本書第一次大規模的內戰，帶來拉億城的災害（十八 27 ～ 29）。靈性墮落的但人定居之後，還自創教門，且將摩西子孫拖下水（十八 30 ～ 31）。

第二，從十七至十八章的描繪，很清楚地看到敍述者先從米迦的偶像崇拜開始，敍述敗壞如何從一家（十七章），擴散到一族（十八章），最後到一國（十九章），如麵酵一點一點腐蝕全體；以色列垂直面的靈性開始朽爛，延伸到水平面的每個層面，❹ 示羅女子被擄（二十一 12、19 ～ 23），其源頭也是信仰上的墮落（十八 30 ～ 31）。值得注意的是，示羅是十七至十八章靈性墮落和十九至二十一章社會墮落兩個故事的結束地點。諷刺的是，示羅是約書亞時代分地的重心，為約書亞記全書 4 大分段（書一 1 ～五 12〔過河〕；五 13 ～十二 24〔征地〕；十三～二十一章〔分地〕；二十二～二十四章〔事奉〕）中，第三段的核心樞紐。在此，以色列有 7 個支派拈鬮分地，設立會幕（書十八 1 ～ 10），以落實摩西所傳達的上帝同在的應許（利二十六 11 ～ 12）；也是在此，哈拿求問上帝而得撒母耳（撒上一章）。這本該是上帝同在的示羅，卻成為士師記墮落的代名詞！

第三，先前士師基甸也是另起爐灶、自封教主，設立以弗得，後來以色列人拜那以弗得行了邪淫，這就作了基甸和他全家的網羅（八 27）。由此，一個人的墮落帶來了全家、全族的自相殘殺（九章）。

士師記一章 19 節並不是要說明上帝沒有能力趕出有鐵車的平原居民（出十　四 23 ～ 28，十五 4；書十一 4 ～ 6、9，十七 16 ～ 18；士四～五章），而是從帶頭的猶大的眼光來描繪這羣妥協的百姓（士二 1 ～ 5）。

第四，這樣的骨牌效應，其實在本書一開始就已清楚浮顯。當帶頭的猶大不能趕出平原的居民，敍述者呈現著士師記的特殊風格：妥協的過程中有「棄保效應」。在猶大棄保之後（一 **19**），便雅憫沒有趕出住耶路撒冷的耶布斯人（21 節），跟隨猶大棄保了。之後棄保的有瑪拿西（27 節）、以法蓮（29 節）、西布倫（30 節）、亞設（31 節）、拿弗他利（33 節），最後但人也棄保了（34 節）！

如此的風吹草偃，進入全民皆輸的骨牌效應，關鍵就在信仰上妥協而背棄上帝，正如本書導論上耶和華使者所宣告的（二 1 ～ 3）。因此，本書的序以哀哭開始，本書的跋也以哀哭結束（二十 23、26，二十一 2），以哭聲作為全書的**首尾呼應括弧法**（*inclusio*），為以色列一開始就離開上帝，導致靈性墮落帶來必然的社會墮落作註腳。

除了**首尾呼應括弧法**之外，敍述者還藉著**平行**、**伏筆**與**諷刺**等語法，預告以色列進入士師時代之初，其實命運就已經蓋棺論定了。帶頭的猶大一登上士師記的舞台，就捉拿了亞多尼．比色，砍了他手腳的大拇指，亞多尼．比色被殺之前說：「從前有七十個王，手腳的大拇指都被我砍斷，在我桌子底下拾取零碎食物，現在上帝按著我所行的報應我了。」（一7）這給全書留下精采的**伏筆**和**預示**（adumbration）：以色列在來日也一樣，會得上帝的報應。與殺了70個王的亞多尼．比色**平行**的，乃是殺了70個兄弟的亞比米勒，敍述者毫無保留地呈現他最後必得上帝的報應（九1～57）。從這**伏筆**和**平行**中，敍述者諷刺以色列人的思想和行徑與迦南人毫無兩樣，因此結局也與迦南人無異！

從本書的**首尾呼應括弧法**看，偶像的敬拜源於悖逆。十七章米迦造神像與十八章但人搶神像，乃延續上帝的使者在波金的責備（二2），將看得見的偶像神格化，來代替對真神的敬畏和聽從，終究反將上帝「物化」，以為擁有祭壇、祭司就是擁有上帝，表面上看來是敬拜，實際是以自己為王。以色列人擁有許多神像，其實心中卻無上帝！難怪從各人（十七～十八章）到全體（十九～二十一章）都任意而行（十七6，十八1，十九1，二十一25）。如同本書所用的講法：「行耶和華眼中看為惡的事」（二11，三7、12，四1，六1，十6），凸顯出問題的根本在於以色列人悖逆上帝（垂直面上），進而自食其果、苦不堪言（水平面上），所拜的偶像並不能拯救他們，所遭受的苦難卻是悖逆的結果（二20～23）。沒有以上帝為本的社會是何等的悲哀啊！❺

崔菲莉稱讚路得和哈拿能名見經傳，但認為士師記敍述者不將利未之妾的名字寫出來，是故意羞辱她，好標榜之後的掃羅、大衛以男性掌權的政治。❻這觀點引發了更龐大的問題：本書敍述者的女性觀，果真是藐視、排擠女性的地位嗎？本書敍述者有重男輕女的狹隘男性霸權主義嗎？女人只配扮演弱者，只能任憑男人掌權，甚至欺壓宰殺嗎？

從女性角色看，不然！本書至少有22位個人或羣體性的女性角色，包括押撒（一11～15）、底波拉（四～五章）、雅億（四17～23，五4～27）、西西拉的母親（五28）、西西拉聰明的宮女（29～30節）、基甸的妻子（八30）、基甸的妾、亞比米勒的母親（八31，九1～3）、殺了亞比米勒的婦人（九53）、耶弗他的母親（十一1）、基列的妻子（2節）、耶弗他的女兒（34～40節）、耶弗他女兒的同伴（37～38節）、以色列的女子（40節）、瑪挪亞的妻子、參孫的母親（十三2～25），參孫的妻、亭拿女子（十四1～十五8節）、迦薩的妓女（十六1～3）、大利拉（4～22節）、非利士女人（27節）、米迦母親（十七1～6）、利未人的妾（十九1～30）、基比亞老便雅憫人的處女（24節）、基列·雅比400個未嫁的處女（二十一12）、示羅女子們（21節）等。在古代近東以色列列祖的社會中，士師記的女子角色出奇地凸顯。雖然其中許多只是小角色，但是至少10位女子在本書中說了話。❼ 沒有說話的並非不重要，沒有說話的婦人殺了亞比米勒（九53），利未人的妾引發11個支派的注意（十九～二十一章），而底波拉更是位士師，與她聯手的雅億解決了男人不能解決的問題。

至於本書結束前的悲劇（包括被姦殺的利未之妾、基列·雅比未嫁的處女、被搶奪的示羅女子等），都是因為十二支派離開上帝的結果，男女皆有責任，不能單單以女性主義的角度來解讀士師記。❽ 十七章米迦的母親縱容包庇兒子，乃至製造了神像。就連十九章利未之妾被姦殺，也是因為她行淫離開丈夫（十九2），才有後來前去接回她的利未人的縱情墮落。馬太斯則指出，至少3個因素決定了十九章的悲劇，就是：利未之妾離開丈夫；利未人與妾太晚離開岳父家；決定往基比亞而非往迦南村落過夜等。在分析了雅億、大利拉和米迦的母親後，克萊因發覺士師記的男女皆違背摩西律法，並以士師記呈現了男女皆輸為總結。

「襯托」可以扮演將不同主角平行或對比的功能，也可以襯托出不同的情節。

從本書的文學手法來窺探聖經的女性觀，也幫助我們釐清對敘述者重男輕女的誤解。藉著**襯托**手法，敘述者呈現出迦勒對女兒押撒的良善溫慈，賞賜給她丈夫俄陀聶好山好水的美事（一14～15）；而與耶弗他狗急跳牆，將女兒的婚姻、後裔（連生命？）都在許願之下犧牲的自私醜事（十一 29 ～ 40），便直接襯托出迦勒和女兒押撒的美。在參孫、米迦、哈拿、掃羅等人物出場時（十三 2，十七 1；撒上一 1 ～ 2，九 1），敍述者分別用「有一個人名叫……從……」（原文出現的字數、次序完全相同）的襯托手法，將參孫、米迦、撒母耳和掃羅引導出來，這襯托手法呈現出：

1. 從士師記十三章到撒母耳記上看，參孫佚名的母親（十三章）和米迦的母親（十七章），扮演了襯托撒母耳母親的獨特性；
2. 因著上帝超然介入，參孫的母親懷了奉獻為拿細耳人，最後卻成為無淚士師的參孫（十三～十六章）；對比於同樣在上帝超然介入之下，撒母耳的母親懷了同是奉獻為拿細耳人，但卻成為將失散的以色列十二支派連結起來的偉大士師的撒母耳（撒上一～七章）；
3. 米迦母親讓自己的私心促成米迦偶像崇拜，導致以色列走向整體信仰背離（十七～二十一章）；對比於哈拿，則是在困境中仰望上帝，促成兒子和以色列整體信仰的更新（撒上一～七章）。

從這**襯托**手法清楚地顯示，敍述者並沒有任何輕看女性的意識型態。決定士師記女性地位的，不是因為她的性別，而是因為她的靈性。布洛克指出，女性主義學者單單關心利未之妾被姦殺，但是基比亞匪徒試圖強暴同為男性的利未人（十九 22），同樣是罪惡、暴力，同樣值得關注，因此不能單單以特定性別角度來解讀本書。

正如上文所說，也可以從本書的**情景次序**（sequence）和主要**角色**的安排來看，本書從俄陀聶、以笏和珊迦的敍述後（三章），接著就是巴拉和底波拉的敍述（四章）、基甸的敍述（六～八章）、耶弗他的敍述（十一～十二章），最後則是參孫的敍述（十三～十六章）。從這**情景次序**來看，在巴拉和底波拉登上本書舞台之前，沒有重要的女主角出現（除了對於得勝迦南人有信心、向父親求賜福的押撒以外，一 11 ～ 15）。第一位女主角底波拉（和雅億）與巴拉並列於士師記的舞台時，她和雅億的英勇正好**襯托**出男人巴拉的猶豫、軟弱、乃至無能。綜觀全書，以色列男人的素質似乎一代不如一代。這位不敢承擔的巴拉並非先前的俄陀聶、以笏、珊迦之輩（遑論約書亞或迦勒），他的無力感預示了小信、沒有智慧的基甸；而基甸的缺點，更是在耶弗他身上顯露無遺；到了參孫，以色列男人簡直已經毫無領導能力了。

因此，巴拉的出現給後來日益墮落的男人鋪路，本書愈到卷尾，愈發顯示男人除了無理取鬧、縱情享樂、內訌內鬥以外，就只是會姦殺軟弱的女子（十九、二十一章），乃至搶奪良家婦女為妻，除此以外似乎一無是處。相反的，敘述者記載了上帝用一個不知名的婦人殺了亞比米勒（九 53）；這不知名的婦人與利未人的妾一樣，敘述者在此以佚名來描繪這位巾幗英雄。以佚名來描繪不一定是羞辱（如崔菲莉宣稱的），不一定關乎功過、榮耀、羞辱，而可能是為要保護這位巾幗英雄的手法。這一切說明了上帝可用任何器皿（女子也可被用）來完成祂的工作，如此更浮現了女人在本書敘述者心目中的崇高地位。此外，敘述者還用**對比**來呈現女性的特質：

1. 雅億使用非傳統武器——帳棚的橛子和匠人的錘子（五 26），殺了耶賓的將軍西西拉（致命傷在頭上），救了以色列脫離外邦王的轄制（四 23 ～ 24）；一個不知名的婦女用非傳統武器——樓上拋下來的磨石（九 53），殺了基甸的兒子亞比米勒（致命傷也在頭上），救了以色列脫離自己壞王的轄制。這兩者不同的是，前者以色列被迦南王耶賓的威權所轄制（四 1 ～ 3）；後者以色列乃被滿足自我權位的族人亞比米勒所轄制。但兩個故事中出現的壞人都是男性。
2. 若與上一點作對比，從士師發展史來看，英勇的士師俄陀聶之後，取而代之的是猶豫不決的巴拉，以及膽小、愚拙的基甸，繼起的則是自我中心、「反士師」的王亞比米勒，帶來士師時代因為槍口朝內而發生的離奇內亂！

其實，士師記中婦女的角色已被肯定。首先，士師初期敘述著押撒如何鼓勵丈夫剛強（一 14）；但在巴拉時代，在男人缺乏承擔之下，女子被迫擔當了勇士的角色。先是雅億殺了外邦入侵的西西拉，除掉以色列的外患（四章）；接著是不知名的婦女殺了亞比米勒，除掉以色列的內憂（九章）。本書呈現了上帝的公義，成就了祂透過約坦的預言（九 56 ～ 57），而成就的管道不是男人，正是女人！

從**襯托**手法來看，士師記十七至二十一章不僅回應創世記中羅得、所多瑪城的事件，也與後來掃羅的故事緊密連結，說明了掃羅的出現在於銜接士師晚期，為進入大衛王朝作預備：

1. 掃羅將牛切成塊（撒上十一 7）與利未人將妾切成塊（十九 29）；
2. 掃羅就是便雅憫的基比亞人（撒上十 26，十一 4，十五 34），和本書內戰的主要起因完全同源（十九～二十章）；
3. 對比於以法蓮的老先生招待利未人（十九 16 ～ 21），以法蓮來的撒母耳則招待掃羅（撒上九章）；
4. 對比於便雅憫人存活的有 600 人（二十 47），正如掃羅有 600 跟從者（撒上十三 15）。

總言之，正如麥卡恩所說，當人類不敬拜事奉上帝，結果是自找滅亡的死路。本書在警告中提出盼望：背約者（本書的開端乃基甸）的出路乃在守約信實的上帝，只要人肯悔改（由多次的救贖循環證實了上帝仍是樂意赦罪施恩）。布洛克認為敍述者關心以色列人整體與上帝之間的約，過於保留便雅憫支派免於滅種。但是即使在以色列人如此墮落的景況中，守約的全能上帝仍然按著祂的憐恤，讓那幾乎滅絕的便雅憫支派，誕生了以色列聯合王國的第一個實驗性的王掃羅，更在 1,000 多年後，從這支派中提拔一位往外邦佈道的使徒掃羅／保羅。他又認為本書敍述者扮演著先知（而非政治）的角色，盼望以色列醒悟，從偶像崇拜中悔改，歸向立約的上帝。敍述者藉著本文所呈現的種種文學語法，宣示偶像不能自保，倚靠偶像、祭司都是徒然；以色列人試圖用自己的方式解決問題，結果是屍骨不全、支離破碎。士師記的盼望，不在於帶來短暫拯救的士師，乃在哈拿的兒子撒母耳所膏、路得和波阿斯的子孫大衛；❾ 再更進一步從救恩歷史和正典的發展角度來看，敍述者已暗示士師記的真實盼望在於大衛的後裔——那位要降生的王——耶穌（路一 32）。

釋經短註

❶ 崔菲莉指責男人乃社會暴力之源，因此在解讀士師記時，就將本書標示為「暴力之書／駭人經文」。布洛克也指出，聖經中的父權社會，男人的角色並非特權而是責任，但在士師記中，這角色完全被顛覆了。

❷ 曾思瀚指出，敍述者藉著米迦母親被偷的1,100舍客勒銀子，與大利拉從每位非利士領袖得相同數目的報酬（出賣參孫），所呈現的平行手法預示了以色列將進入墮落的隧道中。

❸ 馬太斯認為本書的序和跋中關於各人「各歸本支派、本宗族、本地業去」的首尾呼應（二6，二十一24），乃敍述者刻意凸顯本書末段出現的問題及以色列中沒有人間君王——如約書亞——使然（二6，二十一25）。這個結論來自錯誤的類比：序和跋中有否政治領導人的狀況正好相反（序有約書亞，跋沒有），但都有「回本地業去」的景況，因此，這不是因為有否人間君王的緣故。但更重要的是，沒有神學（垂直）的綜覽，就容易陷入如馬太斯的人間政治（水平）的觀點和結論：包括他認為敍述者藉著基列．雅比人來貶低掃羅的政治地位。

❹ 這樣的手法另一個明顯但反向的例子，就是撒迦利亞書七至八章。當被擄歸回者從伯特利派人來求問先知撒迦利亞時，他用對比且循序漸進的手法，挖掘冰山水面之下以色列人內心的醜惡，好叫他們悔改，最後得祝福：

- 從他們的小問題：禁食（七1～3），浮現他們問題水面下的冰山（4～7節）；
- 從他們過去的問題（七8～12），審議到現在及未來的問題（13～17節）；
- 從五月禁食（七3），五和七月的禁食（5節），推展到四、五、七、十月的禁食（八18）；
- 從「餘民」議題（八1～13），擴展到萬民（20～23節）；
- 從伯特利一城的人求恩（七2），伸展到列國的人和多城的居民求恩（八20）；
- 從伯特利（七2），延伸到國內（5節），乃至萬國（14節）；
- 將禁食的日子（七1～7），轉化為歡樂的節期（八18～19）。

❺ 伯斯頓（A.J. Bledstein）分析士師記的婦女後，下結論說：以色列的災難源於他們忘記上帝、與四圍仇敵的衝突，以及以色列男人不尊敬

女性，自以為是上帝（play God）使然。他甚至主張，士師記的作者是女性。

❻ 崔菲莉認為耶弗他的女兒和利未人的妾，都忍受從男性而來的不白之冤，卻被聖經男性以佚名方式處理、敷衍掉，好幫上帝那或許被認為有不公義之嫌的艱題解套。另外女性主義者富克斯主張，（男性）敍述者藉著觀點、省略、重複和模糊語法，為耶弗他犧牲女兒生命的可議之處脱身與減刑。

❼ 崔菲莉正確地指出，十九至二十一章中的女人都沒有説話，但是這個觀察不能適用於全書（底波拉的話還成為全書惟一的詩歌）。但諷刺的是，説話的米迦的母親乃是受咒詛的（十七２～３）。

❽ 論到不能單單以女性主義的角度來解讀士師記，學者有不同見解。即使看重婦女權益的包爾也承認，本書的諸多謀殺事件中，不僅男人殺女人，也有男人殺男人（此乃戰爭），乃至女人殺男人。這位婦女解放學者承認自己的女性主義預設，難免會有視野上的偏頗。包爾的觀點得到同是女性主義學者鍾斯－華沙的呼應，後者正確地主張，不能以崔菲莉單單以女性被男性迫害的侷限眼光來讀士師記，她指出，其實整個士師記的社會都在混亂中。女性主義學者史密斯（C. Smith）指出，女性聖經學者的問題乃思想太單純的二元論。

❾ 施奈德結論中指出，士師中的男、女、領導都不完全，本書是為聯合王國鋪路的。支持這觀點的學者還有布雷勒、侯活（D. Howard）、夏里遜等。布雷勒主張，本書的中心不是女性，研究士師記不該從性別、社會角度，而該從政治來看，本書是為大衛王朝預備，因而給過去的歷史存留證據的一部紀錄史。麥卡恩指出，從正典發展角度看，和拔示巴行淫亂且謀妻害夫的大衛，和士師記的人物其實相仿，都是「行耶和華眼中看為惡的事」；北國和南國諸王更是偶像崇拜纏身，和士師時代沒有兩樣。

其他出版

讓您多方、多向，更完整地研讀聖經

憑祢恩言——實用基督徒生活手冊 郭鴻標、黃錫木 主編／HK$108

聖經通識手冊 羅慶才、黃錫木 主編／HK$188

讀者意見表

緊扣時代　服事教會

以文字傳揚基督真道

衷心多謝你購買本社書籍。本社一直致力以出版事工服事教會，幫助信徒扎根於神的話語，促進靈命增長。為使我們的出版更能滿足你的需要，請填寫下列各項資料，並寄回或傳真予本社。

所購書籍：________________

本書最吸引你的地方：
☐作者　☐適切性　☐文筆　☐設計　☐實用性
☐其他：________________

購買本書地點：
☐基道書樓　☐基督教書店　☐非基督教書店

性別：☐男　☐女　職業：________________

信仰：☐基督徒　☐非基督徒

年齡：☐ 16 歲或以下　☐ 17～25 歲　☐ 26～35 歲
☐ 36～55 歲　☐ 56 歲或以上

學歷：☐中三或以下　☐中五　☐預科
☐大學　☐研究院

☐我欲更多了解基道出版社的事工及考慮支持，請寄給我下列資料：
☐機構簡介　☐新書資料　☐基道會員通訊
☐《基道文字事工通訊》

姓名：________________ 電話：________________

地址：________________
____

傳真：________________ 電子郵件：________________

其他意見：________________
____

多謝賜教！

意見表可以傳真（2687-0281）或直接郵寄以下地址：
香港沙田火炭坳背灣街26號富騰工業中心1011室
基道出版社編輯部收